禅からみた日本中世の文化と社会

天野文雄 監修

ぺりかん社

禅からみた日本中世の文化と社会＊目次

【座談会】
禅とは何か――末木文美士氏に聞く―― …… 5

第一部　禅と文芸・書画・芸能の展開

【論考】
中世和歌史における「禅」の問題　鈴木　元 …… 45
室町時代五山禅林は歌壇・連歌壇に何をもたらしたか
――漢語「濫觴」の受容における五山禅林文壇の影響――　中本　大 …… 66
日本中世禅林における杜詩受容
――禅の宗旨と文学観の連関をめぐって――　太田　亨 …… 80
骸骨の物語草子――『幻中草打画』再考――　恋田知子 …… 98
禅の「無」と世阿弥の「無」――『六祖壇経』をめぐって――　天野文雄 …… 115
狂言「釣狐」と『無門関』第二則「百丈野狐」　大谷節子 …… 130
「茶禅一味」説の再検討　神津朝夫 …… 152
絵画からみた禅　島尾　新 …… 168

【コラム①】
禅林墨蹟の二面性 野口善敬……194

第二部　禅と思想・文化・空間の拡張

【論考】
舎利信仰と禅――王権とのかかわりから―― 西山美香……203
禅の本としての『方丈記』
――「流水抄」と漱石・子規往復書簡から見えること―― 荒木　浩……212
道元「水、水を見る」
――井筒俊彦の『正法眼蔵』理解の一断面―― 西平　直……230
岐陽方秀と世阿弥の交流と「一」への意識
――室町時代初期の東福寺を中心とした中国風の思想―― 重田みち……247
仮山水としての西芳寺
――中世禅院における山水の枠組みをめぐって―― 野村俊一……265

【コラム②】
禅宗と医療 上田純一……288

第三部　禅と権力・社会・宗派の変容

【論考】

宗論の史的考察……大田壮一郎……295

月舟寿桂と東国の麦搗歌……川本慎自……317

足利将軍の受衣・出家と室町文化……原田正俊……332

伝白雲慧暁撰『由迷能起』について……高橋悠介……353

禅におけるルールと反則について……クリスティアン　ウイッテルン……372

【コラム③】

禅の触発する力……船岡　誠……390

【コラム④】

真福寺大須文庫所蔵写本からみた中世禅……末木文美士……395

あとがき……天野文雄……400

執筆者紹介……406

禅とは何か

——末木文美士氏に聞く——

出席者（発言順）

天野文雄　末木文美士　原田正俊
野口善敬　荒木浩　鈴木元
大田壮一郎　川本慎自　高橋悠介
重田みち（誌上参加）

これは平成二十二年から始まった三年間の国際高等研究所の研究プロジェクト「宗教が文化と社会に及ぼす生命力についての研究——禅をケーススタディーとして——」の総括として、最後の六回目の研究集会になった平成二十五年二月十六日の土曜日の午後、プロジェクトメンバー、ゲストスピーカー十五人出席のもと、同研究所の第二会議室で行われた座談会「日本中世の文化と禅——末木文美士氏に聞く——」の記録である。座談会は、出席者からあらかじめ末木氏に質問票を出してもらい、その質問を軸に進める形を採ったが、結果的に中国禅との比較といった東アジアからの視点なども話題になり、中世の日本に渡来した禅についての基本的な理解が共有されることになった。本書の諸論考が、この理解をふまえていることはいうまでもないが、この座談会は本書を繙かれる方々にとっても、恰好の禅への手引となるのではないかと思う。

禅という近くて遠い存在

天野　このたび、このような座談会を企画しましたのは、ほかでもありません。この研究プロジェクトのメンバーの多くは、美術史、茶、能楽、文学、日本史、建築史などの専門家で、仏教や禅の専門家ではないからです。専門家ではないのですが、われわれが研究を進めてゆくうえでは、仏教や禅にかかわる問題に直面することが少なくありません。そのようなとき、少なくとも私などは、いかに仏教や禅についての基本的な知識を持っていないかということに思いあたるわけです。もちろん、そうして当面した問題については、それなりに仏教や禅方面のことを調べはしますが、所詮、素人ですから、いつも「これでよいのだろうか」という不安の思いにかられてきました。たぶん、他の分野の方々も同じ体験をしているのではないかと思います。禅はいわば、近くて遠い存在ということになります。

　そこで思いついたのがこの研究プロジェクトで、そのような問題を抱えているわれわれに加えて、禅の専門家にもプロジェクトに参加してもらって、これまでにしばしば直面した仏教、とりわけ禅にかかわる問題について、ぜひ、基本的かつ正確な知識を得たいと考えたのです。また、それらはそれぞれ隣接している日本中世の諸分野に共通する問題でもあるのではないかとも思ったのです。そこで、禅の専門家である飯塚大展さんや原田正俊さん、ウイッテルンさんに加わっていただいたわけです。また、それとは別に、毎回、ゲストスピーカーとして、今泉淑夫、末木文美士、野口善敬、上田純一といった禅の専門家をお招きして、禅についてのお話しをしていただきました。その結果、所期の目的はそれなりに達成されたように思われるのですが、もちろんまだ十分なものではありません。また、メンバーにはまだ確かめたい問題が少なからず残っているはずです。そこで、三年におよんだ研究会を終えるにさいして、その総括のような意味で、これまでに二回、ゲストスピーカーとして来ていただいている末木文美士先生に、メンバーのみなさんがふだんそれぞれの分野で持っている疑問をぶつけてみてはどうかと思ったわけです。つまり、これまでの研究会では十分に確認できなかったことがらを、「末木文美士氏に聞く」という形で集中的にお尋ねしてみたいと思い、このような場を設定させていただきました。

また、この座談会にさきだって、あらかじめメンバーから末木先生への質問を出していただいていますので、それをもとに進めてゆくことにします。まず、重田みちさんの質問からはじめたいと思います。重田さんは、今はドイツにおられるので、本日は欠席ですが、いちばん大きな問題についての質問をいただいているので、これからはじめるのがよいのではないかと思います。それを私から紹介します。重田さんの専門は能楽で、とくに世阿弥の能楽論の研究を精力的に進めています。その関係で、中国の禅文献によく目を通している方です。

「日本」という枠を取り払う

天野　重田みちさんの質問は、「末木先生は、インド・中国・日本のそれぞれの仏教を研究している数少ない研究者でいらっしゃいますが、それぞれの仏教の魅力をどのようにお考えなのか、それについてうかがいたい」というものです。大きな質問ですが、これについてはいかがでしょうか。

末木　ご質問に答える前に、最初に少しだけ、私の最近の研究について述べさせてください。二〇〇九年に東京から京都に移りまして、もう文献的な研究はやめてしまって、勝手に言いたいことだけ言おうと思っていました。しかし、もともと人と話をするのよりも、写本を見ているほうが好きな人間ですので、またそちらの方に戻って、特に阿部泰郎さんのお手伝いをして名古屋の真福寺大須文庫の写本を中心に拝見しています。真福寺写本というと、これまで『真福寺善本叢刊』が出されていますが、今度は禅のものを中心に出したいというので、称名寺・金沢文庫所蔵写本なども含めて、『中世禅籍叢刊』全十一巻（臨川書店）として準備を進めています（二〇一三年から刊行開始）。まず栄西のものから手掛けていますが、二〇一〇年には福岡市博物館で「栄西と中世博多展」が開かれるなど、注目されています。真福寺で調べていく過程ではっきりしてきたのは、禅が決してそれだけ単独であるものではなく、少なくとも院政期から鎌倉期にかけての中世前期には、諸教・諸行の融合が著しいことで、とりわけ密教との融合が顕著です。それは決して、純粋禅になる前の不純な状態というようなことで否定されるべきことではなく、むしろ密教という総合体の中で禅が醸成されていくのであり、密教の総合性を見落とすと、中世の仏教はまったくわからなくなるほど、密教が重要です。禅も念仏も、密教の一部に焦点を当てたものと見るべきものです。院政期密教の重要なところは、それが身体論として展開されていることです。この身体の中に宇宙全体の真理が集約されるというもので、覚鑁などによって大成されます。禅の身体論も、そのようなところに出発点を持つと見られます。ちなみに、禅が宗派として確立した後も、決して純粋禅になったわけではなく、ご存知のように、今日の禅寺も多くの儀礼や諸神諸仏崇拝に満ちていて、葬式仏教は禅宗から始まったとも言われます。それは決して否定的に見られるべきものではなく、むしろ禅はそのような多様な文化の総合だと言うことができます。

こうしたことは、早くからベルナール・フォールさんなどによって強調されてきたことで、欧米の学界では当然のこととされて、儀礼論などが盛んに論じられています。その点で日本の学界ははるかに遅れています。日本の仏教研究者は宗派関係の方が多いせいもありますが、どうしても宗派単位で考えて、垣根を作り、自宗を純粋化しがちです。それを取り払うと、途端に眺望が開けてくるようなところがあります。

さて、ご質問の件もそれに関係しますが、宗派性を取り払うということは、同時にまた、狭い日本という枠も取り払わなければならないということで、どうしても視野を広げなければなりません。それを魅力と言ってよいかどうか、私もよくわからないのですが、仏教の場合、日本の問題が、日本の中だけに閉ざされた問題にならず、すぐに中国にかかわり、さらにはインドに遡っていくことになります。例えば、中世の禅の問題であっても、中国の禅がどう受容されたのかというように、中国禅の受容という問題設定で見ていかなければなりません。じつは諸行の融合は中国にも共通するのですが、密教という問題はかなり特殊日本的なものです。このように、中国と比べ合わせることで、初めて日本の特質も明らかになってきます。さらに、中国の仏教がまたどうだったのかというと、禅の場合も、それ自体が中国化されてインドの仏教をメタメタにひっくり返してしまうところから出てきます。いわゆる南宗禅の頓悟の思想というのは、本当は禅どころか、禅の否定で、面倒な禅定修行をしなくてもよいというところから、一気に流行することになります。

このようにすべてがみんなつながって、文化伝達がなされながら、ちょうど伝言ゲームのように、その間にすっかり違うものになっていくわけです。そういう意味で仏教というのは、狭いある一国だけの文化を超えていく、超えなければ理解できないと思います。最近とくに海外との交流の問題が盛んになっているわけで、近代になって作られた国境というものを前提としてはできないということです。それを基本的に超えていかなくてはなりません。これは本当は仏教だけでなく、日本の文化全体に当てはまることですが、とりわけ仏教の場合、日本のことを研究しながら、アジア全体に問題が広がっていくおもしろさが顕著です。そのことによって、日本文化への理解が深まると同時に、似ていると思ったアジアの諸文化が、じつはさまざまな多様性を持つことが分かってきて、相互理解が深まっていくことにもなります。

天野　これは私の勝手な想像ですが、末木先生はいまお話しになったような視野は、最初からのものではなく、たぶん結果としてお持ちになったのではないかと思うのです。そうであるなら、ここにいたるまでの経緯についてお話しいただけますか。

末木　二〇一一年に仏教史学会で、今の自分の研究を振り返りながら講演したのですが、それが『仏教史学研究』五五巻二号（二〇一二）に出ました（「思想史の中の日本仏教」。拙著『日本仏教入門』、角川選書、二〇一四、第一章に再録）。その中にちょっと書いたのですが、私が学んだ東京大学の印度哲学（現、インド哲学仏教学）の専門課程は哲学科（現、思想文化学科）の中にあります。そこは「サンスクリットを学ばざれば人にあらず」という所で、サンスクリット語が必修で、みな勉強しなければなりません。その中で、いろいろ模索しながら、結局日本仏教を専門とすることになりました。今は「インド哲学仏教学（研究室）」と言っているのですが、昔は「仏教学」というのが付かなくて、しかも漢字で「印度哲学」という研究室だったわけで、その中で、日本仏教をなぜかすることになっていました。そういうわけで、否応なく、サンスクリットしか知らない人間と付き合わなければならなくなりました（笑）。縁あってその研究室に戻って教えることになってからも、東大では毎年修士論文が出されるのですが、インドのサンスクリット語の哲学とか文学とかに関する、さっぱりわからない論文を読まなければならないようなことをずっとやってきました。

そういうわけで、意図したわけではなく、否応なく置かれた情況の中でやってきたのですが、ただだからと言って、嫌でそういう所にいたというわけではなくて、やはりそれでよかったと思います。先ほども申しましたように、仏教は日本だけでは分からない。日本仏教の範囲だけで見るかぎり、そもそもその基本的な概念そのものがいったいどういうものか理解できません。倶舎学とか唯識学とか、昔の学匠は苦労して漢訳で勉強していますが、結局のところ誤解だらけで、サンスクリット語の原典から理解してはじめてわかるものです。ちょうど中世の文学を研究する時に現代語訳だけではできないのと同じです。インドから出発して、その変容を捉えていくことで、はじめて仏教が分かってきます。ですから、昔叩き込まれたサンスクリット語もすっかり忘れてしまっていますが、それでも仏教を本当に理解しようというのであれば、そこから出発すべきだと思います。非常に面倒なことで、今の若い人はもっと手っ取り早く成果が上がることを望みますし、社会全体としてもすぐに成果の出ない迂遠な学問を役に立たないと決めつけますが、それは危険なことです。

仏教の総合性と「宗派」

天野　よく分かりました。続いて、原田さんからのお尋ねです。これはいま末木先生が強調されたこととも関連するところがありますが、原田さん、お願いします。

原田　中国仏教と日本仏教の関係というのは、先ほど末木先生がおっしゃったように、対外交流の研究というのも盛んになってきましたから、その成果に学びながら比較検討して考えなくてはならないと思っています。中国仏教における禅宗の位置と、日本仏教における禅宗の位置の違いというものはどのような構図になるかということに近年関心を持っています。それを思想史的な面、または教団史的な面から、お考えをお教え願えたらということが一つです。また、この研究プロジェクトは、禅宗と文化を追究していこうとしているのですが、私は歴史学が専門なので、どちらかというとついつい社会的なほうから入ってしまうのですけれども、日本では対外交流の中枢に禅僧がかかわったので、室町文化への影響が大きいと思います。中国禅と中国文化の関係はどのように考えたらよいのか、お気づきの点があれば、教えていただきたいと思います。

末木　私が思いますのは、ひとつは、中国の場合、とくに宋代、というか、中国の仏教というのは今日に至るまでそうなのですけれども、禅宗といっても、日本で考えるような宗派性というものは基本的にないわけです。法系図の問題は、確かに中国でも、宋代には『景徳伝灯録』などが編集され、法脈が重視されるようになりますが、日本の場合、もともと密教の血脈重視に連なるものではないかと思います。それに加えて、中国から新しい仏教が伝えられるようになると、それがどのような正統性を持つかということが問題になります。例えば、大日能忍の場合、その無師独悟が問題とされて、弟子を中国に派遣して印可を得てこなければならなくなりました。じつは、法然の浄土教にも同じような問題があり、善導から法然へとうまくつながらない。そこで、夢中対面ということで、夢の中で出会ったことが大きな意味を与えられてきます。

そういう問題はありますが、概して中国では仏教の宗派性はあまり問題にならず、融合のほうが進められます。とりわけ明代以後、その傾向は著しくなります。そういう形でむしろ仏教がかなり総合化されているわけで、その中に禅があり、律があり、あるいは教学がありといった構造だと思います。ところが、日本の場合、とくに中世の後半あたりから、どうしてそうなるのかはまだ十分にとらえきれないですが、宗派化が顕著になります。それが近世以後、制度的にも固定化されることになります。そこで、仏教は初めから宗派的であるかのように思われてしまいますが、先にも申しましたように、日本でも中世前期にはそうではなく、もっと総合的であったように思われます。中国仏教にも宗派があったかのように言われることもありますが、じつはそれは近代以後、日本の見方が逆輸入されたもので、実態に即したものではありません。

禅という「器」に盛られた中国文化

末木　それからもう一つは、日本に禅が入ってくる頃の時代というのは、中国の知識人においては、朱子学なども出てきまして、中心的な関心が儒学に移っていきます。しかし日本ではそれを、すべて禅に載せる形で、朱子学なども入ってきます。中国ではむしろ仏教が淘汰されて知識人社会では表から消されてしまい、政治的なシステムの中で、朱子学的な構造の社会の中に吸収されてしまいます。それが日本では逆に、禅という大きい枠組みが肥大化して、宗派化するとともに、そこに儒教をはじめとする中国文化がそっくり入れ込められて受容されることになります。儒学が独立していくのはむしろ近世に入ってからのことで、非常にタイムラグが大きい。そういう意味で、受容のしかたというものが違っている。それは、文化の構造というだけでなく、社会構造的な面が大きく、中国の場合は科挙による官僚制の採用ということがなされたのに対して、日本にはそういうことがなかったということが考えられます。さらに、近世になっても、日本では儒学はあくまで「学」であり、せいぜい武士の倫理に留まり、葬礼などずっと仏教方式が取られました。これは中国と大きな違いであり、それだけ仏教が社会に定着していたといえると思います。

天野　この問題について、少しご意見を伺いたいと思います。どなたからでも、どうぞご自由に。

野口　中国と日本における禅の影響の違いは、末木先生のご説明でほぼ言い尽くされていると思いますが、日本と中国の違う要素として、支配している民族が変化したかどうかということもあるかとも思います。たとえば易姓革命がなかった日本とは違い、中国では、宋代は漢民族、元代はモンゴル族、明代は再び漢民族、清代では満州民族といった具合に、支配者階級の民族に変遷があり、それに伴って宗教政策にも変化があるわけで、特に元代と明代では仏教と儒教の上下関係が真逆になっています。また、それとは別に元代以降の中国には仏教の頂点としてラマ教が存在したことも大きな要素でしょう。

ただし、中国では基本的に南宋に制定されていた禅宗の五山十刹制度にも明らかなように、国家による統制管理があって、宗教の力はあるていど抑制・制御されていたわけですが、日本では、中国の儒教のように仏教に対立する哲学思想を具えた既存の宗教もありませんでしたし、鎮護国家の名目の下、禅宗も含め、天皇家や将軍家から保護され続けていますから、比叡山のように治外法権的な強大な力を持ち強訴を行う場合もあったわけです。つまり、中国にくらべて日本では常に安定的に一つの勢力として大きな力を持ち続けたように思えます。

中国と日本、禅が根付くまで

野口　中国には仏教が渡来する以前に、国家を支える思想を具えた儒教が宗教として存在していましたし、不老長生などを説く道教という庶民的な宗教もあったわけで、漢代に新たに中国にやってきた仏教は自分が住みつく場所を探すのに長い時間がかかりました。そして、六朝を経て唐代になり、道教との確執はあったものの不動の位置を占めたと思ったら、さきほど末木先生が言われたように、今度は南宋に朱子が出て、仏教哲学も取り込みながら儒教を再構築し、仏教を徹底的に叩くことになります。ただ、宗教というのは人々にとっては、やはり怖い存在なのでしょう。粗末にすると祟りがあるかもしれないとか、自分の死後の行き先が、地獄か極楽か、その行き先に影響するかもしれないという恐怖感はあったと思います。客観的に証明できないことだけに、仏教を完全に無視することは心配なわけです。

一昨年、上海の玉仏寺で仏教関係のシンポジウムがありました。私も参加して玉仏寺に泊めていただいたのですが、寺の盛況ぶりに喫驚しました。なによりもまず、お参りの人がたくさんおられるのです。それも観光で来ているのではなく、本当に信仰で来ておられる様子なのです。中国では布教の自由はないものの、信仰の自由はあるわけですから、お参りすること自体に問題はないのでしょうが、少し前の中国では考えられないことでした。寺の玉仏殿に入りますと、三方の壁面の棚に、信者さんがあげられた日本円で一体数十万円する小さな仏像がズラリと並べられていて、壮観でした。また、寺の朝課（朝の読経）に参加させていただいたのですが、朝六時から一般の方がお参りに来て、脇のお堂で祈禱をやっていました。朝課が終わってから、何をしているのかなと思って見に行きましたら、お堂の前にバケツや網が置いてあり、その中に生きたウナギや亀や貝が一杯入れてありました。不殺生を教えるお寺ですから、もちろん食べるためのお供え物ではありません。祈禱のあと放生して功徳を積むための生き物だったんです。売っている人に、こんなところで金魚を売ってどうするのかと聞きましたら、クリークに放生して放すんだ、とのことでした。私たちが放生した金魚を、売っている人がまた取ってきて売るんですから、究極のリサイクルなんですね（笑）。通訳の人に、何でこんなことをしているのかと聞きましたら、死んだ後が怖いからだと言うんです。日本人より、はるかに宗教的だなと感じました。中国では、そういう死後に対する恐怖感と言いますか信仰が、時代や政治体制に関係なく、いまでも生き続けているわけです。

もちろん、こういった信仰の基盤は中国だけではなく、日本を含めた人類共通のものでしょうし、宗教としての禅宗が中国や日本で受け入れる素地でもあったと思います。ただ、教外別伝といって経典の権威を重視しない禅宗が、従来の教学系の仏教と対立競合しないで根付くためには、それなりの努力が必要で、思想的には宋代以降の中国禅に見られるように、教禅一致論などの融合的な立場が強調されることになります。

日本に宋代の禅を移植した僧侶たちも、すでに地歩を固めていた奈良・平安仏教との軋轢を回避する必要がありました。たとえば、栄西禅師も日本臨済宗の始祖とされていますが、天台宗の葉上派の始祖でもあり、現在、残されている栄西さんの資料はほとんどと言ってよいほど天台系のものです。

鎌倉時代に新しい宗派を開いたとされる宗祖はほとんどみな、大師号をもらっていますが、ただ一人、栄西さんだけはもらっていません。本人が生前に大師号を得ようとして批判され、実現しなかったわけですが、慈円が『愚管抄』で栄西を非難しているように、やはり天台宗との軋轢が大きな原因であったと思われます。

じつは二〇一四年が栄西禅師八百年遠忌にあたるのですが、これを機に栄西禅師に大師号をもらおうという動きがありました。私も大師号の下賜が可能かどうか、宮内庁書陵部の友人などに少し聞いてみたのですが、追贈は簡単だが、はじめてもらうのは非常にむずかしいことがわかりました。いろいろな条件があるようなのですが、なかでも栄西の教えが、今も宗教として日本社会で機能していて、多くの人がそれを信奉していることを証明することが必要らしいのです。もちろん栄西さんは臨済宗の始祖と仰がれていますし、京都の建仁寺や博多の聖福寺など、栄西さんが開いた寺は少なくないのですが、今の日本臨済は栄西さんとは法系上、まったく関係ありませんし、いざ栄西の思想はと聞かれると、『興禅護国論』の存在は思い浮かびますが、これが独自の禅思想を展開したものかといえば、かならずしもそうではないように感じます。というより、教外別伝の禅そのものが実践的な側面が強く、教学的な思想性がないというか、希薄なのではないでしょうか。

天野　そうですか。思想性がない。それはいささか意外ですね。

野口　もちろん、語録には「平常心是道」とか「無事是貴人」といった禅の教えはあるわけですが、禅といえば「無」であり、とくに日本では、「三祇劫空（さんぎごうくう）」的な発想で、禅の修行を積めば悪業がすべてなくなり、死後は無であり、地獄に落ちることもないといった方向性が受け入れられたわけです。武士は戦場で敵を殺さなくてはならないわけですが、人を殺して不殺生戒を破ったとしても、それも無になるという発想です。そこまで強烈な禅に対する利益の意識は中国にはないように思います。

中国文化としての禅

天野　日本と中国とのあいだには、宗教的な風土の違いがあるということですね。原田さんからは、中国と日本では、文化に与えた影響という点でどう違うのかという問題も出されていますが、だいたい今のようなことでよろしいでしょうか。それはいささか意外ですね。

野口　中国の禅宗は、インドから来た仏教を、ある意味で中国化したものですから、禅は中国独自の宗教であり、禅そのものが中国文化といってもよいかと思います。それが伝えられた日本では、禅宗はあくまで外来の文化であり、大陸の高尚なものとして高い価値づけがなされていました。日本中世では中国宋元代の書画や詩文も、さらには朱子学といった宋代儒学思想も、禅といっしょに輸入されたわけで、禅は最先端の文化だったわけです。江戸期の黄檗宗も同様で、隠元隆琦は明末清初期の中国の臨済禅を、「臨済正宗」として日本に持ち込み、当時の臨済・曹洞の日本禅宗におおきな変革をもたらしますが、彼は日本で四千首を超える詩偈や六百点近い題賛を求めに応じて作っており、墨蹟も含め文芸方面で好事家からもてはやされていますし、黄檗唐音による耳新しい読経や、斬新な法要の様式、寺で使用する木魚・警策の道具類など、新しい文化を持ち込んでいるんです。

　つまり、禅は中国文化を代表するものだったわけで、日本人は中国に対する憧れというか、尊敬の念をもって、禅を外来文化として取り込んだんです。ですから、日本から中国へ渡った入宋僧、入明僧は、もちろん求法のため行くという側面があったことは否定しませんが、多くの場合、禅の本場に行って「箔付け」するという要素が大きかったと思われます。中国へ渡った禅僧は、五山十刹などの名僧に参じて、頂相や法語をもらって、後生大事に持ち帰っていますが、これも帰国後、日本で寺院に住持するときの「箔付け」のための証拠という側面があったのでしょう。

意地悪な見方をすれば、そもそも中国や日本の禅宗の僧侶が純粋に宗教的な動機で出家したかどうかも疑問です。とくに中国で南宋時代に五山十刹制度が制定されてから、僧侶の名誉欲と上昇志向を刺激して、出世争いを助長することになりますし、元朝の中峰明本やその一門が大刹への住持を拒んで庵居を通したのは、当時の中国で大刹の住持となっている僧侶が、かならずしも名僧とはかぎらなかったことを裏側から示しているように思えます。

文化といえば、禅は出版にも大きな役割を果たしています。中世における五山版の存在もそうですし、江戸期における『黄檗版一切経』の出版も忘れられません。ただし、これらの出版事業も、かならずしも純粋に宗教的な動機からのものとはかぎりません。『黄檗版一切経』の底本となった中国の『嘉興大蔵経』は、数多くの禅僧の語録が入れられていますが、語録を在世中に出版することが、明末清初期の中国禅門の流行であり、たとえば隠元には大小四十三種類もの語録が存在しています。当時の中国では、語録の出版は、その禅僧が立派だったことを証明する権威づけという側面もあったのです。隠元が妙心寺開山の関山慧玄禅師に語録がないことを聞いて、最初は関山を卑下したとされるのも、このような状況があったからです。しかも、莫大な量の禅僧の語録が残されているものの、元朝以降の語録は、ほとんどが紋切り型の上堂や法語が並べられただけで、「述べて作らず」の中国の伝統なのかもしれませんが、目新しくて面白い内容の文章は、ほとんど載せられていません。日本の語録は、なおさらです。とくに日本では、禅思想の研究に役立つ資料が少ないような気がします。

あと、付け加えるなら、文化的側面で忘れてはいけないものに、葬儀の問題があります。冠婚葬祭は先秦以来の中国文化における大切な要素ですが、中国宋代の禅宗は儒教の様式を取り入れて位牌を作るなど、独自の葬儀様式を調えます。『勅修百丈清規（ちょくしゅうひゃくじょうしんぎ）』にある「住持遷化」の章を見ていただければわかりますが、これも禅宗が日本文化に与えた大きな影響だと言えます。

黄檗禅の渡来と受容

天野　いまのお話しでは、禅には思想性が希薄で、、とりわけ日本の禅にはその方面の文献が少ないとか、また、葬礼にかかわるようになったのは、中国の宋代からだとか、いろいろな問題が提起されました。

末木　いえ、文献がありすぎるんですね。だから矛盾しているんですね。

天野　禅の思想はもちろん大きな問題ですが、話題をさきほどの末木先生のお話しに戻しますと、そこでたいへん印象深かったのは、禅という大きな器の中に儒学など中国のいろんな文化が入ってきたということでした。さきほど申しましたように、このプロジェクトのメンバーは、日本の、とりわけ中世日本のいろいろな文化の研究に携わっていて、広く言えば、文化と禅との関係を考えることが、プロジェクトの目的です。末木先生のお話しで印象的だったのは、日本では禅という枠組みのなかに文化があるという形で禅の受容がなされたということでした。私などは、どうも禅をそれ自体の純粋なものと考えていたところがあります。具体的には、思想とか、信仰とか、そういう純粋なものとして禅をとらえてきたと思うんです。これは大いに反省させられました。もっとも、中国ではだいぶ様相を異にしているということですが、日本における禅と文化の関係ということで、何か補足をいただければと思います。

末木　そうですね、まあ、中世と近世は変わってくるんですが、今、お話が出た黄檗の場合は近世ですが、海外と交流が制約される中で、黄檗という形で中国の文化が全部載って入ってくるわけです。書画から飲食まで、いわば中国の生活がそっくり輸入されます。その意味で、やはり近世での黄檗が文化全体に与えた影響というのがものすごく大きいんですね。当時、ヨーロッパの南蛮貿易も同じように制約されていますが、日本人にとっては、まだなじみが薄く、いかにも異国的です。それに対して、中国は日本の文化の源流という意識がありますので、中国のほうが親しみが持て、切実な要求が大きい。今の日本人にとってのアメリカとかヨーロッパの文化への憧れと同じようなものが、南蛮文化へ向かうんではなくて、たぶん中国のほうへ向かっていったと思います。そういう意味で言えば、やはり近世の黄檗まで、そういう性質を持ち続けていただろうと思います。そのうちに、ヨーロッパの科学に目が開かれ、そちらが注目されるようになるわけですが。

禅を対外交流史の視点からみる

荒木　朱子学以前の宋学が、禅僧を介して受容されたということもありますね。問題は多様ですけれども、さきほどから話題に出ている文化交流史というのは重要です。私も、素人ながら、興味深くその研究のめまぐるしい進展の状況を参照しているのですが、たとえば中国との情報交換は、十世紀後半の奝然の入宋と帰国を一つの画期として、源信の『往生要集』など、日本撰述の本を遣宋するような潮流も生まれる。それは「唐決」に連なる営為で、bookish な交流ではありますが、中国にこちら側の解釈を問い、さらには日本撰述の本を読んで評価してもらおうという、インタラクティヴな形で学問形成を果たそうという志向になっています。源信の一世紀後には、成尋に代表される入宋僧の活躍と文物交流があった後、十一世紀前半に入宋僧は一時期途絶え、そして十二世紀後半になって、重源・栄西の時代以降、爆発的に渡来が盛んになる。そのなかに禅が含まれるわけですが、禅の場合は、建前としてでしょうけれども、不立文字で、書物を超えたところでの交流ということになりますね。そして現実に中国からお坊さんがやってきて、その人を全人的に理解する必要がある。入宋ではなく、入日の僧たちがやってきて、日本の仏教を導く形で新しいインタラクティヴが成立して、実際、仏教の形がおのずと劇的に変わらざるをえない。私、鈴木元さんのご研究などに触発されつつ、「和歌陀羅尼」観などの転変を考察したことがあるんですが、十三世紀に入ると、密教的な流れとは別に、不立文字的な禅宗の衝撃みたいなものがあり、和歌陀羅尼論のような文学観を大きく変えていくように思うのです。禅が来ることで、何が最も変わったのか。大きな変化はどういう印しとして見極められるのか、ということなんですが。現実世界で実現した対外交流の中で、本だけで考えていたことが、直接、人が行ったり来たりして、日本で、すっと体得できるようになる。いわば百聞は一見に如かずで。一般的に、かつては、入唐求法の僧であったのが、入宋僧になると求法ではなく、巡礼僧に変わっていった、という指摘がありますね。前代においてそのように、中国に対するこちらの気楽さ、といったらなんですけれども、文化の交流のハードルが少し低くなっているところへ、禅のような、まさにお坊さん全体を理解しないとわからないような宗教が到来する。そしてまさに、そのお坊さんが、中国語をしゃべる中国人であること。たとえば「和歌陀羅尼」観のような言語観にとって、それは決定的な転換であるようにも思います。まとまりの悪い質問ですが、このように中国僧がやってきて宗教の骨格を形成する、ということのもつ意味は、そもそもいかような文脈を持ち、変化をもたらしたものなのでしょうか。

天野　たしかに、中国の僧が大ぜい日本にやってくるという現象は、他の仏教にはあまり例がないようで、これは禅特有の現象と言ってよいのでしょうか。

末木　そうですね、たしかに……。

天野　僧がしかも大量に渡来してくる、そこに禅を考えるポイントがあるようにも思えますね。

末木　今の荒木さんの話の補足なんですが、たとえば栄西が行ったという時というのは、最初はそれまでのような巡礼を意図して行きます。栄西の場合は、二回入宋しているのですが、一回目は巡礼として行くわけです。半年で、お寺回りをして見るべきところは見たからと言って帰って来ちゃう。二回目は四年間、足かけ五年くらいですが、非常に長期にわたってお寺に入って修行するという形を取って、その二度の入宋の違いというのが、まさにちょうど時代の転換点を作ることになります。そうして、自分が身に付けてきたものを今度は伝えるんですね。ただその時の伝え方が、『興禅護国論』を見ればわかるように、実は「興禅」といいながら、禅のことはあまり書いていないんです。ほとんどが何かというと、要するに戒律、つまりいかに中国のお寺がきちんと正しい規則に則っとり、戒律に従った生活を行っているかという、戒律の問題として問うんですね。これは道元の場合なども同じです。道元は只管打坐で坐禅だけに見えるんですけれども、むしろ道元もかなりの要素として生活規律を受容してくるわけです。そういう意味で言えば、入ってきたものは決して禅だけではなくて、とくに、初期に入宋した人たちは、泉涌寺の俊芿（しゅんじょう）などが典型ですが、戒律の要素が強いのです。日本から入った僧の場合は、さらに重源なんかを見ると、もっといろいろな要素が入ってくる。重源が実際に何を学んだのかよくわからないけれども、後の東大寺再建などを見ると、建築をはじめとする新しい技術を学んできていることが知られます。このことは、奈良時代頃までの初期の仏教の伝来と同じで、当時も仏教は科学技術を含めた最新の知識の総体でした。院政期から鎌倉期頃は、その中で禅宗が最も華やかな最新仏教としてもてはやされたわけです。もっとも入宋僧ではなく、中国からの渡来僧の場合どうであったかというと、そのあたり私も十分には調べていないのですが、彼らは京よりも鎌倉のほうで定着します。渡来僧の衝撃というのは何だったのだろうか。日本側は彼らを禅僧として受け入れることで、何を求めたのか。このあたり、もう少し検討の余地がありそうです。

天野　書物では足りない、やはり人が必要だったということになるのでしょうか。

禅における戒律

末木　ただ、戒律の問題というのはやはりかなり大きくて、それがもっと一緒に入ってきて、インパクトを与えてもいいはずですが。日本のほうでも、叡尊（えいそん）・忍性（にんしょう）らの真言系の律宗が新しい戒律復興運動を起こしますが、彼らは、戒律を守って寺院に籠るわけではなく、むしろ積極的に社会に出ていき、さまざまな、今日的に言えば「社会参加仏教」の実践を行なうわけです。よく「禅律僧」と言われるように、禅と律とは密接に関係していきます。ただ、そこには、鎌倉初期と後期とでは、かなり事情が変わってきて、一概に論じられないところがあるかと思います。

原田　いろんな事情がありますよね。

末木　いろんな形の影響があって、多面的ですね。

野口　栄西さんは戒律の復活を目指して布薩会を行い、いまでも建仁寺で長時間にわたる大布薩（ふさつ）会が行われていますが、道元さんも建仁寺でこの布薩会を学ばれており、いまの永平寺でも大布薩会が行われています。同じ形式での布薩会を行い戒律を重視しながら、積極的に社会に打って出た栄西さんと、都を離れて引きこもった道元さんと、禅僧としての色合いが違うのは面白いかと思います。

末木　人によってはそうですね。

原田　今の戒律の話ですけれども、中世寺院の年中行事を考えるために、『興禅護国論』を読み直してみたのですが、栄西の主張は戒律の復興であり、それはインド以来の戒律を日本に持ち込むのではなく、中国禅林の清規を導入する必要性を説いていると言えます。

末木　そうですね。中国でも、具足戒は実情に合わないというわけで、授戒の儀式に用いられるものの、実際の寺院の規則は清規に拠ることになります。例えば、もともとの戒では生産活動など禁じられていて、禅寺の生活とはかけ離れています。

原田　その中国的な寺院生活規範である清規を持ち込むことによって、戒律を遵守するという発想ですので、清規自体が中国の禅宗で編纂されたものだから、結果的に禅宗が入ってくることになった……。

野口　もちろん『清規』には得度授戒がありますから、戒という言葉は出てきますが、思想的に戒はそんなに特異な形で出てこないと思いますが。

原田　栄西の発想では、そもそも中国ではきちんと戒律を守っているとみなします。清規に則ってお坊さんが生活をしているからであり、それに対して日本はそうじゃない。だから禅宗が必要なのだという論理です。

野口　中国では元朝の高峰原妙（こうほうげんみょう）に顕著なように、戒律を遵守する傾向にありますね。

末木　そのとおりですね。授戒システムの上に成り立っているので、仏教がどんなに変わっても、その原則は壊れない。

野口　戒律は一度受ければそれでよいというわけではなく、実際に守るということが大事ですから、布薩という反省会があるんです。つまり、戒律は頭で学ぶというより、やっぱり繰り返し繰り返し反省しながら実践できるよう、自分の身にすり込むということでしょうか。

原田　そこでやはり栄西あたりが本来の戒律を禅宗の清規と読み替えて、日本へと持ち込んでくると考えられます。

末木　はい。その面はあると思います。ただ、戒と清規はセットになっているもので、それが混同されることはないと思います。

原田　中国ではきちんと法に則って生活しているのだから、日本でも禅宗を導入して、寺院生活のありかたを変えていこうとしたと言えます。

福島　栄西をはじめとする戒律復興主義者たちが、中国から禅僧たちを呼んだということなんですか。

原田　招聘の問題はちょっと違うかと思いますが。

末木　ちょっと違いますね。

天野　こちらから行くというのは、ごく自然にわかるような気がしますね。留学ということで。

末木　そこでもう一つ考えるべき問題は、やはり、京都を中心とした仏教の受容と、鎌倉の方での受容というものとが、仏教全体に関しても禅に関しても、たぶん違うだろうということですね。都のほうではたぶん、中世前期の禅というのは聖一（しょういち）派系統が断然大きかったのだろうと思われます。というよりも、ほとんど聖一派で席巻されていた。そこでは、禅は密教と密接に習合して受容されました。最近、密教に関しても、円爾（えんに）には独自のものがあるということが言われていて、決して従来のままの密教というわけではなく、禅密のあり方が総体として新しいものであったわけです。誤解されるように、決して禅がまだ十分に理解されないために、密教の中に取り込まれてしまったとか、禅の普及のために、古い仏教である密教を利用したというわけではありません。もっと本質的な統合であったと思われます。

それに対して、たぶん鎌倉のほうの禅は一見渡来僧による純粋禅のように見えますが、それほど単純なものではなくて、幕府のいわば統治システムの中で、うまくそこに入り込んでいくような形で禅を持ちこんでくるということがあったのではないかと思います。むしろある意味では、宋から持ち込まれた仏教の中の、ある部分だけがクローズアップされてくるような、そのような禅の形態だったというように考えられます。つまり、禅が総体性を持たず、一面だけを切り取られたような感じです。そのように、京都のほうと鎌倉のほうの違いというのも、一つ考えるべき問題かと思います。

禅の呪力

天野　いまのはたいへん重要な指摘と思いますが、次に荒木さんの発言のなかにも触れられていた鈴木さんからの質問に移りたいと思います。鈴木さん、お願いします。

鈴木　このプロジェクトで報告するということで、あらためていろいろと和歌・連歌と禅との関係について考えました。けれども、結局行き着くのは、何をもって禅と言えるのかということを何らかの形で確定しないと、いくら先行研究をまとめたり調べたりしてみても、行き着くところがよくわからない。それで結局、今回の共同研究の中に示されていますように、禅というのが他宗派にない力というものを持っていたとすると、それはどういう所に見るべきなのか、あるいは禅が日本の中世社会に及ぼした最も大きな転換というものがあるとするならば、それとはいったい何なのかということをぜひお聞きしたいと思います。

末木　まず言えることは、今おっしゃったとおり禅だけを孤立させて見るということは、基本的にできないということです。トータルな運動であって、しかも少なくとも中世前期においては、宗派という固定化というものはほとんどなくて、今見られるような宗派化した仏教の形態で考えると間違ってしまう。ですから、禅だけという特殊なものはない。その中である方向性というか、ある部分的な運動ということだと思います。ただ、さらにその後の中世後期にかけての禅の特徴というものを仏教の中で挙げるとすれば、さっきから話していますように、中国から入ってくる最新の文化ということであって、したがって知識層がそれにかかわっていく。ある程度単純化して考えるならば、禅が他と違う要素は、一つはやはりそういった舶来文化として知識層の中に定着していったことは大きいし、それが今度は近世の儒学につながっていくわけです。一つはそういうところにあるかと思います。ただ、それが一般に、「臨済貴族、曹洞土民」と言われますけれども、中世の半ばから相当一般に拡がっていく面があるのですが、それでは、庶民の中にどのように定着したかというと、おそらく禅の持つ呪力が大きかったと思われます。いわゆる禅定力で、かつて密教僧が持っていた力を、もっとストレートに禅僧が示した。瑩山の禅が広まったのは、そのためだと言われますが、これも、だからと言って不純だというわけではなく、その強力なパワーも禅の本質だというべきでしょう。

天野　鈴木さんの場合は文学研究という立場からのご質問だったわけですが、同じような質問が歴史の大田さんの方から出ています。

「宗」概念の変化と国家

大田　お話にありました末木先生の仏教史学会のご講演を拝聴しておりました。そこでは、それまでの顕密仏教の特権性が、南北朝～室町期に消失するという趣旨のお話をうかがい、個人的にたいへん心強く思いました。

私は日本史の視角から中世後期の顕密仏教について考えているのですが、おそらく仏教史だけではなくて、日本史全体においても中世前期と後期の違いを何に求めるのか、あるいはどこに画期を設定するのか、というのは大きな問題になっています。そもそも、中世前期／後期という捉え方自体に再考すべき点があると思うのですが、それではどうするのかというと、有力な対案が出ているわけでもない、というのが現状です。数百年を一括りにして中世仏教と考えるのか、時期区分を設けるべきなのか、このむずかしい問題を考える上で先生のご指摘から大きな示唆を得ました。

その上で、さらにお伺いしたいのですが、ご指摘のように十三世紀に「諸宗論」が盛んになっていくなかで顕密仏教が相対化される、たしかに教学の世界ではそうした面があると思います。一方で、十三世紀というのは、国家によるいわゆる「弾圧」が集中する時期でもあります。この両面、すなわち教学のなかで「宗」の概念が捉えなおされる現象と、実際の社会・国家と仏教の関係の変化は連動しているのか、あるいはなんらかのズレというか違いがあるのでしょうか。先生は、ご論考のなかでは、あくまで教義面に限定した見解として慎重に論じておられますが、実際の社会・国家との関係のなかで、「宗」はどのように展開していくとお考えでしょうか。中世前期から後期への変化を図式的に示された概念図は静態的にはよくわかるのですけれども、もう少し動態的にと言いますか、今日のお話のなかでは、南北朝・室町期以降「宗派化」していくとおっしゃいましたが、そのあたりの動きについて詳しくお聞かせ願えたらと思います。

末木　そうですね。宗の概念そのものが、ずっと十分に検討されてきていなかったんですね、近代の研究の中で。中世、あるいはもっと古い時代から、今の宗派と同じようなものがあるかのような前提で研究されてきた。特によく言われてきたのは、平安時代は学問的な宗だけれど、鎌倉期になると、もう信仰の宗教が出来上がるかのような形で宗派史が成り立つかのように見られてきていたのですが、少なくとも中世前期にはそういう宗派概念というものはまったくない。それが南北朝期ぐらいから、少しずつ出てくる。だから宗論のようなものが出てくるのだと思います。そのあたりでかなり変わってくる。しかし、中世後期になっても今の宗派と同じになるのかというと、そうは言えない。今の宗派というのは、完全に制度化されて、誰が何宗というのが全部登録されるような形で、一人一宗に属するわけですけれども、それはせいぜいのところ近世になるわけです。それを中世の前期にまで遡らせるということは絶対にできない。ただそれでは、たとえば栄西が『興禅護国論』にあるような「禅宗」を主張し、法然が『選択集（せんちゃくしゅう）』で「浄土宗」の独立を図る時も、「宗」というのが何を指すのかよくわからないままで来ていました。とくに法然の『選択集』というのは、今までの常識的な考え方では、それでもう「浄土宗」という宗派が出来て、それがそのまま後世に続いていくという捉え方をされてきたのですが、そうではないと思います。法然の意識というのはそうではなくて、ちょうど栄西の場合に似ている。栄西は『興禅護国論』を書いたからといって、決して禅だけということでやったのではなくて、禅の立場も一つの立場としてありうるということを主張しているのです。ですから、自分は密教も継続してやっているところもある。一種の兼学可能な、要するに今日、大学で他の学部や学科も一緒に勉強してかまわないのとまったく同じような感じで考えるのがよいかと思います。そういう意味でいわば一つの学科として禅が確立した、そういうものとして禅が新しく入ってきたと、そう考えるほうが、栄西の場合いいわけです。法然の場合も、今まで理論的な体系として浄土宗というのがなかった、それを、今までの八宗と並ぶようなものとして、浄土宗というのも理論的に体系化されうるということを示したわけです。ですから、やはりいわば浄土学科の成立のようなもので、そういうものとして提示されたのではないかと思うのです。ところがそこから出てきた法然の教団がどうだったかというと、法然の意図と少しずれが出てしまった。明恵の『摧邪輪(さいじゃりん)』の中に、「大宗」「小宗」という言いかたをしていまして、それにぴったり当てはまるかどうかわからないのですが、「小宗」というのは学問的なものであって、それに対して「大宗」というのは看板を掲げてそこに人が集まってくるというような、そういうものだという。明恵は、法然がそのところで混乱しているじゃないかというような批判をしている。そんなこともう一度考え直してみる余地があるわけです。そういうわけで、いわば理論上の宗の問題と、それが集団化した場合の宗の問題と――それはまさしく大衆の「衆」となるわけですね――その問題になってくる。そうであっても、今日の宗派のように固定した形で登録されるものとは全然違っているわけですね。要するに出入り可能だし、他との兼修が可能です。そのように、いくつかの宗派概念というのを混乱してしまって考えているところがあるのではないか、と思います。

天野　伺っていて、臨済僧に取り囲まれていた室町将軍の義満や義持の愛顧を受けた世阿弥が曹洞禅に帰依していることを思い出しました。大田さんのもう一つの質問は、宗派の概念が社会的な存在としての集団＝「衆」となった結果、国家や社会との関係がどうなったのかということでした。

末木　そうですね、たしかに、国家と禅がどう関わっていくのかというのは大きな問題です。中世前期においては、基本的に言えば国家と直接結び付くのはいわゆる顕密と言われるような流れが中心だったことは間違いありません。その中で、とくに新来の禅がどう中枢とかかわってくるのか。たとえば院政期頃とすれば、院や平氏の動きがどうかかわるのかという問題もありますし、さっき言ったように、幕府と朝廷と、よく二つの王朝と言われますが、そのような体制ができた場合、鎌倉のほうの宗教観、仏教観というのとは、どうも京都とはちょっと違うと思います。ただ、南北朝期を大きな転換点として、室町期になってくると、禅が政治的にも大きくクローズアップされてきて、そのあたりが非常に大きい切れ目ということになりますね。

大田　たとえば先ほどのお話にありました「中国では王朝が変わると民族も変わるので、文化・宗教に大きな切れ目ができる」という現象をふまえますと、平安初頭から鎌倉段階までは、朝廷といいますか天皇が「勅許」によって顕密仏教を「宗」として公認していた時代とすれば、室町の段階で、実体的には武家権力――われわれは室町殿と呼ぶのですけれども――という朝廷とは異なる権力が国政を担う立場になったときに、それはかならずしも顕密仏教の正当性を保証する存在である必要はなくなるわけです。そうなると、王法としての政治権力が交替したという点も、国家と宗の関係の変化に影響しているのではないか。鎌倉時代は幕府が朝廷と一緒に念仏を弾圧したりしますけれども、室町時代にはそういう法令はまったくといってよいほど出ないですね。禅宗や浄土宗の登場による顕密仏教の相対化や社会的影響力の衰退といった仏教側の動向のみが変化の要因なのか、あるいは国家構造の変化という側面も大きいのではないかとも思います。

末木　ちょうど室町ぐらいが転機になるのは、後醍醐の護持僧として文観（もんかん）がいますね。それが顕密の、言ってみれば最後の輝きとして出てくる。同時期に、もう一方で、夢窓なんかが新しい勢力、幕府と結び付いている。そういう関係で文観と夢窓をセットとして見ると、南北朝期の転換のダイナミックな動きが見えてくるような感じがあります。仏教界の転換を象徴するような感じがいたします。

禅僧と詩作

天野　その流れの中で、もう少し時代が下ってくると、そこに世阿弥がいるということでしょうか。ちょっと話がとびますが、中本さん、今日は欠席なのですが、中本さんから、五山文学をどう評価されるか、という質問が出ています。これはいかがでしょうか。

末木　大事だと思いながら、ほとんど勉強していなくてお恥ずかしいんですが、やはり知識人の文化として、重要なものであろうと思います。社会的に浄土信仰のようなものが民衆の中に拡がっていく中で、禅の文化は、先ほどから申し上げているように中国から持ち込んできたいわば最先端の文化を受容してこなしていくような、そういう機能は大きいものを持っていたのだろうと思います。この点の検討はこれからの課題にさせてください。ただ、それが中央の文化であったと同時に、地方にも拡がっていくということがあるわけですね。例えば、五山版の普及など、随分広くまで及ぶ。そうすると、単なる都だけの文化ではなくて、それがどうやって地方に浸透していくかというような、そういった問題がありますね。

天野　禅僧が詩を作るというのは、中国からの伝統なんですか。

野口　詩と偈とは本来は違うと清朝の毛奇齢が言っていますが、元朝の古林清茂（くりんせいむ）の詩偈運動にもみられますように、禅僧が詩偈を作るのは中国以来の伝統です。ただ、禅僧の詩にしろ、中国・日本の五山で疎文を作るときに用いられた四六駢儷文にしても、禅宗の文化かどうかを分けて考えるのは不可能ですし、無意味だと思います。禅宗は当時の中国文化に深く浸透していましたから、宋代以降、中国の文化を輸入しようとしたら、もれなく禅宗が付いてくるんですね。

末木　そういうことですね。

原田　禅宗というパッケージの中に含まれるのでしょう。

野口　朱子学も禅僧が伝えるわけですが、なんで禅僧が伝えるのかなと思います。だって、禅宗の悪口ばっかり書いてあるのですから（笑）。

原田　中国では、禅宗という宗派自体の文化人への影響というのはどうだったのでしょうか。

野口　禅に批判的だった朱子にしろ、好意的だった蘇東坡や黄庭堅にしろ、当時の一流といわれる文化人は、全員禅宗にある程度のかかわりを持っていますよね。蘇東坡には『東坡禅喜集（とうはぜんきしゅう）』がありますし、蘇東坡や黄庭堅の詩文は五山文学で利用されています。

末木　中国の知識人にとっては、禅寺というのは、山にあったりして、景勝地にリクリエーションというか息抜きというか、いわば郊外に遊ぶような感じで行ったところもあったのでしょう。ふだん官僚として儒学に縛られて煩わしい実務をしているのが、少し俗事を離れてみたいというような感じで禅僧と交わるということがあったということでしょうか。禅僧は、世俗の秩序にとらわれない「方外の士」であったわけです。日本の場合、それと逆に禅というのが超世俗でありながら、世俗そのものの中核をなしていくような、そういう違いがありますね。

禅と天台教学、栄西と道元

天野　五山文学をどう位置付けるかは、たいへんな問題ですので、これくらいにしましょうか。中本さんのご質問についても、あるていど、いまのお話しの中に回答が含まれていたと思います。あと、禅と天台教学との関連ですとか、渡来僧が栄西・道元の言説をどの程度知っていたかということ、これらについてはいかがでしょうか。

末木　はい。先ほどお話ししたように、栄西から円爾という流れですが、円爾系の聖一派はきわめて重要と思います。円爾の弟子に癡兀（ちこつ）なんかが出て、そこでまた少しずつ変わってくるということがあります。ただその場合、栄西の場合でも、確かに天台教学を重視はしていますが、密教の問題となると、東密・台密の区別はないですね。栄西の書いたもので見るかぎりは、やはりこのような密教の問題が大きいかと思います。その後の円爾から癡兀の流れも、教学としての天台教学というのはあまり正面には出てこないですね。中核になるのは密教です。『渓（けい）嵐拾葉集（らんしゅうようしゅう）』なんかになると、天台教学と禅の問題が出てきていますし、真福寺の資料でも、密教ではなくて、天台教学のほうの止観と禅の問題を取り上げたようなものもあります。ですから、そういう教学も無関係ではなく、それらすべてがもっとも総合されていた典型が無住でしょう。

それから、二番目の問で、来日した禅僧が、栄西・道元を視野に入れていたかどうかですが、それはないのだろうと思います。

天野　これはわれわれ日本人だからこそ浮かぶ疑問だったようですね。

末木　だいたい日本人であっても、道元が受け容れられていたのは狭い範囲ですし、栄西のものにしてもほとんど読まれていなかったと思います。『興禅護国論』など古い写本もないですし、栄西が、禅の将来者としてはっきり位置付けられるのは、『元亨釈書（げんこうしゃくしょ）』からだと言われます。ですから、日本人でも、当時禅を考えるのに、栄西というのはほとんど問題にされていなかっただろうと思います。ちなみに、栄西と道元の関係ですが、従来思われている以上に、思想的な関係が深いと思います。道元は真実の仏法を求めて、それを請来したのであって、禅宗を興したわけではありません。その志向するところは栄西と同じです。決して「純粋禅」などではありません。

禅と密教、禅と神道

末木　それから、禅に対する理解度ですが、癡兀なんかの系統が、醍醐寺の三宝院流などの密教と深い関わりを持っていきます。ですから、相互関係、相互理解も進んでいきます。そこで、頼瑜（らいゆ）なんかですと、『顕密問答抄』などで正面から禅密の優劣を問題とする。当然頼瑜の場合禅を批判するわけですが、そういう形で、密教の中でも禅が問題にされていた。というか、禅と密がある意味では実践的に近いところがあるので、そうなると、禅が次第に勢力を持ってくることに対する危機感が、密教のほうでも強くなるんですね。

　ほかの方の質問にあったと思うんですが、夢窓をどう見るかという問題が出ていたと思います。夢窓の場合、どう違うのかというと、円爾とか癡兀と比べてみるとわかるのですが、聖一派系ですと、禅と密教はもともと由来の違うもので、独立したものを両方学ぶという感じですね。密教は密教のほうで教えを受けてくる。禅は禅で学んで、それを結び付けていく。ところが、たぶん夢窓あたりで大きく転換していくのが、密教的な要素があるとも言われるのですが、密教独自のものとして学んでいないんですね。禅の中で包括された密教です。それは瑩山（けいざん）なんかでもそうですが、よく瑩山は密教的だと言われるのですが、やはり密教そのものを学んでいるわけではないと思います。そういう意味で言えば、禅がそれ自体の中に密教的な役割を持つようになってくる。禅には禅定力というようなスーパーパワーがあって、魔とか妖怪とかいろんな恐ろしいものを調伏することができる。そういう呪的なパワーを発揮できるのであって、かつて密教が果たしてきたような役割を、禅が果たすようになっていくわけです。先ほど言った知識人としての禅の一方で、とくにこれが民衆の中に入っていく場合の決定的な力となっていきます。密教の複雑な伝授を受けて、難しい法会修法ができるようになって、そこではじめて呪力を発揮するという、面倒な手順を踏む必要がなく、禅の力の中に呪術的な要素が取り込まれてくるのであって、そのあたりが密教側が危機意識を持っていたのではないかと思います。

天野　川本さん、そのあたりのこと、あらためて何か。

川本　夢窓と密教との関係の質問を出した川本です。そうしますと、禅の中に密教的な役割が取り込まれたということになると思いますが、そういう取り込まれかたというのは、先ほどありましたような、禅の中に朱子学が取り込まれていく場合の取り込まれかたと似たようなものなのでしょうか。

末木　そうですね、ただ、朱子学的な要素というのは、実践的な問題としてではなくて、最初から知的な、まさに書物のうえで導入されてきます。それにくらべて密教的な要素というのはむしろかなり実践的な形であって、そういう意味で野口先生におうかがいしたいのですが、いわゆる「楞厳呪（りょうごんしゅ）」みたいなものが禅の中に入ってきますね。あれは中国ではどうなのでしょうか。

野口　「楞厳呪」は呪文ですから、これを唱えること自体、密教的なんだと思います。禅宗で「楞厳呪」より頻度高く禅宗で読まれている「大悲呪（だいひしゅ）」は、病気治療がご利益の中心ですから、現世利益に傾いてしまっています。もっとも、すべては修行成就のための補助手段という見方もできるわけですが。その「楞厳呪」や「大悲呪」の読誦は、『勅修百丈清規』で規定されてますから、日本ではなく、中国禅門で始められたものです。

その他、日本の禅宗では大般若祈禱というものもやっています。もともと、天台宗など密教系の行事ですよね。あと「仏頂尊勝陀羅尼」というものがあります。これは中国の禅門ではまったく読まれていないお経ですが、日本では、『大鏡』や『今昔物語集』にも出ているように、禅宗以前に、平安時代から盛んに唱えられていたものです。日本の禅宗が真言・天台の密教系で唱えられていた「仏頂尊勝陀羅尼」というお経を取り入れたもので、寺の鎮守である日本神道の神々に回向するときに使われています。博多にある日本最初の禅宗寺院とされる聖福寺では、昭和五十年代まで正月に「灯明帳」という独自の文章を唱え、護摩を焚いて「火除けの祈禱」が行われていました。歴代住職は近くにある東長寺など真言宗のお寺に行って、きちんと護摩祈禱の方法を学んでやっていたそうですが、都合で中止になってしまいました。一度、復活させようと相談したのですが、ダメでした。一度伝統が途絶えると、元に戻すのがいかにむずかしいことか、実感したものです。

天野　神祇のことが出てきましたが、高橋さんから出ている二つの質問の一つが、禅と神道説との関係ですね。

高橋　癡兀に始まる安養寺流が神道説に関わっていくのは、伊勢の安養寺にかかわる特殊な問題と考えていいのかどうか、また、日本文学研究の方では、最近、小川豊生さんが、禅が神道説に与えた影響などを指摘されていますが、それを思想史的にはどのように評価されるかということをお聞きしたいと思います。

末木　安養寺流の場合、ベースが密教のほうですので、禅の面よりは、たぶん密教の面でのつながりで考えるべきものだろうと思います。禅が神道の中にどう入ってくるのかというのは、たしかに難しい問題ですね。重要なところですが、密教と神道の関わりと、禅と神道の関わりとはちょっと違うだろうという感じがします。密教のほうは、伊藤聡さんの研究などにもありますように、かなりストレートに神道が出てきているので、完全にその流れはわかるのですが、禅の場合、禅の言説が中世にかなり神道の中に入ってくるのですが、それが本質的なところとどれだけ関わってくるのかという問題があります。これは禅だけというよりは、それと一緒に、中世の神道説の中に中国のものがいろいろ入ってきて、太極説が入っていたりとか、五行説ももちろんですが、そういう中国思想のようなものがかなり中世の神道に流入してきます。それが中世神道理論を生む一つの源流と言ってもよいかと思います。ですから、禅だけ特化されて関わっているのか、それとも先ほど出たように、ある意味では禅というのは中国文化のパッケージみたいなものですから、そういう形で、禅のもたらした中国思想的なものが影響しているのか。そういうふうなことで、ちょっと密教の関わりとは違うのかなと思います。

禅と華厳

天野　高橋さんのもう一つの質問は、禅と華厳の関係についてですね。

高橋　これは、天野先生のプロジェクトの趣旨を汲んでの質問ですが、華厳禅と言われているような思想は日本の禅の世界でどんなふうに受け止められていたのでしょうか。というのは、私は禅竹の能楽論に仏教的な観点から注を加えた東大寺戒壇院の志玉という僧の、華厳や律の学問に興味を持っています。渡明して帰国した後、国師号を宣下された華厳の学僧で、足利義教にも戒を授けたという高僧なのですが、その志玉による華厳五教章などについての講義を、瑞渓周鳳といった当時の禅僧が聴聞していることが、『臥雲夢語集』や『臥雲日件録』にみえています。そうした華厳学と禅僧の関わりが、歴史的・思想的に広くみた際、どのように位置づけられるのかということが、気になっているのです。実は、以前に、天野先生が、志玉の肖像が禅僧の頂相を思わせる様式で描かれていることにも触れられているのですけれども。

末木　そうですか。

天野　芳賀幸四郎さんの『東山文化の研究』の扉に志玉の画像の写真が載っているのですが、これが完全に禅僧風なのです。もちろん、そのことは芳賀先生の本では指摘されていますが。

末木　そうですか。華厳と禅の関係の問題は、一つは高山寺系のものがありますが、東大寺系でも、もちろんあってておかしくないことです。華厳の澄観から宗密というのは、非常に深く禅とかかわってきます。たとえば円爾の『十宗要道記』などで取り上げられているような禅の理解は、あれは宗密系のものだという感じが強いですね。それは「霊性」などの言葉が重視されていることからも知られます。道元などは、厳しく「霊性」を批判するわけです。その流れは、天台の本覚思想などの文献にも入っていきます。それが入ってくるルートで『宗鏡録』が日本ではかなり大きい役割を果たしています。それは宗密の系統で、禅教一致の上に立った総合的なものなので、そういう流れがどういうふうに当時の禅に影響を与えたのかは、重要な問題だと思います。

天野　金春禅竹の能楽論に『六輪一露之記』というのがあって、そこで禅竹は自身が打ち出した理論に志玉から注をもらっています。禅竹には禅の影響もありますから、これなどは禅と華厳の融合の例とみてよいかと思います。

末木　そうですか。

天野　能楽論もそうですが、演劇作品としての能にも禅との関係が濃厚に認められるので、先生には今後、ぜひご専門の禅研究のほうからの発言を期待しています。以前、雑誌の『観世』に少し書いていらっしゃいますが、もっと書いていただきたいと思います。

末木　非常に関心があります。

天野　あと残っているのは私の質問ですが、これはいままでのお話しのなかでほとんどお答えいただいているように思います。また、多くの能に「草木国土悉皆成仏」、つまり天台本覚思想といわれる思想が顕著に認められることについて、この言葉が唱えられるようになった時期や、それには「一仏成道観見法界」という条件つきのますね。

悉皆成仏と、無条件の悉皆成仏とがあること、それと能との関係について指摘された論考を書いていらっしゃい

末木　そうですね。とくに禅だけに限られるものではなく、むしろそれこそ本覚思想経由のものでさかんに言われていることでもあります。条件がつくかつかないかはもともとは重要な問題だったのですが、能の時代になると厳密な区別はなくなります。

天野　世阿弥の芸論では「事」を「コト」と読む場合と「ジ」と読む場合があり、後者は禅の影響を受けてから以後ではないかと考えられますが、いかがですか。禅では「事」ということを重視するようですが、そのことを少しご説明ください。

末木　世阿弥のことは存じませんでした。そういうこともあり得るかと存じます。「事」について、仏教での展開を少しご説明します。「事」は「理」と対で使われます。「事」は個別的な事実性で、「理」はそれを貫く普遍的な理法です。この対概念はインドでは必ずしもはっきりしていなくて、中国で大きく発展しました。特に華厳で重視され、有名な四法界(しほっかい)説は、事法界・理法界・理事無礙(むげ)法界・事事無礙法界で、後のものほど高次の見方とされます。通常、普遍的な「理」のほうが「事」よりも上に位置するのですが、ここでは、事事無礙が最高の見方とされています。このことは禅でも受け継がれ、理法よりも事実性を重視する見方が定着しました。日本では、天台本覚思想で「理」と「事」の問題が大きく取り上げられ、「事実相」が「理顕本」よりも上に位置します。「事常住」というのは、あるがままの事実がそのまま永遠の真実だということです。日蓮は、天台の理論をまだ「理」の段階に留まるものだとして、自らはそれが事実において顕現する「事」の立場に立つと主張しました。このように、「理」と「事」ということは、禅に限らず、広く見られるものですが、特に「事」の重視ということが注目されます。

ふたたび宗派意識について

天野　そろそろ最後になりますが、さきほど宗論のことが少し出ました。《宗論》という狂言がありますが、あれなどは宗派意識の現われとみてよいのでしょうか。

末木　それはそういうものが実際露骨にあったということのいい証拠になるのではないでしょうか。あれは成立はいつ頃なのでしょうか。

天野　最古の狂言台本の天正狂言本には収められていませんが、室町時代からあった狂言です。

天野　たしか、明日、宗論の報告がありましたね。宗論についての体系的な研究はあるのでしょうか。

大田　ちょうど明日その話をするのですが、狂言《宗論》や、恋田知子さんが論じられている物語草子など、後に文芸化する作品の題材となったような宗論は、おそらく戦国期に頻発した宗論の在り方で、その代表が著名な「安土宗論」でしょう。古くは辻善之助氏による網羅的研究があります。しかし、そこから遡るとなると、十世紀の「応和の宗論」まで一気に行くわけで、こちらは教学史の分野で戦前からの蓄積があります。このように断片的な研究状況で、その間をつなぐ議論はあまりないと思います。個人的には、「応和の宗論」後に停止された宗論が、戦国期あるいは室町後半に再登場するところに「宗派」の展開をめぐる論点があると考えています。

天野　これは日本史研究からの貴重な発言ですね。

　ほぼ質問も出揃ったようですので、そろそろ座談会を閉じたいと思います。最初に申しあげたように、この座談会はたいへん素朴な思いから実現することになったわけですが、こうして終わってみると、ずいぶん専門的な内容になったように思います。禅の専門家を囲んでの座談会ですから、それは当然のことなのですが、私などは、あらためて仏教あるいは禅の世界の深さを思い知らされて、面白かったのですが、とうてい歯が立たない世界だという印象も強く受けました。しかし、これからも自身が研究をしてゆくうえで、やはり禅は避けて通れない世界であることに変わりはありません。今日はいろいろな問題が出されましたが、そのなかでは、個人的には、禅は一つではない、また時代によっても異なる、という指摘がもっとも印象に残りました。これだけでも、今後の研究の助けになるのではないかと思います。長時間、どうもありがとうございました。

第一部　禅と文芸・書画・芸能の展開

中世和歌史における「禅」の問題

鈴木　元

はじめに

中世和歌にとっての、禅の意味というものを考えてみよう、などとおおけないことを目論んでいる。だが、論述上一番大きな問題は、従来の研究史を見渡しても何をもって「禅」の影響とするのか、はっきりしないことである。例えば、歌人が禅僧に帰依したことをもって、その歌人の歌が禅の影響を帯びたとか、その和歌観に禅的な思想の反映があると断じうるものでないことは、実証の手続きから自明のことであろう。把捉しがたい問題を掬い取るためにどのような方法が可能か、以下はその苦渋の一試行である。方法の妥当性は厳しく問われるところであろうが、ここで用いたのは、和歌陀羅尼説と、禅僧を介して広まったと思しい『詩人玉屑（しじんぎょくせつ）』の受容を補助線として引いてみることである。

また小稿の論点の要にあるのは、心敬の連歌論である。しかし、それはあくまで要の一つに過ぎない。ここに論じようと考えていることは、特定の歌人の問題ではなく「和歌史」の流れの中にある「禅」の問題である。なお心敬に至る過程として、従来の研究により禅の影響が云われてきた歌人を配し、心敬に到る道筋を描き出すが、心敬以前は概説的にならざるを得なかった。また、研究史に十分言及できていないところがあるが、紙幅上の都合として諒解されたい。

一　鎌倉後期の歌壇状況と『詩人玉屑』

さて、以下の論述を導く糸という意味で、初めに「和歌陀羅尼」説をめぐる最新の説である、荒木浩氏の研究『沙石集』と〈和歌陀羅尼〉説について——文字超越と禅宗の衝撃——」（平成14～16年度科学研究費補助金〔基盤研究(C)(2)〕研究成果報告書『仏教修法と文学的表現に関する文献学的考察——夢記・伝承・文学の発生——』平成十七年）にふれておくべきかと思う。その論旨は多岐にわたり、節略による紹介で本来の意図を損なうことを惧れるけれども、私の読むところ次のように纏めうる。即ち、無住の和歌陀羅尼説を中世の宗教史・思想史の文脈の中に置く時、和歌即陀羅尼の言語観がいかに「鮮烈で衝撃的」であったか、そして彼がそこにたどり着くにあたり、顕密仏教と禅宗の兼学がいかに重要であったかということ。また、「阿字本不生」という密教の文字観・言語観が根本的に孕む文字（言語）否定の論理と、禅宗の「以心伝心」の論理との親和性と相剋を経た後、両者の融合から導きだされたものがついには『沙石集』に華開くこととなる訳だが、その背景として、同時代の顕密仏教内部でも実は両者の相剋が問題となっていたということ。即ち、密教教理からのみ説かれることの多かった和歌陀羅尼説発生の契機には、さほどにまで「禅宗」の影響が大きかったということである。

狂言綺語観を乗り越える論理として『沙石集』の達成した和歌陀羅尼観は、菊地仁氏「和歌陀羅尼攷」（『伝承文学研究』第二十八号、昭和五十八年）が説くように後代にまで大きな影響をおよぼし、心敬の連歌論に及んでいく。和歌陀羅尼の思想が「禅」の強い影響下に発生したという指摘は、和歌陀羅尼説を唱える最初期の文献として鎌倉後期に『沙石集』が登場するのを見るとき、禅の影響史の時代的な指標として大事な示唆を与えてくれるように思われる。そのことを確認するためには、まず同時期の歌壇状況を概観しておく必要がある。

芳賀幸四郎氏『中世禅林の学問および文学に関する研究』（日本学術振興会、昭和三十一年）第二篇第四章「国文学と禅」は、和歌における禅の影響史を考える上で重要な先行研究の一つだが、そこで「自ら禅に深く傾倒し、禅的世界観を以て自然と人生を観照し、これを和歌に表現した最も早い歌人の一人」と認定されているのが花園院である。何をもって「禅的」とみなすかという検証課題を有する発言ではあるけれども、花園院が禅への傾倒を示した早い時期の歌人の一人として注目すべき存在であることは誤りない。A

ところで花園院は、その『宸記』に「朕雖レ不二堪此道一、旧院幷為兼卿所レ談之義、親聞レ之」（『花園天皇宸記』正中二年〈一三二五〉十二月廿八日条）と自ら記すように、「此道（即ち歌道）」において京極為兼から和歌の薫陶を受けたと自認する立場をとっていた。その為兼について、院は幾つか興味深いことを記している。まず「弘法大師文筆眼心、専為兼之哥義、所二依馮一也」（同宸記同日条）と、為兼の歌論が「文筆眼心」によると説いている。『為兼卿和歌抄』の「文筆眼心」利用の事実と確かに符合している（日本古典文学大系『歌論集 能楽論集』岩波書店、昭和三十六年）のを見るとき、この為兼評は特段注意するに当たらない。だが、これに続けて『宸記』が「近代有二新渡書一、号二詩人玉屑一、詩之髄脳也、与二和哥義一全不レ異、見二此等之書一、哥義自可レ披レ蒙」と、「新渡」の詩論書『詩人玉屑』に触れ「与和哥義全不異」と記していることは、甚だ興味深い。このことは、花園院の理解というフィルターを通したものであるにせよ、為兼歌論と『詩人玉屑』（殊に同書に収められた『滄浪詩話』）との近さを示唆するものとも見なしうるからである。実は、宋代詩話の本邦歌学における受容について先駆的な仕事を残した太田青丘氏『日本歌学と中国詩学』（弘文堂、昭和三十三年）も、京極為兼の歌論にふれ「滄浪詩話との間に幾多の共通性」のあることを指摘していた。太田氏は詩話からの直接の影響関係については慎重に結論を避けており、その後の研究でも為兼歌論が禅や宋代詩話との関係で明示的に議論されることはなかった。むしろ、唯識思想の影響を論ずる岩佐美代子氏の論（『京極派和歌の研究』笠間書院、昭和六十二年。昭和五十八年初出）を経て、小西甚一氏『日本文藝史Ⅲ』（講談社、昭和六十一年）では、為兼の歌論執筆時で考えるならば禅の影響が及ぶには早すぎ、唐代詩論の間接的な影響や天台の止観を拠り所としたとされるに至る。ただし為兼の時代の思潮に思いを馳せるならば、広く「仏教思想」との関わりから論じた井口牧二氏「為兼歌論と仏教思想」（『国文学研究』第七十二号、昭和五十五年）が、空海『声字実相義』の影響を特に強調していることは注目される。それというのも、同書は『沙石集』の和歌陀羅尼説の中で特に重要な位置を占める一書だからである（前掲、菊地氏、荒木氏論稿）。

為兼の所説が詩話から影響を受けたものか、単に偶然の類似か、論述上いまはそれはどちらでもよい。鎌倉末から南北朝期にかけて禅林にとどまらぬ範囲で受容されたと思しいこの『詩人玉屑』（『滄浪詩話』）が、「論詩如論禅」との記事を有し、さながら「詩禅一致」とも見える主張を有する詩論書（鈴木虎雄氏「詩禅相関の諸詩説」『日本学士院紀要』第八巻一号、昭和二十五年）であるという、その一事が重要なのである。蔭木英雄氏『中世禅林詩史』（笠間書院、平成六年）は、本邦禅林詩史の画期として至徳三年（一三八六）の五山制度の確立を重視するが、同年に十二歳であった江西龍派をその転換点に立つ重要な禅僧と捉える。それは、「詩外無禅、禅外無詩」（『村庵稿』序）との発言に典型的に表される「詩禅一致論」が、彼によって声高に唱えられるようになるからである。確かに、禅僧みずからが「詩禅一致」を標榜するまでには相応の時間がかかったであろう。だが、和歌に携わる者にとって、そこに「和歌」即「陀羅尼」的発想への強い理論的援護を読み取りえたであろうことは間違いない。『滄浪詩話』のこの一節が、文学活動肯定の論理として室町期の禅僧に広く受容されたことは、中川徳之助氏「五山禅林における詩論の特質」（『連歌と中世文芸』角川書店、昭和五十二年）もふれるところである。

南北朝期に入ると『詩人玉屑』は、二条良基の連歌論に自在に活用されるようになる。良基連歌論の場合『滄浪詩話』部分に限らず『詩人玉屑』の各所を自在に活用していた（小西甚一氏「良基と宋代詩論」『語文』第十四号、昭和三十年、増田欣氏「良基連歌論と詩人玉屑――字眼の説を中心として――」『文学・語学』第二号、昭和三十一年）が、歌論書『愚問賢注』では、『滄浪詩話』部分に多く依存しており（拙著『室町の歌学と連歌』第三章1新典社、平成九年）、当時の歌人たちが専ら『滄浪詩話』の所説に注目していたらしいことが窺われる。ただし文飾の上では『詩人玉屑』を借用しながらも、『滄浪詩話』の本邦における受容の鍵をなす「論詩如論禅」に良基が決して触れることのなかった事実は、改めて確認しておくべきことであろう。彼自身、禅僧との関係も密であり、相応に禅思想にもふれていたと思われるが、良基の場合、禅に限らず、仏教はあくまで知識としての理解でしかなく、真の信仰心には欠けていたとされる木藤才蔵氏「連歌論と仏教思想」（『仏教文学講座　第四巻』勉誠社、平成七年）の指摘は、その点で示唆的である。同論には、義満が良基を評し「無道心」と義堂周信に語り、「本不喜仏法」とも述べていた『空華日用工夫略集（くうげにちようくふうりやくしよう）』記事の指摘もある。

　但し歌論の上での良基の問いは、当然、問いに応ずる頓阿の立場とも関わると思われる。これまでの議論をふまえるならば、『愚問賢注』第四問、「こころ」と「詞」との先後に関わる問いかけに、頓阿がいずれに偏することも不可と答えるところで、「天台に闇証禅師・文字法師をともにきらへるがごとし」（『歌論歌学集成第十巻』三弥井書店）と結ぶ箇所が思い起こされよう。「こころ」に偏する立場が「闇証禅師」に比定されていることは言うまでもなく、通常、ここは仏道修行のアナロジーによる喩えとのみ理解しがちであるが、もっと具体的な含意（即ち、禅僧たちを介して広まった『滄浪詩話』への批判）が込められていた可能性もあるのではなかろうか。

二　耕雲歌論と「こころ」の問題

太田氏により、その歌論に『滄浪詩話』の援用を指摘されるもう一人の歌人耕雲。その後、石原清志氏「耕雲明魏と中国詩論」（『龍谷大学論集』三八八号、昭和四十四年）も、太田説をふまえつつ更に幅広い中国詩論書の利用を想定して論じているが、『滄浪詩話』の利用については概ね太田氏と一致した見解となっている。耕雲は禅僧でもあった。その歌論『耕雲口伝』（応永十五年（一四〇八））では、次のように和歌陀羅尼説に言及しているのだが、そこにも『滄浪詩話』の一節が微妙な影を落としている。

◇『耕雲口伝』

天地のうちにありとしあるわざ、何事か此うたの道を離れたるや。吟詠して花をあはれび、露をかなしむは、既にことばに落ちたれば、和歌の第二義門なり。歌の真体にはあらざるべし。「歌をば日本の陀羅尼なり」と古人是をいへり。又、神明、仏陀、菩薩、聖衆、これによりてこゝろざしを述べ給へるは、只此深理あるによれるにこそあらめ。

（『歌論歌学集成第十一巻』）

◇『滄浪詩話』詩辯

禅家者流、乗有㆓小大㆒、宗有㆓南北㆒、道有㆓邪正㆒、具㆓正法眼㆒者、是謂㆓第一義㆒、若㆓声聞辟支果㆒、皆非㆑正也、論㆑詩如㆑論㆑禅、漢魏晋等作与㆓盛唐之詩㆒、則第一義也、大暦以還之詩則已落㆓第二義㆒矣、……

（中国文明選13『文学論集』）

ここは一見、必ずしも詩話の影響が明瞭とは言い難いところではある。詩話の論理は、「禅の修行者には、小乗と大乗があり、南宗と北宗があり、正道と邪道とがある。正しい仏法を見る眼をそなえておれば、それが第一義といわれるのだ」（中国文明選『文学論集』の荒井健氏の解説。『滄浪詩話』については以下同じ）と禅の修行の話題を持ち出し、そのアナロジーにより詩は「漢・魏・晋等の時代の作品、それと盛唐の詩は、すなわち第一義である。大唐より以降の詩は、すなわちもはや第二義にすぎない」と断ずる。それは、詩にせよ禅にせよどこに手本を置くかという議論なのである。それに対して『耕雲口伝』が述べているのは、天地の内にあるもの総てがそのまま歌なのであり、「吟詠して花をあわれび、露をかなしむ」段階で、それは「既にことばに落ち」ており、それ故に「第二義」となる、という。

なお、「ことばに落ち」るという言い方には、やはり詩話の投影があるとされ、「夫詩有二別材一、非レ関レ書也。詩有二別趣一、非レ関レ理也、而古人未二嘗不レ読レ書、不レ窮レ理、所謂不レ渉二理路一、不レ落二言筌一者上也、詩者、吟二詠情性一也。盛唐詩人、惟在二興趣一、……」を踏まえると指摘されている（太田氏前掲書）。詩話当該箇所の趣旨は、「詩人たるべき第一条件は天賦の才」であり「書物は関係ない」と言いつつも、「古人は未だかつて読書を廃したこともなく、真理の探究を廃したこともなかった」という事実を押さえ、結論として「哲学を語るに急のあまり、表現手段としてのことばにふりまわされる結果となってしまわぬ、それでこそよりすぐれた作品だ」と説く内容になっている。確かに、詩話の論理と『耕雲口伝』の論理は微妙にずれている。所詮、「第二義」という語と「落言筌」という表現の借用に留まるとの見方も成り立ち得る。それがために石原清志氏も、和歌陀羅尼説に至る『耕雲口伝』の前掲箇所を評し、「『滄浪詩話』の直接的受容ではなくて、耕雲は宗教的中間項を介在させて、和歌に深遠な理論づけと基盤の付与をしているのではあるまいか」（石原氏前掲論文）と考えられたようである。

そもそも耕雲の論理は、ある前提を踏まえないと甚だ理解が難しい。和歌の理論を説いているはずの「口伝」

の中で、「吟詠して花をあはれび、露をかなしむ」という和歌の基本を「第二義」と貶める発言をしているからである。それがために、『歌論歌学集成』頭註では「ことばに落ちたれば」を註して、

主観的な言葉で表現するという、好ましくない状態にはまりこむこと。対象を詠歌主体が客体化していることをいい、自然と主体との一体感がなくなった状態を、このように言ったのであろう。花・露に対して「あはれび」「かなしむ」という主観語を使わないで、花・露そのものを感動的に詠ずる詠み方を第一義とする姿勢。

と説明する。それは直前の「天地のうちにありとしあるわざ、何事か此うたの道を離れたるや」という一文と整合的に把握しようとする時、このように解するしか方途がないためである。だが、これまでの論述からすれば、ここに言わんとすることは自ずと推知されよう。詩話が禅の修行法を語る文脈から「第二義」の語を持ち出し、その直後に和歌陀羅尼に言及した一節を配するのは、単なる偶然ではあるまい。また「宗教的中間項」の「介在」というのも、確かに誤りではないが、「詩禅一致」とも見紛う記事を有する詩話の学習を契機とするならば、そこから和歌陀羅尼説へ結びつける論理は、既に同時代においては一定の必然性をもって醸成されていたと思われるのである。おそらくは、『耕雲口伝』掲出の箇所が言わんとしていたのは、「主観語」を用いるか否かということよりは、和歌を言語化の過程として捉えるのではなく、和歌がそのまま真言そのものであることの悟りを求める主張であろう。

耕雲の和歌観の特徴を草木成仏思想に立つ和歌陀羅尼説と捉え、彼の禅僧としての立場がそれを支えているとみなす、高梨素子氏「耕雲の後期歌風について」(『国文学研究』第一一二集、平成六年)は、『耕雲口伝』の前掲箇所

に『白隠禅師座禅和讃』を対比しつつ、「耕雲は、言葉となって固定化される前の根源的な本体に和歌の淵源を見る」と評している。まさしくそのように読むべき所であろう。その上で更に、芳賀氏の前掲書が耕雲にふれている箇所に言及しながら、その「根源的な本体」とは同じく『口伝』の「初心の人の心得べき肝要の条々」に記された「心」に当たると説く。

心といふはうたの質（歌学大系本—すがた）なり。また理なり。この理りは万の物のうへにそなはりて、人の私にするところにあらず。（第一条「歌を詠ずる時心を本とすべき事」）

そして、「それは万物にそなわる理であり、人智ではなく仏智に関わるもので、自己と自然を一体化した所に仏の教えを見る草木成仏思想につながるものであろう」と述べる。些か蛇足的に補っておくと、この「理」は『滄浪詩話』が「言筌」の語とともに用いていたことばであることを思い出しておく必要がある。そして、それは「倫理と自然法則が分離されぬ、中国思想における統一的原理」（荒井健氏）と説明される宋学的用語でもある。ここでも理論の透徹化は、和歌における「こころ」の問題に逢着するのである。

既に菊地仁氏は、和歌陀羅尼説の萌芽が平安時代に見いだされる中で、「沙石集などのそれを真に特徴づけるもの」「鎌倉室町時代の和歌陀羅尼説を平安時代のそれから決定的に区別するもの」は何かと自問し、「それはいわゆる古今注との接触という現象であ」ると喝破していた。菊地氏の論は、「沙石集に近接した時期の成立とおぼし」い所謂「三流抄」を取り上げ、三国的世界観と草木成仏思想的傾向という共通性を鍵に、和歌陀羅尼が「否応なしに古今序の中世的再評価という相貌を帯び」ざるをえなくなる、そのような転回点を時代相に読もうとする論に進む。そして、和歌陀羅尼的発想と古今序の再説との同居を、『野守鏡（のもりのかがみ）』に再び確認しようとすることとなり、その結果として、「和歌陀羅尼的志向がその種の一党一派に拘泥しないことは、敵対関係にあるはずの為兼卿和歌抄も証明している」という結論が導かれるのだが、ここで特に強調しておかなければならないのは、『野守鏡』が手厳しく為兼らを論難する際の重要な争点の一つこそ、和歌が「こころ」を詠むものであるという時の、まさしくこの「こころ」の問題であったという事実だ（荒木浩氏「心に思うままを書く草子——徒然草への途（上）（下）」『国語国文』第五十八巻第十一号・十二号、平成元年、同「徒然草の「心」」『国語国文』第六十三巻第一号、平成六年、同「和歌を詠む心——中世古今集注釈書の一隅を読む」『中世の知と学——〈注釈〉を読む』森話社、平成九年、に研究史とあわせ詳説されている）。一見、密教的背景のもと共通した土壌の上で論争をしているように見えながら、両者の懸隔はやはり相当に大きい。その違いをもたらしているものが、どうやら一つには禅であり、もう一つは『滄浪詩話』（『詩人玉屑』）という詩論書の受容のあり方にあるようだ。

三　『さゝめごと』再読

これに対し、同時期に二条家的立場と袂を分かち冷泉家の立場を引き継ぎ、かつ禅に接近していた歌人として今川了俊がいた。これまでにもその歌壇的立場を禅の精神と関連づけて説く見解はあり（芳賀氏前掲書、川添昭二氏『人物叢書　今川了俊』吉川弘文館、昭和三十九年等参照）、特に川添氏は友山士偲（ゆうざんしさい）の『友山録』中巻「跋知侍者送行詩軸」を引き、「了俊歌論における、心の詞に対する優位、の主張に通じるもの」と説き、「詩精神の内在性・普遍性を強調する了俊歌学の基調は、その武士的気尚、および為秀の師説、為基・良基などを通じて摂取した中国詩学の影響、殊には内観自省によって自性心の確立を期する禅の研鑽等によって形成された。彼の歌論書に禅の用語が散見されるのも以上のような理由による」との見解を示された。ただ、了俊については『滄浪詩話』受容の明証もなく和歌陀羅尼説への言及も見えないため、ここからは了俊以降の中世歌壇傍流の行方を追いつつ、和歌陀羅尼説のその後、そして禅の影響という、これまでの議論が集約されていく位置にある心敬に話題を移す。

心敬の連歌論についての研究は数多いが、禅とのかかわりから論じたものについては、稲田利徳氏「心敬――仏教思想と作品――」（『仏教文学講座　第四巻』勉誠社、平成七年）のまとめに拠るのが便利で、「心敬の仏教思想に関しては、諸々な論及がなされているが、天台教学を基盤にしていることは、ほぼ一致した意見である。また、天台以外の宗派、例えば禅的な思想の影響の有無などをめぐっては、種々な異見もあるが、室町時代における仏教思想の流れからみて、心敬が天台教学にのみ固執して、文学論を展開しているとは考えがたい」との結論に集約されている。だが、本稿の趣旨からは、その後に発表された林玉壽氏「心敬と歌道・仏道修行と「禅」」（『筑波大学平家部会論集』第十二号、平成十九年）が甚だ重要である。論証の過程が必ずしも緻密におさえられていないところがあり、それが災いしてかその意義を十分に理解されていないように思われる論考だが、まずは和歌陀羅尼論への言及で有名な一段を取り上げ、林氏の指摘を検証しつつその指摘の意義の再確認をはかっていきたい。

いづれの道も、稽古[1]と工夫とはるかに心かはるべき也。されば、いかがばかりの聖教・抄物に眼をさらせるも、修行に冷煖自知の所なくば至りがたしとなり。西行上人[3]も、「歌道はひとへに禅定修行の道」とのみ申されしとなり。まことに道にいたり侍るは頓悟直路の法なるべし。経信卿[4]云はく、「和歌は隠遁の源、菩提をすゝむる直路也。真如実相の理、三十一字におさまれり」といへるを、定家卿此の旨をねんごろに称揚したまへり。

俊成卿[5]、老後に思へるとなむ。「人には必ず一大事あり。この道にのみふけり、只今の当来を忘れ侍る事、妄想なるべし」とて、少し此の道になづむ心出でき給ひしに、住吉大明神あらたに現じたまひて、うち笑みしめし給ふ。「歌道をおろそかに思ひ給ふ事なかれ。此の道にて必ず往生をとげ給ふべし。歌道即身直路の修行也」とあらたにのべ給ひしと也。

されば、篇・序・題・曲・流の五つは五大所成・五仏・五智・円明を顕はし、六義は六道・六浪羅蜜・六大無㝵・法身の体也。古今集灌頂などといへり。密宗の一大事とて伝ふるにかはる事なしとなり。

本より歌道は吾が国の陀羅尼なり。綺語を論ずる時は、経論をよみ禅定を修行するも妄想なるべし。

（日本古典文学大系『連歌論集　俳論集』。本文脇に私に註番号を付した）

引用部分は、西行以下の古人の説を引きながら歌道を修行として捉え、古今灌頂の説を経由しながら和歌陀羅尼の説にたどりつく、という展開を示す『さゝめごと』下（末）巻の一段。まず心敬は「稽古」と「工夫」との違いを説くこと（1）から始めるが、林氏は両者に「教」と「禅」とを比定して読み解いていく。そこには、心敬の歌論に濃厚な禅の影響を見ようとする氏の論調が深くかかわっているが、論証抜きにこのような比定と対比が成り立ちうるか否かは、当然見解の分かれるところであろう。ちなみに、研究史の上からは既に鈴木久氏「さめごと密勘（Ⅲ）」（『福島大学学芸学部論集』第十五号、昭和三十九年）が、当該箇所を引きながら「聖教、抄物に眼をさらす稽古、すなわち多聞、聴学、信行をひくしとし、冷煖自知の修行、自ら法を見、思惟して悟る法行を貴しとするのである」とコメントしており、「稽古」が「教」に属する語と読めそうな理解は示されていた。なお蛇足ながら、（2）「冷煖自知」は歌論歌学集成補注（廣木一人氏）に『沙石集』巻十「祖師の云はく、水を飲んで冷暖自知すると言へる、此の心なり」の用例（慶長古活字本等）を指摘するが、仮に『沙石集』を経由して心敬が用いた語であるとしても、肝要なのはこの語が『景徳伝灯録』に見られる禅語であるという点だ。故に、ここに教・禅の対比を見る一定の根拠は確かにある。しかし、おそらく林氏のこの見解をより確実にするのは、後述するように『さゝめごと』や同書がふまえるであろう『正徹物語』の記述の基底に、『滄浪詩話』を据えることの妥当性の検証を待つ必要がある。故に引き続き、林氏説の検証を続けながら、必要なコメントを補うという方法で読み進めよう。

続けて心敬は西行・経信・俊成のことばを掲げ、歌道が「禅定修行の道」たること等を説くが、これらが『三五記』をふまえるものであることは、既に旧大系の註などでも指摘されている。だが、『さゝめごと』本文では、その引用に微妙な潤色が加わっていることを、林氏は指摘する。確認のために天理大学附属図書館蔵の正徹奥書をもつ『三五記』末をもって当該箇所を示してみる。

（3）西行上人のいはく、哥はこれ禅定の修行なりといへりけるも、心を一所に制せずしてはかつてよまれぬなるべし。

（4）経信卿の云、和哥は隠遁の源として、ぼだいをすゝむるようろたりと。このことまことなるかなや。いづれの道もよくさとりもてゆけば、さながら真如実の理におさまるべしとやらん申めり。いまこの哥をいふに、まづ三十一字にさだめたるは如来の三十二相にかたどれり。

（5）亡父卿、このみちをとしごろたしなみて、…是すでに狂言綺語にあひにたり。まことに出離要道こそまなびたがるべけれと、この心をえてのち、かのことさせいのために住吉の御やしろにさんろうして、…さうなく出離一大事のことをたづね申されたりければ、かのらうおううちゑみて、ゆめ〳〵他の行をすべからず。たゞ哥をもちてわうじやうすべしと申めりとて、ほの〴〵の哥をあたへられき。

先にふれたように、西行のことばの引用は定家仮託偽書の一つ『三五記』の下巻部分（鷺末）より出るもので、旧大系は典拠との関係を明示する意図のもとに、「歌道はひとへに禅定修行の道」に引用符を付したと思しい。そして、『三五記』には見えぬその後続の一文において、「まことに道にいた」るには「頓悟直路の法」でなければならない、と説く。林氏はこの「頓悟直路」をこの一節の鍵となる語と捉えるのである。そのことを補強するため、次の経信のことばを『三五記』と対比しつつ、もとは「要路」とあった部分が「直路」に改められていることを確認している。続く俊成のことばについても同様の検証により、引用符の中に入れられてはいるものの、最後の「歌道即直路の修行也」の一文は本来『三五記』にはなく、これに近い記述としては「出離の要道」という句が見られるのみであることから、心敬が一貫して「直路」という語に重要な意味を付与していたことを説いて、説得力がある。

転じて「頓悟直路」の語義を追究するために、林氏は『さゝめごと』から一旦離れ、『老のくりごと』に引かれた正徹の教えの記事に着目する。

清岩和尚云、「我は為秀卿・了俊の末葉に侍れども、歌はただ定家・慈鎮の胸のうちを直に尋ねうらやみ侍り。…」と常に語り給し。まことに向上直路なる哉。

（『連歌論集　三』三弥井書店）

この正徹の説から、林氏は『正徹物語』上巻の次の記事に論を及ぼす。林氏の論理の検証と、そこから新たな意味を見いだす稿者の論理を明確にするために、前後を含めて当該箇所を示すこととする。なお引用に際しては、最新の成果である小川剛生氏校注の角川文庫本を使用する。

この道にて定家をなみせん輩は、冥加もあるべからず。罰をかうむるべき事なり。その末流、二条・冷泉両流と別れ、為兼一流とて三つの流れありて、魔醯首羅の三目のごとくなり。たがひに抑揚褒貶あれば、いづれをさみし、いづれをもてなすべき事にもあらざるか。これらの一流は皆わづかに一体を学びえて、おのおのあらそひあへり。全くそのみなまたには目をかくべからず。叶はぬまでも定家の風骨をうらやみ学ぶべしと存じ侍るなり。「それは向上一路といふやうに、凡慮の及ぶ所にあらず」とて、「その末葉の風体を目にかくべきなり」と申す輩侍れども、予が存じ侍るは、「上たる道を学んで、中たる道を得る」と申し侍れば、及ばぬまでも無上の所に目をかけてこそ、かなはずは中たる道をも得べけれと存ずるなり。仏法修行も仏果にこそ目をかけて修行すべけれ。

確かに三弥井書店版『連歌論集』所収『老のくりごと』註（木藤才蔵氏）でも、ここの記述との関連で『正徹物語』の記事を指摘しており、両者を見較べてみれば、「自分は定家の教えの流れを汲む者について歌を学んできたが、求むべきは定家その人の胸の内である」という見解の表明という点で、両者は共通している。そうした同じ文脈の中で、微妙な違いはあるものの「向上直路」と「向上一路」ということばが鍵を握る用語になっていることは間違いない。

更に林氏は、ここでもう一つ重要な指摘をしている。『正徹物語』においては、正徹のこの理念に対してある者が、「それは向上一路といふやうに、凡慮の及ぶ所にあらず」と難じたと記しているが、この「向上一路」は『滄浪詩話』をふまえている、と説いているところだ。ところがここでも、本来は『滄浪詩話』の当該箇所を示しながら、『正徹物語』がふまえていたのは本当に『滄浪詩話』であったのかどうか、考証しておくべきだった。なぜなら、極く近年の成果ゆえ林氏は参照できなかった註釈ではあるけれども、小川剛生氏は、「向上一路」は『景徳伝灯録』に基づく禅語だと指摘しているし、同じ記事は『五灯會元』巻三にも見られ、日本でもかなり用いられた語のようだからである。では、正徹も厳羽もともに同じ禅語を用いて述べただけ、ということかといえば、実はそういうことではなさそうである。回りくどい言い方になったが、『滄浪詩話』当該箇所に当たってみるならば、林氏の説く通りで誤りなかろうと思われる。

工夫須㆓従㆑上做下㆒、不㆑可㆓従㆑下做上㆒、先須㆘熟㆓読楚詞㆒、朝夕諷詠、以為㆗之本㆖、及読㆓古詩十九首、楽府四篇、李陵蘇武、漢魏五言㆒、皆須㆓熟読㆒、即以㆓李杜二集㆒枕藉観㆑之、如㆓今人之治㆑経、然後博取㆓盛唐名家㆒、醞㆓醸胸中㆒、久㆑之自然悟入、雖㆓学㆑之不㆑至、亦不㆑失㆓正路㆒、此乃従㆓頂𩕳上㆒做来、謂㆓之向上一路㆒、謂㆓之直截根源㆒、謂㆓之頓門㆒、謂㆓之単刀直入㆒也。

荒井健氏によれば、ここは詩作の方法論に関する記述と読むべきところ。先人の偉業をまさに「熟読」玩味するところから詩作は始まるということだが、その際の留意点として「上から下へ降ってゆくべきで、下から上へ昇って行くべきではない」ことを説く。それは言い換えるならば「頭のてっぺんからやり通すこと」（「従㆓頂𩕳上㆒做来」）であり、「向上一路」「直截根源」「頓門」「単刀直入」とはこのことであると論じているのである。荒井氏が解説を加えている通り「向上一路」以下は禅語であり、詩作の研鑽を「悟入」の比喩により説くところは、まさしく『正徹物語』と共通すると云ってよい。

もちろん、厳羽の云わんとする所と正徹の和歌修行論とでは、微妙な違いを含んでおり、正徹の見解は宋代詩論のまったくの借り物ではない。だが究極の理想を定家に置き、「定家の風骨をうらやみ学ぶ」べきとする立場と、「凡慮」にはそれは難いとして定家の「末葉」から学ぶべきという立場との対比は、『滄浪詩話』の論理と相似形をなしているといってよいだろう。正徹はやはり『滄浪詩話』（『詩人玉屑』）を参照していると見てよい。そのことは、『正徹物語』の波線箇所からも推測される。最上を目指しても実は中程しか得られるものはない、という波線部の趣旨は、『滄浪詩話』の先の引用箇所の直前にも見られるからである。厳羽はやはり詩作を修行に喩えながら、心得の要諦を「入門須正」と「立志須高」、即ち入るべき門の正しさと志の高さと説きつつ、それでも「最上級をめざしてやっと中くらいのところに達し、中くらいをめざせば下級になってしまう（学其上僅得其中、学其中斯為下矣）」と論じていた。このような一致は、偶然ではあるまい。

但し一つ問題となるのは、『滄浪詩話』との共通性を示す波線箇所について、歌論歌学集成の註（稲田氏）は『悦目抄』との近似を指摘している点である。該当するのは『悦目抄』冒頭の序に当たる部分。

夫歌はよむ事のかたきにはあらず。よくよむ事のかたき也。一切の芸はよき師匠にあひて学ぶにむなしからずといへり。其心といふは、上たる事をならひて必ず中たる事を得といへり。是本文也。然るに此歌の道においては、人の教へによらず。心の発する所也。唯心の至ると至らざるとがいたす也。心をば伝ふる事あるべからず。……（下略）

（『日本歌学大系第四巻』）

言い回しの点でも、確かに『正徹物語』に近い。加えて、『悦目抄』の流布・受容過程の中には今川了俊の名前が挙がり、正徹奥書を有する伝本もある（三輪正胤氏『歌学秘伝の研究』風間書房、平成六年。但し、正徹奥書についてはその記載をそのままに信じてよいものか、三輪氏は判断を保留されている）。故に、単純に『滄浪詩話』との関係だけで『正徹物語』の前掲箇所を理解してよいのか、なお慎重を要するところであろう。だが、話題を一連の流れで把握する限り、『滄浪詩話』との関係は否定しようもない。そもそも、『悦目抄』では傍線部の後に「是本文也」とするように、この文句には何らかの典拠があったと思しく、これまで述べてきた通り鎌倉末には『詩人玉屑』が一定の影響力を及ぼしつつあったことを考えれば、ここにも厳羽の詩論の影響を見るべきかもしれないのである。とすれば、仮に正徹が『悦目抄』を座右にしていたにせよ、傍線の一節から『滄浪詩話』を透かし見ることは、彼にとっては容易なことであっただろう。

四　「工夫」と「稽古」

さて、再び心敬『老のくりごと』に戻る。『正徹物語』の記述と相近い議論を「清岩和尚云」として掲げ、これに「まことに向上直路なる哉」との評を寄せているのも、歌は直に定家にならうのが理想だという正徹の考えが、『滄浪詩話』の所説とあわせて心敬に伝えられたが故と見てよかろう。それが『正徹物語』を経由して学んだものか、口頭での教えであったのかは今は問わない。微妙に表現を変えてはいるけれども、「向上直路」は「向上一路」を意識した表現であることは間違いない。そのように、正徹の教えと『滄浪詩話』に見られる詩禅共通の修行法とを背景に置いて見る時、『さゝめごと』において「稽古と工夫」とが区別されるべきもの、と林氏の説かれる理由が明らかとなる。「工夫」とは、『滄浪詩話』も用いる、修行法を表す用語だからである。改めて掲げておこう、「工夫須㆓従㆑上做下㆒、不㆑可㆓従㆑下做上㆒」。それは、直に究極の理想に溯るべきとの、修行・作詩（歌）法の姿勢に関わる用語であった。本邦においては、『日葡辞書』が「Cufû. *consideração.*」と記すような「思慮」「配慮」の意味でも用いるが、次のように禅的な修行法の意味でも用いる。

古人ニハ必有師ゾ、其古ノ師トハ何ヲ云ゾ、伝㆑道受㆑業解㆑惑也、如何是聖諦第一義ト云ヲ廓然無聖ナンド、云テ工夫ヲサセテ悟ルハ伝道也、又碧岩ナドヲ教テ祖師縁ナドヲ云ハ受業也、受業中ニ道ハアラウズレドモ今ハサハセヌゾ、解惑ヲ先一番ニ云ズコト也、詩ガ作習タクハ三体詩ヲヨメ、文ヲ書習タクハ古文真宝ヲヨメナンド、云ガ解惑ゾ、解惑ト受業トハ学文シテ得ルコト、至伝道テハ一字ヲ不知トモ得コトアランゾ。

（叡山文庫蔵『古文真宝彦龍抄』28ウ。『続抄物資料集成　第五巻』清文堂）

『古文真宝後集』巻二「説類」の韓退之「師説」への註。引用文中の「如何是聖諦第一義」「廓然無聖」は『碧巌録』第一則中の句である。また『滄浪詩話』中の「工夫」については、荒井健氏も「目的達成への努力。方法の模索。道学者の語録類に多用される」語と解説し、その特殊な用法に注意を促している。林氏が「心敬はその歌道修行論の中で、「稽古」（＝教）と「工夫」（＝禅）を使い分けている」と記したことの意味の半分は、このようにして明らかとなる。ならば、前者「稽古」についても心敬の用語法の細密な検討が必要であったはずだ。ここでも『日葡』を参照すれば、「Qeico. *Exercicio, ou ensayo de cousas que bum tem aprendido.*」即ち「練習であり「習い覚えたことの試行」。もう少し拡大して、同書補遺が記すように「学習すること（*aprender*）」をも意味するのが一般である。仮に中世に限っても、その用例に広く当たれば「練習（*Exercicio*）」に近いものから、教学に当たるものまで幅広く存在する。ならば、林氏説を追認するためには、先の引用箇所の文脈判断だけに頼らず、『さゝめごと』下（末）巻の範囲に限ってでも、彼の用語法という観点で検証を行わねばならない。

心敬は『さゝめごと』末の中で繰り返し「稽古」という語を用いるが、仏道修行と関わらせながら論ずる際に彼が用いる「稽古」の語の含意は微妙である。

元より一念三祇、三祇一念、観彼久遠、猶如今日なれば、久しき稽古もたゞいまの数寄も、邪道の心をひるがへし侍ればおなじかるべし。

（中略）

稽古年をつみても、誦文法師・暗証禅師あるべし。

引用部前半では永劫の時間が一瞬に集約されることを唱えつつ、「邪道の心をひるがへ」す、その一点の重要性を説く。そこでは、ただ今のこの瞬間の数寄と「久しき稽古」とが対比的に示されながら、「邪道をひるがへ」すという条件を経て、一に帰すという論理を展開している。恐らくここで重要なのは、稽古とは「久しく」継続されるものというところにあるだろう。中略を挟んだ後半でも、稽古「年つみても」と表現されることから、時間をかけての修練というところに用語の本質があると見てよい。しかし、後半の一文がなおも重要なのは、いくら積年の稽古を経ても、それだけでは「誦文法師・暗証禅師」からは逃れがたいとしている点である。「誦文法師」は、神宮文庫本『苔莚』では「文字法師」とされており（復刻日本古典文学館による）、これならば先の『愚問賢注』と同じ組合せとなる。意図するところは「誦文法師」でも同じであろう。もし「稽古」について、「禅」に対する「教」を充てる意識があるとすると、積年の「教学」の先にも「暗証禅師」があり得るとなり奇妙である。

本来であれば更に「稽古」の用例の検証を続けるべきであろうが、ここでは省く。確かに「聖教・抄物に眼をさらせる」という行為に接続させて「稽古」の語義を捉えようとすると、「禅」に対する「教」とも読み得るだろうが、『さゝめごと』全体を通してその用法を見るならば、「稽古」とは時間をかけた修養のことであり、その先に上達は望めても最高位の句（心敬は「法身の句」と呼ぶ）には至り得ない修行法なのである。それが「頓悟直路」を主張する心敬の立場であった。

終わりに

結局、ここまで林氏説に細かな補註を付したに止まるのだが、揚げ足をとることが目的ではない。中世歌学史の中に心敬の連歌論を適切に位置づけ、彼にとっての禅の意義を明らかにするのに必要な手続きに拘ったまでである。中世和歌における「禅」の役割を追究する時、そこには必ずといってよいほど『詩人玉屑』（『滄浪詩話』）が浮上する。それ程に、同書の影響力は大きかったということである。そして、同書の影響力は特に中世和歌の世界における非主流派の系脈の形成に強く作用した。同書を頻りに利用しつつも歌壇的立場としては二条派流に回帰した二条良基の立場すら、そのことを裏側から証しているといってよい。

無論、厳密にいうならば『詩人玉屑』の影響力を禅の影響力と同義に見做してよいのか、という批判はあろう。その点については、仮説の提示段階と答えるしかない。あるいは、禅籍の言説を取り込んでいくということでは、主流二条派の古今伝受切紙にも実は禅の影響が及んでいる、と言えるのかもしれない（海野圭介氏「海人の刈る藻に住む虫の寓意――『当流切紙二十四通』所収「一虫」「虫之口伝」をめぐって――」、山本登朗氏編『伊勢物語　享受の展開』竹林舎、平成二十二年）。また多少、伝承の要素を含むものの、幽斎のあたりから、歌道と禅を結びつける考えが表面化することも、興味深いことである（上野洋三氏「寛永の京都文化」『岩波講座日本文学史第7巻変革期の文学Ⅱ』岩波書店、平成八年）。その事態を、かつて禅が帯びていた起爆力すらも、和歌の規範力が終には包み込んでいってしまったと見るのかどうか。そこでは、中世和歌史のうねりをどのようなパースペクティヴで把握するか、その見通しが鋭く問われるのである。

室町時代五山禅林は歌壇・連歌壇に何をもたらしたか
──漢語「濫觴」の受容における五山禅林文壇の影響──

中本　大

はじめに

本邦室町時代禅林の文化的求心力の一つに、中国文化受容拠点としての側面があったことは言うまでもない。平安時代以来、通儒碩学を主導してきた紀伝道を中心とする博士家の学識を補足、さらには凌駕する新たな権威として、五山叢林をはじめとする禅宗寺院は、日本にあって中国の文物に憧憬する先進的な人々の学問的要求に応えることを求められてきたのであった。

その一例が鎌倉時代中期以前には日本でほとんど知られていなかった中国詩人の紹介である。唐代の杜甫や李白、宋代の蘇軾や黄庭堅が盛んに喧伝されるようになるのは、多くの渡来僧が日本において教場を開いた後であり、特に「金剛幢下（こんごうとうか）」と呼称される中国元代の禅僧、古林清茂（一二六二〜一三二九）の門弟によってであった。こうした新奇な詩風の紹介は、これまでの日本人が知り得なかった文学観を文壇に浸透させた一方で、それまで当然のように接続されていた中国文学受容の回路を切断したり、修正したりする場合もあった。五山文学史研究が日本中世における学問と文学を考察する上で、重要な転換点と見做し得る所以である。

本稿では日本でも広く知られた「濫觴」という漢語の受容が、室町時代以降、独自の展開を遂げながら、それまでこの語句に付与されてきた歴史的経緯を捨象して、新たな文学的世界と繋げられていく様相を確認することを目的としている。

一 「濫觴」の典拠

「もののはじまり」を表す「濫觴」という語は、古く『孔子家語』巻二「三恕」第九で、立派な衣服を着た子路に出会った孔子が弟子を戒めた際の比喩、「夫江始出於岷山其源可以濫觴（夫れ江は始め岷山より出づるに、其の源は以て觴を濫ぶるほどなるべし）」を典拠として日本でも人口に膾炙した表現であった。その表現は、敢えて列挙するまでもなく、平安時代以来、島田忠臣や大江匡衡をはじめとする数多くの詩文に見出すことができるのである。

このように、多彩な受容が確認されるなかで、室町時代において、この漢語はある特定の出典と関連付けられて理解されていくことになる。その端的な例が室町時代に盛行した各種の古辞書類に見出せるのである。国立国会図書館所蔵『文明本節用集』「言辞門」所載の表現は以下の通りである。

濫觴　始之義也岷江始出於岷山其源少水而可以濫觴及入楚国滄波万頃非舟舩不可以渉也、見于家語矣　山谷詩云岷江始濫觴入楚即無底

すなわち、『孔子家語』を挙げつつ、その由来を簡単に説明した後、傍線を施したように、『孔子家語』を祖述

した黄庭堅（山谷）詩の一聯を引用するのである。このように『孔子家語』と山谷詩を併記する注釈記述は『壒囊鈔』（正保三年版本）巻第七―十八「事ノ始ヲ濫觴ト云ハ何故ソ難得心詞也」などにも見られ、室町時代中期以降に特徴的な理解であったと考えられる。

山谷詩の出典は『山谷詩集』巻四所収「次韻荅刑敦夫（次韻して刑敦夫に答ふ）」という五言古詩の第三聯である。同詩の冒頭三聯を掲出する。

為山不能山　山を為りて山なること能はず
過在一簣止　過ちは一簣の止むことに在り
渥洼騏驎兒　渥洼の騏驎兒
墮地志千里　地に堕ちて志千里
岷江初濫觴　岷江初め觴を濫かぶほどなれど
入楚乃無底　楚に入りて乃ち底無し

この作品は引用冒頭句の典拠となった『論語』や前掲の『孔子家語』、そして何より黄山谷詩を愛唱した五山学僧にも広く受容され、次に掲げるようにその措辞を用いた作例を数多く見出すことができる（引用は『五山文学全集』所収本文に拠る）。

泰嶽雲興於触石　沛龍有余　泰嶽の雲は触石より興こり　沛龍に余り有り
泯江水始於濫觴　浩乎無屈　泯江の水は濫觴より始まり　浩として屈する無きなり

水之始于濫觴　底于無底曰江　水の濫觴より始まりて　底の底なきを江と曰う

（太白真玄『峨眉鴉臭集』所収「節叟住承天　天授孫。雲興子。龍吟亦塔名」）

（景徐周麟『翰林葫蘆集』第九巻所収「江甫号説」）

さて、この措辞が、慶長三年（一五九八）に中院通勝（一五五八～一六一〇）によって完成された『源氏物語』注釈書である『岷江入楚』の書名の由来となっていることは、国文学研究者にはよく知られているであろう。その序文を掲出してみよう。

山谷先生が詩にいへらく、岷江初濫觴、入楚乃無底と。彼奥入はまことに岷江の初と云べきにや。今此抄出の楚に入て底なきがごとくなるは、世くだり人のこゝろをろかにして、はかなきふしまでをもらさず注釈せんとするがゆへ也。（下略）

（京都大学附属図書館中院文庫所蔵本に拠る）

注目すべきは冒頭で「山谷先生が詩にいへらく」と述べ、『孔子家語』には言及することなく、黄庭堅詩の典拠としての正統性を称揚している点である。

『源氏物語』の成立から約六百年後、藤原定家の『奥入』から慶長年間に至るまでの『源氏物語』研究の集大成とも言うべき浩瀚な諸注集成である同書は、まさに「觴（さかずき）一つをやっと浮かべるほどの大きさであった長江源流の岷江が、中流の楚国に到って大河となる」ように、もののはじまりだけではなく、孜々とした努力がもたらす広大な成果にも注目する『孔子家語』や山谷詩の表現に相応しい偉業なのである。命名者は通勝の師匠で、『岷江入楚』の成立にも深く関与し、共著者とも言うべき細川幽斎（一五三四～一六一〇）であることがその跋文に記されているものの、書名は通勝との合意によって定めたものと考えられる。[1] 和漢に亘る広汎な学識を誇り、五山とも関係の深い幽斎や通勝とはいえども、本邦を代表する古典作品の注釈書がその措辞に拠るほどに、室町時代末期から近世初期にかけて、山谷詩の一聯は人口に膾炙していたのであった。

二 『百人一首』注釈と「濫觴」の意外なつながり

黄山谷詩の本邦文壇への影響は、『源氏物語』注釈のみに留まらなかった。意外なことに、江戸時代初期に陸続と生み出される『百人一首』注釈の世界において、その詩句が注目されることになるのである。山谷詩を関連付けて取り上げるのは『後撰和歌集』から採録された陽成院の一首、

筑波根の峯よりおつるみなの川恋ぞつもりて渕と成ける

の解釈においてであった。例えば『百人一首紹巴抄』では、この陽成院歌を評釈し、

釣殿の御子につかはしけるとぞ。序歌なり、心はほのかにおもひ初しことのふかく成を、水にたとへ給へり。天子の御心の善は天下の徳、悪は天下の愁なれば、大かたの人も此心を可思のみ。岷江は初濫觴入楚即無底山谷[2]

と記載するように、山谷詩引用の意図は、まさに「心はほのかにおもひ初しことのふかく成を、水にたとへ」た

陽成院の発想が、山谷詩のそれと一致していることを指摘する点にあった。もとより陽成院の没年である天暦三年（九四九）は黄庭堅（一〇四五～一一〇五）がこの世に生を享けるほぼ百年も前である。陽成院詠の典拠として、その詩作を指摘するつもりでないことはあまりにも明白であろう。

すなわち、ここで重視されているのは、漢語「濫觴」の意味用法なのではなかった。中国宋代を代表する詩人で、本邦五山禅林において蘇東坡と並称され、愛誦された黄山谷が、陽成院と酷似した発想で、措辞として用いていることこそが肝要だったのである。紹巴は和漢におけるその発想の類似を、純粋に楽しんでいるのである。これこそ五山僧によって日本の文壇にもたらされた中国の新しい詩作が、既存のありふれた漢語に新たな付加価値を与えた具体的事例なのだ——と断じることは許されるであろうか。まさにそこまで評価し、特筆したくなるほどに、陽成院歌と黄山谷詩の発想の類似性は広く歌壇に受け容れられ、認識されていったのであった。

さて、『百人一首紹巴抄』所載、陽成院歌の注釈における山谷詩引用は、いわば『百人一首』注釈の「濫觴」とも言うべき宗祇抄には見られないものである。吉海直人氏によって、

『宗祇抄』から『幽斎抄』へと集大成する二条家流注釈の中間に位置しており、両者をつなぐ懸橋的存在であることになる。特に『宗祇抄』が三条西家の講釈を経ることによって、どのように肥大・変化したかを知る上で、貴重な資料(2)（下略）。

と指摘されたことに従えば、『紹巴抄』のこの注釈内容は室町時代後期の『百人一首』注釈史において重視された三条西家の講説に由来するものと考えられるのである。更に言えば、日本の陽成院歌と中国の山谷詩という時空を超えた二作品の発想の類似に注目し、両者の関連を指摘した人物は、三条西公条（きんえだ）（一四八七～一五六三）であ

ったと考えられるのである。

「三条西公条であった」とする具体的な根拠を挙げるとすれば、公条説を師説として重視する天台宗不動院の学僧、法印祐海（不明～一六八九）による『百人一首師説抄』（宮内庁書陵部蔵）において、陽成院歌を解釈しつつ、明確に「仍覚御説岷江始濫觴入楚乃無底。」と仍覚、すなわち称名院三条西公条が山谷詩との関連を述べたことを記載していることがその一例である。

こうした公条の主張は、宗祇抄以来の『百人一首』注釈の系統や伝統を尊ぶ近世初期の和学者に広く受け容れられていった。興味深いことに、公条説も多く引用する『岷江入楚』の命名者である細川幽斎の注釈書（「幽斎抄」）では言及がないものの、京都大学附属図書館中院文庫所蔵『百人一首聞書』には当該箇所の注釈で、

筑波根は常陸国ノ名所也。泯江（ミンカウ）初と謂はそとしたる川なれ共蘇国へ行て大河と成也。泯江はいかにもそとしたる流にて盃を浮ふる程なれ共末は深シテ大川ト成也。至テ㆑蘇（ママ）ニ既ニ無シ㆑底ト云リ。

やはり山谷詩を引用し、陽成院歌との発想の類似を強調しているのである。これ以外にも、「切臨抄」（跡見学園女子大学附属図書館所蔵）・「後水尾院抄」（陽明文庫所蔵）・『さねかつら』（東京大学総合図書館所蔵）・「拾穂抄」（無刊記版本）など、室町時代以来の諸説・先注を網羅集成し、自説を付加した北村季吟に至るまで、山谷詩引用は、陽成院歌注釈に不可欠な一要素として、広く周知されていたのであった。(3)

こうした系統と一線を画したのが下河辺長流（一六二七～一六八六）や契沖（一六四〇～一七〇一）であった。長流は自ら著した『三奥抄』において、山谷詩ではなく、『孔子家語』を引用するのであり、それは契沖の『改観抄』にも継承されているのである。長流や契沖らが公条説に拠ることなく、山谷詩を引用しない意図は必ずしも明瞭

ではないものの、長流や契沖が陽成院歌に先行する漢籍の用例を重視した可能性は忖度されるであろう。引用した『孔子家語』を陽成院歌の証詞とする意図があったのか否かは断言できないものの、長流や契沖は、和歌と漢詩という異なる表現形式における着想の偶然なる一致を楽しんだ公条以来の重層的解釈に思い至ったり、尊重したりすることはなかったのである。

しかしながら、近世における『百人一首』注釈史において、山谷詩を引かずに『孔子家語』のみを引用するのは少数派であり、少なからず北村季吟の影響下にある近世の和学者の多くは、山谷詩の引用にも積極的であった。興味深いのは、松尾芭蕉門人の太田白雪（一六六一～一七三五）の『百人一首解』で、「貞徳云。」としてはじまる短い注釈のなかで、「山谷詩ニ　岷江初濫觴　入楚則無底　ノ心なり。」と、山谷詩との類似を指摘しているのは重要である。

三　連歌・聯句における陽成院歌と「濫觴」

陽成院と黄山谷という時空を超えた和漢の韻文作者の発想における類似を楽しむ、という土壌が室町時代後期、三条西家の周辺で醸成し、紹巴や松永貞徳・中院通勝を経て、芭蕉の門人にまで列なって行くことを勘案したとき、その発想の土台となったのが連歌と聯句を融合させた和漢聯句であった可能性は、検討する価値があるだろう。実際、三条西実隆（一四五五～一五三七）と公条の両吟が張行された永正七年（一五一〇）正月二日和漢聯句において公条が詠出した第九十五番句「山従盃裏湧（山は盃の裏より湧く）」は、まさに陽成院歌に山谷詩における「濫觴」をトレースして「觴（盃）を浮かべるような小さな筑波嶺の河口から湧き出たみなの川」の情景を髣髴とさせる表現とは考えられないであろうか。(4) 実際、みなの川を抱く筑波嶺そのものを淵に譬える表現は以下に挙

げるように、正徹や三条西実隆の家集に見られるのである。(5)

嶺上新樹

筑波根やしげればいとどみなの川峰よりおつる音ばかりして

つくはねの嶺そみとりの淵となるおつるやいつこみなの川なみ

筑波山茂りかさねてみなの川嶺よりおつと見えぬ夏かな

（正徹・『草根集』二二二〇・二二二一・二二二三）

河霞

おちて行なかれもみえすみなの川ふかき霞の淵と成つゝ

（三条西実隆・『雪玉集』八一・文明十三年）

こうした発想を参考に、公条は深い淵を湛える「筑波嶺」そのものを「山」と表し、山谷詩に引きつけて「盃のように小さな河口より湧く川淵を湛える山」と表現したとも考えられるのであり、少なくとも陽成院歌と山谷詩を融合させ、連想させる措辞を用いた可能性は皆無ではないと忖度されるのである。

そうした公条の試みは、その薫陶を享けた紹巴（一五二五～一六〇二）にも受け継がれていた。弘治二年（一五五六）五月二日和漢聯句（「花は此花を名残の樽哉」）において、宗養（一五二六～一五六三）による前句「水上遠きうかむさかづき」（九十二）への紹巴の付句「雫より底なき淵となり初めて」（九十三）は、やはり山谷詩の措辞「濫觴」に響きあう陽成院歌の歌語「峯よりおつるみなの川」の情景で応じた寄合と考えられるのである。(6)

このように室町時代中期以降、和漢聯句の広がりのなかで、和歌的発想の源泉としての典拠を中国古典詩に求める、という営為とは全く別次元で、和漢における時空を超えた発想の類似を見出し、持てはやす風潮が広がっていたことは、歌壇や連歌壇に最先端の中国漢詩文の理解を発信していた五山禅林文壇のあり方――踏み込んで更に言うならば「機能」――について考える契機となるであろう。

しかしながら、五山禅林において措辞「濫觴」と結び付けられた黄山谷詩は「次韻答邢敦夫」だけなのではなかった。たとえば、室町時代応永年間成立の摘句集『点鉄集』で韻字「觴」を用いた十九に及ぶ対句を採録したなかで、措辞「濫觴」を用いた一聯として取り上げられたのは、やはり黄山谷詩ではあったものの、「次韻文潜同游王舎人園」という別の詩題から採録された「買田宛丘間、江漢起濫觴（田を買ふ宛丘の間、江漢濫觴より起る）」という五言詩の一聯なのである。

本邦五山学僧の詩文を確認しても、その夥しい数に及ぶ「濫觴」の用例の典拠が前に掲げた黄山谷詩のみに偏っているとは考えられないのである。それはすなわち、五山文壇の潮流が三条西公条の発想の源泉になったのではなく、五山の学識に学んだ公条が、その成果を得て、和歌の解釈に新たな知見を見出した事例と捉えるべきなのである。

四　時空を超えて出会う陽成院歌と黄庭堅詩

こうした公条の知見を敷衍し、広く共有されるためには、場（空間）としての和漢聯句と、人（推進役）としての連歌師の存在が不可欠であったことは想像に難くない。それを端的に示すのが、これまでも拙稿で取り上げてきた連歌寄合書『連集良材』の存在である。その「濫觴」の項目は以下の記述である。[7]

濫觴

物ノ始ヲ云也岷江ト云河ハ其ノ始岷山ヨリ出テ小水ニシテ觴ヲ濫ムルホトノ流ナレトモ楚国へ流レ入テ滄波万頃非レハ舟舩ニ不レ可二以テ渉一。山谷カ詩云岷江始濫レ、觴入テレ楚ニ即チ无レ底云云。後撰ノ歌ニ

つくはねの嶺よりおつるみなの川恋そ積りて渕と成けり

此歌ミナノ川モ我恋モハシメハソトハカリニテ、フカキ淵トナル心。濫觴ヨクカナヘル歌ト云云。連歌ニ此心付タル句多シ。

この記述では冒頭、『孔子家語』の文辞を用いて故事を概観した後、山谷詩の一聯を挙げ、「後撰ノ歌ニ」として陽成院歌に触れ、「濫觴ヨクカナヘル歌ト云々」と評するのである。殊更『百人一首』の名を避け、敢えて『後撰集』を出典として挙げることからも、逆に『百人一首』注釈の影響の大きさを想定したくなるものの、注目すべきは「連歌ニ此心付タル句多シ」と連歌の寄合として幅広く定着していることを指摘する点である。

もちろん陽成院歌の派生歌は数多い。更に寄合語としての「みなの川」は『連珠合璧集』などには採録はないものの、「永享年間百韻」（永享九年（一四三七）三月二十一日）で、

五十二　ふもともくものかかるつくはね
五十三　みつおとになりてやあめもみなのかは

とあるのをはじめ、文安年間成立『古今連談集』の、

十六　しけきかけこそつくはやまなれ
十七　みねよりそみなきりおつるみなのかは

また猪苗代兼載『園塵』第一の

三三一　よのまにもふちせやかはるみなのかは
三三二　つきそつもりてありあけのかけ

など、陽成院歌の表現や発想に由来した寄合を見出すことは容易である。ただし、『連集良材』で記されている「此心」が陽成院歌と山谷詩の類似を踏まえた寄合と理解し得る蓋然性もないわけではなく、そうであれば、先に挙げた和漢聯句の用例の重要性こそを想定すべきと考えられるであろう。

おわりに

五山禅林文壇が室町時代の歌壇・連歌壇にもたらした新奇な情報は刺激的であった。蘇軾や黄庭堅などの中国宋代の詩人の清新な詩風はまたたく間に歌人や連歌師の心を捉えたのである。そして和漢聯句をその代表とする和漢混淆の文化的な事象のなかで、「日本文学の典拠としての中国文学」という規矩から離れて時空を超えた発想の類似や表現の相似に注目するようになっていったことは、当然の帰結であったとも考えられよう。そうした状況のなかで「漢」の優れた担い手であった五山禅林の学僧が自身の内部の「和」にどれほど自覚的であったのか、それを追究することが次の課題であろう。そしてそれこそが日本における禅、中国とは鮮明に異なる日本という風土における禅の特質を明らかにする端緒となるであろうことは、間違いないのである。

注

（1）書名命名の由来については、伊井春樹先生編『源氏物語　注釈書・享受史　事典』（東京堂出版・二〇〇一）の「岷江入楚」項目の記述に拠る。

（2）吉海直人氏「『百人一首紹巴抄』の翻刻と解題」（『同志社女子大学日本語日本文学』第四号・一九九二）に拠る。なお、陽成院歌の本文も同論文所載『紹巴抄』本文に拠る。

（3）『百人一首』注釈書の引用については、特筆するもの以外は和泉書院刊『百人一首注釈書叢刊』所収の本文に拠る。なお、歴代の注釈のうち、山谷詩引用で興味深いものの一つに本居宣長門下の国学者、斎藤彦麿の著した『百人一首嵯峨の山ふみ』がある。ここでは「白楽天詩に」として黄山谷詩の一聯を掲げた後、「似たる意也」と論評しているのである。成立年代的に陽成院歌に先行する白居易の名を出すことで、この漢詩句を和歌の証詞と見做す意図も考えられるのである。「白楽天詩に」としたのが彦麿の意図的な改変なのか、それとも単純な錯誤なのか、経緯は不明ではあるものの、和漢聯句によってもたらされた室町時代文壇の知見や趣旨が後代、理解されなくなった結果と考えることもできるであろう。

（4）『永正七年正月二日実隆公条両吟和漢百韻』本文は京都大学文学部所蔵本文を翻刻・注釈した臨川書店刊『京都大学蔵実隆自筆　和漢聯句譯注』（二〇〇六）に拠る。なお、本書での同句の注釈では「山湧」という措辞について杜詩との関連を指摘している。

（5）和歌の引用は『新編国歌大観』所収本文に拠る。もちろん、ここに挙げた以外にも陽成院歌の派生歌は、宗尊親王「つもりては淵とやならんみなの河嵐におつる峰のもみぢ葉」（「文王三百首」）や頓阿「みなの川ふちとなるらしつくばねの山かきくもる五月雨のころ」（「頓阿百首」）など数多い。

（6） 本文は京都大学国文学研究室中国文学研究室編『室町後期　和漢聯句作品集成』（臨川書店・二〇一〇）に拠る。

（7）『連集良材』本文は寛永八年版本に拠る。なお、和歌連歌史研究上における『連集良材』の重要性については、新著『室町連環　中世日本の「知」と空間』（勉誠出版・二〇一四）に掲載される鈴木元氏の一連の研究のほか、拙稿「『聯珠詩格』は『新選集』の典拠か—『連集良材』所収、戴復古「子陵釣台」詩を端緒に—」（「立命館文学」第六三〇巻・二〇一三）などを参照されたい。

日本中世禅林における杜詩受容
——禅の宗旨と文学観の連関をめぐって——

太田　亨

はじめに

鎌倉時代になると、幕府を代表とする武家体制は、旧仏教勢力に対抗しうる勢力として禅宗を利用した。栄西（一一四一〜一二一五）・道元（一二〇〇〜一二五三）・円爾（一二〇二〜一二八〇）等が入宋する一方、中国から蘭渓道隆（一二一三〜一二七八）、大休正念（一二一五〜一二八九）、無学祖元（一二二六〜一二八六）、清拙正澄（一二七四〜一三三九）、一山一寧（一二四七〜一三一七）、明極楚俊（一二六二〜一三三六）、竺仙梵僊（一二九一〜一三四八）等が渡来した。禅宗の「不立文字」・「教外別伝」・「直指人心」・「見性成仏」といった、文字の存在を否定する宗旨は、平素文字とは無縁の多くの御家人や民衆に受け容れられた。

禅宗の勢力拡大を期待した武家体制は、中国における禅林の貴族化を模倣し、そもそもは文字を否定する宗旨であるにもかかわらず、禅僧に学問教養をも求めた。禅林社会で宗教面に加えて学芸面が尊ばれるようになると、多くの禅僧はそれらを身につけることに腐心し、次第に貴族・武家社会の意に適った文化・文学を創出するようになっていった。

やがて幕府体制が混乱・衰微し、社会に混乱が生じてくると、当然ながら禅林にもその影響が及んだ。庇護者と禅僧との関係はいよいよ親密になり、文筆活動がよりいっそう重視されたが、求められる宗旨体得の質は徐々に低下していった。

以上のように、日本中世禅林における宗旨体得と文筆活動の関係は、鎌倉時代から室町時代末までの間に絶えず変化している。禅林の文学は、宗旨の発露を示す偈頌・語録・寺制上の公的文書といった特有のものから、在俗が求める一般詩文まで様々な分野に及ぶ。鎌倉時代には偈頌・語録が中心で、その分量も僅少であったのに対し、南北朝・室町時代と時代が降るにつれ、一般詩文が中心となり、その分量も膨大な量となった。

本稿では、日本中世禅林において、宗旨体得と文筆活動の関係が絶えず変化している中で、杜甫及びその詩が、どのように受容され、どのような役割を果たしたのか検討する。

一　宗旨重視と杜詩——禅宗の流入時期——

蘭渓道隆は、寛元四年（一二四六）、渡来し、北条時頼の帰依を受けて建長寺を開山した。「大覚禅師遺戒」（『大覚拾遺録』）の第一条で、僧堂では座禅専一でなければならないことを戒め、第四条では次のように言う。

参禅学道は、四六の文章に非ず。宜（よろ）しく活祖意に参ずべし。死話頭を念ふ莫（な）かれ。

蘭渓は日本の禅僧に対して、参禅学道を四六文の習得と勘違いして古人の語録の表現面にとらわれるのではなく、祖師の真意を参究するべきだと説く。

弘安二年（一二七九）、北条時宗の懇請によって中国から渡来した無学祖元は円覚寺を開山した。「中夏普説」（『仏光国師語録』巻五）で次のように言う。

> 古人の公案を将って堆畳するを要せず。古人の言語を将って闘揍するを要せず。須く是れ自己の胸襟中に向かひて摸索すべし。

無学は古人の公案や言語に対するのでは無く、自身の心を熟視し、修養すべきだと説く。

蘭渓や無学に限らず、渡来僧はこぞって日本僧の文学嗜好に対して警鐘を鳴らしている。渡来僧が繰り返し文字語言に執することを戒めたにもかかわらず、日本の禅僧の多くが優れた仏事法語を作成するため、中国の諸先人の語録、外集に興味を抱いていたことが窺える。こうした中でこの時期に残された禅僧の作品集には一般的な詩文はほとんど見られず、作品集に外集的な要素は認めがたい。ただし、無学祖元が讃として「杜工部」（『佛光禅師語録』巻八）を製し、大休正念が『大休和尚偈頌雑題』の中で、杜甫の「絶句二首其二」詩の詩句「遅日江山麗」「春風花草香」「泥融飛燕子」「沙暖睡鴛鴦」を詩題とする偈頌を製している。両者は、杜甫及びその詩に超俗した要素を認めながら、禅林の綱紀を正すために極力外集的要素を排除していたと言えよう（拙稿「初期禅林における外集受容初探——杜詩受容を中心として——」『中国中世文学研究』第四一号　二〇〇二参照）。

二　「禅熟すれば詩も熟す」と杜詩——禅林の規模拡大時期——

渡来僧がやかましく文字語言に執することを戒める中、庇護者との関係を良好に築き上げるために、聖一派の虎関師錬（一二七七～一三四六）・龍泉令淬（?～一三六五）・乾峰士曇（一二八五～一三六一）、大慧派の中巌円月（一三〇〇～一三七五）のように、門派によっては外集的要素を盛り込んだ作品を製する禅僧も現れた（前出拙稿・玉村竹二氏『五山文学』至文堂　一九六六参照）。中国における禅宗社会が貴族と結びついている影響を受け、当時の文芸風潮に関心を抱いた結果、日本の禅僧自ら文学作品を製することへの欲求が強くなっていったのは当然と言えよう。蘭渓・無学より半世紀遅れて来朝した竺仙梵僊は、『竺僊和尚住浄智竝無量寿寺語録』巻上「問答」で、弟子の裔翔から、詩文を製することの理由として、禅宗本来のことと考えても良いのかと尋ねられ、次のように答える。

　師曰く、「僧は、先づ宜しく道を学ぶを本と為すべきなり。文章は之に次ぐ。然れども但だ能く道を会すれば、文能はざるも、亦妨げざるなり。」と。

竺仙は宗旨を第一に考え、修道を怠らないことを奨めているが、決して文筆活動の一切を否定しているわけではない。宗旨を修めることを忘れなければ、文筆を行うことを認めている。裔翔との問答はさらに続く。

　裔翔曰く、「多く日本僧を見るに、文を以て本と為し、道を学ぶは之に次ぐ。翔、杜子美を見るに、曰く、『文章は一小技、道に於いて未だ尊ぶに足らず』と。此れを以て之を観るに、況んや緇流をや。故に竊かに以て恨みと為す。然れども如何ぞ道を学びて可なるや。」と。師曰く、「汝能く之を知り、猶ほ敬ふべきなり。我国の僧に、但だ文を能くして、宗門下の事は絶えて知らざる者有り。人乃ち之を誚め、其れを呼びて百姓僧と為す。若し僧、文を為して宗教を失はざれば、乃ち重んずべきなり。」と。

裔翔は日本僧が文筆を第一に考えていることを嘆き、杜甫の「貽華陽柳少府」詩の「文章は一小技、道に於いて未だ尊ぶに足らず」の句を例に挙げ、禅門においてはなおさら宗旨を怠ってはならないと非難し、なぜ道を学ぶ必要があるのか尋ねる。竺仙は、日本僧が文筆にばかり腐心し、宗旨を全く知らないことに対して非を唱えており、「宗教」を失うことがなければ、文筆を行っても構わないとしている。

宗旨を第一とし、文筆を第二とする主張を正当化するために、杜詩句「文章は一小技、道に於いて未だ尊ぶに足らず」が引用されている。つまるところ、ここでの杜詩は、禅林において宗旨と文筆の関係のあり方を示す指針としての役割を果たしているのである。

この杜詩句に感銘を受け、自身の教化活動にも利用したのが、禅林の次期統率者である義堂周信（一三二五〜一三八八）である（朝倉尚氏「禅林における杜甫像寸見〜『文章一小技』と『杜甫忠心』」『岡山大学教養部紀要』第十一号　一九七五参照）。義堂は、「杜甫」（『空華集』巻十八）で、「驢に騎すること　三十載、踏遍す　帝京の春。一夜　沙鷗の夢、九州　胡馬の塵」と詠じ、その跋文に次のように感懐を述べる。

> 余嘗て老杜の詩を読むに、其の安史の喪乱の際に方りて、君臣の忠義の節を失はざるに感ず。「文章は一小技、道に於いて未だ尊しと為さず」と曰ふが若きに至りては、是れ余が感の深き者なり。今茲の画を観るに、風帽蹇驢、人をして慨然として、筆を投じて起ちて吁かしむ。

義堂は、戦乱の中でも君臣における忠義を忘れなかった杜甫に感動し、中でも「貽華陽柳少府」詩の句「文章は一小技、道に於いて未だ尊しと為さず」が最も感銘を受けた句であることを述懐している。

義堂は「文仲説」（『空華集』巻十七）において、道と文章の関係について言及している。伯氏と仲氏の問答において、まず伯氏が、梁の某氏が「一文一芸、空中の小蚋なり」、杜甫が「文章は一小技、道に於いて未だ尊しと為さず」と言うように、文章が道において取るに足らないものと述べているのに対し、『雑華経』が「菩薩 能く離文字の法の中に於いて、文字を出生す」、劉禹錫が「心の精微、發して文と為る」と言うように、道と文章が同じように尊いものだと述べているのは、なぜ異なるのか、と仲氏に尋ねる。すると仲氏は、梁の某氏や杜詩句の場合は、根本の得道に務めないで末端の文章について競っていることを抑制しているだけであり、『雑華経』や劉禹錫の場合は、心の中の道徳が発せられて外に現れたものを称揚しているのである。両者は共に道を重視した上での文章のあり方を述べており、相反していないとする。根本には得道修養があり、文筆はこれに次ぐものであると明示している。

得道修養と文筆活動のあり方について、義堂は、「錦江説送機上人帰里」（『空華集』巻十六）の中で、機上人の文筆嗜好を戒めるために次のように述べる。

> 噫、君子、道を学び、余力あらば文を学ぶ。然れば夫れ道は学の本なり。文は学の末なり。諸を錦江に譬ふれば、則ち道は錦の経なり。文は錦の緯なり。而して本は江の源なり。末は江の流なり。然れば則ち未だ経無くして緯有る者有らず、又未だ源無くして流れ有る者有らざるなり。上人 其れ学の本為るか、将た其れ学の末為るか。老杜は文章を以て自負する者なるに、尚ほ曰はざらんや、「文章は一小技、道に於いて未だ尊しと為さず」と。念へや。

「錦」には経・緯、「江」には源・流が存するように、それぞれに本と末があることを説明し、根本の道がなければ、末端の文も存在しないことを言う。この道と文筆のあり方を伝えるために、有名な杜甫でさえも「文章は一小技、道に於いて未だ尊しと為さず」と言っているのを考えてみなさい、と締めくくっている。このように「文章一小技」は、当時の禅僧が過度に外集を嗜好するのを戒めるため、最も都合の良い警句であったのである。

義堂は禅林の中心的存在になると、その存続拡大にも配慮しなければならず、そのためには貴族・武家との良好な関係が不可欠であった。『空華日用工夫略集』には、道を重視することを標榜しなければならない立場でありながら、諸先師の恩を無にしないために貴族や幕閣の好む詩文を製さざるを得ない苦悩が随所に見られる。余りに文学の規制を緩和すると、禅林がかえって退廃するため、まず宗旨を第一と考え、その修養に務めることができるならば、文筆はそれに準ずるものとして認めることにしたのである（拙稿「日本禅林における文学観——杜甫の「文章一小技」に着目して（中期の場合）——」『日本中世禅林における杜詩受容の研究』所収、広島大学学位論文、二〇〇三年参照）。

義堂以後、道を学ぶことが第一であるという認識では共通するが、禅の余暇に詩を学ぶことは暗に認められ、詩文の作製を躊躇する様子が殆ど見受けられなくなったかのごとくである。仲方円伊（一三五四～一四一三）は「寄得中座元詩序」（『懶室漫稿』）の中で、「然らば則ち禅を能くする者は、以て詩を能くすべきなり」と言い、鄂隠慧奯（いんえかつ）（一三五七～一四二五）は「用濤字韻、奉簡賀州賢太守閣下」（『南游稿』）の中で、「近ごろ聞く　禅熟すれば亦た詩も熟すと」と言う。文筆行動を容認するために、「禅熟すれば詩も熟す」とする文句が標榜され、その風潮が流布するのである。こうした禅僧の文学観の変遷については芳賀幸四郎氏『中世禅林の学問および文学に関する研究』（日本学術振興会、一九五六年）や中川徳之助氏「白鷗の辞——五山文学の詩想についての一考察」（金子金治郎博士還暦記念論文集『連歌とその周辺』所収、一九六七年）に既に指摘される。

「禅熟すれば詩も熟す」の下、杜詩句「文章は一小技、道に於いて未だ尊しと為さず」は、その指針を示す格好の警句として、禅林において大いにその役割を果たした。義堂は杜詩に精通し、日記『空華日用工夫略集』の永徳元年（一三八一）九月二十五日の条において、二条良基との会話の中で、「才器が大きければ李白と杜甫の詩を学んでもよい」と答えており、杜詩の秀逸を称揚している。これは蘇軾・黄庭堅をはじめ、中国の詩話でこぞって杜詩が称賛されていた影響であろう。

誰もが詩人第一と認める杜甫であるが、「禅熟すれば詩も熟す」という文学観が浸透することによって、これに即した見方も生じてくる。それは最も熟した詩を製した杜甫こそ、禅に熟していたとする見方である。杜甫が寺院や、賛上人・巳上人といった僧との交流を詠んでいることに着眼し、禅僧はそれらの詩を考究して、そこに禅的要素や、禅境が含まれた詩句を見出して、自身の作品に援用するようになる。また、一方で、禅僧自身が禅に熟した境地によって優れた詩を判断・評価できるとも考え、大休正念が各詩句を詩題にして偈頌を製した「絶句二首其二」（前述）や「絶句四首其三」詩の句「窓には含む西嶺千秋の雪」に禅観を見出し、法語に引用している。ただし、杜詩の中に禅の修養や開悟を明確に示す表現が見られないことから、杜甫の名を直接に明示し、禅の関係を明らかにするまでには至っていない。これは杜甫自らが詠じた「文章は一小技、道に於いて未だ尊しと為さず」を宣揚し、「禅熟すれば詩も熟す」を訴える中、安易に詩と禅が一致することを誇張すべきでないと考えたのであろう（拙稿「日本中世禅林における杜詩受容――禅的要素に着目して（中期の場合）――」『愛媛大学教育学部紀要』第六〇巻、二〇一三年参照）。

三　「詩熟すれば禅も熟す」と杜詩――禅林の規模維持期――

宗旨を第一とする義堂の教えもむなしく、その死後、文学嗜好の風潮は強まっていく。「文章一小技」句が引用されることも少なくなり、「禅熟すれば詩も熟す」における禅と詩の関係がついに逆転し、詩文作製がいっそう重視されることになる。その風潮を助長したと考えられるのが、杜甫及び杜詩に関する禅的要素の逸話・故事である。逸話・故事の類型については朝倉尚氏「杜甫と禅」（『禅林の文学 中国文学受容の様相』所収、清文堂、一九八五年）に指摘される。以下、当時の文筆活動と宗旨の関係を示した上で、さらに杜甫及びその詩と禅に関する逸話・故事が引用されている例を見てみる。

（1）「杜詩詠月」

九淵龍賝（?～一四七四）が宝徳元年（一四四九）に『新編集』に附した跋文の中で、まず『新選集』と『新編集』が叔父の江西龍派（一三七五～一四四六）と慕喆龍攀（?～一四二四）によって編集されたことをいう。そして、自身も二人と同じく美濃国の東氏の出身であり、七歳で上洛、慕喆に謁し、その後二十年間にわたって侍者として仕えた経歴を述べ、さらに慕喆の禅と文学に関する考えを取り上げる。

> 慕翁一日余に謂ひて曰く、大雅の典、吾が徒と雖も亦た宜しく意を厝くべし。豈に仏に綺語の制有るを以て、決して廃すべけんや。虚堂愚師の大禅仏たるや、杜少陵の詩を閲して旨を会し、大慧杲師の大宗匠たるや、薫風南より來るの唱を聞きて心地開通す。覚範・参寥に至りては、皆な大法の主盟なれども、世に詩僧を以て称せらる。其れ詩を以て外事と為さざるを知るべし、と。

慕喆の主張によると、「詩書は禅徒であっても心を留めて置かねばならず、宗旨に綺語の制があっても、決して廃してはならない。虚堂智愚のような大禅仏も杜甫の詩によって開悟し、大慧宗杲のような大宗匠も柳公権の詩句によって開悟した。覚範慧洪や道潜に至っては盟主でありながら、詩僧として称されたことを考えると、詩が禅にとって宗旨の外にあるものではないことを知るべきだ」とある。

慕喆の主張で着目されるのは禅と文筆の関係である。宗旨を第一とし、詩文作製は瑣事とする戒めが逆転し、詩文作製を宗旨から逸脱しない行為として認めていることが判明する。慕喆の生年を考えると、応永年間（一三九四～一四二八）には、詩文作製を奨励する兆しが現れていたことが窺える。

また、『虚堂和尚語録』の「行状」に、「一日　杜工部の「天河」詩を誦するを聞きて、長時　顕悔に任せ、秋至りて輒（すなは）ち分明なり。縦ひ微雲に掩はるるとも、竟に能く永夜清し。忽として警發有り、親に辞して郷より出づ」とあり、虚堂智愚（一一八五～一二六九）は、杜甫の「天河」詩の「縦（たと）ひ微雲に掩（おほ）はるるとも、竟（つひ）に能く永夜清し」句によって、忽然として迷いの雲がひらかれたように真智を得たという。この虚堂の逸話については、南（なん）浦（ぽ）紹（じよう）明（みよう）（一二三五～一三〇九）や無（む）象（しよう）静（じよう）照（しよう）（一二三四～一三〇六）がその門を叩いていることから、鎌倉期には既に認識されていたはずである。しかし、禅僧は応永年間になるまで公然として引用することを避けている。ここに至り、詩文作製を正当化するために、突然に杜詩を読んで悟った記事や、杜詩に禅の要素が含まれていることを宣揚するのである。この宗旨と文筆の関係が逆転する一連の流れの中に杜詩の役割・価値があると考えられる。

（2）「詩中仏杜甫」と「杜詩詠竹香」

彦龍周興（一四五八～一四九一）は「竹渓字説　代月翁師」（『半陶文集』）で、天竜寺の竹渓周香のために、竹渓の字号について次のように述べている（月翁の命による代作）。

余　豈に黙するを獲んや。輒ち之を諗ひて曰ふ、「香りを副うるに竹を以てす。意は他無し。少陵　竹を詠じて曰ふ、『風吹きて細々として香し。』と。宋人云ふ、『杜老は詩中の仏にして、能く竹に香り有るを言ふ。』と。千古の美談なり。竹渓　俗譜を問へば、則ち香西牟礼氏にして、細川府君の世臣為りて、而して勇を以て聞こゆ。竹渓は蚤に弥峯塔を拝し、文明より孫承し、樹立見るべし。少小の幾れの日よりか、翰墨の場に遊び、詩中仏を学ぶ。而る後に道と不二にして、詩と禅と一如たるを学ぶ。是れ遠大を竹渓に期する所以なり。」と。

月翁（彦龍）が言うことには、竹には香りが備わっており、周香―竹渓に他意はない。それは杜甫が「厳鄭公宅同詠竹」詩で「風吹きて細々として香し」と、竹の香りを詠じたことに起因する。この詩句について、宋の人が、「杜甫が『詩中の仏』であるために、竹に香りが存することを詠じることができた」と評したのは、永遠の美談である。竹渓は香西牟礼氏の出身で、細川氏の家臣としてその名が知れ渡っており、文明周篆より相承し、確固たる存在を示している。幼少期から文壇に遊び、「詩中の仏」たる杜甫の詩を学び、その結果、詩と道とが不二であり、あたかも詩と禅が一如であることを学んだのを見れば、その遠大な志を「竹渓」に期することができる因由であるとする。

字説は、道号を付ける因縁を述べたもので、法諱との字義上の関連を述べ、受号者の素質を称し、その遠大を期する内容となることが多い。この字説では、竹渓が杜詩を学習し、その後に詩と道・禅が一致することを学修したと指摘しており、詩文作製を奨励しているかに見える。初学の僧が修養する必須のものとして、詩文作製が存在しているのである。禅林における文学観が、「禅熟せば詩も熟す」から「詩熟せば禅も熟す」へ変化していることが窺える。「詩禅一致」思想の浸透を見て取れる。

彦龍は字号を付けた理由の一つに杜詩を挙げているが、その際に竹の香りを詠んだ杜甫を「詩中の仏」と称揚し、禅の体得者と見なしている。この点について宋代でも比較的早くに葛立方が『韻語陽秋』で、杜甫が竹の香りを詠んだことに触れ、以後、胡仔・王楙・黄仲元等が同様の内容に触れている。ただし、禅僧が直接の典拠としたのは、張鎡が「桂隠紀詠殊勝軒」（『南湖集』巻七）で、「杜老　詩中の仏、能く言ふ　竹に香有りと。知らんと欲す　殊勝の處、説きて著す　早に清涼なるを」と詠じた五言絶句である。この詩の前半部は、先の彦龍が「宋人云ふ」と引用した内容と一致するもので、竹の香りを詠んだ杜甫に対して「詩中の仏」と呼んでいる。杜詩に禅的要素が含まれていることを証する資料として引用され、その杜詩を学ぶことで詩禅一致の認識・修養に繋がると考えている。

（3）「雪竇詩壇李杜」

景徐周麟（一四四〇～一五一八）が製した「跋東山玉岑珍侍者百詩後」（『翰林葫蘆集』）では、建仁寺の玉岑侍者が、月舟寿桂を紹介者として、景徐周麟を相国寺の方丈に訪ねている。そして、自身が製した月舟出題の百首詩の詩巻を取り出し、都合の良いときに添削してほしいと願い出ている。月舟の命であるものの、景徐は老いのこともあり、住持の仕事も忙しく、坐禅工夫の傍らにどうしてすることができようかと一旦は断る。が、玉岑侍者は納得せず、その詩巻を置いて帰ったため、結局景徐は添削を引き受け、次のように述べている。

余　之を読むに始めより終はりに至り、終はれば始めに復る。篇篇に発越の趣有り。而も寒乞の相無し。其の意を用ふるは容易ならざれば、喜ぶべし。詩話に曹洞・臨済の二宗を借り、以て唐詩の体を評す。玉岑の出自は洞譜にして、天童古仏の苗裔為り。江湖に天童・雪竇を指して詩壇の李杜と為す。玉岑少きより年と筆力とを加へ、而して潤色するに幽暢平淡の気を以てすれば、則ち必ず万丈光焔を数百年の後に続くべし。
刮目して焉を待たん。

景徐は玉岑侍者の全ての詩を見て、それぞれの作品に興趣が発せられ、それなのにみすぼらしい体をなしておらず、細部への気配りが行き届いているので、その非凡さを喜んでいる。詩を評するに当たり、『滄浪詩話』で厳羽が、漢、魏、晋そして盛唐の詩を学ぶのは臨済宗一派であり、大暦以後の詩を学ぶのは曹洞宗一派であると評することから、玉岑自身が曹洞宗の系譜で、天童如浄の苗裔であることに注目する。そして、多くの人々が、如浄と同じく天童に住した宏智正覚と雲門宗中興の祖たる雪竇を「詩壇李杜」であると評するように、玉岑も若い頃から文筆を修養し、幽静にあっさりと言い尽くすことに注意して作品を製すれば、李白と杜甫の詩文が後世に光り輝いたように、数百年後までも称賛されるだろうと激励し、その日が来ることを期待する。

この題跋では、幼少より詩文作製を奨励してその大成を願っており、文学重視の傾向が強まっていることが窺える。景徐の言のごとくに、詩と禅の関係を緊密にし、文筆を重視するようになった機縁は、次に挙げる『滄浪詩話』「詩弁」に拠る。

詩を論ずるは禅を論ずるが如し。漢、魏、晋と盛唐との詩は、則ち第一義なり。大暦以還の詩は、則ち小乗禅なり。已に第二義に落つ。晩唐の詩は、則ち聲聞・辟支果なり。漢、魏、晋と盛唐との詩を学ぶ者は、臨済の下なり。大暦以還の詩を学ぶ者は、曹洞の下なり。大抵、禅の道は、惟だ妙悟に在り、詩の道も亦妙悟に在り。

「詩を論じることは禅を論じるようなものである」「禅の道が真実の悟りにあるように、詩の道も真実の悟りにある」とする指摘は、詩禅一致の思想を定着させるに至った根拠をなす主要な警句であったと言えよう。

禅僧の詩文が、詩壇でいえば杜甫に匹敵するほど長じたことを示す比喩「雪竇詩壇李杜」は、「評唱天童従容庵録寄然居士書」（『従容録』）に、「吾が宗に雪竇・天童有り、猶ほ孔門の游・夏有るがごとく、二師の頌古、猶ほ詩壇李杜のごとし」とあるのを典拠にする。萬松行秀が勧請主の湛然居士（耶律楚材）に『従容録』を寄せた際の書であり、雪竇（九八〇～一〇五二）と宏智正覚（一〇九一～一一五七）が、孔子門下の子游と子夏のようであり、その頌古にいたっては、詩壇で言えば李白と杜甫に匹敵するという。この故事を引用することで、禅僧が文筆を修練して杜詩に到達できるように勉励する効果を期待していると言えよう。

（4）「杜詩有雲門三句」

天隠龍澤（一四二二～一五〇〇）は「錦繡段後序」（『天隠和尚文集』）で、まず詩と禅について次のように述べる。

> 詩は吾が宗の業とする所に非ざるなり。然りと雖も、古人曰く、「詩に参ずるは禅に参ずるが如し」と。詩や禅や、其の悟入に到れば、則ち言語の及ぶ所に非ざるなり。吾が門の耆宿は之に外れず。覚範・参寥・珍蔵叟より、天隠の諸老に至るまで、或いは某の集を編し、或いは其の詩に注す。豈に吾が宗に詩無きを謂はんや。

詩は我が宗門の成すべき業ではないが、古人が「詩に参ずるは禅に参ずるが如し」と言い、詩も禅も悟りの境地に入れば、言語の及ぶところではないという。その一証として、これまでの禅僧も全て悟りの境地に達して詩文を製し、覚範慧洪・道潜・蔵叟善珍・天隠圓至といった高僧が自らの集を作製・編集し、それまでの文人の作品集に注釈を付けているという事例を挙げている。

天隠は続いて、『錦繡段』を編集した理由・方法を挙げる。若い頃から詩を嗜んでおり、唐宋元の詩については極めて多いため、それらに目を通そうとしても、一向に終わりが見えないことから、人口に膾炙している評価の高い三百篇余りの詩を厳選したことをいう。そして、暇があればそれを朗読して味わい、思わず喜んで手舞い足踏みする始末であったとする。ついては、少年僧のためにこれらを書き付け、その教えをとどめるために、『錦繡段』と名付けたという。

さらに『錦繡段』の効能を次のように言う。

花の晨　月の夕、之を手にし之を口にすれば、則ち詩の外に禅無く、禅の外に詩無し。是に於いて始めて少陵の詩に、雲門の三句有り、后山の詩に、洞家の玄妙有るを知るなり。

朝夕、この書を手にとって読めば、詩は禅から外れるものではなく、禅も詩から外れるものではないことに気付き、始めて杜甫の詩に雲門の発した三句が含まれ、陳師道の詩に曹洞家の玄妙の趣旨が含まれることを知ることができるとする。

天隠は禅門における詩の意義を強調し、少年僧に対して学習すべき詩を選択した上で、詩文作製の効能を説く。詩を第一として、まずは文筆の修養を掲げ、宗旨はそれに準ずるものとして、詩に通じれば自ずと宗旨にも通じるととらえている。

杜詩に雲門三句が含まれているとする故事は、葉夢得（しょうぼうとく）撰『石林詩話』に見える。雲門文偃（八六四～九四九）は、唐末から五代の禅僧で、雲門宗の始祖にあたる。葉夢得は、その雲門が唱えた「函蓋乾坤（かんがいけんこん）」（絶対の真理が天地間に充満していること）が杜甫の「秋興八首」（其七）詩の「波は菰米を漂はして沈雲　黒く、露冷やかにして蓮房　墜粉　紅なり」に、「随波逐浪」（師が学人の機根にふさわしい手段を用いること）が杜甫の「題省中院壁」詩の「落花　游絲　白日静かに、鳴鳩　乳燕　青春深し」に、「截断衆流」（学人の煩悩・妄想を断ち切ること）が「厳公仲夏枉駕草堂兼携酒饌」詩の「百年　地僻にして柴門廻かに、五月　江深くして草閣寒し」に匹敵すると指摘している。このように雲門三句が杜詩句に含まれていることを明示し、杜詩こそ学ぶべきであると主張するのである。

以上のように、（1）～（4）の資料には応永期以降の宗旨と文筆の関係が明示されている。いずれも「禅熟すれば詩も熟す」という思潮から「詩熟すれば禅も熟す」という思潮に変化している。序・題跋・字説は、作品や受号者を称揚するため、当時の理想となる禅の宗旨と文筆のあり方を明示することが多い。そこで叫ばれたのが詩禅一致思想であり、その拠り所となったのは『滄浪詩話』における厳羽の警句である。禅が移入された当初には用いられなかった厳羽の警句が、突如として引用されるようになったのは、それまでに拡大した禅林を維持・存続させるために、貴族や武家との関係をより親密にする必要が生じ、俗人にとっては理解しがたい宗旨を重視するよりも、庇護者が好む詩文を製することを尊重する道が選ばれたためであろう。

「詩熟すれば禅も熟す」ということであれば、詩の評価が最も高い杜詩が禅にも関連、通じることを証明する必要が生じる。そこで禅僧は中国で指摘されている「雪竇詩壇李杜」「杜詩雲門三句」「杜詩詠竹香」「杜詩詠月」などの故事を取り上げ、杜詩にも禅の要素が含まれていることを実証し、杜詩を学べば詩と禅が一如であることを悟り、宗旨を体得できるとしたのである。「詩熟すれば禅も熟す」の指針として、杜甫及び杜詩の禅的要素を設定したのである。そのため、これまでは杜詩と禅の関係を直接に明示しなかったのに対し、当期においては中国で誕生した故事としての杜甫（詩）を直接に明示して禅との関係を明らかにした上で、文筆活動を奨励するようになったのである。こうした詠出法の変化は、禅林における宗旨と文筆の関係が絶えず変化していることに拠るのである。

禅林における杜詩の重要性について、例えば石井積翠軒文庫に所蔵されていた『集千家註批点杜工部詩集』の奥書には、「宝徳三年六月廿五日終ふ。右は初学に佳とする二番に読む所なり。第一は論語、第二は杜なり。智は文殊と不二にして、詩は天神を兼ねて異なる無し」とあり、当時期の杜詩評が如実に表れている（川瀬一馬氏『石井積翠軒文庫善本書目』臨川書店　一九八一参照。現在、当該書は所在不明）。杜詩は初学者にとって論語に次いで読むべき書であり、論語の智は文殊の智に匹敵し、杜甫の詩こそ天神（菅原道真。二十五日は命日）の詩を兼備すると評されている。禅林における文筆の指針として利用された杜詩は、禅僧にとって必修であったのである。

まとめ

禅宗が日本に移入された当初、宗旨を専一として、外集を学ぶことは非難されていた。この風潮下にあっては、杜詩は高い評価を得ながらも、禅僧の詩文にその名が出てくることは稀少であった。しかし、禅林の規模が拡大し、武家や貴族との結びつきが生じてくる中で、庇護者が嗜好する外集文学を認めざるを得なくなり、そこで宗旨を第一とするならば文筆活動を行うことが許されるようになってしまう。その指針として利用されたのが、杜詩句「文章は一小技、道に於いて未だ尊しと為さず」である。杜詩句は「禅熟すれば詩も熟す」という風潮の一助となったが、その風潮も長くは続かず、世の混乱の中、貴族や武家との結びつきはさらに強くなり、文筆活動を何よりも重視することになってしまう。そしてついに「詩を論ずるは禅を論ずるが如し」という『滄浪詩話』の警句を論拠として、詩禅一致思想を主張することになる。その具体的な指針として、「雪竇詩壇李杜」「杜詩有雲門三句」「詩中仏杜甫」「杜詩詠竹香」「杜詩詠月」等のように、杜詩を読んで悟った記事や、杜詩に禅の要素が含まれていると言った故事を宣揚し、詩（杜詩）を学ぶことで詩と禅が不二であることに気付くようになると鼓吹したのである。禅林において宗旨と文筆活動の関係を主張するに際し、禅に関する杜詩句・杜甫の逸話や故事はその指針として重宝されたのである。

禅林における詩文作製の規制が緩和される中、宗旨と文学の関係を示す指針として重宝された杜詩であるが、一方で杜詩に見られる忠義・孝行・困窮・情と言った面も注目され、禅僧の詩文に言及されるようになる。杜甫に関する画図も多く描かれ、その賛詩も多く製された。詩聖・杜甫が日本禅林に及ぼした影響の大きさは計り知れないと言えよう。

骸骨の物語草子
――『幻中草打画』再考――

恋田知子

はじめに

朽ちゆく死体を九段階にわたって描く「九相図」をめぐっては、文学や美術史、宗教学など学問領域を超えた研究が進展し、山本聡美氏、西山美香氏による『九相図資料集成――死体の美術と文学』（岩田書院、二〇〇九年）の刊行以降、益々活気を帯びている。人間の死への関心は普遍的なものであり、その図像表現についても多様な分野からのアプローチが可能であろう。この「九相図」と同様、人間の死をめぐる図像表現に「骸骨画」がある。骸骨や髑髏は、Tシャツや指輪、アニメのキャラクターなど、現代の図像モチーフとして人気を博す。遡って江戸時代の浮世絵の類を見渡しても、歌川国芳の「相馬の古内裏」や伝円山応挙「波上白骨座禅図」など、写実的な骸骨が盛んに描かれており、時代を超えて人々を魅了してやまないモチーフであった。死や無常、あるいは悪の象徴などとされる一方で、生者さながら歌い踊り、コミカルでユーモラスな印象を与える骸骨の図像も少なくない。

そんな滑稽味溢れる骸骨を描いた先駆けとも言えるのが、お伽草子の『幻中草打画』である。仏堂でまどろむ行脚の僧が墓から現れた骸骨と語り合う夢を見てそれを絵に描き衆生に説こうとする前半と、行脚の比丘尼と山中の老比丘尼が禅の教えに基づき問答を交わす後半の、大きく二つの内容からなる。時代が下ると、前半、後半それぞれをもとに改作され、一休宗純（一三九四〜一四八一）仮託の『一休骸骨』、『一休水鏡』として刊行される。とりわけ『一休骸骨』は、表題や本作品の前半に基づくことからもわかるように、禅の教えよりもコミカルな骸骨の姿に焦点を絞る。そのような骸骨の姿は人々に親しまれたらしく、一休人気も相俟って、江戸時代を通して何度も出版され、絵巻にも仕立てられた。近世以降に描かれた多くの滑稽な「骸骨画」には『一休骸骨』の影響も見てとれるが、そのもととなった作品が『幻中草打画』と題される物語草子なのである。

「げんちゅうそうだが」とも「げんちゅうくさうちえ」とも称され、どのように読まれていたかは定かでない。早苗憲生氏が「骸骨考――国立歴史民俗博物館蔵『骸骨』の紹介」（『財団法人松ケ岡文庫研究年報』十九、二〇〇五年）で指摘されたように、禅録類には、草を打ってその奥に眠る蛇を驚かす意の「打草驚蛇」という言葉が散見され、『禅学大辞典』によれば、学人に対して直接に警誡しないで間接的に戒め悟らせることを意味すると言う。本作品の表題も、人間の儚さを夢幻にたとえた「幻中」と警戒心を喚起する「草打」の言葉から、夢の中に現れた骸骨の有様から現世の「空」なることを悟らせる意と捉えられよう。内容はもとより、表題からも極めて禅宗的な物語草子と言える。

これまで稿者は、物語草子の形成や享受における仮名法語との近縁性について考察を重ねてきた（恋田知子「仮名法語の享受と文芸――大阪市立美術館蔵『はいかひ』絵巻をめぐって――」荒木浩氏編『中世の随筆――成立・展開と文体――』竹林舎、二〇一四年ほか）。禅の教義を問答という枠組みで草子化する本作品についても、かつて新出伝本を紹介しながら、法語としての特徴を考察した（恋田知子「説法・法談のヲコ絵――『幻中草打画』の諸本――」『仏と女の室町　物語草子論』笠間書院、二〇〇八年)。その際には原本の閲覧が叶わなかった鶴満寺(かくまんじ)蔵本について、このたび幸運にも閲覧の機会を賜った。そこで、鶴満寺本の紹介を端緒に旧稿での誤りを正しつつ再検討し、なぜ骸骨の物語草子が求められたのか、あらためて本作品の意義について考えてみたい。

一　鶴満寺本の紹介と諸本概観

現在のところ確認される『幻中草打画』の伝本は、以下の四本である。

①鶴満寺蔵『幻中草打画』絵巻一軸(冊子改装)。康暦二年(一三八〇)本奥書。〔室町後期〕写。
②国立歴史民俗博物館蔵『骸骨』一冊。〔江戸極初期〕写。田中教忠旧蔵本。
③陽明文庫蔵『幻中草抄』一冊。慶長十一年(一六〇六)写。抄出本。「道書類」所収。
④『衆星堂古書目録』(二〇一五年)掲載『幻中草打画』絵巻一軸。〔室町後期〕写。伝上杉淡路守入道玄澄筆。

かつて岡見正雄氏「『幻中草打畫』翻刻」(『近世文学　作家と作品』中央公論社、一九七三年)によって翻刻紹介された①は、所蔵先が示されなかったことから、長年所在不明とされてきた。だが、稿者は望月信成氏「幻中草打畫」(『宝雲』二十五、一九三九年十二月)を頼りに、大阪市北区長柄東にある天台真盛宗鶴満寺の所蔵を確認し、旧稿では両氏の論文によって考察を試みた。このたび実見の結果、康暦二年(一三八〇)の奥書は本奥書の可能性が高く、室町後期の転写と目される。岡見氏の指摘にもあるように、後崇光院貞成(ごすこういんさだふさ)親王筆の『看聞日記』紙背、応永二十七年(一四二〇)の「諸物語目録」には、「幻中草打画一帖」と明記されており、少なくとも室町前期には成立し、貴族の間でも享受されていたようである。目録では「善光寺縁起」や「十王讃嘆」など縁起や法語類とともに列記され、配列順序からは物語というよりも法語と捉えられていたと推察される。①鶴満寺本は転写の可能性が高いとはいえ、室町後期までは遡る古写本であり、貴重な伝本と言えよう。その書誌は以下のとおりである。

白描絵巻一軸（後補改装）。縹色地檜垣文様菊花文散らし布表紙（縦二十六・〇糎。横十九・五糎）。見返し銀紙無地。本文料紙楮紙（裏打ち修補）、天地二十五・〇糎。全長約八一〇糎。内題「幻中草打畫」。字高二十四・五糎。漢字平仮名交じり。本奥書「康暦二年〈庚申〉五月廿□□」。本絵巻を収める古箱の蓋表には「幻中草打画　徹書記筆」、蓋裏には「寄附主上田氏　鶴満寺什物」と墨書がある。

望月論文では、蓋裏の寄附主を「山田氏」とするが、「上田氏」であることを確認した。これは、『摂津名所図会大成』巻十一「鶴満寺」の項で、延享年中（一七四四〜四八）忍鎧（にんがい）上人による再建の際、許多の財を寄附し修営したとされる「浪華の豪商上田何某」に比定される。鶴満寺には、本書以外にもう一点、室町期まで遡る「天台大師画像」が伝来している。禅鎮を載せた頭巾をつけ瞑目する坐像式で「天台大師画像」として広く流布した形式の図像であり、十五世紀の制作とされる。実はこの画像には、安永四年（一七七五）に鶴満寺四世竹堂が鶴満寺の檀越である上田家の寄進を受けて修復したことを示す裏書と竹堂による賛が付されている（知念理氏の御教示による）。おそらく本書もこれと同時期に上田氏によって寄附されたのであろう。上田氏は、近世の記録類によれば大坂の廻船問屋として一財をなした人物とされるが、その詳細は不明である。室町期にまで遡る「天台大師画像」や『幻中草打画』といった禅にかかわる図像がどのような経緯で上田家に伝来したのか、新資料の発掘を期したい。

なお、望月氏も指摘されるように、本書には約十九糎毎に紙継ぎが確認され、絵の続かない部分もあることから、冊子本を裁断して絵巻に改装したものと判断される。先の「諸物語目録」にも「一帖」とあり、室町期には冊子本として享受されていたようである。絵巻への改装時期は詳らかでないが、上田氏による寄進を示す古箱に収められていることから、遅くとも十八世紀には絵巻の形態で享受されていたのであろう。この古箱の蓋表には「徹書記筆」とあり、室町時代の歌人で東福寺の書記を勤めた正徹（一三八一〜一四五九）による書写と伝えている。もとより正徹筆とは言えないものの、正徹門弟の連歌師など徹書記流の特徴を思わせるところもあり（佐々木孝浩氏の御教示による）、注意される。

次の②歴博本は「骸骨」の外題を付すが、当該作品の一伝本である（国立歴史民俗博物館『田中穣氏旧蔵典籍古文書目録［国文学資料・聖教類篇］』二〇〇五年）。①鶴満寺本に比して平仮名が多く、絵もより稚拙な印象を受ける。本文にはわずかながら脱文や誤字、脱字などが見られ、①鶴満寺本との間に若干の異同も確認できるが、絵の構図など近似しており、虫損の多い①鶴満寺本を補うこともできる。なかでも注目すべき異同として、第一に、物語冒頭で行脚の僧を「むさうこくし」と画中詞で記す点があげられる。物語の主人公である僧を、南北朝期の臨済僧、夢窓疎石（一二七五〜一三五一）になぞらえるのである。禅語を多用しながら禅の思想を説く本作品は法語としての要素が色濃く、後世一休に仮託されることとなるのだが、内容だけでなく、仮託の面でも禅と深く関わりながら享受されてきたことを示唆していよう。また第二に、本書には「埋めただ道をもまつの落ち葉にて人すむ宿と知らぬばかりに」の道歌とともに、行脚の尼と老尼と思しき二人の骸骨が山庵で問答する様子が描かれており、見過ごせない。①鶴満寺本には当該歌も二人の骸骨の絵も付されておらず、叙述もいささか不明瞭であったのだが、②歴博本の描写によって後半で問答を交わす二人の尼も骸骨の姿なのであり、本作品が一貫して骸骨の物語であることが明白となった。

③の陽明文庫蔵『幻中草抄』は本作品が貴族圏に伝来していたことを示唆しており、重要である。近衛家伝来

の古典籍を収蔵する陽明文庫には「道書類」と分類される慶長・元和（一五九六〜一六二四）頃の写本群が伝わる。そこには禅宗や浄土宗などの仮名法語とともに、文覚発心譚として知られる『恋塚物語』のような物語草子も伝存している。近世初期の貴族圏において、諸宗の仮名法語と物語草子とが仏教初学書的な側面を持ちつつ、同様に書写・享受されていた実態を窺わせる貴重な事例と言えよう（恋田知子「陽明文庫蔵「道書類」の紹介（三）『幻中草抄』翻刻・略解題」『三田国文』四十七、二〇〇八年）。③陽明本は絵を一切付さないものの、後述する「この絵を御覧ずべし」という「骸骨画」の絵解きについて記す本文があり、絵に付された道歌のみを省略していることなどからも、抄出する前の原本には絵があったと見てよいだろう。絵入り本から本文のみを抄出し、末尾に新たな道歌を付すなど、法語としての側面を強調した伝本と位置づけられる。

さらに今春、京都の古書店衆星堂の目録に④の絵巻が掲載され、本作品に新たな伝本が加わった。④新出絵巻は料紙や筆跡などから室町後期の書写と推定され、①鶴満寺本とそれほど時を隔てない写しと目される。前述の「埋めただ」の道歌および骸骨姿の比丘尼問答の絵も付し、②歴博本と同様、①鶴満寺本の欠落部分を補うことができる。また、本作品は室町期から冊子本として享受されていたと思しいが、④は元来絵巻として制作された上、当初より彩色を施すなど、これまでの伝本にはない独自の特徴を見せる。加えて、箱書および古筆極札には、室町期の武将で連歌作者でもある上杉房実（一四四三〜一五〇八？）の筆であると伝えており、連歌師のかかわりという点は前述の徹書記流とあわせ、見過ごせないものがある。相違箇所の検証や制作の経緯など、今後の詳細な考察が待たれる。

以上のように、岡見氏による紹介当時は①のみの稀覯書であった『幻中草打画』だが、現在四本もの伝本があることが判明した。そこで次に、作品中に展開する「骸骨画」について具体的に確認しながら、本作品の特徴を指摘しておきたい。

二　『幻中草打画』の特徴①――骸骨画の趣向――

行脚の僧は、仏堂で出会った骸骨が出家し、説法教化するのを見聞きする夢を見たことを契機に、人間は皮を破れば皆同じ骸骨であり、骸骨と人間、死と生とは区別されるものではないという「生死一如」観にいたる。それを具体的に示したのが、作品中に描かれる「骸骨画」なのである。僧は、「只今かしづきもてあそぶ皮の下に、此骸骨を包みてもちたりけりと知りて、この絵を御覧ずべし」と人々に語りかけ、以下、僧による絵解きという枠組みのもと「骸骨画」が展開する。それは後半の比丘尼問答までを含み込む枠組みなのであった。

行脚の僧が荒廃した仏堂に至る場面から始まる「骸骨画」には、僧のまどろむ仏堂の先、墓から現れたと思しき骸骨が僧に語りかける様が描かれる。その墓の背後には、陽気な骸骨たちによる酒宴が描かれ、そこから骸骨の一生が繰り広げられることとなる。参考に示したように、鼓や笛を奏でる骸骨や酒を酌み交わす骸骨を描く①鶴満寺本（図1）に対し、④新出絵巻（図2）では扇を片手に舞い踊る骸骨を中央に描き込んでおり、同じ酒宴の場面でも伝本によって細かな相違を見せている。

続いて男女の抱擁から男の死と野辺送り、残された女の剃髪・出家を経て、行脚の末の老尼との問答に至るまで、すべて骸骨の姿で描き、骸骨の一生を物語るのである。これら一連の「骸骨画」は本作品だけでなく、『一休骸骨』でも山庵の二人の尼問答を除き、一貫して描かれる図様であった。いずれにおいても、骸骨も人間も皮一つで変わりはしないという「生死一如」の思想を具現化している。

人間の死をめぐる図像表現としては、前述の「九相図」が想起されよう。白骨観との類想性や禅とのかかわりだけでなく、『幻中草打画』所収の道歌には『九想詩絵巻』の和歌と共通するものもあり、影響関係なども指摘

図１鶴満寺本の酒宴場面

図２新出絵巻の酒宴場面（『衆星堂古書目録』より部分引用）

されている。だが、滅びゆく死体に不浄や無常を感じる「九相図」に対し、生死を一如と捉え、人間の生そのものをいわば戯画化する「骸骨画」は、同じ人間の死を描く仏教絵画であっても、主眼も手法も大きく異なるのである。本作品はむしろ、「ものいう髑髏」の系譜上に位置づけるべきものであろう。

平安初期の仏教説話集『日本霊異記』には自分を殺した相手に髑髏が復讐する話などがあり、「ものいう髑髏」の伝承は古くから数多く存在した。『荘子』外篇「至楽」の髑髏問答や昔話の枯骨報恩譚、小町の「あなめ」説話など、日本に限らず、アジアやヨーロッパ諸国にも広く伝承されており、普遍的なモチーフであったことがわかる（杤尾武氏「髑髏の和漢比較文学序説――髑髏説話の源流と日本文学――」『和漢比較文学』二十一、一九九八年八月。小峯和明氏「ものいう髑髏――魔の転生」『説話の声』新曜社、二〇〇〇年ほか）。本作品の淵源にも、そうした「ものいう髑髏」の伝承が想定されるが、重要なのはそれが絵によって示されたという点である。

骸骨の図様は、六道絵や地獄絵など鎌倉時代から見受けられるが、「九相図」の白骨観などでも顕著なように、いずれも屍として、いわば「ものいわぬ骸骨」として描かれていた。なお、聖衆来迎寺の国宝「六道絵」のうち「等活地獄」には、今にも起き上がりそうな、わずかに動きを感じさせる骸骨の姿が見える。これは、俎板に載せられた罪人が獄卒に刃物で切り裂かれ、白骨と化すものの、獄卒が「活々」と唱えると人間の赤子へと蘇り、もとの通りの責め苦を受けるという場面で、『往生要集』の内容を忠実に絵画化したものである。おそらく蘇生する様を描き出すため、「ものいわぬ骸骨」であるはずの白骨死体に動きを表現したのであろう。生者さながら歌い踊る骸骨の図像としては、日本においては『幻中草打画』の「骸骨画」が最も早い例と思われるのである。

「骸骨画」を基調とする『幻中草打画』は鶴満寺のような寺院に伝来し、『一休骸骨』も早くから開版され、一方で絵巻にも仕立てられていた。絵をともなった仮名書きの法語という特徴から、物語中の僧が「骸骨画」を絵解きしたように、実際の寺院などにおいて説法や教化のために本作品が形成され、あるいは享受されていたことも想像されよう。

これに関連して、江戸後期のものではあるが、寺院にかかわる仏教絵画としての骸骨図を二例紹介したい。一つは、甲斐善光寺に伝来する「骸骨図」である（吉原浩人氏の御教示による）。本図は江戸中期から後期の写しと目される三幅対の掛幅絵で、桜の木の下で盃を片手にほろ酔い加減の骸骨を描く第一幅、骸骨の死に対面し嘆く骸骨を描く第二幅、撞木を持ち伏鉦を叩いて供養する骸骨を描く第三幅からなる。『幻中草打画』に比べ滑稽味は薄まり、もの哀しい雰囲気を漂わせる佳品である。和歌や賛など一切ないが、それゆえに「絵解き」されることを前提に成った宗教画と推察される。もう一つは、西尾市岩瀬文庫蔵の『人間一代戯画』である。これも絵のみの巻子本で、泉涌寺の涅槃図を描いたことでも知られる江戸中期の浄土僧、古礀明誉（こかんめいよ）（一六五三〜一七一七）の筆と伝わる。夫婦による申し子祈願に始まり、男子の誕生と成長、思いを寄せる女性と結ばれ、祝言にいたるもの、夫婦の揉め事や狩猟による殺生、不正な商いの末に病を患い、ついには死を迎え埋葬されるに至るまで、全て骸骨の姿で描かれる。人間の一生を骸骨として描き、戯画化する手法は『幻中草打画』に共通するものの、本絵巻では死の場面に火車を引いた獄卒が現れる上、埋葬後にあたる巻末には閻魔王のもとで責め苦を受ける骸骨の様子まで描かれるのである。甲斐善光寺の「骸骨図」と同様、絵解きを目的に制作された可能性もあるが、世の無常や「生死一如」観を説くような「骸骨画」とは明らかに異なり、人間の一生を骸骨として戯画化しつつ因果応報を説いており、興味深い事例である。他宗における骸骨画の受容や展開を示すものであり、稿を改めて検討したい。

三　『幻中草打画』の特徴②――説法の道歌、増補される道歌――

難解な禅の教えを具体的に説くため「骸骨画」を用いた点に、本作品の大きな特徴がある。それは、本作品において多用される道歌についても言えることである。所収された道歌には、室町期前後の文献類に共通あるいは類似する歌が数多く見られる（飯塚大展氏「解題」『一休仮名法語集』春秋社、二〇〇〇年）。たとえば、骸骨の男女の抱擁に続き、一方の骸骨が倒れ臥す様を描く場面には、「我ありと思ふ心を捨よただ身の浮き雲の風にまかせて」の歌を付す。これは、和漢の故事や典拠に満ちた長編の異類合戦物で、禅語を多用する点でも特徴的なお伽草子『鴉鷺物語』の第八における歌に近似している。中鴨の森の鷺である山城守津守正素が嫡子如雪に対し、戦に臨む心得を語った折、死を覚悟する際の「仏法」における「古歌」として、「我ありと思ふ心を捨てよただ身をば命のあるにまかせて」があげられる。第四句に相違が見えるものの、死に直面した際という同様の文脈において同内容の歌が用いられているのである。

その後、亡くなった骸骨の野辺送りをおこなう場面でも、「はかなしや鳥辺の山の山送りをくる人とてとまるべきかは」、「世を憂しと思ひ鳥辺の夕煙よそのあはれといつまでか見む」、「はかなしや今朝見し人の面影に立つは煙夕暮れの空」といった三首の道歌が詠まれる。これらは、お伽草子の『花情物語』で聖が世の虚しさを案じて詠んだ三首の和歌（「はかなしや鳥辺の野への夕煙与所のあはれといつまでかみん」「はかなしや鳥辺の山の山をろしおくるる人もとまるべきかは」「見ればげに心細くも鳥辺野に煙ぞたえぬ明暮れの空」）との類似が見てとれよう。箕浦尚美氏によれば、『花情物語』には存覚の真宗談義本『女人往生聞書』との近似が指摘され（「お伽草子と女人往生の説法――『ゑんがく』『花情物語』『胡蝶物語』を中心に――」『詞林』二十三、一九九八年）、女人説法の要素の色濃い『花情物語』に類似する歌が詠まれていることは重要であろう。そのような事例は、後半の比丘尼問答における歌にも見られるのである。

行脚の尼となった骸骨の女が、山居の老尼に出会い、仏道修行や死、悟りなどについて問うと、骸骨の老尼は禅の立場から行脚の尼を教え導く。すなわち、道心の持ちようについて虚空論を展開した上で、「桜木を砕きて見れば花もなし花をば春の空ぞもちける」の歌を用いて、「むなしき虚空より一切の色の出る事」を説くのである。当該歌は、世阿弥『遊楽習道風見』や松ヶ岡文庫蔵『龍嶽和尚密参録』などにも見え、中世以来盛んに用いられていたことが知られている。なかでも、女人教戒の意図が濃厚なお伽草子『磯崎』においては、新妻を撲殺したことで鬼と化した本妻が、日光山の稚児となった息子から受ける説法の中で引用されており、注意される。すなわち、悪念から離れるべきことを「桜木を砕きてみれば花もなし春こそ花の種は持ち来れ」の歌によって説くのであり、そこから座禅観法を勧め、無念無想の境地へと導き、ついに鬼の面が取れるに至るのである。当該歌によって女性を禅の真髄へと導く点は比丘尼問答のそれに共通するものがあり、重要である。

このように、本作品の道歌には説法や唱導における道歌との共通あるいは類似が認められるのであり、いずれも物語の文脈に即しつつ、歌によって仏の教え、とりわけ禅の教えを説こうとする様が見てとれる。「骸骨画」だけでなく、そこに付された道歌の諸相からも、本作品が説法や教化を目的に形成・享受された可能性が指摘されよう。

なお、僧が骸骨と語り合うという枠組みとその図像表現については、『一休骸骨』でも変わらず受け継がれているものであるが、道歌に関しては省略や増補がなされており、相違を見せる。これは前にもふれたように③陽明本において顕著な特徴でもある。③陽明本では①鶴満寺本や②歴博本に見える道歌を大幅に省略し、それを補うかのように、巻末に計二十七首に及ぶ道歌を新たに付している。そこでも、「心」すなわち「仏」とする物語本文から連想される道歌が連ねられ、しかも説法や唱導の場で用いられたと思しき歌と共通するようなものが少なからず見えるのである。これは、後世物語内容に即した道歌を新たに加えていった『一休骸骨』の方法と共通するものである。本来あった道歌を省略し、新たな道歌を増補する③陽明本のありようは、抄出や加筆を伴いながら享受され続けた本作品の展開相を端的に示している。そこにも本作品の大きな特徴が指摘できる。

四　骸骨の物語草子制作・享受の背景

それでは、なぜ室町という時代に骸骨の物語絵が求められたのだろうか。その背景には、異類物のお伽草子の隆盛がある。人間と同じく恋をし、歌を詠み、戦に赴き、出家する異類の活躍を描く物語絵は、室町の学芸や信仰、風俗などを反映しつつ、数多の作品が制作された。骸骨による酒宴や剃髪、野辺送りなどの図様は、『付喪神記』における妖物の酒宴や剃髪、『是害房』や『百鬼夜行絵巻』の「風流の行列」などを想起させ、異類物の図像表現との共通性が見てとれる。

加えて、本作品には出家を志した骸骨が禅宗出家者の堕落ぶりへの批判を聞き、真に頼るべき師を求めて行脚するという場面があるが、そこには天狗や鳥になぞらえ、当代禅宗を批判する『七天狗絵』や『鴉鷺物語』との類似も指摘できよう。さらに言えば、『七天狗絵』が「魔仏一如」を説くように、あるいは『鴉鷺物語』が「黒白和合」を説くように、「生死一如」を説いた『幻中草打画』は、まさに室町期の異類物の一群に位置づけられ得る法語絵巻と捉えられよう。

寺院に受け継がれた『付喪神記』や『七天狗絵』、『是害房』といった異類の物語絵は公家の日記類にも散見し、室町期の貴族も多大な関心を寄せていたことがわかる。『幻中草打画』のような作品が、後崇光院の周辺に伝来したのも、法語としての受容だけでなく、「ものいう骸骨」の物語絵への興味や関心があったからではないか。

ちなみに、和歌四天王の一人として知られる室町期の歌僧慶運には次のような歌文が伝わる。

骸骨の絵の賛　釈慶運

抑仏法に入り、生死を離れんと思ふ心は是何物ぞ、唯此心の源をかへし見るべし、眼に色を見、耳に声を聞、鼻に香を嗅ぎ、舌に味をなむ、これ誰が恩ぞ、無始より此恩を受けながら、主をしらざる事は、たとへば人の家に宿りて、常しへに育まれながら、家主に対面もせず、またいかなる人とも知らざらんがごとし、されば色を見るものは是何ものぞ、声を聞は是何ものぞ、香を嗅ぎ味をなむる、また是何ものぞ、行住坐臥につけても是は何ものぞ、此疑ひをおこして、教のうちの道理に寄らず、自らかへし見るべし、若あきらむる事を得ば、曠劫無明たちまちに消滅し、本来の面目すなはち現前せん

かへし見よをのが心は何ものぞ色を見声を聞くにつけても

（『扶桑拾葉集』巻第二）

ここでの「骸骨の絵」が具体的にどのようなものであったか明らかではないが、右の文や和歌からは「骸骨の絵」に生死を思い、人間の真実相を感じる様子が窺え、『幻中草打画』における禅の教えにも通じるものがある。慶運仮託の可能性もあり、検討を要するものではあるが、『幻中草打画』が制作された室町期には、このような「骸骨画」に対する関心や流行があったのかもしれない。なお、安永八年（一七七九）刊の鳥山石燕『今昔画図続百鬼』には、土中の甕から身を乗り出す骸骨の傍らに「慶運法師骸骨の絵賛に」として「かへし見よ」の歌が記されており、慶運による絵賛の伝承は後世まで広く流布していたようである。

異類物の物語絵の手法に習いつつ、難解な禅の思想を絵と道歌によってわかりやすく説いた『幻中草打画』は、室町期の信仰と物語絵制作を背景に成立した作品と言える。とくに後半の比丘尼問答を勘案するならば、骸骨の絵と道歌に大きな特徴がある本作品は、女性による享受も想定されよう。そこで想起されるのが、先の「諸物語

目録」を記した貞成親王の存在である。伏見宮周辺には、真乗寺や曇華院など臨済宗の比丘尼御所の尼たちとの交流が窺え、法語の物語絵が伏見宮周辺の比丘尼御所で享受されていた可能性も考えられる（恋田知子「尼と物語草子」『国語と国文学』、二〇一五年五月）。

さらに、骸骨の図像化の契機には、大陸の骸骨画による影響も想定される。骸骨図については、しばしばヨーロッパ中世の「死の舞踏」との類同性が指摘されてきた。メメント・モリ（死を想え）の警句とともに、宗教絵画として展開する「死の舞踏」との類似は、骸骨画の持つ普遍性を考える上で確かに有効である。だが一方で、骸骨や髑髏のモチーフは、中国古代の文学や絵画においても人間の儚さや幻影のシンボルとして表現されてきた歴史がある。南宋の宮廷画家李嵩（りすう）の落款を有する「骷髏幻戯図（ころうげんぎず）」（故宮博物院蔵）には、旅姿の骸骨の傀儡師が骸骨人形を操る様子が描かれており、死と遊戯の関わりを思わせ、中国版「死の舞踏」とも称される。板倉聖哲氏は、本図について十三世紀の東アジア絵画の広がりとして六道絵や九相図とともに捉え直す必要性を説いている（「東アジアにおける死屍・白骨表現――「六道絵」と「骷髏幻戯図」」『死生学』四、東京大学出版会、二〇〇八年。西山美香氏の御教示による）。禅は中国文化の多大な影響下にあり、その思想を説く本作品の性質を重視するならば、東アジアの骸骨画による影響も考慮するべきであろう。今後もさらに検討したい。

古代より脈々と語り継がれてきた「ものいう髑髏」の文芸の系譜上、異類の物語絵の隆盛や大陸の骸骨画の影響などを背景に、骸骨の物語草子『幻中草打画』が誕生した。絵と結びついたことで骸骨に新たなイメージが加わった。滑稽味溢れる骸骨の源泉はここにある。

おわりに

かつて『一休骸骨』は、慶長頃の古版本等に見える「康正三年四月八日虚堂七世東海前大徳寺一休子宗純」の識語および禅語の多用などから、一休作の仮名法語と捉えられていた。だが、「諸物語目録」の記事や鶴満寺本の出現で一休仮託は明確となり、本作品をもとに省略や加筆がなされ、再編されたことがわかる。それは『一休骸骨』にとどまるものではなかった。たとえば、鈴木正三の『二人比丘尼』は、「来つて少時もとどまらざるは有為転変の住家」で始まる冒頭の本文に加え、女性の発心出家譚である点など、本作品をもとにしていることが明白な仮名草子作品である。しかも、正三『二人比丘尼』の原型とされる東京芸術大学蔵『須田弥兵衛妻出家絵詞』は、奈良絵本の最盛期である寛文頃の濃彩絵巻として伝存し、静嘉堂本など同系統の写本も伝わる。『一休骸骨』や『一休水鏡』、『二人比丘尼』にはなく、絵詞系統にのみ共通する歌も見えることなどから、『幻中草打画』との直接の影響関係も指摘されている（田中伸氏「『二人比丘尼』の原型――「須田弥兵衛妻出家絵詞」と「同妻物語」に関連して」『仮名草子の研究』桜楓社、一九七四年）。

このように、『幻中草打画』は、『一休骸骨』を始め『一休水鏡』や正三の『二人比丘尼』、あるいはその原型とされる『須田弥兵衛妻出家絵詞』など、近世の仮名草子類に対し、縦方向に影響を及ぼしたのではなく、各々が本作品を取捨選択し再編を試みた、横の同類関係にあると言える。本作品が後世の文芸に与えた影響は決して小さいものではなかった。江戸初期には多くの仮名法語が開版されるが、そのような動向も鑑みながら、お伽草子や仮名草子、仮名法語といった従来のジャンルや時代区分を超えて、草子の制作実態を解明していくことが求められていよう。

ちなみに、本作品の増補という特徴は道歌に限られたものではないようだ。龍谷大学図書館には、弘化四年（一八四七）写の美しい淡彩の『一休骸骨』絵巻が所蔵される。「武門の暇に是を写して子孫の童蒙に授る者也」という跋文とともに、江戸後期の槍術家で一節切尺八の名手としても知られる伊能一雲（いのういちうん）（一七七七～一八五四）の手によることが記される。その内容は『一休骸骨』諸本と大きく異なるものではないが、絵巻の表紙見返しに書物の執筆に苦心する様子の骸骨が大きく描かれており、注目すべきものがある。そこには、本作品を執筆する人間もまた骸骨なのであるという、さらに大きな枠組みで捉えようとする新たな意図が見える。このようなところにも、抄出や増補を繰り返しながら時代やジャンルを超えて享受され続けた本作品の特徴と魅力が垣間見えるのではないか。

【附記】本稿は、国際高等研究所研究プロジェクト「宗教が文化と社会に及ぼす生命力についての研究――禅をケーススタディとして――」研究会、二〇一四年度伝承文学研究会大会（於、青山学院大学）、第三十六回国文研フォーラム（於、国文学研究資料館）での口頭発表に基づくものである。ご教示を賜った諸氏に深く御礼申し上げる。貴重な資料の閲覧と図版掲載の御許可を賜った鶴満寺住職長谷川眞哲師、衆星堂の梅村茂樹氏、ご教示、ご高配を賜った大阪市立美術館の知念理氏に心より感謝申し上げる。なお、本稿はＪＳＰＳ科研費（基盤研究（Ｃ）課題番号２５３７０２５９）による研究成果の一部でもある。

禅の「無」と世阿弥の「無」
――『六祖壇経』をめぐって――

天野文雄

はじめに――「無の論理」という視点――

ここに論じようとする世阿弥の芸道思想と禅思想との関係は、明治四十二年刊行の『能楽古典世阿弥十六部集』（能楽会、吉田東伍校訂）に始まった近代の人文科学としての能楽研究において、早くからそれなりに注意されてはいたが、両者の関係をはじめて体系的に論証したのは、『世阿弥新考』（昭和三十七年、わんや書店）や『続世阿弥新考』（昭和四十五年、わんや書店）などにまとめられた香西精（こうさいつとむ）氏の研究である。香西氏の研究は、昭和三十年代初頭の世阿弥の菩提寺たる曹洞宗補巌寺（ふがんじ）（奈良県磯城郡）の発見をふまえ、その芸論と禅林詞句との関係を広範に検証し、応永二十九年（一四二二）初頭の出家前後以降の世阿弥の芸道思想のよってきたるところを解明したもので、それまで「点」にとどまっていた指摘を、一気に「面」にまで広げたものであった。それはまた、長いこと自明のように受けとられていた禅と能との関係を実証した貴重な成果でもあったのだが、その香西氏には、世阿弥が禅の思想に触発されて、いかなる芸道上の境地に到達したかについて、つぎのような発言がある。

『風姿花伝』は徹頭徹尾、有心の芸論であった。人形使いが人形を使うように、自分の五体と音声とを、一一効果を計算しながら、最大限に効果的に使うのである。自意識が油断なく見張りをつづけて、一挙手一投足もゆるがせにさせない。ここはマイナスの許されない世界、是風ばかりで非風のない世界である。ここは完全に良識の世界、凡情の世界、認識論的論理の世界であるから、その主張は、だれにでも、すぐ理解される。世阿弥はこの世界に安住しているときでも、「住するところなき」を花とは知っていた(花伝、別紙)。それが、「応無所住而生其心」として生きて来るまでには、体験の功を積まなければならなかった。恐らくは、彼の体験が、自意識万能の初期の芸論では律し切れないものを認めさせたのであろう。意識の世界で解決できない体験の事実を、芸論に組織するために、禅は適切な思惟の型を貸してくれた。それは無の論理である。彼の芸論が、有心の芸論から、有心・無心をつつんだ高次の無心の芸論に飛躍したのである。ここに来て、東洋的理性の最高の水準にまで高まることができた。(『続世阿弥新考』所収「世阿弥と禅」の「禅の論理」の節。初出は昭和三十八年一月の『国文学』)

このように、ここでは『風姿花伝』時代の世阿弥の芸境とそれ以後の芸境の決定的な違いを、「意識」と「超意識」という点から整理し、その根底にあったのが禅の「無の論理」であったとしている。香西氏は同書所収の「世阿弥の芸論について」(初出は昭和三十八年の『金剛』)でも、「『花伝』の世界は、すべて正の数ばかりの世界、ゼロもマイナスもない算術の世界であった。中期に入っては、ゼロを発見し、負の数をも数として扱う代数学の世界が展開する」と述べているが、まことに明快、万人の腑に落ちる把握というべきであろう。なお、引用の「応無所住而生其心」は、本稿で対象とする『六祖壇経』や禅竹の『五音三曲集』にも引かれる『金剛経』の一節であり、「中期」というのは『花鏡』『至花道』などが執筆された世阿弥出家前後の時期をさしている。

以後、世阿弥と禅の関係については、香西氏の研究のように体系的な成果は生まれていないものの、諸氏による着実な研究が（さほど多くはないが）積み重ねられて現在にいたっている。筆者もその驥尾に付して後述のような私見をいくつか公にしているが、ここでは世阿弥が禅から受けた影響を「無の論理」だとする香西氏の把握をふまえ、その点から、世阿弥が披見していたと思われる禅宗第六祖慧能（えのう）の言行録『六祖壇経』の所説をめぐって、禅の思想が世阿弥の芸道思想をいかに「触発」したかを考えてみたい。

一　世阿弥と『六祖壇経』――その研究史――

『六祖壇経』は、達摩を祖とする禅宗の第六祖慧能（六三八～七一三）が、韶州（じょうしゅう）（広東省）の大梵寺で千人あまりの仏教徒にたいして行った説法の記録を中心に編まれた慧能の言行録で、唐代以来、禅者には経典同様に尊重されてきたものである。同書は当初は法海なる弟子によってまとめられたが、現在伝わるのは、それに大幅な増補が加えられたもので、「行由（慧能が六祖を継いで大梵寺で説法をするまでの経緯）」「般若（仏道における智恵）」「疑問（質疑応答）」「定慧（瞑想と悟り）」「座禅（座禅とは何か）」「懺悔（告白）」「機縁（弟子たちの入門）」「頓漸（根元的な悟りと段階的な悟り）」「宣詔（天子の詔勅）」「付嘱（遺言）」の十章からなっている（カッコ内は後掲の『禅家語録』における柳田聖山氏の訳）。現在読まれているのは、大正新脩大蔵経に収められた十三世紀末の宗宝本をもとにした明版大蔵経のテキストである。

世阿弥が『六祖壇経』を披見していたろうことは、現在はほぼ確実とみられている。それは、小稿「世阿弥と禅――「六祖壇経」をめぐって――」（『国文学　解釈と鑑賞』平成十二年十二月。小著『能苑逍遥（上）』所収）が指摘したように、摂津榎並座の棟梁だったらしい左衛門五郎の作である『柏崎』に世阿弥が付加したと認められる、善光寺阿弥陀如来賛仰を内容とするクセ冒頭の「異香満ち満ちて人に薫じ、白虹連なつて地に満てり」（世阿弥自筆本の訂正前の文句による。世阿弥による訂正後の文句も現行の文句もこれとは小異がある）が、『六祖壇経』第十「付嘱」の慧能遷化の場面の「干レ時異香満レ室、白虹属レ地」に酷似しているからである（慧能遷化の記述は『景徳伝灯録』などの禅宗史書にもみえるが、『柏崎』の文句はそれらの慧能伝より『六祖壇経』に近いのである）。もっとも、小稿以前にも、昭和十年の能勢朝次氏「無所住と一行三昧」（『国語教室』）や昭和四十七年の黒田正男氏「『六祖大師法宝壇経』と世阿弥の能楽論」（『宮城教育大学紀要』七、昭和四十六年、同氏著『世阿弥能楽論研究』所収）において、『風姿花伝』第三「問答条々」に「古人云」として引かれる偈（「心地含諸種、普雨……」）や、『風姿花伝』第七別紙口伝や『花鏡』の「無所住」と「一行三昧」の語が『六祖壇経』にみえ、『至花道』の「体用」の語と概念が『六祖壇経』にみえることが指摘されてはいたのだが、厳密にいうと、それらの語句は『景徳伝灯録』などの禅宗史書にもみえるため、かならずしも世阿弥が『六祖壇経』を披見していたとは言えなかったのである。しかし、世阿弥による『柏崎』の付加部分が『六祖壇経』に拠っていると判断されたことによって、世阿弥と『六祖壇経』の関係はほぼ確実になったといえる。そのことは、同書が聖一国師円爾弁円（弘安八年〔一二八〇〕没）によって東福寺に将来されていることでも補強されよう。また、右の小稿では、禅宗史書にもみえている『風姿花伝』第五奥義の「心より心に伝ふる花」も、やはり『六祖壇経』の「以心伝心」に依拠したものであろうとしている。

このような研究史をふまえ、以下では、世阿弥が『六祖壇経』を披見していたことを前提に、両者の関係を考えてみたい。

二　世阿弥における「無の論理」

前述のように、香西精氏は応永二十年代後半の著述である『花鏡』『至花道』以後の世阿弥の芸道思想の顕著な特色を禅の影響を受けた「無の論理」としたのだが、香西氏はたんに多くの世阿弥の芸道用語が禅林詞句にみえることを指摘しただけでなく、両者はその「論理」においてもあい通じていることを具体的に指摘している。そこで、世阿弥の「無」と『六祖壇経』の「無」の関係を検証する前に、まず香西氏によるその種の指摘を紹介しておきたい。

たとえば、『花鏡』「上手の感を知る事」に、

面白き位より上に、心にも覚えず、あつといふ重(じゅう)あるべし。これは感なり。これは心にも覚えねば、面白しとだに思はぬ感なり。爰をこんせぬとも言ふ。

とある「こんせぬ」について。この「こんせぬ」は戦前までは宛てるべき文字が不明の語であったが、世阿弥が『拾玉得花』（正長元年〔一四二八〕奥書。学界への紹介は昭和三十一年）で「妙（あつといふ重）」と「花」と「面白き」がそれぞれ至上の芸境の異名であるとしていることをうけて、「こんせぬ」は「妙」「面白き」などと同じであるとしたうえで、しかし、なぜ「妙」「面白き」の境地が「こんせぬ」と呼ばれるのかを問題にして、これを、総持寺二祖峨山韶碩(がさんじょうせき)（貞治五年〔一三六六〕没）の法語『山雲海月』において、「孤俊不混」が「不思議也不思議也。不語話也」と説明されていることに着目し、

「狐俊混ぜず」は、経験以前、主客未分化以前太極に一気の幽気（易にいう世界生成の根元）のそわない以前、相対以前で、対する何物もないから、まったくの狐俊であり、混ずべき他がない、万法発現の根本であり、不思議であり、妙であると順を追うて説明すれば、「こゝをこんぜぬといふ」わけがわかるが、「混ぜず」すなわち「妙」といきなり聞かされては、何のことか見当がつかない。

と、「こんせぬ」が「混ぜぬ」であり、世阿弥が「心にも覚えぬ」「面白しとだに思はぬ感」を「混ぜぬ」だとする「論理」を鮮やかに解明している（『世阿弥新考』「世阿弥の禅的教養」）。

このほか、香西氏は、『花鏡』『至花道』以後の世阿弥の芸論に頻出する、「無文」「無心」「無曲」「無風」「無姿」「無感」「無位」「無形」「無所」「無体」「無味」「無得」といった「無」を冠する語についても、

禅の論理は、西欧の論理学がみとめる意識世界のそれでなくて、超意識・霊性の論理、形而上学的論理である。般若即非の論理と鈴木大拙博士は呼んでいられる。肯定は否定を媒介にして成立する。肯定と否定とをともに成立させる場が全体である。全体は絶対矛盾的自己同一である。というような論理である。

として、その世阿弥における論理の例に、『風曲集』の「有無ともにこもるが故に」「第一」とする「無文音感」をあげ、さらに同趣の論理として、『花鏡』の「離見の見」をあげ、これを主客の対立を超えて、客観を主観にする、「主客一如の絶対境」を至上とする禅の論理そのものとする。このほか、香西氏は、禅の「是非一如」の論理、「体用」論が『至花道』『風姿花伝』などの論に投影しているとも指摘している（『続世阿弥新考』「世阿弥と

禅」)。

もうひとつ、香西氏の指摘で重要なのは、世阿弥の芸論にみえる、「離見の見」「無心の感」「無感の感」「無位の位」「無文の文」「無体の体」「無曲の曲」「無風の風」というような表現を、「禅哲学と緊密に結びついている」例として、これらを「非思量底の思量」と評していることである(「世阿弥の禅的教養」)。「非思量底の思量」とは、道元の『普勧坐禅儀』の「この不思量底を思量せよ。不思量、いかんが思量せん。非思量、これすなはち坐禅の原術なり」あたりをふまえた香西氏の造語のようで、「意識の奥にある意識とはいえない意識」というほどの謂かと思うが、これは禅や世阿弥の「無の論理」を考える場合、きわめて重要な視点を提供している。以下の論も、基本的に、この「非思量底の思量」という「論理」が中心になるであろう。

三　『六祖壇経』が説く「無」

ここで世阿弥が披見していたと思われる『六祖壇経』において、「無」がどのように説かれているかをみることにする。もちろん、『六祖壇経』には「無」という言葉が少なからずみえているが、その「無」についての定義とも言いうる、まとまった記述が第四の「定慧」にみえているので、以下、それを筑摩書房刊古典世界文学『禅家語録I』(昭和五十一年)に収められた、柳田聖山氏の訓読と口語訳によって紹介しよう。そこで、慧能はつぎのように弟子たちに説いている。訓読で示す。

善知識よ、我が此の法門は、従上以来、先ず無念を立てて宗と為し、無相を体と為し、無住を本と為す。無相とは、相に於て相を離る。無念とは、念に於て念無し。無住とは、人の本性は、世間の善悪・好醜、乃至冤と親と、言語触刺、欺争の時に於て、並びに将って空と為して、醜害を思わず、念念の中に、前境を思わざるなり。若し前念と今念と後念と、念念に相続して不断ならば、名づけて繫縛と為す。諸法の上に於て、念念に住せざれば、即ち無縛なり。此れは此れ無住を以て本と為す。

ここでは、禅思想の中心は「無念」「無相」「無住」であり、これまでの禅者が説いてきたのも、ひとえにこのことであるとし、以下、それぞれについて説明しているのだが、ここを柳田氏はつぎのように口語訳している。

諸君よ、わたしがここに説くおしえは、これまでずっと、最初に無念（意識のない心）をおしたてて宗旨と考え、無相（すがたのないところ）を本体とし、無住（とらわれがないところ）を根本としている。無相というのは、相の中で相を出るのである。無念というのは、念の中で念がないのである。無住というのは、人々の本質が、世の中の善し悪しや好き嫌い、もしくは怨みと親しみ、言葉や肌の刺激だとか、だましあいなどの中で、すべてそれらを空しいものと考えて、報復の思いを起さず、一瞬一瞬の意識のうちに、過ぎ去ったものを思いうかべないことである。もしも過去の意識と本来の意識とが、一瞬一瞬に連続してたちきれないならば、それが束縛とよばれる。逆に、あらゆる存在に対して、一瞬一瞬に意識がとらわれないならば、たちまち束縛はないのである。こういうのが、つまり無住を根本とすることである。

口語訳では、「無念」は「意識のない心」とされ、「念の中で念がない」状態とされているが、とすればこれは香西氏のいう「非思量底の思量」的論理であり、「無念の念」ということになろう。「相の中で相を出る」とされる「無相」も「無相の相」と言い換えてよさそうである（残る「無住」はやや論理を異にする用語であろう）。なお、

「無念」は世阿弥が説く「無心」と同義とみてよく、「無相」は世阿弥には用例はないが、禅竹の著作には頻出し、「無相」のほかにも、禅竹には、「無相空寂」「無相無味」「無相真如」（禅竹作『芭蕉』）といった用例もある。また、「無住」が「住する」「住せぬ」の形で世阿弥の芸論にみえることは、いうまでもあるまい。

さて、『六祖壇経』第四「定慧」では、禅思想の中心たる「無念」「無相」「無住」をこのように説いたあと、あらためて、「無念」の「無」とは何かについて、また、「無念」の「念」とはなにかについて、以下のように説いている。

善智識よ、無というは何事をか無とし、念というは何物をか念ずる。無というは二相を無とし、諸の塵労の心を無とす。念というは、真如の本性を念ず。真如は即ち是れ念の体、念は即ち是れ真如の用なり。真如の自性は念を起す、眼耳鼻舌にして能く念ずるに非ず。真如は性有り、所以に念を起す。真如にして若し無ければ、眼耳色声、当時に即ち壊せん。善知識よ、真如の自性は念を起せば、六根は見聞覚知有りと雖も、万境に染まずして、而も真性は常に自在なり。故に経に云う、『能く善く諸法の相を分別して、第一義に於て動ぜず』と。

この箇所の柳田氏の訳は以下のとおりである。

諸君よ、無とはどんな事を無くするのであり、念とはどんな物を念ずるのであろうか。無というのは、二元の観念を無くするのであり、多くの塵で汚れた妄念を無くするのである。また、念とは真にありのままの本質を念ずることである。真にありのままなるものは、つまり念の主体であり、念はつまり真にありのままなるものの作用である。真にありのままなるそのものが、念を起すのであって、眼や耳や鼻や口が念ずることができるのではない。真にありのままなるものがそういう本質をもっているから、それで念を起すのである。さもなくて、真にありのままなるものが無ければ、眼に対する色、耳に対する声は、たちまち消えてしまうであろう。諸君よ、真にありのままなるものそのものが念を起すから、六つの感覚機官は、見たり聞いたり、記憶したり、判断したりする働きをもちながら、さまざまの対象に汚されないで、しかも真なる本質はいつも自由なのである。それで『経典』にいっている、『はっきりとあらゆる存在の立場を認識できて、しかも根本を変えない』と。

ここでは、「無」とは「二相」を「無」とすることであり、「諸の塵労の心」を「無」とすることだとしている。この「二相」は柳田氏の訳では、「二元の観念」とされている。つまり、「有と無」「是と非」「善と悪」といった常識的な分別――それが「諸の塵労の心」なのであろう――のことであり、それを超越することが「無」だというのであろう。続いて、慧能の説法は、「無念」の「念」におよび、「念」とは「真如（ありのままの本質）を念ずること」だとする。以下、論は、その「真如」は「念」の対象でもあるとともに、「念」の主体でもあり、そのために、主体たる「真如」はあらゆる事象を「見聞覚知」しつつも事象に汚されることなく、「自在（自由）」の境地にある、というふうに展開している。いかにも禅の言葉らしく、容易に門外漢の解釈を許さないところがあるが、この「無」と「念」の定義に従えば、「無念」とは、「念」を「無にすること」ではもちろんなく、「二元の観念という分別から解放されること」、あるいは「自在なる精神が自在なる真如を念ずること」という「無」と「念」を並列させた言葉ということになろうか。

以上、禅思想に重要な位置を占め、世阿弥が披見していたと考えられる『六祖壇経』における「無の論理」を筆者なりに整理してみたが、「二元論的分別からの解放」にしても、「自在なる精神が自在なる真如を念ずること」にしても、その「論理」が世阿弥の芸道思想の「論理」とあい通じるものがあることは、なんとなく予感されるものがあるのではないだろうか。しからば、世阿弥における「無の論理」はいかなるものなのか、節を改めて考えてみることにする。

四　世阿弥が説く「無」

結論からいえば、世阿弥の芸論における「無心」「無感」「無曲」「無位」「無得」「無文」、あるいは「無心の感」「無位の位」「無感の感」「無色の文」「無文の能」といった語は、だいたい『六祖壇経』における「二元論的分別からの解放」「自在なる境地」という「無」の定義で説明できるかと思う。たとえば、「無心」でいうならば、『花鏡』「万能綰一心事」の「無心の位にて、わが心をわれにも隠す安心」は、「わが心をわれにも隠す」というところに、自他の区別をなくすことが示唆されているように。また、『遊楽習道風見』の「無感の感、離見の見にあらはれて」の「離見の見」も、日本思想大系『世阿弥禅竹』が「演者の意識を超越した無我の境地の絶妙の見風」としているように、「無感の感」と同じ意味で用いられているのである。

また、世阿弥の芸論には、「無」という語が用いられていなくても、『六祖壇経』の「無の論理」とあい通じるものが少なくない。たとえば、『遊楽習道風見』の、

この用心（筆者注、「智外の用心」のこと）の危ぶみもなく、何となす風曲も闌けかへりて、まさしく異相なる風よと見えながら、面白くて、是非・善悪もなからん位や、もし、空即是色にてあるべき。是・非ともに面

白くば、是非あるべからず。智外の用心もまたあるべからず。

などは、異相なる演技を交えているにもかかわらず、「是非」「善悪」の分別を超越した（二元論から解放された）闌けたる境地（自在な芸境）が現出することを述べている。同じ『遊楽習道風見』の、

闌曲といつぱ、高上ノ音声なり。万曲ノ習道ヲ尽シテ、已上シテ、是非ヲ一音ニ混ジテ、類シテ斉シカラヌ声ヲナス位ナリ。

も、同様の例である。また、『五音』「妙風」の「妙といつぱ、有無を離れて、有無にわたる」なども、分別からの解放を説いている例である。子細にみてゆけば、同様の例はそうとう多くにおよぶであろうが、ここで注意されるのは、これらの所説がいずれも世阿弥が「言語道断」「心行所滅」とする「妙」の境地と深くかかわっていることである。

いうまでもなく、「妙」「妙花風」は、「能を究め、堪能そのものになりて、闌けたる位の安き所に入りふして、なすところの態に少しもかかわらで、無心無風の位に至る見風」（『花鏡』「妙所之事」）とされる、演者にとっての理想的な境地であるが、これは言葉では説明できない「言語道断」の世界である。その「言語道断」の境地を、世阿弥はなんとか説明しようと、その芸論において、おりにふれ説いている。そのさいに、彼が拠ったのが禅の「無の論理」だった、ということであろう。

五　世阿弥の能における「無」

世阿弥の「無の論理」は、彼の制作になる能にも、わずかだが認められる。世阿弥の芸道理論が作品に投影するのはままあることだが、ここでは『山姥』と『砧』の例を紹介しよう。まず『山姥』だが、その後場、上路(あげろ)の山中で善光寺参詣の「百万山姥(ひゃくまやまんば)」という異名をもつ女曲舞(くせまい)の前に現われた本物の山姥が舞う「山姥の曲舞」の冒頭部分に、

一洞(いっとう)空しき谷の音、梢に響く山彦の、無声音(むしょうおん)を聞くたよりとなり、声にひびかぬ谷もがなと、望みしもげにかくやらん

とある「無声音」がそれである（読みは現行諸流とも「ムショウオン」。「ムジョウオン（無常音）」ではない）。この「無声音」については、『謡曲拾葉抄』が『荘子』天地篇と『楞厳経』耳根円通を引き、『謡曲大観』では『荘子』のみを引くが、その『荘子』には、「視乎冥々、聞乎無声。冥々之中、独見レ暁焉、無声之中、独聞レ和焉」とある。一方、岩波の日本古典文学大系『謡曲集』は、その頭注で「声なき声。悟った心でのみ聞き得る実相の声」とするが、この『謡曲集』の解は以上みてきた『六祖壇経』や世阿弥の「無」をふまえると、肯綮にあたっていよう。ここでは、彼女が住む山が「実相の世界」であることを「無声音を聞く」世界だとしているわけである。このあと彼女は「善悪不二」「邪正一如」を説き、「悟り」も「輪廻」も不二だとしているのだが、そこにも世阿弥が禅から受けた思想が端的に投影しているとしてよいであろう。なお、「無声音」は世阿弥の造語とみてよさそうで

ある。

また、『砧』と禅との関係については、『申楽談儀』につぎのよく知られた一節がある。

> 静かなりし夜、砧の能の節を聞きしに、かやうの能の味はひは、末の世に知る人あるまじければ、書き置くも物くさきよし、物語りせられしなり。しかれば、無上無味のみなるところは、味はふべきことならず。また、書き載せんとすれども、さらにその言葉なし。位上らば自然に悟るべきことと承れば、聞書にもおよばず。ただ、浮船、松風村雨などやうの能に相応たらんを、無上のものと知るべし。

このように、世阿弥は『砧』を「無上無味のみなる」味わいの曲だとしている。これは世阿弥の芸論にみえる「無」がいずれも役者の芸位にかかわるものであったのにたいして、作品の風趣についての評言であるが、この「無味」も「無味の味」の謂であり、禅の「無」に由来するものとみてよいであろう。問題は、『砧』のいかなるところが「無上無味」なのかであるが、これまでの考察をふまえるならば、それは夫（蘆屋の某）にたいする激しい恋慕と恨みを抱いている妻が、そのままの状態で成仏得脱の境地に到達している点に求められるのではないだろうか。終曲部における妻の成仏得脱は、一見、主人公の成仏をもって終わる夢幻能一般の終わり方と同じようにみえるが、慧能が説くように、「無味」の「無」が「二相を無くす」ことであるならば、『砧』で描かれているのは、「妄執からの脱却」というような常識的な「昇華」ではなく、「妄執即得脱」とでもいうべき禅的な論理をふまえた境地のように思われる。そこに世阿弥の「無上無味」という自賛と、「末の世に知る人あるまじ」という孤絶感が生まれる理由があったのではないだろうか。

なお、この『砧』の終曲部の問題については、『風姿花伝』第三問答条々に引かれる慧能の偈「心地含二諸種一、普雨悉萌、頓悟花情已、菩提果自成」も併せ考えるべきであろう。これも『六祖壇経』第十「付嘱」にみえる偈であり、慧能の「無の論理」と通底しているからである。

むすびにかえて――禅竹の「無」――

「無」は世阿弥だけでなく禅竹の芸論にも少なからずみえている。たとえば、「無心」なら「無心の感は至上の位なり」（『五音三曲集』）、「無相」なら「至り至りて空無相なる位を空輪といふ」（『至道要抄』）というように。また、「無心無相ノウチノ心相ヲナシテ」（『明宿集』）、「無相無為の水味」（『五音三曲集』）、「無風無相の妙感」（『六輪一露秘注（文正本）』）、「上果ノ舞風躰ハ無手有足踏ニテ、無相無味也」（『六輪一露秘注（寛正本）』）のように、「無」を用いた語を連ねることも多い。これらはいずれも世阿弥のいう「妙」と同じ境地を言ったもので、世阿弥の「無」と同じ用法と認められる。禅竹は基本的に世阿弥の芸道理論の継承者であるから、それは当然のことではあるのだが、その一方、世阿弥とはやや異なる「無」の用法もある。『五音三曲集』に二例みえる「無味の智水」などがそれで、この「無味の智水」は、「舞歌が発現する根源」というほどの意味だが、これは世阿弥の「無」が「理想的な芸の境地」という、いわば最終的な芸位にかかわる語であるのと対照的である。禅竹の芸論は基本的に能芸の本質の究明を目的としているが、禅竹は世阿弥の「却来」思想、あるいは前述の『山雲海月』が説く主客未分化の状態である「孤俊不混」などを媒介にして、「理想的な芸境」がすなわち「能芸の初源」でもあるという論へと展開させたのであろう。もちろん、これは「無主無色の位」である空輪が、「向去却来シテ、また本ノ寿輪ニ帰ス」とする、六輪一露思想の現われでもあるが、このような禅竹における「無の論理」については、別途、あらためて考察する必要があろう。

狂言「釣狐」と『無門関』第二則「百丈野狐」

大谷節子

はじめに

狂言「釣狐」と『無門関』百丈野狐との関わりを成立の問題に絡めて論じられた論に、佐竹昭広氏の「釣狐――「をかし」の性格」（『下剋上の文学』所収。初出一九六五年[1]）がある。氏は次のように述べて、

> 「をかし」の性格を欠いた狂言というものは存在しえない。「をかし」をふくむ度合、「をかし」のニュアンスには多少・濃淡があっても、「をかし」の性格はどの狂言についても例外なく指摘されうべきものである。社会・風俗・感覚のことなる後世から見ると一向に「をかし」くない狂言も、研究が進むにつれて、「をかし」さの由来はあきらかになる。しかし、それでもなお狂言のなかには、「をかし」の掘りおこしにくい難解な曲が残る。どこから見ても、「をかし」の希薄な、ときには皆無に近いような曲がある。狂言師たちも、意識的に「をかし」を避けて重厚に演じなければならないとかんがえている狂言がある。そのもっともいちじるしい例が、たとえば「釣狐」である。

極重習（ごくおもならい）（大蔵流）、大習（おおならい）（和泉流）の狂言「釣狐」の、難解な「をかし」の掘り起こしを試みた。言葉に潜む意味の深層に分け入り、当時未公刊の注釈書や抄物を渉猟して、時代の精神と作品の核心とを摘出した氏の一連の狂言研究の一つであり、「釣狐」に関するその後の研究は、全てこの論文の影響下にある。

佐竹論文以前、「釣狐」の典拠としては、『辟寒』の一節や、堺の少林寺や近江の勝楽寺に伝わる白蔵主伝承が指摘されていた。(2) しかし、各地に伝わる白蔵主伝承は『狂言不審紙』や江戸期の地誌に拠ったもので、夙に川瀬一馬氏が、山田弥太郎の手記や『諸国里人談』（寛保三年刊）を引用して、白蔵主狐の類話が堺や近江に限らず各地に確認されることを挙げて、全て狂言「釣狐」の影響下に書かれたものと述べ（「能狂言釣狐考」『宝生』一九三五年八月号、『日本書誌学之研究』一九四三年所収）、北川忠彦氏も同様の判断を下している（『狂言百番』淡交新社、一九六四年）。

『辟寒』は、康熙帝の勅命で清代一七二五年に編纂された『欽定古今図書集成』に次のように引用される明の陳継儒著の雑録である。

> 辟寒。魯獵者能以計得狐。設竹穽茂林、縛鴿於穽上而敞其戸。獵者疊樹葉為衣棲於樹、以索繫機竢狐入取鴿。輒引索閉穽遂得狐。一夕月微朗有老翁幅巾縞裳支一笻傴僂而来。且行且詈曰、何讎而掩取我子孫殆盡也。猟初以為人至穽所徘徊久之。月堕而瞑乃亦入取鴿。急引索閉穽則一白毳老狐也。為裘比常倍温。
>
> （中華書局影印『古今図書集成』博物彙編禽蟲典狐狸部外篇二）

右の記述と「釣狐」の相似を指摘した南方熊楠（「釣狐」の狂言」『旅と伝説』一九三二年）は、「元朝に盛んに行は

れき」「伝奇雑劇」に「傚ひて」猿楽が成ったとする新井白石『俳優考』を引用して、

由て推するに、辟寒に出た、老狐が翁に化て、猟人の竹穽に懸つた一條も、元明の際雑劇伝奇と倶に渡り来れるを、本邦人が作り替て狐つりの狂言にしたでも有う。

と述べ、『辟寒』に見える「老狐が翁に化て、猟人の竹穽に懸つた」という元あるいは明代の話が日本に伝わり、これが「釣狐」の典拠となった過程を推測する。しかし、『辟寒』の話は、狐が僧ではないという重要な一点において、「釣狐」の典拠としての要素を満たしていない。そもそも『古今図書集成』の成立は十八世紀であり、『辟寒』そのものを参照したとは考え難い。

これに対して、佐竹氏は前掲論文の中で、先ず、「シンポジウム『狂言』をめぐって」(『文学』一九五六年七月号)の中での「釣狐」をめぐる多田侑史氏の発言、

『無門関』にも百丈和尚が野狐から脱せさせるために一老人と問答をやるというのがありますが、あれの影響もあるのじゃないか。特に白蔵主という禅宗の名前を名乗っているところはそういう影響があるのじゃないか。

を一歩進め、「釣狐」の「白蔵主」が『無門関』第二則「百丈野狐」の百丈の「もじり」であると喝破された。しかしながら、狂言「釣狐」において僧が「白蔵主」を名乗るのは大蔵虎明本が初見であり、これを遡る現存最古の狂言台本である天正狂言本では「白蔵主」とは名乗っていないことから、

「白蔵主」が「百丈野狐」の「百丈」のもじりであるということは、しかし、「釣狐」と『無門関』の内容的なつながりを意味するものではない。

と述べられ、「白蔵主」は「あとから貼りつけた名」であり、『無門関』第二則は「狂言「釣狐」の成立におよぶような深い根を持っていない」という結論を導かれている。

「釣狐」と『無門関』第二則「百丈野狐」との関係については、以後この見解が定説[3]となり、現在に至っている。これに対して小稿は、『無門関』第二則百丈野狐は、狂言「釣狐」の構想に深く関わっていると考えるものである。

一　説法から民話へ

最初に、現存最古の狂言台本である『天正狂言本』（法政大学能楽研究所蔵）「つりぎつね」の全文を、私に濁点句読点を付して掲げる。

さい大寺と名のつて出る。おひをよび出し、せつしやうをしめす。

そうぢてきつねは神にてまします。天ぢくにてはやしろの宮、だいたふにては二月の宮、我が中にてはいなりだふか、五社の明神。又、天ぢくにては、はんそくたいしのつかのかみ、だつきと名づく。大国にては、ゆふ王のきさきほう女と名づき給ふ。我が中にて鳥羽のいんの御時、宮人たりしが、きふろん、しやうぎふ、しいか、くわげんにいたるまで、とふにこたへのくらからず、身ていくもりなければとて、玉ものまへとめされける。しかる所に、へんげの物にてある間、御かどをなやまし申。あべのやす也、うらなつて申。玉ものまへが態と申。しかる所に、ちうほくのまつりあるべしとて、四段をつき五段をかざり五しきのへいを立ていのられける。しかるに、かなはじやとおもひ、七ひろあまりのきつねとなり、大内をにぐる。下つけの国なすのゝ原にあひ往うて、行来の者をなやまし申。此よしきこしめされ、三浦の助、かづさの助両人におほせつけらる。二人の者まつろひ、犬をいてたんれんせられ候。さて、す万ぎを以おしよせ、此はらにて大ぢせらるゝ。しう心、石となつても、かくせつしやうをいたし候。かまいて、きつねばしころさしますな。

さて、おひ、つりだふぐすてる。おひ、帰る。おぢ、さまぐ のせれふ。〽(ふし)おぢとやおもふく、おぢではなふて古きつね。

後、きつねになりて、わなにかゝる。おひ出て引入る。とめ。

「西大寺」と名乗る人物が「甥」を呼び出し、「殺生」を戒める。甥に殺生戒を説く「西大寺」について、『天正狂言本』はこれ以上何も記していないが、江戸期以降のテキストに同じく寺僧の体を表していることは認められてよいであろう。この僧形の者は、実は「伯父（叔父）ではなくて古狐」。つまり、僧に化した古狐が、僧の甥にあたる猟師に殺生戒を説き、狐を釣る道具を捨てさせるが、捨てられた罠に自ら掛かって捕獲される話である。この枠組みにおいて、右『天正狂言本』の「釣狐」は現存諸流と大きな違いはない。「此の釣狐に限つては、人に笑はるべきものではない」（泉鏡花『白金之絵図』）と表現されるこの狂言の「をかし」の在り所を、佐竹氏は端的に「狐の失敗」と表現した。

その上で佐竹氏は、「釣狐」の筋立てに近似するものとして、「近世初期の怪異小説の先駆的作品」[4]として知られる『御伽物語』の巻二第十六話「智ありても畜生はあさましき事」を指摘し、このような「怪異譚」から「因果ばなしを追放し」、狐の滑稽な仕草と失敗の結末という「笑いの要素」を付加して狂言への転換が達成されたという成立の筋道を描いた。

但し、氏は、『御伽物語』の類話が、民間の笑話（新潟県南蒲原郡で採集された『南蒲原郡昔話集』）にもあることに言及し、怪異譚から笑話への「とりなし」が「狂言作者の創意」であるか、「民衆の智恵」であったか、「事情はまだまだ解明困難である」と付言する。佐竹氏が指摘された延宝六年（一六七八）刊『御伽物語』は、万治三年（一六六〇）刊『宿直草』の改題改編本であるが、『宿直草』はその序文から、俳諧師安静が[5]「四十五年の間見聞せしを」集めたものであることが知られる。見聞の源は一つではなく、各話は新旧取り混ぜられており、この巻二第十六話は、名古屋大学文学部国文学研究室所蔵小林文庫『因縁集』にも載録されるものである。

京大仏有浪人。或時狐ツリソメテ数々取ケリ。一ハシ今熊野ホウジヤウ寺辺大方輪縄アケヌ所ナシ。此アタリニ毛色モカハル老狐アリ。ワナノ餌ニコガルレドモ合点シテカヽラズ。ガテンシテモ又ヨル。イヅレコラヘカネタル躰ニハ見タリ。浪人モ度々ナレバ此狐ヲミシリテイツゾハツラント思ワナヤ□カケタリ。又其比大仏在家ニハシ少カリテ学問ヲスル台家僧アリ。此人有深更帙ヲヒラキ見台ニシテ博覧スルニ、ゾトコハクナル。ヤガテホカゲニカヘリミレバ、綿ボシカブレルバヽアリ。不思議ニ思ヒ何者ゾトイヘバ、ワレハ此アタリニスム狐ニテ侍フガ、タノミタキイハレ侍テ参タリト云。僧キイテイカナル事ゾトイヘバ、狐云、御僧シリ玉フ其浪人有、ワナヲカケテ我眷属大方ツリ、我ノミ残レリ。シラズ我モマタイツカツラレン。ネガハクハ御僧イマシメテワナカケヌヤウニキカセ玉ヘ。シカラバ我覚候通学問大小乗共ニ御僧ニサトサシメン。此約束センタメニ参タリト云。僧キイテ安事也。ワナ事我セチニトメナン。サテイブカシキハ、ワナニハカカルモノトシラバ、争デソノコ、ロニテカ、ラヌヤウニセザル。我ヲタノムマデナシ。オロカニコソ侍レト云。狐云、我モ今心ニテハサコソハ思侍。餌ヲ見テコラヘガタク其時ナリテマヨフガ畜生ノアサマシキ性也。三才ノ最霊万物ノ最長タル人□ハソノココロタ持チアリ。我ニヲイテタモタレズトイフ。僧云、シカラバナンヂ大小乗渉猟、ワレ曽テ信ナシ。嗚呼ガマシク覚ユレト云。狐云、尤モナリ。我昔僧タリシ時学ベリ。辟解ニシテ此身ヲ受。シカハアレド、智コレ万代ノ宝八識不忘ノ田地ニオサム。師イブカシクハ、コ、ロミニトヘト云。僧ヤガテ金胎両部ノ極致三諦圓融ノ妙理ヲ問ニ、果台密極談其辨懸河也。僧云、其智ヲ以テナドカ其身ヲウケシヤ。狐云、ワレ法体精修ノイトマ、有智無徳故受此身。今亦家〻比丘、雖有智無徳者、皆野狐性也。僧云、智与徳別乎。狐云、亦離亦合、間不容髪亦更ニ隔呉越。是我悮領。嗚呼ソレ察セヨト云。僧云、世又如汝人ヲ□キヤト云。狐云、道多岐ニシテ失羊。アヤマル人ソレ如雲似霞ト云。僧驚テ止ム。明日ワナヤメシメ玉ヘトテ、狐ハ諾シテ去ケリ。僧翼日、彼浪人ガリユクニ外出。マタソノ日ユカントスルニ、僧旅屋ニ客アリ。ソノ亞ノ日ユキテ浪人ニ語ル。浪人聞テ、ソレハタガツリタリ。年比カ、リガタカリシガ、扨ハ御袖マデ約束シ、ワナハハヤナシト心ユリテカ、リツラント云。僧サテハ我コロシタリト泪ナガシアキレテ帰リシ也。近事トヤ。思ニ此狐ハ隔生即忘ヲノガレリ。ソノカミ、タトキ階位カ、又世モトシノビ、此ハナシニ付百丈師ヲ思ヘリ。ホカゲノ夜話ニナド此僧教化セザルヤ。カイナキバカリホイナシトイヘバ、意答云、ツラレタルトキ幻滅ナランカト。ワレ無何有ノ里ニ高枕ス。

（古典文庫『内外因縁集・因縁集』）

右、小林文庫本『因縁集』は享保十九年（一七三四）の転写本であり、集としての成立の下限も記載年号から十七世紀後半にまで下るが、収録された本朝譚の中には享禄四年（一五三一）の年記を伴う話も含まれている。

談義調の口調が交じることから、説法談義のテキストとして用いられた過程が推測されるものである。(6)

『因縁集』に集められた個々の説話がどれほど遡れるかは不明であるが、当該説話は狂言に極めて近い内容でありながら狂言の影響を受けてはいない。すれば、従来「釣狐」の典拠として想定されてきた「僧に化けた狐の失敗譚」という民話の笑話それ自体が、この説法を源とすると考える方が自然であろう。当該説話は改めて読み直されなければならない。

二　説法の源「百丈野狐」

『因縁集』の当該説話の登場人物は「三人」である。狐の殺生を繰り返す「浪人」(「猟人」)、浪人に眷属全てを殺された「老狐」、そして今一人は学問をする台家の「僧」。ある夜、老狐は「婆婆」の姿で僧を訪ね、狐に殺生を戒めるよう懇願し、叶えば「学問大小乗」の悟りを付与しようと約束する。僧が不審して何者かと尋ねると、前世で学問を学んだが、「辟解ニシテ」狐の「身ヲ受」け、そのために罠と知りながら「餌ヲ見テコラヘガタク其時ニナリテマヨフ」「畜生ノアサマシキ性」を持つのだと答える。老狐は、「学問大小乗」に疑いがあれば試みに問えと促し、僧が「金胎両部ノ極致三諦圓融ノ妙理ヲ問」うと、果して老狐は明答する。再び僧は、それほどの「智」を持ちながら狐身を受けた理由を問うと、「法体精修」の折に、「智」はあれども「徳」を欠いていたためと繰り返す。僧は殺生を戒めることを約束し、狐は去った。三日後、殺生戒を説くべく浪人を訪ねた僧は、既に狐が罠に掛かり落命していたことを知る。この説話の「釣狐」との近似性を最初に指摘された佐竹氏が次のようにまとめられるように、狐が人に化けて狐釣りの中止を請うところ、最後には結局わなにかかってしまうところ、これは狂言「釣狐」の筋と完全に一致している。他方、狐が前世において学僧であったこと、現在は狐の身ながら僧と問答をかわしていること、この点は『無門関』にあい通ずるであろう。

『無門関』第二則「百丈野狐」[7]と狂言「釣狐」の間に位置付けられるものである。

無門慧開（一一八三～一二六〇）編纂の公案集『無門関』四十八則は、入宋し無門に印可された無本覚心（一二〇七～一二九八）の帰朝（一二五四）と共に日本にもたらされた。その後、由良の西方禅院（興国寺）で開板され、正応四年（一三一五）に再刻されたといわれるが、応永十二年（一四〇五）の広園禅院（武州）における改版の覆刻が流布する。（川瀬一馬『五山版の研究』）注釈書の刊行は寛永二年（一六二五）刊『無門関春夕鈔』以後、隆盛を見るが、これ以前、中世の禅宗寺院での修学の中心は、口伝で伝えられる公案の解釈の学修にあり、密参録、門参等の公案秘伝書、切紙が存在した。[8]

『無門関』第二則「百丈野狐」を寛永元年古活字版『禅宗　無門関』[9]（駒沢大学図書館蔵）によって示し、諸注を基に要約を付す。[10]

百丈和尚、凡参次有一老人、常随衆聴法。衆人退、老人亦退。忽一日不退。師遂問、面前立者復是何人。老人云諾某甲非人也、於過去迦葉仏時、曾住此山。因学人問、大修行底人、還落因果也無。某甲対云、不落因果。五百生堕野狐身。今請和尚、代一転語貴脱野狐、遂問、大修行底人、還落因果也無。師云、不昧因果。老人於言下大悟、作礼云、某甲已脱野狐身、住在山後。敢告和尚、乞依亡僧事例。師、令維那白槌告衆、食後送亡僧。大衆言議、一衆皆安涅槃堂無人病、何故如是。食後只見師領衆至山後岩下、以杖挑出一死野狐、乃依火葬。師至晩上堂、挙前因縁。黄檗便問、古人錯祇対一転語、堕五百生野狐身、転々不錯合作箇甚麼。師云近前来与伊道。黄檗遂近前、与師一掌。師拍手笑云、将謂鬍鬚赤、更有赤鬍鬚。

無門云、不落因果、為甚堕野狐。不昧因果、為甚麼脱野狐。若向者裡着得一隻眼、便知得前百丈贏得風流五百生。

頌曰、不落不昧　両采一賽　不昧不落　千錯万錯

説法の後、一人立ち去らぬ老人に百丈が「何者か」と問うと、老人は「人に非ず。過去迦葉仏の時、この山に住持し、『修行によって悟りを得た人は因果律に落ちるか』という修行者の問いに、『因果に落ちず』と答えたために五百生野狐身に堕している。私に代って一転語を答え、私を野狐から脱していただきたい」と懇願する。百丈が「誰人も因果を昧まさず」と代語すると、老人は大悟し、野狐身を脱したことに礼を為し、この山奥に死んでいる野狐の葬礼を頼んで消える。百丈は一衆の僧達を連れて山に入り、杖を以て岩下に在る野狐の死骸を突き出し、僧侶の葬礼の如く荼毘に付した。夕刻、百丈が法座でこの因縁話をすると、黄檗が尋ねた。「老人が錯った答えをしなかったならば、何に生まれていたのでしょうか」。百丈が「おまえのために答えよう」と黄檗を呼び寄せると、黄檗は百丈に平手打ちをくわせた。百丈は手を叩いて笑い、黄檗の見所を褒めた。

無門曰く、「不落因果」の答えによってどうして狐に墜ちたといえようか。「不昧因果」の答えによってどうして狐から脱したといえようか。ここを見抜く眼をもってすれば、それは「前の百丈」が野狐を全うした風流の五百生であったことが理解できるであろう。

頌に云、不落不昧は賽の目次第、不昧不落は千差万別。

この「百丈野狐」は、中峰明本（一二六三～一三二三）が、二十年参学して透得した上でもなお「これを明らむること能はず」と付言したように（語録）、その示すところは深淵である。しかし、この公案の表層である、学問や法文を修める者が誤った理解（『因縁集』にいう「辟解」。以下、便宜のため「辟解」の語を用いる）によって狐身に堕す話は、生悟りを揶揄する「野狐禅」の語を生み、話の枠組みが固有名詞を変えて使われていく。この第二則を源とする説話の一つに『三国伝記』巻二第十七の「智覚禅師事」がある。

> 漢言、大唐ノ祖師ニ智覚禅師ト云人、教綱高張統衆徳、鵝珠常ニ磨テ耀浄戒道人也。或時、説戒シケルニ入来ノ貴賤聴聞男女市ヲ成シテ集ル。其中ニ恠翁白キ浄衣ノフスボリタルヲ著テ毎度ニ来。余人ハ皆立ドモ独リ居残テ、物云タキ気色シテ云ハデ帰リ去ル事度々也。或時、又残タル。衆僧皆立チ去テ後、禅師彼翁問テ云ク、「汝ハ何ナル人ゾ。法文ヲ好テ立還ラザルニヤ」。翁答テ云ク、「我ハ先生ニ此寺ノ住僧也。其時、或人、『空有法ハ同歟別歟』ト問シヲ、『別也』ト答シカバ、此人我言ヲ信ジテ悪見ニ落タリ。此ノ過ニ依テ我則野干ノ報ヲ得近野辺ニ有リ。此事懺悔シ奉ント思テ御説戒ノ度毎ニ詣共、人目繁シテ申出サヌ也」ト云ケレバ、禅師ノ云ク、「誠此科ニ依地獄ニモ可堕事也。懺悔セズハ不可有。今我問。答テ聞セン」ト云シ時ニ、翁云ク、「空有法ハ別也ト云ン乎一也ト云ンヤ」ト問ケレバ、禅師答云ク、「別ニシテ別ニモ非」答ケレバ、翁信解悦帰ヌ。禅師恠ク思テ近キ野辺ヲ見、古塚有ケルニ狐ノ穴有、無疑処。其夜、禅師夢トモ覚トモ無ク、先ノ翁喜ベル気色シテ来ル。「何ニ」ト問ヘバ、「我昨日示玉フ法文ヲ明メ信ズルニ依今天上生。後ニ仏道可成間、此事ヲ告知セ奉リ申。喜セントテ参タリ。其ノ験ニハ彼吾栖馴シ所ヲ御覧ゼヨ」トテ去ヌ。則チ塚ニ行テ見レバ、穴ノ口ニ野干死シテ有ケリ。

（池上洵一校注『中世の文学　三国伝記（上）』三弥井書店、一九七六年）

「教網高ク張テ統メ㆒衆徳ヲ㆓、鵝珠常ニ磨テ耀カセル㆓浄戒ヲ㆒道人」である智覚禅師の説戒の場に、「恠翁（アヤシキ）」が毎度来ては独り残ることが度重なる。ある時、禅師が「汝ハ何ナル人ゾ」と尋ねると、「先生ニ此寺ノ住僧」であった時、ある人の問いに答えた言葉の「過（トガ）」によって「野干ノ報」を得て野辺に住んでいると答える。ある人の問いとは、「空有ノ法」は同じものか、別物か。先の住僧の答えは「別也」。禅師は翁に「今、我ニ問ヘ。答テ聞セン」と促し、「別ニシテ別ニモ非ズ」と答えると、翁は「信解」し、悦び帰る。不審に思った禅師が野辺を探すと、古塚に狐の穴があった。その夜、翁は禅師の夢に現れ、禅師が示した法文によって天上に転生したことを告げる。翌朝、禅師が古塚に行くと、果して彼の穴の口に野干の亡骸があった、というものである。

ここで「言葉の過（トガ）」と記される、智覚禅師が野狐身に堕した理由は、『因縁集』にいう「辟解」である。『無門関』「百丈野狐」が突きつけていた因果の堕脱をめぐる問題、「前百丈」から「百丈」へとつながる久遠の因果、野狐の風流五百生の把握という禅の公案の核心は見失われ、前半の因縁話で終っているが、仏法への「辟解」によって野狐身を得、「解」によって野狐身を脱すという骨格によって、これが『無門関』「百丈野狐」を淵源とすることは疑いない。

さらに、天文頃成立の『法華経直談鈔』においては次のように、

物語云、世間出世共ニ、因果ハ大事也。昔、百丈禅師ト云人アリ。又或人彼和尚ノ処ニ来テ仏法ニ有ヤト㆓因果㆒問タリ。禅師、因果不レ存ト答タリ。依㆓此見計㆒、彼百丈禅師五百生ノ間受ハ㆓野干ノ身ヲ㆒也。或時彼百丈値ヒ㆓大智律師ニ㆒、我因果撥無ノ見計ニ依テ受ニ㆓此身ヲ㆒。願ハ汝又仏法ニ有ヤト㆓因果㆒問ヘ玉ヘ。我答ヘ直シテ此身ヲ免ント云々。其時、大智禅師仏法ニ因果有ヤト問、百丈有㆓因果㆒ト

答タリ。其時、野干ノ身ヲ改ト見タリ。故ニ因果ノ道理ヲ能可レ知也。不レ知レ之因果撥無ノ見外道ト云也。

（巻一本十八「因果撥無悪見之事」）

『無門関』において因果をめぐる「辟解」故に野狐となった僧を「百丈禅師」その人とし、この野狐（『無門関』にいうところの「前百丈」）は、大智禅師（「大智」は百丈慧海の謚号）すなわち今の百丈に同じ質問を促し、自らが「有因果」と答え直して野狐身を脱す構図になっている。

このように「辟解」によって野狐に堕した僧を「百丈」とする理解は、実は『無門関』に内在するものである。無門が、狐身に堕した僧を差して呼ぶ「前百丈」は、過去迦葉仏の時に百丈山に住んでいた先住の僧の謂いではなく、過去迦葉仏時代の百丈禅師とも解釈される。[11]「前百丈」を百丈禅師（慧海）とし、「辟解」と「解」のいずれもが「百丈」によって下される『法華経直談鈔』の形は、学人に「辟解」を与えて五百生野狐身に堕した「前百丈」を百丈禅師の前世とするこの解釈が、中世に遡ることを示している。

三　『無門関』抄を読む

現存最古の『無門関』の抄として知られるのは、天文元年（一五三二）に才応総芸が行った無門関講義の抄であるが、そこには、「明峰派下ノ大智和尚[12]」の説が引用され、さらにこれを溯る講説の存在が窺われるものである。

或説ニ、有一老人、変作万物ト有リ。是モ修證ニ走。然レ共末之問、既ニ違却シテアワセガタキ也。明峰派下ノ大智和尚之説ニ、此本則ヲバアリノ侭ニ見テ好キ也。是ヲヨン処トシテ之ヲ破スル也。前百丈山ノ主ワ、過去迦葉仏ノ出世ノ時、在(リ)レ此山(ニ)、衆頂スト見ヱタリ。過去迦葉仏トハ、七仏ノ内第六仏也。釈迦文仏ハ第七仏ニアタレリ。大修行底人トハ菩薩ヲ云也。菩薩梵語也。此云、大士声聞縁覚等之見処ワ小乗ノ修行也。大修行底ト云ワ、自利々他ノ法也。是ヲ大善知識共云也。如レ此之人ニモ因果ト云リワ無テワソレ如何ゾナレバ、因果ノ道理ワ、善ニ付テモ在リ、悪ニ付テモ有、行住座臥ノ四威儀之中ニモ有ゾ。困散飲唾ノ上ニモ有ル也。昼夜朝夕生死去来、皆是因ト果也。此因果ニ迷ウ故ニ凡人ト云イ、不(レバ)レ迷聖人ト云デコソアレ。生ズレバ死シ、来スレバ去、取(リ)バ捨(テ)、成バ壊(ル)。人ニ親メバ人ニ(ママ)親切也。人ニ悪クヨリ会バ人亦我ヲ悪也。現世功徳成就スレバ到来作(ニ)仏作祖ス。今生ニ悪因アレバ到来モ悪果有。此ノ人々分上ノ事ワ云ニ不レ及、蠢動含霊森羅万像ニ及迄相欠決スベカラズ。然ルヲ此之老人ハ、既ニ大善知識ナラバ何ンノ因果カアルベキゾト云見処ニ迷ワサレテ、五百生受レ悪報(ヲ)。如レ此之見ヲ我宗デワ一句合頭語方劫繋馿橛ト云也。サテ百丈ワ不昧因果ト云ワ、随レ流(ニ)認二得生(バヲ)一無レ喜(キ)亦無愁モノ謂也。人ニ有(バ)レ軽賤、我前世ニ有(リ)レ悪因、悪道ニ堕在スベキニ、今ノ人ニ軽クイヤシマレ打フマル丶、処デ前世ノ罪業ヲバ消滅シテアツケルヨトスマセバ、更ニ腹モ立ザル也。是無我相無人相之義也。亦信仰シ尊敬スルヲモ、前世ニ我人ヲ尊重敬信シタ程ニ、今如レ此ナルヨト思ヱバ、別シテ可(キ)レ嘉ニモ非ズ。如レ此成ヲ随レ流(ニ)于行履スト云也。是大修行底也。因果不レ昧旨也。不昧因果為什广脱レ野狐。智和尚云、随他去、老人ニ此旨ヲ能解スル故ニ、言下ニ大悟スト云也。能ク堕シキツタニ依テ脱シテゾ。

そして、百丈と黄檗との問答は次のように解釈される。

百丈上堂ワ、此ノ野狐ヲ餌トシテ黄檗ヲ釣ントシテゾ。若釣上来ハ釣上者三十棒ト打テ落スベキト。シノビニ拳頭ヲニギツテ待タゾ。黄檗超師之作アル人ナ程ニ、ヤガテ百丈ノ手ダテヲ見タ程ニ、古人ハ錯タ程ニコソ悪報ヲバ受ケタレ、サテ一点モ錯ラザル者ワ何ト成リ走ベキゾ。卒度モ百丈ノ擲タル餌ニ眼ヲカケザル也。黄檗ノ見処ワ正因正果也。不錯不レ落也。

〔師云近前来与レ伊道〕

伊トハ、百丈、黄檗ヲ指シテ云也。重テ一釣竿ヲ擲タゾ。誠ニヲソロシキ手段デ走ゾ。

〔黄檗遂近前、与師一掌〕

先ヅ釣リニ上ルヤウニシテシヤ百丈劈面ヲ丁ド打タゾ。バケガ打アラワレテ走ワ。

〔師拍レ手笑云、将謂胡鬚赤、更有二赤鬚胡一〕

証明也。ヒゲ赤ノ胡スカト思ウタレバ、ヱイ赤ヒゲノ胡スデアツケルヨ。言ワ、汝ヲ黄檗ト思テアレバ百丈デアツケルヨ。全ク百丈ノ肚裡、黄檗ト二般無也。黄檗超師作アル処ヲコソ、百丈モ印可ナサレウズレ。此旨可秘々々。注云、百丈モ前ノ野狐ノ物語ヲシ出シテ心ワ、我ガ正因正果ノ旨ニノツ取テ居テ、サテ何ントナク語リ出シテ、黄檗ノ肚裡ヲ探グル也。有バ黄檗モ本分ノ作家ナルニ依テ云ク、古人ハ錯タニ依テ堕シタ迠ヨ。初ヨリ不レ錯、サテ何ト成リ走ズト云ノソコ心ワ、何ニモ成マジイゾ。生ル者コソ死スレ。黄檗ハ本意ヲ分ノ田地ニ立テ頂ヨリ見下シテ、本来ニ生死モ堕モ脱モアルマイゾ、錯ヌ者ワ何ト成ルベキゾト、百丈ノ本意ヲホカト顕タゾ。（中略）

〔若向レ這裡着得一隻眼、便知三得前百丈、贏得 風流五百生二〕

能工夫シテゴランゼヨ。元来至テワ堕モナク脱モ無ク、是ガ正因正果也。如レ此見レバ、因果ワ無キ也。因果不レ拘、堕シタト云モ不是デモ無ク、脱シタガ是デモ無ゾ。向見バ前百丈ノ五百生野狐ニ堕シタモ風流、野狐ヲ脱シタガルコソ造作ヨ。堕シタモ脱シタモ同ジ事ト見バ、二ツヲクラベテ見ルニ、結句脱処ヨリ堕シタル処ガ勝ゾ。五百生堕シタヲバ風流ト見ウズゾ。畢竟堕脱一枚ナレ共、脱処ヨリ堕シタワ贏得ルノ義也。（松ヶ岡文庫蔵『無門関抄』[13]）

右、松ヶ崎文庫蔵『無門関抄』は、野狐の因縁話そのものを、百丈が黄檗の腹の内を探り、「釣」上げようとして仕組んだ、つまりは黄檗の理解を試す企みと説く。しかし、黄檗は百丈が仕掛けた「餌」に見向きもしない。おまえのために話してやろうと近くに呼び寄せたのも、新たな「餌」を蒔いたまでのことであったが、百丈の再度の「釣」にも掛からず、黄檗は逆に百丈の化けの皮を剝がし、「釣上」げた。「本来ニ生死モ堕モ脱モアルマイ」ことを感得した黄檗が、何をか言わんとするそぶりをみせた百丈に先手を打ったものであるが、京都大学附属図書館蔵『無門関註』が「趣向」と表現するように、全ては百丈の手の内のこと。百丈は意を得て、黄檗に印可を与える。

『無門関』「百丈野狐」の大枠がこのように読まれていたことを確認した上で、「釣狐」を再読する。

四　狐の正体

狂言「釣狐」の登場人物は「二人」。猟師と、猟師に説法をする僧（実は野狐）である。僧は、猟師に殺生戒を説法する。この僧は善知識を披瀝し殺生を戒める。天正狂言本の語り（説法）の主眼は、近世以降の台本のように「狐の執心の恐ろしさ」[14]を説くことにあるのではなく、あくまで「殺生（戒）をしめす」ことにある。同じく能「殺生石」の詞章を摂取しながらも、天正狂言本においては、退治（殺生）した為に、その執心が殺生を繰り返す、その因果律が語られている。「人ニ親メバ人ニ（ママ）親切也。人ニ悪クヨリ会バ人亦我ヲ悪也」（松ヶ岡文庫蔵

『無門関抄』）、畢竟「殺せば」「殺される」[15]因果を説くことで、野狐は「殺生（戒）」を示すのである。譬喩に使われるのは、「玉藻の前」の物語。野狐なる僧が猟師に対して行う説法に、この物語が選び取られている理由は、これが「狐の執心」の物語だからではない。本性が野狐である「経論聖教詩歌管弦に至るまで問ふに答への暗から」（天正狂言本）ぬ善知識「玉藻の前」の因果物語としての文脈において、である。

このようにして猟師へ殺生戒を説き、罠を捨てさせた野狐僧は、しかしながら、この説法の帰路、自ら殺生戒を破ることとなる。猟師に捨てさせた罠についた餌（「上々のわかねずみを、あぶらあげにしておひた」『狂言六儀』）の虜となり、ついに野狐の性が現れる。

本性は野狐なれど説法する僧という狂言「釣狐」の設定は、先の『因縁集』における、浪人（猟人）に眷属全てを殺された「老狐」と、学問をする「僧」の存在を一つに重ねて造型したものと見ることができるが、依拠する『無門関』「百丈野狐」に照らせば、これは、「辟解」に因って野狐身に堕した「前百丈」である。「前百丈」が狐身の「風流五百生」を経て百丈となるならば、仕掛けられた餌に弄する野狐、身もだえし、餌の虜になる野狐こそは、「前百丈」が全うした風流五百生、遊戯三昧[16]の姿であろう。

僧の本性が野狐であることを見抜き、これを釣り上げる猟師（『因縁集』では「浪人」）は、『無門関』「百丈野狐」には登場しないが、前章に引用した松ヶ岡文庫蔵『無門関抄』において、百丈と黄檗の問答を相互に「バケ」を剝がし合う「釣」に見立て、黄檗が百丈を釣り上げたことを以て印可とした解釈に依るならば、猟師は、百丈に「一掌を与え」た黄檗となろうか。天正狂言本において、猟師は野狐を捕まえる。罠に掛かることは因果に落ちること、と同時に因果から逃れることである（『因縁集』）。釣狐の僧、つまり「前百丈」であり、百丈その人であった狐、「部類眷属を数多」失ったこの老狐は、落命することで風流五百生を終えたのではないだろうか。

天正狂言本では野狐は罠にかかり、猟師はこれを引きずって幕へ入る。現行諸流の演出では、野狐はこの罠を外して逃げ、猟師が追いかけて留めとなるが、大蔵流虎明本と和泉流『狂言六義』ではこの場面を次のように記している。

やいかゝつた、わぬす人、どこへやらふぞ　と云時、しては、手をおがむ。あどは引立て、ひく間は、ふえ、しやぎりにて、はしがゝりにて、ふえほつはいひうろ、ひつととむる、まくぎわにてもとむる。（『大蔵虎明本』）

あど、狐がかゝツタ云テ引こむ時、すこんくとないて、手を合ておがむしまひ也。（『狂言六義』）

現行に同じく野狐は猟師に引きづられることなく自分で退場しているのであるが、現行にはない「おがむ」所作をする。この合掌する型には、この野狐が生を終えたこと、つまり風流五百生を全うして転生したことが暗示されているのではないだろうか。

結

『三国伝記』巻二第十七の「智覚禅師事」、『法華経直談鈔』「因果撥無悪見之事」、小林文庫本『因縁集』に書き留められた野狐の説話（『御伽物語』の巻二第十六話「智ありても畜生はあさましき事」）、そして狂言「釣狐」、これらは全て『無門関』第二則「百丈野狐」を淵源とする。

天正狂言本の僧は「白蔵主」とは名乗らない。しかし、「白蔵主」の初見が虎明本に下ることを以て、『無門関』第二則「百丈野狐」が「釣狐」の原拠であることを否定することはできないであろう。典拠は必ずしも表面に現れない。この僧に「百丈」ならぬ「白蔵主」の名を付した人物は、この狂言の奥に『無門関』「百丈野狐」が潜んでいることを知っていた。その名付けは、まさに画竜点睛であった。虎明本がこの僧に「白蔵主」を名乗らせたのは、「百（ヒャク）」と「白（ハク）」とのずらしに加え、「白」は「百」に一画足りぬ文字であり、ここにはわずかに不足の謂い、似て非なる偽物の謂いが込められていよう。狂言「釣狐」は、「白蔵主」の名付けのみならず、その全体が『無門関』第二則「百丈野狐」のもじりとして構想されているのである。

佐竹氏は、モリエールの『人間ぎらい』を例に、「真の喜劇は、常に悲劇と紙一重である」として、「釣狐」が、「機智的な笑いを主とする狂言一般の「をかし」に比して」、「はるかに高い次元の」「喜劇的な笑い」を達成していると指摘し、次のように述べている。

> 悲劇とすれすれの線で境を接する「釣狐」は、それだけにむつかしい狂言であった。「釣狐」が大習物の秘曲とされ、「猿にはじまり狐に終る」修行の極致と重視されてきたのも、たんに人が狐にふんし、その狐がさらに人に化ける物まねの至難さにあったのではなく、深くこの狂言の本質的なむつかしさが自覚されていたためであったろう。

「釣狐」の「をかし」が「高い次元」のものとして仕組まれているとする見解に、私も同意する。狂言「釣狐」の奥に潜んでいる『無門関』第二則「百丈野狐」を透視する時、僧衣を纏った狐の説法には「前百丈」が顔を出し、若鼠を油揚げした餌に翻弄され、身もだえし、のたうち回る狐の滑稽な仕草には、「前百丈」が堕ちた野狐の五百生が重なる。野狐身の浅ましさ、愚かさが風流遊戯の相と感知され、狐が猟師の罠に落ちる時、「前百丈」が野狐に堕した五百生の終焉が感得される。深淵な因果律の物語のもじりとして演じられる狐の物真似のおかしさが、狂言「釣狐」の「をかし」の在りどころであり、狂言が達成した「をかし」の一つの姿である。この作品の秘曲化は、いたづらな権威化ではなく、第一義的には『無門関』第二則「百丈野狐」を内包させて「をかし」を演じることの「本質的なむつかしさ」を自覚し継承するための方策であったのだと思われる。

注

（1）初出『国語国文』一九六五年一月号。「喜劇への道——狂言の「をかし」——」と改題して『下剋上の文学』（筑摩書房、一九六七年）、『佐竹昭広集』第四巻「閑居と乱世」（二〇〇九年、岩波書店）に収録。

（2）「シンポジウム『狂言』をめぐって」（『文学』二十四巻七号、一九五六年）、林屋辰三郎『中世芸能史の研究』一九六〇年、岩波書店）。

（3）田口和夫氏「〈釣狐〉の形成と展開」（『芸能史研究』七四号、一九八一年。『能・狂言研究——中世文芸論考——』三弥井書店、一九九七年所収）は、「白蔵主の名がこの狂言の成立にかかわっていないとする観点に敬意を表する」と、佐竹氏の見解に全面的に賛同した上で、天正狂言本「釣狐」では狐が「西大寺」を名乗っている点に注目し、この僧を、殺生禁断を説いていた南都律宗叡尊の流れをくむ西大寺教団の僧に比定された。氏は、「釣狐」は「殺生をいましめる西大寺僧」と「狐の物真似という素材」の取り合わせによって形成されたとする。なお、田口氏は、旧稿を著書に収録する際、補記において熊楠の論文に触れ、「釣狐」成立後、『辟寒』の説話が参照されて近世以降の台本の形に成長した、あるいは「中国説話が一旦日本昔話に転化し、そこから狂言が作られ、狂言成立後、また再び原中国説話を（ママ）影響を受け」た道筋を推測されたが、これを典拠とするには決定的な相違が存することは既に述べた。網本尚子氏「狂言「釣狐」試考」（『楽劇学』二号、一九九五年）は、佐竹氏が掲出された旧南蒲原郡（現在は見附市）の民話が他の地方にも見られることを追挙し、佐竹氏の「典拠に関しては慎重な態度」に対して、より積極的に昔話を「釣狐」の典拠と判断する。

（4）古典文庫『お伽物語』（野間光辰校、一九五二年）解題、『日本古典文学大辞典』（一九八三年）「御伽物語」項（執筆野

間光辰）

（5）注4「御伽物語」項に、『弁疑書目録』の注によって序者を似船と考えれば、作者は俳諧の師安静と推定される」。

（6）古典文庫『内外因縁集・因縁集』梁瀬一雄氏解題（一九七五年）。

（7）『五灯会元』第三巻「百丈懐海禅師」（本則のみ）、『正法眼蔵』「大修行」にも見える。

（8）『禅学典籍叢刊』第九巻（臨川書店、一九九九年）柳田聖山解題、石井力山『禅宗相伝資料の研究』上下（法蔵館、二〇〇一年）、安藤嘉則『中世禅宗文献の研究』（国書刊行会、二〇〇〇年）、飯塚大展「中世曹洞宗における本参資料研究序説（一）」（『禅学研究』七六号、一九九八年）、「大徳寺派系密参録について（一）」（『宗学研究』三六号、一九九四年）、「中世林下における語録抄と密参録について（上）」（『駒澤大学仏教学部論集』三十四号、二〇〇三年）他参照。

（9）本書は無門関注釈の最古の版本とされる『無門関春夕鈔』。引用は寛永二年刊亀井孝旧蔵成城大学図書館蔵本に拠って校定した。

（10）解釈にあたっては、以下の抄ならびに注釈を参照した。松ヶ岡文庫蔵『無門関抄』、吉川泰雄氏蔵『無門関抄』（『洞門抄物と国語研究・資料編』所収）、建仁寺霊雲院蔵『無門関抄』、建仁寺両足院蔵『無門関鈔』、高山寺蔵『無門関鈔』、山田忠雄氏旧蔵『無門関抄』、京都大学附属図書館蔵吉澤文庫旧蔵『無門関注』（永正四年）、同所蔵『無門関註』、禅籍抄物叢刊第十六所収駒澤大学図書館蔵『無門関抄』三種、寛永元年古活字版『禅宗無門関』（駒沢大学図書館蔵）、幻門自雲『禅宗無門関私鈔』（慶安三年刊、国文東方仏教叢書）、紀平正美『無門関解釈』（岩波書店、大正七年）、古田紹欽『無門関』（角川文庫、一九五六年）、安谷白雲『禅の心髄　無門関』（一九六五年、春秋社）、小池心叟「無門関」（西谷啓治編『講座　禅』第六巻禅の古典——中国、筑摩書房、一九六八年）、平田高士『禅の語録18　無門関』（筑摩書房、一九六九年）、柴山全慶『無門関講話』（創元社、一九七二年）、西谷啓治・柳田聖山編世界古典文学全集第三十六巻B『禅家語録Ⅱ』（筑摩書房、一九七四年）、伊藤古鑑『公案禅話　禅・悟りの問答集』（大法輪閣、一九七六年）、平田精耕『無門関を読む』上巻（栢樹社、一九八三年）、柳田聖山『禅の山河』（禅文化研究所発行、一九八六年）、西村恵信『無門関』（岩波文庫、一九九四年）等。随脱を「一枚」とみる松ヶ岡文庫蔵『無門関抄』以下、頌は以下のように解釈される。「前百丈ガ不落トモンデナゲタモ後百丈が不昧トモンデナゲタモ両彩ハ一賽ダゾ。本形本目ニ至テミレバ一ッダゾ。賽ハムクウトヨム也。不昧ト勝チ目ヲフツタモ不落トマケ月ヲフツタモ間（ケン）ダゾ。ミナ野狐ニ連シタ事、千錯万錯シタ、カナ錯リダゾ。」（駒沢大学図書館蔵、寛永十七年写『無門関抄』）、「看破した上では両者は別ではないが、看破しない上では不昧と云つても不落と云つても千錯万錯である」（古田紹欽『無門関』）、「不落と不昧は、二つの勝ち目が、一ふりの賽に一度に出たようで、不昧と不落は、何と説いてもみんな駄目」（平田高士『禅の語録18 無門関』、西谷啓治・柳田聖山編『禅家語録Ⅱ』）、等。

（11）「野狐である前百丈（此は今の百丈の前身と見るべし）」（紀平正美『無門関解釈』）、「「前百丈」とは誰のことでしょうか。実はその老人は百丈和尚その人の前身だったのです。百丈和尚の前身が五百生野狐の身に墜ちていたというわけです。」（平田精耕『無門関を読む』）、「自ら狐となり、自ら脱する百丈の、自由自在のものがたりが、「百丈野狐」にほかならない。」（柳田聖山『禅の山河』）

（12）大智禅師（一二九〇～一三六六）。正和三年（一三一四）に渡海して中峰明本他に歴参し、帰国後、明峰素哲の法嗣となった。

（13）松ヶ岡文庫所蔵禅籍抄物集『無門関抄』（岩波書店、一九七六年）影印本を私に翻字した。

（14）白蔵主「みなく〲きておしやるは、そなたの甥は、事の外きつねをつらるゝが、あれはしうしんのふかひものじやときひて御ざるに、人にさへ、いけん仰らるゝに、なにとて仰られぬぞとゆきくる人がいはるゝ」、「きつねのおそろしひ、しうしんふかひ物じやといふ事をかたつてきかせう」、「きつねと云ものは、あたをなせばあたをなす、おんをみすればおんをほうずる、あたかもみにかげのしたがふがごとく、かやうに執心のふかきものにて候ぞ」（大蔵虎明本）、「あのしうしんのおそろしいわけをしらいで、つつたとみへた」、「きつねのしうしんのふかひ、おそろしい事をかたつてきかせう」、「狐のしうしんは残て大石となつて、人をとる事かずしらず」「（げんのふに）うたれて此石われしよりこのかた、なをも狐のしうしんは残て人を取ぞとよ」（和泉流『狂言六儀』）。

（15）「因果ハ人ヲ殺セバコロサレ、人ヲ悪メバ悪マレ、打テバ打レ、踏バフマレ」（駒沢大学図書館蔵、寛永十七年写『無門関抄』）

（16）「風流遊戯場」京都大学附属図書館蔵『無門関註』、「風流遊戯」駒澤大学図書館蔵『無門関抄』。

「茶禅一味」説の再検討

神津朝夫

一　「茶禅一味」説の問題点

茶道の思想的背景に禅があるというにとどまらず、茶道と禅は一味であるとの説が茶道界に存在する。『角川茶道大事典』（角川書店、一九九〇）で「茶禅一味」の項目を執筆した芳賀幸四郎氏は、それを次のように説明した。

茶禅一味。茶道と禅道とは、その行ずるところは異なるが、人間形成の道という根本・本体から見れば、両者は二にして二ならざるもの、不二一味なものであるという説。

【茶禅一味の説の成立過程】喫茶の習俗は、平安前期に唐風文化の一環として伝わり流行したのであったが、九世紀末の遣唐使派遣の停止後衰えていた。それが再び流行するようになったのは、鎌倉前期に禅僧栄西が茶種と宋代の喫茶の方式（ママ）とを再伝してからで、これ以後、南北朝時代・室町前期と経過する間に、喫茶の風がすこぶる普及し、種々の喫茶の法式が成立した。これらの先行の喫茶の諸法式を統合して、侘を理念とする茶の湯を大成したのが室町中期に出た村田珠光（ママ）であるが、珠光がその際に統合の原理としたものは、彼が

一休宗純に参じて体得した禅の精神であった。こうして茶の湯は禅と密接な関係をもつようになった。（後略）

芳賀氏は明記していないが、栄西が茶を伝来し、禅院茶礼から茶が広がったところに「茶禅一味」の原点があるとされることも多い。しかし、そうした発想は茶の湯大成期の茶人たちにはなかったことを最初にはっきりさせておこう。

というのは、江戸時代中期までの茶人は、栄西が日本に茶種や点茶法をもたらしたとは考えていなかったからだ。実際には大陸に渡航していない明恵（一一七三～一二三二）が日本に茶の実を持ち帰ったというのが世間の定説だったからであり、『南方録』の著者である立花実山（一六五五～一七〇八）は『壺中炉談』に「明恵上人入唐帰朝のとき、茶の実をもてわたり栽えはじめらるるよし、世説あまねし」と書いている。その後、千宗旦門下の山田宗徧（一六二七～一七〇八）の『茶道要録』も、表千家七代如心斎門下の川上不白（一七一九～一八〇七）の『不白筆記』も、茶は明恵の伝来と明記している。栄西の茶種伝来説は、明恵が渡宋していないことを知っていた鎌倉時代の明恵『伝記』（興福寺本）の作者が、明恵は栄西から茶の実を授かったとする「或る人」の説を載せたのが初出だが、その説が広まったのは宝永六年（一七〇九）に『明恵上人伝記』が出版され、安永七年（一七七八）頃に刊行された『喫茶養生記』跋文に「齎持茗実数顆」と書かれてからだろう。それ以前の元禄七年（一六九四）刊の建仁寺両足院版にはまだ書かれていないことだった。

もちろん、その栄西の茶伝来説も現在では否定されている。日本には平安時代から茶畑があったので栄西は茶種を持ち帰っていなかったし、宋代の喫茶法である点茶法は、すでに栄西の生まれる前から中国商人によって博多へ伝えられていたからである。しかも栄西の『喫茶養生記』は禅の立場から喫茶を薦めたものではなく、密教医学の立場から茶（と桑）の薬効を論じた書であった。栄西が将軍源実朝に茶を献じたという『吾妻鏡』建保二年（一二一四）二月四日条の記事も、薬としての茶の調進であった。

さて、茶と禅のかかわりを強調した最初の茶書とされるのが、天正十六年（一五八八）に千利休（一五二二～一五九一）の弟子である山上宗二（一五四四～一五九〇）が書いた『山上宗二記』である。「茶の湯は禅宗より出たるに依りて僧の行いを専らにす。珠光・紹鷗ことごとく禅宗也」（以下の引用は原則として岩波文庫版の読み下しによる）と書かれている。宗二がそのように考えたのは、芳賀氏の説明にもあるように、茶祖珠光（一四二三～一五〇二）の一休参禅と、一休から印可の証として圜悟克勤の墨跡を授けられたとの伝承のためであった。なお、「茶の湯は禅宗より出た」としながら、宗二が栄西や禅院茶礼に言及していないことを確認しておきたい。栄西や禅院茶礼が茶の湯に関わる存在であるとは、利休も宗二も、また当時の大徳寺の禅僧たちも考えていなかったのである。

二〇〇一年にはじめて紹介された天文年間末（～一五五五）頃の初期茶道具名物を列挙した『清玩名物記』には、珠光の跡目である宗珠（生没年不詳）が所持した圜悟墨跡について、珠光旧蔵とする記事がなかった。つまり、一休から珠光への伝授説は十六世紀後半になって広がった伝承であった。そして実際、珠光は還俗せず、禅僧に転じることもなく、生涯を浄土宗の僧侶として過ごしたことが明らかになっている。珠光が一休から印可を得て圜悟の墨跡を授かることなどありえず、また珠光の作とされる「古市播磨法師宛一紙」は、伝統的な和歌・連歌論を茶に応用したもので、直接的な禅の影響はみられない。

しかも、珠光以後の茶と禅の関わりについて、『山上宗二記』の記述は説得力に欠けている。ここでは歴史的事実かは不問として、宗二の論理を追ってみることにしよう。

室町幕府同朋衆であった能阿弥は、奈良に隠棲していた珠光とその茶の湯を「禅宗の墨蹟を専ら用い、一休和尚より珠光、圜悟の一軸を申し請け、これを数寄の一種に楽しむ、かくの如きの時は仏法もその中にあり」と八代将軍足利義政に紹介したと宗二は書く。ただし、「一種に楽しむ」こととは矛盾するが、「珠光は目利きを能阿弥に問究し、即ち末子に相伝す、引拙の代までは珠光の風体也」とも書く。すなわち、珠光が取りあげた茶道具は唐物奉行だった能阿弥直伝の、室町将軍家の美意識にもとづくものであり、その珠光風の茶の湯が引拙（生没年不詳）の時代まで続いたとする。『山上宗二記』の珠光像は、茶の歴史における遁世者・隠者としての茶祖像に、名物の伝来に権威を与えるその多くの旧蔵者としての茶祖像が統合された、二面性を持っているのである。

しかし、その珠光の茶風を武野紹鷗（一五〇二～一五五五）が改めた。「紹鷗の時ことごとく改め追加せしめ畢んぬ。当世の堪能の先達、中古の開山也」「当代幾千万の道具・小道具まで、みなことごとく紹鷗の目利きを以て好み出さるる也」。紹鷗の茶室は書院に隣接する桧柱、真の貼付壁の四畳半であり、茶会で出される料理は「紹鷗の時よりこの十年先までは、金銀を散りばめ二の膳、三の膳まであり」と豪華になった。ただし紹鷗も禅宗であった。「数寄者の覚悟は禅宗をまったく用うべき也。紹鷗末期に曰わく、茶味と禅味と同する事を料知し、松風を吸尽して意塵せずと云々」。なお、この一句は紹鷗画像に付けられた大徳寺の大林宗套による賛「曾結弥陀無碍因、宗門更転活機輪、料知茶味同禅味、吸尽松風意不塵」（『泉州龍山二師遺藁』所収、画像も現存）の後半に由来している。

宗二は紹鷗が名物六十種を所持したと書くが、その三十二点を『山上宗二記』で取りあげている。釜四点の他は信楽水指、備前の建水と花入、定家筆の掛物（小倉色紙）が和物である。唐物が使われたことのない釜と、珠光がすでに取りあげていた備前・信楽陶の他は、和物の掛物が新たに取りあげられただけである。宗二が書くように、紹鷗の時代になって多くの唐物名物が茶の湯に取り込まれたというのが実際の歴史だっただろう。一方、和歌の掛物が使われるようになったことは、日本の伝統的美学の茶の湯への導入であって、禅思想からはむしろ遠ざかるものだったはずである。

その紹鷗の茶風を千宗易（利休）がまた大きく変えた。「紹鷗遠行三十四年以来は宗易先達也」「孔子曰く七十に及び心に発する処に従いて法を越えず。この語を宗易常に思い、主を名人に身を赦し、山を谷、西を東と茶の湯法度を破り、物を自由にす」。土壁の小間茶室を建て、一汁三菜の料理を出し、新たに楽茶碗や竹花入を作らせた利休宗易も、もちろん禅宗であった。「道陳・宗易は禅法を眼となす」。すなわち、宗二によれば珠光も紹鷗も利休もみな禅宗、それも臨済宗大徳寺派であったが、その具体的な茶風、使った茶室や道具、料理は大きく変わってきたことになる。彼らが共に禅宗にもとづきながら、なぜその茶の湯が大きく違うのかを宗二は説明していない。

とはいえ、茶と禅は関わりが深いとする主張自体は、千利休以前の時代から存在していたことも事実である。茶と禅のほんとうの関係について、その成立にさかのぼっての再検討が必要となってくる。

二　禅と茶

唐代に形成された禅の古則・公案には茶に関わるものがいくつかある。とりわけ有名なのが、『碧巌録』第九十五則・『趙州録』巻下に出る「喫茶去」、『臨済録』行録に出る「且座喫茶」だろう。ただ「お茶をどうぞ」という程度の意味の言葉だが、そこに禅的な意味が込められた。しかも禅寺では禅院茶礼が清規で定まっていたため、茶は仏教の中でも禅宗の中でだけ飲まれたものとの誤解が、茶道界では今も多い。

しかし、唐・宋代の中国の寺院で茶礼ないし喫茶が一般的に行われていたことは、奈良時代後期から平安時代初期に唐へ留学した永忠、最澄、空海らが帰国後も茶に親しんでいたこと、あるいは成尋の『参天台五台山記』（一〇七二～三）の記事からも明らかだ。また近年は日本でも平安時代の密教儀礼に茶が使われ、鎌倉時代の顕密寺院、たとえば奈良の興福寺・西大寺、京都の高山寺、横浜の称名寺などに茶園が開かれていたことも知られるようになった。中世の日本でも茶は禅寺だけでなく寺院一般で飲まれたものと認識を改めなければならない。ただし、禅宗以外の宗派にあっては、茶は当然ながらその教義に関わるような意味まではもちえなかった。それに対し、禅宗においては日常的な師僧との対話の中に悟道の契機が求められたので、いわば日常性を代表するものとしての喫茶が、悟道のための大きな手がかりとなり得た。そのため語録にも残されることになったのである。

とはいえ、鎌倉時代に日本に伝来した宋代末の禅宗は、そうした祖師の時代の禅とは大きく変わっていたことを忘れてはならない。鎌倉時代からすでに、五山の禅林は将軍家と関係が深く、その建築や仏具・調度は立派であった。そして室町時代には唐絵や青磁・堆朱などの唐物工芸品の賞翫が将軍家や武家にも広がったので、戦国時代になって奈良・京都・堺などの豪商が茶の湯をするようになった時、将軍家から流出した「東山御物」などの唐物が名物として尊重された。禅と茶の関わりにおいては、まずわび茶以前の美意識に禅が関わっていたのであった。

すなわち、唐絵を掛け、青磁や唐銅の花入や、堆朱や螺鈿の香合・食籠、建盞と唐物天目台を使うような、わび茶以前の茶こそが、まず禅の美術工芸、禅の文化を背景に成立したものに他ならなかった。より正確にいえば、禅宗を通して移入された中国の美術工芸、文化というべきだろうが、実態としての「禅の美術」は、不均衡の美だとか枯淡の美だとかに限定できるものではない。

その一方で、唐物名物をもてない侘数寄の茶は、道具以外の精神的なものに、その存在価値を見いだそうとした。茶の湯大成期に日本に滞在したポルトガル人宣教師ジョアン・ロドリーゲスは『日本教会史』(一六二二年完成)第一巻第三十五章「数寄がめざしている目的とそれに伴う効用について」の冒頭にこう書いている。

前に言及したように、数寄には二種類ある。一つは本の〔数〕寄と呼ばれるもので、それが真実で固有の数寄であって、それには数寄そのものの基本として、高価なものの中のいくつかの品が必ずなければならない。その様式は、すでに述べたように、それに要する莫大で法外な費用のために、どんな階層の人でもそれを行なうわけにはいかない。もう一つの数寄は侘数寄と呼ばれるものであって、財力の乏しい庶民でも多数の者が行ない得るもので、金のかかる道具ではなく、別の安価な類似品をもって、真実の数寄とそれの目的とを、それなりの流儀で模倣しようとする一つの貧弱な数寄である。むしろ、この数寄の様式は世俗の者には有益であり。助けとなる。なぜならば、人を招待するのに、荘重な招待におけるように、多くの出費を必要としないからである。すなわち、この招待は質素で、酒、肴、種々の珍しい食物を用いすぎることなく、また華美とか壮麗さもなく、数寄そのものに備わっているいっそうの愛情と礼法をもって、少ない費用で、どんな種類の客人でも、礼儀正しく尊敬をこめて、上品に数寄に招待するからである。また、いずれの数寄も同じ目的と効用とを持っている。すべての人が同じことを模倣し、同じ目的をめざしているからである。

ここに書かれる「侘数寄」こそが、のちに「わび茶」と呼ばれるものなのだが、五山に対する林下の禅寺、すなわち一休に代表される大徳寺の禅風、あるいは妙心寺の禅風が、直接的あるいは間接的にその形成に関わったのだろう。

また、五山禅林では中国禅宗に倣って室町時代には煎茶の飲用が広がっていたことも無関係ではあるまい。渡来僧と無縁で、応燈関の禅風を守ろうとした大徳寺・妙心寺は、古風な抹茶に、法脈に関わる象徴性をもたせていた可能性を指摘しておきたい。

宗二以前に茶の湯と禅の関係を唱えた最初の人物として、珠光の跡目であった宗珠がいる。京都下京の午松庵に住んだ宗珠は、以前は商人と考えられていたが、近年になって大徳寺真珠庵文書に長享元年（一四八七）から永正十四年（一五一七）まで名の出る明窓宗珠と同一人物と見られるようになった。

妙心寺・大林宗休（一四六八～一五四九）の『見桃録』に「明窓宗珠菴主像賛、四海九州唯一翁、伝茶経外得新功、前丁後蔡春宵夢、吹醒桃花扇底風」とある。さらに同書には「松岳和尚茶話詩云、茶兼禅味可、能避俗塵來、且欲停車話、楓林暮色催」とあり、この「茶の禅味を兼ぬるは可なり」という文言が「茶禅一味」思想の初出となる。その思想を強調し、広めたことが宗珠の「新功」だったのだろう。

宗珠は、自分の所持した圜悟墨跡を「珠光が一休より授かった物」と称したようだ。宗珠が朝倉景職に贈った『君台観左右帳記』写本（大谷大学図書館蔵）については奥書に「珠光が拙僧に相伝の物」と書き、またそれを珠光が能阿弥から伝授されたとも主張した（『尊鎮法親王御記』）。

茶の湯の祖として珠光の名を高めようとした宗珠の工作によって、浄土宗の一遁世僧にすぎなかった珠光の実像が長年にわたって隠されてしまったのだが、宗珠は珠光の茶を自らの属する禅宗と強く結びつけようとしたのである。当時名物茶道具を多数所持し、茶の湯を盛んに行っていた法華衆徒への対抗心もあったようだ。その宗珠の弟子が武野紹鷗をはじめとする京都・堺の豪商茶人たちであり、彼らによって能阿弥・一休とつながる茶祖珠光像、茶と禅を結びつける茶の湯観が形成されていったのである。

三　茶の湯と禅

ただし、そこで形成された茶と禅を結びつける発想は、現代のその理解とは大いに違うものだった。『山上宗二記』は、茶人のもっとも重要な心得をこう書いている。

茶の湯には習い・骨法・普法度、第一に数寄の仕様と云う事あり。これ密伝也。上手に付きて談合すべし。但しこの五カ条ことごとく極むといえども、非作ならば若狭屋宗可・梅雪同前にて果つべし。（茶湯者又十体の八）

「普法度」は辞書にない言葉だが、一般的な法度といった意味らしい。『山上宗二記』には宗二本人による多くの異本があるが、その一つ（安養院宛本）には「茶湯には作意第一也、習い・骨法・普法度ことごとく無尽といえども、非作ならば」とあり、より明快である。非作とは新たな作意がない、という意味である。また同書には「初心の時この五ツの覚悟を持たば一期上がらず。下手にて果つる也。一コヒタ、一タケタ、一サヒタ、一ワヒタ、一ヒヨンナ、作はこれを専らに好けば茶湯上がらざる也。右のごとく上手になりては第一入ること也」とあり、これが密伝の「五カ条」だった。

宗二は「茶の湯の仕様の儀、習いは古きを専らに用ゆべし。作意は新しきを専らとす。風体は堪能の先達に任すべしと也」とも書いている。これはいうまでもなく藤原定家『詠歌大概』の「情は新しきを以て先となし、人のいまだ詠ぜざるの心を求めてこれを詠ぜよ。詞は古きを以て用ゆべし。（中略）風体は堪能の先達の秀歌にならうべし」を踏まえたものだが、宗二が茶の湯で何よりも重視したのは、新たな「作意」を発揮することであった。

その点で、念仏や題目を重視したりする他の多くの宗派とは違い、本人の工夫・作意を求めた禅宗と共通する点があったといえるだろう。ちなみに、宗二が罵倒している松永久秀の茶堂だった堺の若狭屋宗可、織田信長の初期の茶堂をつとめた京都の不住庵梅雪は、共に法華衆徒であった。

天正三年（一五七五）元日、堺の南宗寺で行われた禅問答の記録が残っている。大晦日の夜、南宗寺住持の笑嶺宗訢の夢に虚空蔵菩薩が現れ「この正月の吉日には和尚の例に従って笑嶺がかつて大悟した公案を挙揚し、大衆を勘弁（調べて区別すること）せよ」と示した。目覚めた笑嶺は早速弟子たちを集め、禅問答を行った。参じて公案に答えたのは、春屋宗園・寿首座・慶首座ら禅僧十四人と、千宗易（利休）・天王寺屋宗及・山上宗二ら堺の禅人七人の計二十一人、その答問を登首座（のちの仙嶽宗洞）が書きとめた『笑嶺和尚入室法語』（個人蔵）が残されている。それを抄出しよう。なお［　］内は訂正前の語である。

（前略）師（笑嶺）曰く、大師（馬祖）答えて云く、汝が一口に西江の水を吸尽せんを待って即ち汝に向って道わん。意旨作麼生。（中略）

一、禅人云く、鯉趨りて庭を過ぐ。師曰く、意旨如何。禅人云く、活発々地。師便ち打す。　易（宗易）

一、禅人云く、大力量の人。師曰く、力量底聻［如何なるか是大力量の人］。禅人云く、尽大地。撮し来たるに粟米粒の大いさの如し。師便ち打す。　及（宗及）

一、禅人手を拍って云く、此れ声聞梵天。師曰く、如何なるか是此声聞。禅人云く、木人鼓を打ち、石女起って舞う。師曰く、舞う底聻。禅人云く、遊戯神通［無為無事の故に］。師便ち打す。　二（宗二）

（末尾）天正三年乙亥正月朔旦　侍者宗登焉を記す。

（追記）仙嶽洞禅師之真蹟也。師初め諱の字を登に作り、後に洞と改む。是於豫矣。宗竺（天室）証す。

笑嶺が与えた公案は、唐の龐居士が馬祖道一に「万法の侶たらざる者（すなわち万物と同じ次元に属さない絶対的な者）とは何か」を尋ねた時、馬祖は「汝が（大河である）西江の水を一口に飲み干したら教えよう」と返答した。

龐居士はそれを聞いて即座に大悟したのだが、その意旨は何か、というものであった。

それに対する宗易（利休）の見解は、『論語』季氏篇（第十六）にある鯉（孔子の子伯魚の名）の話をふまえたもの。特別親切に教えるわけではなくとも、師弟が魚の撥ねるように活き活きとしていれば伝わるとした。笑嶺はすぐに打った。

宗及は大力量の人だから、と答えている。その意味は、西江の水どころか大地すべてを粟や米の粒のように撮んでしまうのだ、と説明し、笑嶺はこれも打っている。

宗二はまず手を打った。それが宗二の見解であったが、さらに二人の問答は共に仏になる前の声聞・梵天のものだとつけ加えた。それは木人が鼓を打ち石女が舞うように、人間の常識を超えた遊戯神通の不可思議な力を駆使したものであるから、と説明した。これも笑嶺は打った。

なお、「師便ち打す」とは、笑嶺和尚が公案の透過を許した可能性もある。最初に答えた春屋宗園に対しても「師打して曰く、謬たず、第一座たり」と笑嶺は「打して」賞賛しているからだ。千宗易はこの「一口吸尽西江水」の公案を透過し、抛筌斎の号を受けたと伝承されている（『不白筆記』）。抛筌斎号の初出は天正三年九月十六日付の織田信長黒印状（表千家蔵）の宛先としてであり、この禅問答の九カ月後になる。

公案に対してこのような工夫を行って見解を示すことは、まさに新たな工夫・作意をすることであった。そのような、いわば発想法を身につけることが、新たな茶の湯に通じるものだった。山上宗二は、そのような意味で茶と禅の近さをとらえていたのだろう。

さらにいえば、利休当時の「参禅」のイメージは、与えられた公案を工夫して見解を示すこと、すなわち看話禅が中心であったように思われる。そして乱世を生きていた武家も町人も、つねに常識や先例にとらわれない新たな発想が求められていた。それは茶の湯に限らず、連歌にも、能にも共通することであった。林下の大徳寺派には当時はまだ引き継がれていた潑剌とした禅の発想に、堺の茶人たちは共感したのだろう。その点で、茶味と禅味は共通するところがあったといえる。

他方で、博多配流中の古溪宗陳を除き、大徳寺や南宗寺で古溪宗陳や笑嶺宗訢、春屋宗園などが自ら茶会をした記録はない。彼らは町人の家での茶会には参席しているが、自分では茶の湯をしていなかった。このことも茶と禅の関係を考えるさいに留意すべきことだろう。茶にとっての禅の存在の意味と、禅にとっての茶の存在の意味が、同じであったはずがないのである。

その後、江戸時代になると、茶人は作意を発揮することによってではなく、流儀化した茶道の点前作法を習い、間違えずに行うことによって巧者とされるようになっていった。他方で、大徳寺の禅風も変化したとされる。茶趣味は禅僧にも広がったが、そこでの茶と禅の共通点についての考え方は変わっていくことになった。

四　補足——近代の「茶禅一味」論——

「茶禅一味」説は、その後も内容を変え続けて今日に至っている。再び『角川茶道大事典』の「茶禅一味」を引用しよう。

【茶禅一味の成り立つ根拠】元来、茶の湯は茶の湯であり、禅は禅であり、二つの別個なものである。その別個なものである茶の湯と禅とを結び付け、両者を不二一味ならしめる共通なものは何であろうか。それについて次の三つのことが考えられる。①禅の基本は禅定三昧の行であり、茶道の重んずるところは点茶三昧ということである。この三昧こそが茶禅一味の成り立つ共通の地盤である。三昧の境地から運び出して初めて茶の湯は禅に通じ、真の茶道となるのである。三昧の境地から運び出した茶の湯でなければ、点前がいかに巧妙でも禅と一味の茶とはいえない。②禅がその修行を通じて到達しようとする理想的な人間像は、自利利他円満な菩薩であり、迷悟両忘・悟了同未悟の「ただの人」であるが、茶道の理想とするところもまたそれと同じである。また、茶道の美の理念である侘が、禅芸術の理念とする美―不均斉・簡素・枯高・自然・幽玄・脱俗・静寂などを統合した美にほかならないことである。要するに、茶道の理想とする人間像や美が、禅のそれらと同等であること、これが茶禅の一味でありうる第二の根拠であり条件である。③しかし、これらにもまして茶と禅とが一味であるゆえんのものは、茶道の目標である「和敬清寂」が、まさに禅の世界観・人生観に深く根ざすものであり、禅の目標とする境涯と等しいということである。茶の湯と禅とは本来は別個なもので、無条件で不二一味なのではない。茶事が禅と同じ三昧の境地から運び出され、かつ茶の湯の人間形成の理想、美の理念、更に到達目標の境涯が禅のそれらと一致して初めて茶の湯は禅に通じ、禅と不二一味でありうるのである。そして茶禅一味の茶の湯であって初めて、それは真の茶道となるのである。

芳賀氏が根拠とする②後半については、「禅芸術」の理解が一面的であることをすでに指摘した。また、③の指摘も無意味なものだ。なぜなら、利休のものとされている「和敬清寂」という語は偽書『南方録』にすらなく、実は江戸時代中期に大徳寺二七三世の大心義統（一六五七～一七三〇）によって創作されたものだからだ（『茶祖珠光伝』）。禅僧が都合よく利休の言葉を捏造したのだから、禅と茶の一致は自作自演に過ぎなかった。

これに②前半の理想の人間像についての常識的一致を除けば、茶と禅の共通点は、①の「禅定三昧」と「点茶三昧」の共通性だけになる。しかし、それなら点茶ではなくとも、能三昧でも連歌三昧でも同じことだろう。実際、沢庵宗彭が柳生宗矩に贈った『不動智神妙録』は剣の道と禅について同様のことを述べている。「貴殿の兵法に当て申し候えば、太刀を打つ手に心を止めず、一切打つ手を忘れて打って人を切れ、人に心を置くな」。大日本茶道学会を創設した田中仙樵（一八七五〜一九六〇）は、これを茶に置き換えて『沢庵和尚示茶人某書』を戯作した。「貴殿の茶道に当てて申し候わば、茶杓を持つにも茶筅を振るにも、その持つ手、振る手に心など止めず、一切所作をば忘れて茶を点て、点前をせよ。客に心を置くな」。これを沢庵の著作と信じる誤解がなお一部で続いているようだ。茶の湯でありながら「客に心を置くな」というところが、何ともおかしい。

ところで、茶禅一味について詳しい説明を執筆した芳賀氏も、その四字熟語の初出に触れていない。今では広く使われている「茶禅一味」という語の成立は意外にも新しいもので、その田中仙樵が明治三十八年（一九〇五）に出版した『茶禅一味』と題する本のなかで、自分の造語であると主張している（ただし、これより早く幕末の渡辺又日庵『喫茶送迎記』附録に一カ所だけ言葉としては出る）。

田中仙樵は秘伝開放などを掲げて大日本茶道学会を設立した人物だが、その『茶禅一味』（『沢庵和尚示茶人某書』と共に『三徳庵田中仙樵全集　第一巻』所収）の主張は、次のようなものだった（以下傍線は引用者）。

> 禅を実地に修する便法としては、古来、風雅の道として伝はる茶道の法を以て之れに配し、俗人の為めに窮屈なる座禅に代へしめ、聊か前半に於て禅を理論的に証明し、後半に於て茶を禅的に修せしめ、究極、二者合して一味となり得可くんば、学者をして茶道研究の趣味を発意せしめ、遊芸として理没せる茶道を、茲に復活するを得可きにはあらずやとの老婆心より、是れを茶禅一味と名づくるのみ。（前編緒論）

田中仙樵は座禅によって俗人が大悟することは至難であり、一休・珠光は「楽々たる愉快」も得られる点茶三味をそれに代えた、と主張した。

元来、此座禅たるや、大上根、大上智の士に非ざるよりは、彼岸に達すること難し。古来、幾百万の禅僧中に於て、解脱の智識宗匠と称せらるゝ名僧は、実に暁天の星も啻ならざるを見ても、座禅の甚麼に至難の業なるかを証するに足る可し。既に仏道専門家にして爾り。然るを俗人に於ては、到底為す能はざるの難道たり。実に天竺に於ては、維摩居士、支那に於ては龐居士あるを聞くも、本朝未だ大解脱の居士幾何もあらず。抑も斯の如く、座禅の至難なるは其理多しと雖も、要するに妄想憶念の為めに三昧の境に入り難きに在り。故に禅宗にては考案(ママ)なるものを師に授かり、其考案三昧に入るを以て方便となす。蓋し考案其物は、扉を開くの瓦礫なり。一休の考案に成れる点茶は、実に此趣を遷したるものにて、茶器を扱ふ三昧に入りて、本性を観ずる修行と為したるに外ならず。珠光は実に之れが実験家にして、茶に依りて一休に印可を得、利休は古溪和尚に参じ、茶禅の体を得たり。若し茶道の点茶にして、禅法に叶はざらんか、余は何の為に、窮屈なる点前を為すかを知らざるなり。而かも、点茶は空寂として観法するの苦痛に代ふるに、最も趣味ある作法を以て、楽々たる愉快を得つゝ、之れを修する便法なれば老若男女之れを為す可く、貴賤貧富道を求む可し。

（後編「点茶は禅法なり」）

ただし、その後の「茶禅一味」説では、点茶を「楽々たる愉快」とするのではなく、ひたすら厳しい稽古を長い年月続け、自己の研鑽に励むという意味で茶と禅の一致が言われるようになっていく。

　これは禅の悟道の上にも、つねに説いていることであるが、まず、禅の特徴として、第一に挙げるべきは、不立文字ということである。禅は最初から説明することをしない。どこまでも相手をして自ら悟らせ、自得せしめるように仕向けるので、初めは日常の茶飯事から実地にやらせる。小使同様に誰でもこき使う。学問があろうが、芸能に秀でておろうが、そんなことは一切捨てて、小僧から始めるというのが禅の教育法の特色である。そこに、禅の実践があり、以心伝心の尊いものがある。

茶道も、ほんとうのことを習おうと思うならば、初めから師匠の家にあって、実地にこき使われ、つらい丁稚奉公からたたき上げねばならない。身をもって茶道の人に仕え、その人の坐作進退から習得し、そのころから何物かを会得するというのが、茶の道に進む第一歩といえる。（伊藤古鑑『茶と禅』「はじめに」、一九六六）

料理を食べ、酒を飲み、道具を楽しみ、そして茶を飲み、「作意」に満ちた亭主とそれに気づく数人の客の交流を楽しむのが本来の茶の湯であった。それをするための茶の稽古だったのだが、江戸時代になって流儀化した茶道は、点前作法を画一化して茶人の「作意」を不要のものとした。さらに、近代になっての茶道大衆化の中では、かえって日常的な茶会が減ったため、日常の点前稽古によって人格形成をめざすことが茶道の目的であるかのような言説をも生むようになったのである。

芸道としての「茶道」の変質により、同時に茶が禅に求めるものも変わってきたということだろう。「茶禅一味」説の「点前三昧」は、むしろ今は「只管打坐」を茶の稽古と重ねたような、茶道のイデオロギーになっているのである。

絵画からみた禅

島尾　新

はじめに

「禅からみた日本中世の文化と社会」という本書のテーマは、室町時代の絵画史を勉強する私のような者にとっては、直截に応えることの難しいものである。「禅からみた能」や「禅からみた茶の湯」の場合には、対象となる営為の主体が禅僧であるわけではない。芸能者や町衆には、禅僧であった経験を持つ者、居士号をもつ者もいるが、基本的にはプロの宗教者集団としての禅宗の外側に居り、禅そのものではない表現や作法のなかに、それを取り込んでゆく。したがって、世阿弥が禅に傾倒してその芸道論に反映させてゆく過程、またもとは中国のものである抹茶が「和」の世界で再編されるなかでの禅の役割などを「禅から見て」考えることができる。たとえば、本書の編者である天野文雄の「禅の無心と世阿弥の無心」というような立論が可能であり、広くいえば影響論的な語りが成り立つことになる。

これに対して、禅宗に関わる美術の世界では、その代表とされる墨蹟や水墨画を支えたのは禅僧自身であり禅宗の世界そのものである。この点からすれば、「禅僧が書き・描いたものに禅が宿る」というのは一種のトートロジーで、「禅から見た水墨画」は、「密教から見た両界曼荼羅」「浄土思想から見た阿弥陀来迎図」というのに似た、妙なニュアンスの問題の立て方というか、改めて立てる必要もない問題ということにもなる。たとえば「禅の無心と雪舟の無心」は、禅僧である画家の「無心」を問うことになるのだから。

しかし、これが問いとして成り立っているのは、日本中世における禅宗の絵画が、いわゆる宗教美術の範囲には収まっていないからである。鎌倉時代の初期に受け入れられた禅宗は、より広い中国文化の受け皿となってゆき、室町時代には天皇・公家の「和」に対して、日本における「漢」の文化を体現する社会的階層となる。禅僧は宗教者であると同時に中国通の文化人＝室町版の文人でもあり、禅を説きながら儒学や老荘の哲学にも通じ、宗教色のない詩文も作り、すでに法具や仏堂の荘厳具であることを超えて美術品化していた唐物を愛でたりもする。禅宗が足利将軍の宗教的・文化的バックボーンとなったことによって権力者との密着度は増し、将軍・武家の宗教・文化コンサルタントとなり、また遣明使では外交・貿易の交渉を担うなど、その活動の範囲は多彩なものとなっていた[1]。

そのようななかで生まれた絵画も、禅宗の範囲には収まらない。雪舟も仏画や頂相に加えて、山水画・花鳥画から武家の肖像画そして中国の仙人など幅広い画題を描いており、六点ある国宝のうちの五点までが山水画であることが示すように、こちらの方が制作の中心というイメージがある。その山水画の内容も「山水長巻」のような中国風山水の大作もあれば、「天橋立図」のような実景を描いたもの、また文人画の色彩の濃い詩画軸系の山水図などさまざまである。また武家の肖像では庇護者の権威を示し、めでたき場を飾る花鳥の屏風も描くなど、用いられた場も寺院の外へと広がっている。

私のように禅が専門ではない美術史屋が、「禅宗の絵画」を扱えるのもこの多様性によるのだが、本稿では、そのような社会的諸条件はとりあえず措いて、「禅の絵画」を中心に禅と造形についての基本的な事柄を確認することから始めたい。もちろん「禅からみた絵画（美術）」を語る力はなく、「絵画（美術）からみた禅」ということになるのだが、このところの絵画史研究では避けられてきた話題のように思う。これには学のフェイズが関わっていて、宗教史に疎い者が「禅の精神」というような安易な一語によって、造形を説明するのが避けられるようになったこと、また美術史とくに絵画史の方法が「ソーシャル・アート・ヒストリー」と呼ばれるような、社会的存在としての美術の分析に傾いて、いわゆる「思想史的」な立論が少なくなったことがあるだろう。そのあたりを再考するためにも、「絵画（美術）における禅」がいかに語られてきたかを簡単に見ておきたい。

一　禅に美術は必要か？

「そもそも禅に美術が必要なのか？」というところから始めれば、原理的な答えは「ない」だろう。仏教美術は、礼拝の対象であり、教義をヴィジュアルに表現また解説するものであり、開悟や往生への道程を助けるものである。そのような機能からして――両界曼荼羅に典型を見るように――教義や儀礼における象徴の体系が複雑なほどに、その美術も多彩なものとなり得る。この点で禅は反対の極にあるように見える。唐代の禅僧・丹霞天然（七三九～八二四）に、仏の木像で焚き火をして暖をとったという話があるが、「直指人心、見性成仏」を標榜する宗派に、いわゆる偶像崇拝はそぐわない。経典すら不要とする立場からすれば、そこには初期の仏教やキリスト教が偶像を持たなかったという以上の積極性があったはずである。

柳田聖山は「（禅宗は・括弧内筆者）特定の宗祖とその教学の体系をもたぬ」宗派で「思想を、一般に考えられているように、万人が承認せねばならぬ普遍的根源的な真理の意とするならば、禅には思想がないといわねばならぬ。[2]」といっている。そこに詳細な教義の絵解きは有りようがなく、しかも現在に至る六祖慧能下の禅は、特定のプロセスに従って開悟に至るのではなく、ある瞬間に忽然と悟る頓悟の禅である。阿弥陀浄土を思い浮かべながら往生を、というような視覚的イメージを用いたプログラムはなく、「直指人心、見性成仏」をそのままに図示することも難しい。

そのようななかで、敢て絵画が受け持ち得る領域を探せば、祖師たちの画像くらいだろうか。実際――禅宗の絵画が生まれた事情ははっきりしないが――語録を通覧する限り、唐代にヴィジュアルな表現が発達した徴候は見られない。後で触れるように、それが発達する宋代においても、禅宗に独特の絵画の中心は、祖師たちとその言行を主題としたものである。

二　書と画の違い

さらに、禅が圧倒的に「ことば」の世界であることも、絵画にとっては障壁となる。「不立文字」といいながら、これほどに僧が自らのことばを発する宗派は他になく、それを記録し後世に伝える語録というメディアも確立している。禅僧たちのことばは、経典からの引用もありながら「一人称」で語られる。この自らが思うところの表出は、画にはなりづらいものである。

「詩は志の之く所なり」というのに対して、画は「心に得て手に応ず」。ことばは思いを述べることができるが、画は基本的に画者に外在する「なにか」のイメージを描き出す。たとえば初唐の李嗣眞は、梁の画家・張僧繇（ちようそうよう）が描くさまを「諸を目に経、諸を掌に運らし、之を心に得て、之を手に応ず」と叙述する。[3] 目に触れるさまざまを、手の上で転がすように我がものとし、心に結ばれたその像に、手が自然に応じて画ができる。この「心に得て手に応ず」は、天賦の画才また練達の画技を語るクリーシェとなってきた。

もちろん形のみを似せる「形似」を低く見る中国の絵画観は、ミメーシスとは異なって対象の「真」を描き出すことを求める。白居易は同時代の画家・張敦簡を「工の造化に侔しき者は天和より来る」[4]と評している。天の道と一体となり、造化の力に感応して、それが世界を生むが如くに描き出す。それが天賦の才を持つ画家で、「張は但だ心に得て手に伝う。また自らその然るを知らずして然るなり」と続けるように、心に得られたイメージは、そのままに手を通じて画面へと流れ出るのである。一方で、このような天資なき者にも道を開いた明末の董其昌は、「万巻の書を読み、万里の路を行き、胸中より塵濁を脱去せば、自然丘壑内に営まれ、鄞鄂を成立す。手に随って写生せば、皆山水の伝神たらん」[5]と、書を読みまた旅して体感しながら、「胸中の丘壑」を醸成することを説いている。いずれの場合も「これを心に得る」のであり、「志」を語るような「一人称」の自己表出というわけではない。

自らの意を表出するという意味での「写意」もあるが、それとて「なにか」の姿を借りて行われる。具象と抽象という西洋流の分類で言えば、中国そして東アジアの絵画は、特に水墨画のなかに、古くから抽象の要素をもってきた。ただし「純抽象」はなく、たとえば中唐の頃に流行った「潑墨」の山水画は、まき散らした墨に筆を加えて風景に化けさせるもの。いわば山水画というジャンルを借りた抽象表現で、描かれるのが花でも人でもそうである。「純抽象」の実現は、西洋でのその成立を待たねばならない。

三　画賛の機能

この点で書と画とは、「禅の美術」にあっても大きく違うことになる。禅問答の基本はオーラルだが、語録はリテラルなテクストであり、公案禅のなかで文字による表現は自然に存在している。そのなかで、文人にとって

の基本的な表現手段であった書は、禅僧にとっても素直にそうなり得、豊かな「墨蹟」の世界を生むことになる。しかし画はそうはいかない。冒頭で触れた「丹霞焼仏」を描く因陀羅の作（挿図1）も、過去の祖師の言動を描き出すもの。禅を叙述することは出来ても、自らの禅を主張するには不向きなのである。多くの高僧による墨蹟があるのに対して、画はほとんどが無名の画僧によること、そして禅僧が描く絵画が、一般に「禅余」つまり余戯という文脈で捉えられることも、この消息を物語っている。そのなかで、敢えて抽象による表出を求めれば、円相にでもなるだろうか。そこに見えるのは、全き法の象徴といいながら、ミニマリズムにも通じる、ただのしかし確かに描いた者の筆の迹である。

挿図1　因陀羅　丹霞焼仏図（石橋財団石橋美術館蔵）

　この問題にひとつの解決のかたちを与えているのが画賛だろう。真賛や仏祖賛など祖師の画の上に偈頌を記す形式が、禅のなかで独自の発展を遂げたことは繰り返すまでもない。この節の観点からすれば、賛は画にヴィジュアルに叙述された禅に、賛者の筆になる「一人称」の表現を加えるものである。そこには描かれたものについての解説や見解が、賛者のことばによって詠み込まれ、画と相俟って禅の主張を示すものとなる。この「詩書画の世界」は、文人画におけるものとはやや性格を異にする禅に独特のものであり、その世界を知るための膨大かつ貴重な史料ともなっている。敢えて画のヴィジュアルを用いずに、語録や外集に収められた画賛によって絵画史を記述すれば、それは主題の流通の量的な面を含めて、「禅の絵画」の特徴的な一面を示すものとなるだろう。その概括的な見通しを示そうと思ったのだが、与えられた紙数を越えるので、稿を改めることにする。

四　禅画と禅宗絵画

この「禅の表現としての絵画」という問題に向かい合ったのが、『禅画』（二玄社・一九六二年）で知られるクルト・ブラッシュである。ブラッシュによる「禅画」の定義は、「禅画とは貴族化した禅宗絵画ではなく……すなわち高尚化したり、美化したりした禅の表現ではなく、禅そのものの表現である。」[6]というもの。これに対して、例えば室町時代の水墨画は「風流禅の絵画化されたものであり、いわゆる「茶掛用」の鑑賞芸術でもある」ということになる。要するに、禅僧が描きまた禅宗の環境のなかで生まれた絵画のなかで、禅を直截に描き出したのが「禅画」であり、先の文脈でいえば、外在する禅を叙述する「禅宗絵画」と、内在する禅を表出する「禅画」は区別されることになる。

ブラッシュが「禅画」を考えたのは、江戸時代中期の禅僧・白隠の画に感動したからである。確かに白隠の描いた祖師などの画、特に晩年の作を見ると、彼自身と向かい合っているような気にさせられる。達磨にしても観音や渡唐天神にしても、似たような顔が独特の迫力でぐっとこちらを見つめ、書かれた賛が台詞のように語りかけてくる（挿図2）。もちろん「白隠が語りかけようとしている」という認識の前提は必要だが、それさえ諒解すれば、画中の人物は彼の分身に見え、達磨である白隠、白隠である達磨がしゃべっているように感じられるのである。それを支えるのは、独特の水墨の技なのだが、このような「一人称」の画を描こうとし、そして描き得た禅の高僧は、ほとんど彼に限られる。南宋を代表する禅僧画家である牧谿も、西湖畔の六通寺を再興したとされる僧で画技のレヴェルも極めて高いが、「一人称」といえる画はほとんどなく、自賛という前述の方法もとっていない。ブラッシュにとっての「禅画」はまず白隠であり、そして白隠に終るということにもなりかねない。

しかしブラッシュは別に、「日本化された禅宗絵画が禅画であって、それは極端に減筆された俳画風の墨絵のことである」という定義もしている。その基盤となったのは、江戸時代の「庶民階級に適応した禅」で、禅（広くは仏教）の理解を目的に、ささっと描かれた水墨画が「禅画」だということになる。白隠にも先に触れたようなものとは異なる略筆の画も数多いが、このタイプの代表は博多の聖福寺の住持を長く務めた江戸時代後期の禅僧仙厓義梵で、その画には素朴さのなかに笑みを誘う暖かさがある。たとえば「坐禅蛙」（挿図3）に書かれているのは「坐禅して人が仏になるならば」。「坐禅だけしていればいいのなら俺だって仏になれる」という、坐るこ

挿図2　白隠　半身達磨図（大阪新美術館建設準備室蔵）

挿図3　仙厓　坐禅蛙画賛（出光美術館蔵、『仙厓　センガイ　SENGAI』出光美術館、2007年）

とのみを修行と思い込むことへの警句だが、こちらは禅でよく言われることの簡潔かつ比喩的な表現で、仙厓自身に向かい合うという感じはしない。もちろん、仙厓を知っていれば彼の画であることはすぐ分かり、画の背後に彼を感じること、逆に画から感じられる彼をイメージすることはできるが、それはよく知る画家の画を見るときには常に起きること。その内容が禅だということで、表現の型としては白隠とは異なるものである。

結局、ブラッシュは「禅画」に「日本化」というファクターを加えて、その範囲をほぼ白隠以後に絞るのだが[7]、このような飄逸さをもつ、ときに戯画風の水墨画ということならば、ブラッシュが挙げるように描いた僧は少なくはなく、なかには「軽い一人称」という風情のものもある。いま「禅画」というとこのタイプを指すことも多く、「飄逸な軽みこそが禅味である」というような見方すら生んでいる。

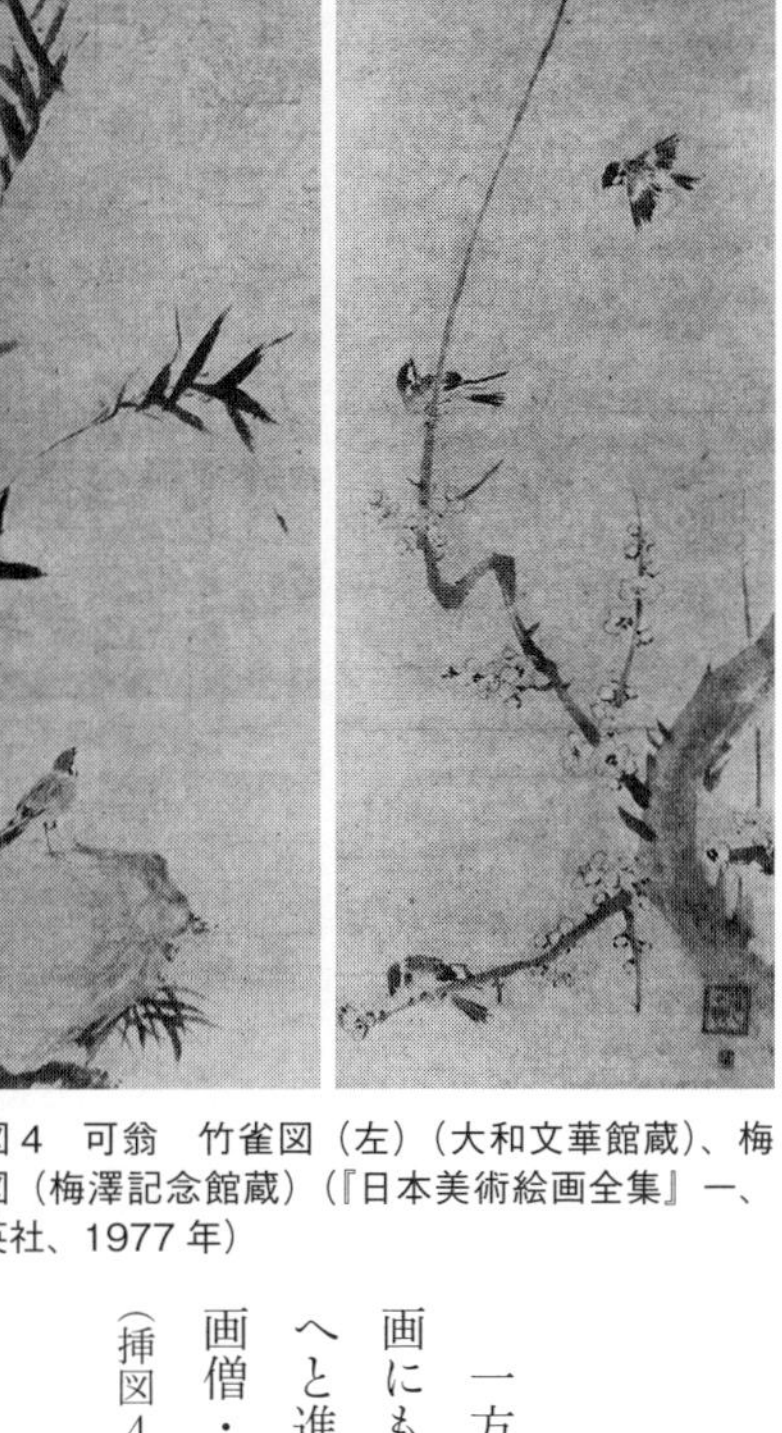

挿図4　可翁　竹雀図（左）（大和文華館蔵）、梅雀図（梅澤記念館蔵）（『日本美術絵画全集』一、集英社、1977年）

五　画中に禅を見る

一方で、ブラッシュの定義とは異なる多くの画にも、禅は見出されてきた。話を日本の中世へと進めながら一例を挙げれば、南北朝時代の画僧・可翁が描いたとされる「竹雀・梅雀図」（挿図4）についての次のような解説。

両図の完璧な構図と緊張感は、禅僧の鋭い自然観照と自然の中のすべてに仏性が宿り、それを覚知することが自らの悟りにつながるという意識からもたらされたものである。そして描かれた図そのものは技術的に先行する中国画に比べると写実を離れ、より精神的な図へと昇華させている原因でもある。[8]

私が「禅による説明」を避けてきたのは、学生の時分に読んだこのような解説に疑問を持ったからである。ここでは「禅僧による質が高い画」という認識は、ただちにその根拠としての「禅」へと向かっている。これは冒頭で触れた「禅僧が描けば禅が宿る」というトートロジーに近い。ふつうに見れば、墨竹・墨梅は文人画の好画題。墨梅をはじめたのは北宋末の禅僧・仲仁とされるから、事はそう単純ではないのだが、はっきりとした禅の表象性は見られない。「竹雀」も、たとえば北宋末の皇帝・徽宗のコレクションに、文人画家・文同による水墨

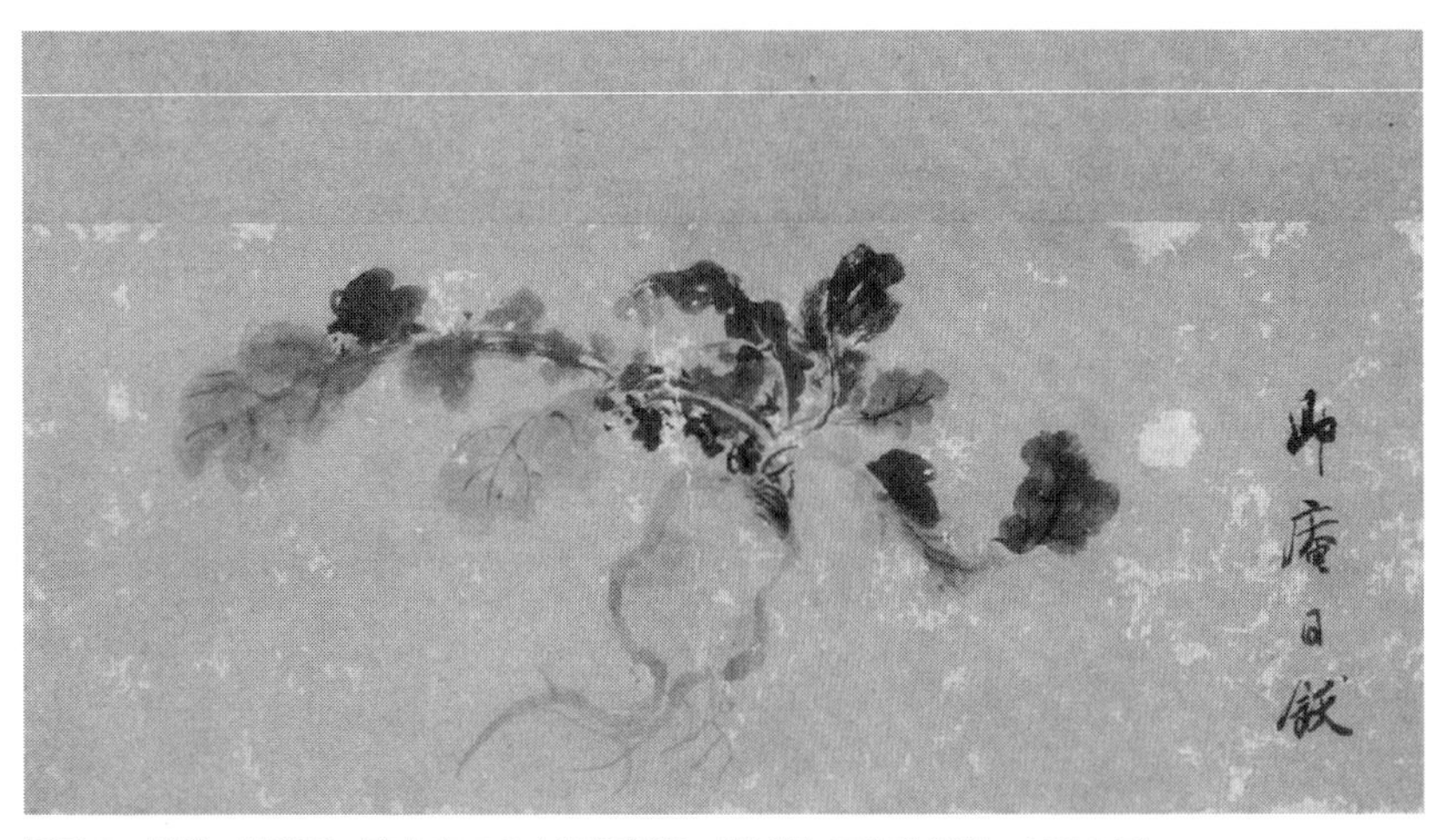

挿図5　牧谿　蘿蔔図（宮内庁三の丸尚蔵館蔵、『牧谿』五島美術館、1996年）

の作があったことが記されている。[9] 画の「完璧な構図と緊張感」はいいとして、その表現が「禅の自然観」から来ることは、画面のどこから分かるのか。そもそも「禅の自然観」とは何なのか。そして開悟への意識が「一切万物悉有仏性」でいいのだろうか……。

あるいは、鎌倉時代から日本でもっとも人気のあった禅僧画家・牧谿の作と伝えられる「蘿蔔図」（挿図5）についての以下のような解説。

> この絵の作家は大根という日常卑近な事物をとらえて、その大根の姿を、そこには宇宙の生命を何の覆うところなく、明々白々と現わしているその大根を、いわば大根の本来の面目を表現しているのである。それは彼の内なる眼が、彼自身の哲学——ここでは信仰といってもよい——においてとらえた大根である。それは現象的な存在としての大根ではなく、ただ大根の姿において現われた宇宙的生命の、一つの生き生きとした存在方式である。[10]

この大根が「宇宙的生命の存在方式」？　そうなのかも知れ

ない。こちらは禅への連想は簡単で、趙州従諗は「承り聞く、和尚親しく南泉に見ゆと、是なりや否や」と問われて「鎮州に大蘿蔔頭を出す」と応じ（『趙州録』、『碧巌録』第三〇則）、また首山省念は「如何なるか是れ古仏の心」と問われて「鎮州の蘿蔔、重きこと三斤」と答えている（『五燈会元』巻一一等）。禅をよく知る人にはこのような問答に引かれる鎮州名産の大根の象徴性が「見え・感じられる」のかもしれない。しかし「宇宙的生命の存在方式」というような表現が、近代以前にあるはずはない。これは何をパラフレーズしたものなのか。そしてそれを絵から素直に感じられる人がどれほどいるのだろうか。この画は蔬菜や花卉を描いた画巻から切り取られたもので、「即庵日飫」の文字も後から入れたといわれている。改装された一幅に「真面目」を見るのは、なんとなく美術史が作り上げたイメージでもありそうだ……。

六　禅はモノに宿るのか？

もちろん、このような言説に対する批判もあって、今泉淑夫は、加藤周一の「室町文化に禅宗が影響したのではなく、宗教的な禅の政治化・美学化を内容とする世俗化によって、禅宗が室町文化となった」、また立原正秋の「「禅的な庭」などというものは「禅的な茶碗」がないのと同じように、どこをどうさがしても見当らないのである。」という議論を引きながら室町時代の禅宗を論じ、枯山水や水墨画などの「眼前の遺物を幻想としての開悟に短絡する視線は、この時代の禅僧が威勢と名利をたのみ唐物を玩んだ事実も、官寺の僧が幕府の文教政策に組み込まれて、このむとこのまざるとにかかわらず、肩書だけにならざるをえなかった経路を省みることもしないだろう。」と断じている。(11)

ここで提起されているのは、ひとつは「禅はモノに宿り得るのか」という根本的な問題であり、いまひとつは禅僧たちが禅に純一であり、彼らが作り出すものがすべて禅の表現だったのかということである。

前者についての確認から始めれば、冒頭で触れたように「禅の美術」として想定されるものは一般的な仏教美術とはやや異なるものである。阿弥陀如来の画像や彫像を、阿弥陀そのものと思う者はいない。描かれ彫られた来迎の姿は、そのヴィジュアルな説明であり、それを観想するための方便であり、ときに拝まれるべきその代替物である。ところが、そのようなもののない禅では、祖師たちの像は別として、表現は極めて象徴的にならざるを得ない。結果として、先ほどの大根や次に触れる龍安寺の石庭のように、対象=生み出されたテクストのうちに解釈を限定するものが示されていないことが多くなる。そのような「モノに宿る禅」についての論は、そもそもそれが「宿る」のか「宿らない」のかに分かれ、さらに「宿るもの」にいかなる言辞を与えるかによって、いくつかの立場に分かれる。いま見た二つの解説はいうまでもなく「宿る」派のもので、後者は「宇宙的生命の存在方式」を画中に見るのだが、ブラッシュと同じく「禅画」の語を用いて、次のような説明が加えられている。

> この図を禅画とするのは、ただそれが禅僧の作であるからではない。……そこに外ならぬ禅的表現が見いだされるからである。……禅画では描かれた主題は単なる形象（フォルム）に過ぎない。そのフォルムが禅的生命をおびることによってはじめて禅画となるのである。……いうまでもなく作家の禅的人格を前提とするのであるが、その禅的生命をフォルムにまで実現するのは、「筆」に外ならない。ここで「筆」というのは、ことわるまでもないが、単なる一管の筆という道具ではない。作家の全生命と直結した、いいかえればその作家の全生命の尖端としての筆である。

そのような「筆」によって描かれた大根は「彼の汎神論的な禅的世界観と、その野趣にみちた枯淡な生方式に生きる禅的趣味を反映している」というのだが、真摯な画家の筆が「全生命の尖端」であるのは、禅者に限ったことではない。このような水墨画を生んだのが禅であることは確かだが、それがどのように他とは異なる、「禅的生命をおび」た「禅的表現」であるかについては、結局のところ「禅的人格」という以外には説明されていない。実は白隠の場合にも似たところはあるのだが、禅者が描いた禅的な主題という条件が与えられたところから、禅が見えてくることになる。

「込められたもの」と「読み取られるもの」に齟齬があるのはテクストの常で、特に「作者の死」は、作者とテクストを原理的には切り離し、無批判に作者の内面をテクストの内部に見ることに警鐘を発し、逆にテクストは読む者に「開かれる」こととなった。しかし、作者の内面への窓が閉ざされたわけではもちろんなく、問題は、テクストのなかに「禅的生命をおび」た「禅的表現」をイメージする契機が含まれているかということだろう。白隠の達磨の場合には明らかだが、「竹雀・梅雀」や「蘿蔔」はどうなのか。竹に雀には難しいけれど、大根はそうかも知れない……？

いずれにしても、明示されてはいないものを見よう・感じようとする、論理を超えた感覚的なもの。それを直感できる人もいるかも知れないが、先のような説明に納得したとしても、多くの人に感じられるのは禅の根本ではなく、いってみれば禅の雰囲気で、その本質は、凡人には計り知れない悟達あるいは禅体験の神秘の彼方に退くことになりそうだ。逆に「これが禅なのだ」と言ってしまっては、今泉がいうような「短絡」ということになりかねない。たとえば「一即一切、一切即一」を援用すれば、何の画でも「宇宙」になり得ることになる。

しかしこのような語りとそれに伴うイメージは、「禅の絵画」があったからこそ生まれたもの。「蘿蔔図」によって、水墨の大根は禅の表現と見られることになる。いずれの見方に与するかは別として、絵画によって禅の表現とイメージ——もしかするとその内容も——が拡張されているとはいえそうだ。これを「絵画（美術）からみた禅の拡張」と呼んでみたいのだが、その内容を少し明確にしておこう。

七　禅の造形の特質

前節のような語りに対して「禅的表現」を造形の特質から極めて具体的に説く人に久松真一がいる。久松は、禅芸術の特徴として「不均斉・簡素・枯高・自然・幽玄・脱俗・静寂」の七つを挙げ、「禅の庭」として知られる龍安寺の石庭について、次のように述べる。[12]

そういうものの禅的な面白さというものは、やはり禅のもつ七つの性格というものが、そこに、書院の庭として非常に本質的になっている点だと思います。石の形に均斉的なものは無論一つも無く、五組になっておるあの石全体の配置というものが、もう既に―組みの数は五の奇数になっておるのでありまして、決して偶数になっておらない―「不均斉」です。その一組一組の石は、また「不均斉」なものになっているのです。……それから「枯高」というようなことにつきましても、申すまでもなくあの石の在り方、石の姿というものは実に枯高です。どの石も非常に枯れたという感じ、而も、一種犯しがたい威厳をもっておるのです。

具体的な造形の要素が「禅」を示しているという論で、「石庭という言葉もいいですけれども、私は、寧ろ「空庭」という言葉の方がよかろうと思います。空庭とは何かと申しますと、無的な主体とか、形なき自己とかいったふうの深さというものが、あの庭の底にあるのです。」と、その基底に「無的な主体」あるいは「形なき自己」があるというところまで行き着く。

造形そのものから禅を読み取れるというこの論は、先の「禅的人格」に見るようないわば人格主義とは異なって分かりやすく、かつ具体的に「美術からみた禅」を拡張するものとなっている。久松を批判する立原正秋もいうように、実際にこの庭を造ったのは、山水河原者などと呼ばれる庭師と思われ、「不均斉」や「枯高」とされる表現の細部にまで、発注者側の禅僧が指示を出したとは思えない。少なくとも先の牧谿画のような「全生命の尖端」たる筆に当たるものはなく、「禅的人格」を持たずとも、久松が設定した条件を満たした「禅的な造形」を為すことは可能ということになる。実際、久松は長谷川等伯の「楓図」（智積院）を前記の七つの特徴を持つとして「禅的絵画」の例に挙げている。[13] 等伯は能登出身の法華の徒だが、大徳寺を通じて禅にも接した。しかし久松の解説は等伯の「禅的人格」について触れてはおらず、あくまでも造形から見たものになっている。「楓図」は著色の障壁画であり、最終的には久松のいう七つの特徴へと抽象化されるにしても「禅的表現」の内容は「蘿蔔図」とは異なっている（これらを同じと喝破されては、美術史屋が口を出す世界ではなくなってしまう）。禅者でない者も「禅的な造形」を為すことが可能となれば、作者の幅は広がって、そこから読み取られる内容も拡張することになる。これを認めるとすれば、たとえば李禹煥の「関係項」のシリーズなども禅的といえるかも知れない。

これを「美術に表された禅の拡張」「美術を通して見た禅の拡張」「美術による禅の拡張」とはいわずに漠然と「美術からみた禅の拡張」というのは――ここまで見てきたように――そもそもそこに禅が「宿る」のか「読み取り得る」のかが不安定であり、かつそこに見られている禅が、宗教としての禅ときれいに重なるという保証がないからである。そこで、可翁の「竹雀・梅雀図」の解説は、描かれた文人画の画題の「完璧な構図と緊張感」に禅を見ることにより、美術からみた禅を拡張している、という風な言い方をしてみたい。絵画史（美術史）にとっての問題は、そのようなことが起きたのが、近代のことなのか、それとも画の描かれた時代なのか、あるいは他の時代なのかということになる。

八　禅僧の在りようと禅宗の美術

立原正秋は、久松のような見方を一蹴する。彼自身も萬福寺の法堂の石階に腰かけて庭を見ながら、「無常が常態であることがなんとなく見えてくる」といい、「私がここでいう「無」とは、経験以前の純粋な人間の意識のことである。」と「父母未生以前の面目」に触れるのだが、「しかし私はこの庭を禅的な庭とはみない。禅は他人にあたえるものではない。すでにつくられている物体に被せる名称でもない。禅とは伽藍と伽藍のあいだを歩き去るおのれ自身である。」したがって「「禅的な庭」などというものは「禅的な茶碗」がないのと同じように、どこをどうさがしても見当らないのである」という[14]。禅を感じるのは自身の問題であり、それがモノに宿っているわけではない。

先にも触れたように、原理的にはそうなるのだろう。立原は萬福寺の庭を「砂礫の庭と伽藍の他にはなにもない」「無限定な庭」で、その「風が吹きぬけている伽藍と伽藍のあいだをどこをどのように歩き去ってもかまわないというのは、たいへん怖いことである」という。いってみれば、無限定あるいは非限定な空間が眼前というか身心の前に投げ出されているわけで、それとの関係を取り結ぶのは自己である。牧谿の蘿蔔も「禅的な大根」ではなく、そこにたとえば趙州や首山の蘿蔔を見るは観者の方ということになる。禅的なのは、彼らの発話のように、水墨の大根を観者の前に投げ出すという営為の方かも知れない。しかし立原の批判は、むしろ先に見たような「美術からみた禅の拡張」に向けられているように見える。

何故ひとびとは枯山水と禅を結びつけるのだろう。夢窓疎石にとって作庭は重要な意味をもっていた、ということも前に述べたが、これは、権力と結びついた彼の生きざまとかかわりがあり、禅とは無縁である。事実「山水には得失なし、得失は人の心にあり」は悟入した禅僧の言辞ではない。これは切れば血が出る言葉である。

そもそも夢窓の庭は「禅が込められた」ものではないのだから、込められてもいないものを「読み取る」のはおかしいという。今泉の「眼前の遺物を幻想としての開悟に短絡する視線は、この時代の禅僧が威勢と名利をたのみ唐物を玩んだ事実も、官寺の僧が幕府の文教政策に組み込まれて、このむとこのまざるとにかかわらず、肩書だけにならざるをえなかった経路を省みることもしないだろう。」という指摘も、同じ方向での批判である。

一例を挙げれば、夢窓の営為をおったと思われる義堂周信が、自院である大慈院の「東軒尺寸の間に千巖萬壑の勢を幻出」した小庭を造ったのは、足利義満の来訪に合わせてのことだった。[15] しかし「禅とは無縁」というほどに事は単純ではなく、この庭を造った者に対しては、「遊戯三昧を以て善く仮山を作る」と、「遊戯三昧」＝軽々とした自在の境致を認め、しかし創り出されたものは「仮山」＝山水画と同様の仮象の山と認識している。作庭の動機のベースには、市中の寺にはない山水の景を「幻出」させるという「山」を目指す素直な隠逸思想も入り込んでいる。そしてこのような庭は中国の禅寺にはなく日本に独特のもの。この純一に宗教的な営為ではない「禅の庭」は、十四世紀末の日本の禅宗が抱え込んだ状況を、そのまま反映しているように見える。

もとを辿れば「禅宗の美術」のほとんどが、宋代に形成されたものであることは周知のとおり。大ざっぱにいえば、皇帝をの庇護を受けるようになり、寺院や儀礼が整備されるなかでの出来事である。もともとは寺も仏像も持たなかった宗派であり、また中国の仏教界が「会昌の法難」による壊滅的な打撃から再建されたという事情も相俟って、禅宗に独特のものが継承されまた生まれる一方で、仏像や仏画には他宗と共通するものも多い。日本の中世に導入されたのは、それがほぼ完成した南宋とそれを継承した元にかけての江南における「禅宗の美術」で、まずはそれを反映したものとなるのだが、冒頭で触れたように日本におけるより広い中国文化の受け皿となるにつれ、禅の範囲に収まらないもの、いま見た枯山水のように日本に独特のものもできてくる。

「禅宗の絵画」も多様性を増して、そのなかには「仏涅槃図」のように他宗でも用いられるいわば「ふつうの仏画」があり、宝冠釈迦と通称される禅と関係の深い華厳に基づくものがあり、達磨や寒山拾得など禅に独特の祖師・散聖を描くものがあり、さらに詩画軸のように文人画に属すものがあり、また禅僧の賛の書かれた有力武家の肖像もある。その在りようは、禅宗寺院にあるものを「禅宗の美術」、禅に独特のものを「禅の美術」と呼ぶ程度の分類では記述できないものになっていた。

九　禅が生んだ表現

そのような状態を簡単には整理はできないが、それらのなかに「禅がなければ生まれなかったもの」と「禅がなくても生まれたもの」があることは確かだろう。

可翁の「竹雀・梅雀図」は、禅僧が描いたものではあるが、禅僧でなければ描けないというものでもなく、他と異なる禅ならではの表現を指摘するのも難しい。先に触れたように、ここに描かれた「墨梅」をはじめたのは、仲仁という禅僧だといわれる。その意味では禅から生まれたものだが、禅が無ければ生まれなかったかといえば、墨竹・墨蘭・墨菊が生まれたように、いつかは文人たちのあいだで描かれるようになったろう。

一方で、牧谿の「蘿蔔図」や龍安寺の石庭は、禅がなければ生まれ得ず、そこに独特の表現があることも確かである。しかし——久松のような纏め方は別として——表現としてふつうに見れば、両者が大きく異なることは明らかである。画と庭というメディアの違いもあるけれど、水墨でそのままに描かれた大根と、白沙に五組の石という抽象化とを一緒にするのは造形論としては無理であり、そのような二つを纏めているのが禅ということになる。それを「美術からみた禅の拡張」と呼んできたのだが、表現自体には触れる余裕がなかった。最後に一例のみ、島田修二郎が注目した「罔両画」を見ておこう。(16)

「罔両画」は、南宋の禅僧・智融(一一一四〜九三)の画を呼んだもので、「墨を惜しむこと命を惜しむが如し」と評されるほどに薄い墨で描かれていた。智融自身の画は遺らないが、その画風は禅宗のなかで受け継がれ、たとえば直翁の「六祖挟担図」(挿図6)にその特徴を見ることができる。六祖の姿は淡くぼーっと見えるのだが、顔の表情や手足は筆数は少ないながら細い線で繊細に描かれ、モデリングもしっかりしている。目・口・鼻孔・耳には濃墨が点じられて画を引き締め、衣はさーっと描かれて、「逸」の雰囲気を醸し出す。いわゆる略画とは異なって、描かれた人についての情報は、少ない筆数のなかに伝えられている。減筆(筆を減らす)しつつ描かれた人物のフォルムと表情についての情報量を落とさない、というところまででも逆説的な表現法だが、そうやって存在感を持たせた人物を、こんどは墨を薄くして消してゆくのである。徹底すれば行き着くところは白い紙。ミニマリズムのひとつとも言えるが、何も描かない紙こそ最高の絵画という言い方もある。いずれにしても、このような実験的な表現は、それに対する強い自覚なくしては出てこない。

「罔両画」の呼称は、南宋の禅僧・敬叟居簡が智融について記した一文に出てくるもので、「罔両」は『荘子』「斉物論」で景(影)と議論する半影のことである。実在するものの形があり、それに従って影ができ、罔両はさらにその影に寄り添うという常識を問題にして、「あんたが無節操に動くから、ついていくのが大変だ」と文句をいう罔両に、影が『荘子』を貫く「すべては自然」をもって答えるところ。福永光司は、影の台詞を「だって実在の真相など心知の判断を超えたものであり、人間の因果的思惟などでは把握することのできないものなん

挿図6　直翁　六祖挟担図（部分）（大東急記念文庫蔵、『南宋絵画』根津美術館、2004年）

だからね。君（罔両）は、僕（影）のことなど気にせずに、君のすきなように振舞ったらよいさ」と意訳している。[17]

「罔両画」という名付けは、微茫たる墨の画への比喩的なもので、『荘子』の言うところをそのまま当てはめる必要はないが、この画法が「存在」の問題に関わって生み出されたことは確かだろう。戸田禎佑が「造形芸術としての絵画のこのような極端なまでの冒険は、伝統的な絵画観の支配をはなれた禅宗界のなかでこそ起こりえたことであろう。」「表現の簡約化と素材の制限にともなう手法と素材の本質の露呈こそが、素材性からの離脱の欲求の果てに逆説的に生じたものとはいえ、禅が絵画で獲得したあるいは最良のものかも知れない。[18]」というように、二重の逆説を含む表現の発想は、禅なくしてはなされ得なかった。その解釈はいくつか成り立つだろうが、宗教としての禅とどこまで重なるかは「禅からみた絵画」の問題である。一方で、戸田は「（この画法は・括弧内筆者）元来、造形的な要素であるからして、その自律性によって絵画の他のジャンルにも当然、波及していったと考えられる。」という。罔両画も造形の手法としては他の画家も応用し得るものであり、「絵画からみた禅」は「絵画」として広まってゆくことになる。その際に、造形とそれを為す「心」との内的な連関が、「表現論」的に維持されているかどうかは、出来たモノから推測できる。しかしそれが、一段抽象化された「禅」のようになったとき、そこを見極めるのが難しいのは、ここまで見てきたとおりである。

十　「美」と「禅」を分ける

そのような錯綜を原理的なところへ戻すために、柳宗悦の「美」と「禅」を分ける議論を見ておこう。柳は「茶禅一味」を説く寂庵宗沢の『禅茶録』（文政一一年・一八二八刊）を読んでの感想を綴るなかで、立原が否定した「禅的な茶碗」についての見解を述べる。[19] 柳の引用に従えば、『禅茶録』は「点茶は全く禅法にして自性を了解するの工夫なり」「只茶器を扱ふ三昧に入って、本性を観ずる修行なり」といい「茶意は禅意也。故に禅意を含きて外に茶意なく、禅味を知らざれば、茶味も知られず。禅味茶味、同味なれば是一にして二、二にして一」と茶と禅の一致を説く。禅から茶を見るこの立場で重視されるのは「心」であり、当然にもモノである道具は軽視されることになる。「禅茶の器物は美器に非ず、珍器に非ず、宝器に非ず、旧器に非ず。円虚清浄の一心をもって器とするなり。この一心清浄を器としてあつかふが禅機の茶なり。されば名物などいひて世に賞翫する茶器は貴ぶに足らず。」というように。

柳はこの「真器は心に在って物にはない」という主張に対して、禅と茶の不二なることは認めつつ、「前者が信の世界のことであり、後者が美の世界に属する点」に違いがあるといい、その上で「器に美しさを求めるのは、心に清浄を求めるのとひとしい」と主張する。そして「心の浄を物の美」に見、「物の美を心の浄」に感じることを主張して、「それ故茶が禅に結ばれる刹那は、人の本分と器の本分が一つになるその刹那を意味する。」と「心物一如」を説く。ここでは、モノに見いだされるのは禅ではなく、あくまでもモノ自体の美で、とりあえずは作者とも切り離されている。そして「禅意に適う美しさをもつもののみが茶器たり得るのである。」という。美にもいろいろあるとの含意の上で、「禅意に適う美」と「禅意に適わない美」を区別する。ここでは「美」を選択するのが「禅」ということになる。

その「禅意に適う」ものの代表として挙げられるのが井戸茶碗。朝鮮の無名の工人が作った日用の雑器が、茶の湯の道具へと転用されたものである。その造形にまったく作意が見られないことに柳が感動し、「民芸」の発想に大きな役割を果たしたのは周知のところ。工人たちの「二元の葛藤がどこにもない」ような心のありようが、「美に執した跡もなく、醜を否もうとした跡もない」「禅でいう「只麼(ただ)の美」「本分の美」を生む」という。[20]モノに拘るのは執着だけれど、モノに拘らずに作られたモノに美を見いだすのは執著ではないという論理だろうか。もちろん朝鮮の工人が禅を修めたわけではない。彼らはただ器を焼いただけなのだが、その心に修行をせずとも得られた清浄なる状態を見るわけだ。

ここでは、美を介することによって、本来は禅と無関係なモノが禅と結びつけられている。『禅茶録』にいうように、禅が茶碗の美を必要としているわけではない。「禅」が「美」を求めているのではなくて、「美」の方が「禅」を求めているのだが、結果として、禅は「禅意に適う美」を識別せねばならなくなる。さて禅は美を判断できるのか、あるいはするのだろうか。妙な問いではあるが、それは「美術からみた禅」と「禅からみた美術」に双方向性があるのか、あるとすれば何がそれを保証するのかという問題に繋がっている。「美術からみた禅」は「美術」の存在を前提としている。モノを美術たらしめるものが禅と重なるかを考えるための、仮想の問いにはなるだろう。

おわりに

禅の絵画・禅の美術についての、さまざまな論を見てきた。本稿の目的は、いずれかの立場を是としようとするものではない。間違いないのは、禅がなければここまで見てきたような美術にまつわる多彩な言説が生み出されることはなかったということである。久松真一は「森羅万象さまざまなものがありますから、禅はさまざまなものを自己の中へ、自己表現の方法、手段と申しますか、自己表現する契機として捉えて来ます。」という。[21]何を以てしても、禅は表現できるという、いわば表現における「汎禅論」で、「美術」もそのひとつということになるのだが、なぜ特に禅にこのようなことが起きるのだろうか。

加藤周一が「室町文化に禅宗が影響したのではなく、宗教的な禅の政治化・美学化を内容とする世俗化によって、禅宗が室町文化となった[22]」といい、市川白弦が「禅文化につながる華道、茶道、書道等々の諸々道における新流派、新機軸の創造は、栄衒心、名利心の刺戟なしには可能でなかった。公案と悟り、禅院と墨蹟が商品化するにつれて、いわゆる茶禅一味の茶道もまた脱俗を売り、貧乏を売り、わび、さびをもてあそぶ風雅は、風流の道をひらくに至った。北山文化、東山文化の清逸といやらしさとが矛盾の統一をかたちづくった。[23]」というような「禅の拡張」もあろうが、芸術史の立場からは、もうひとつ「表現者としての禅僧」という面を見ておかねばならないと思う。

禅における「ことば」の世界の基本は、モノローグではなく問答というダイアローグで、それはテクスト上の存在ではなく、生身の人間の営為としての身体性を伴っている。「臨済の喝」や「徳山の棒」に見られるように、それはときにシンボリックな動作や小道具を用いてより積極的に発動される。これを一般化すれば、問答というダイアローグに身体性が加わって演劇性を持つということになる。木仏を焼く丹霞、猫を斬る南泉、夾山を水中に叩き落とす船子、弓に矢をつがえた石鞏（せっきょう）に胸をひらく三平など、とくに劇的な場面をイメージできるものもある。禅では高い境地にある僧が、このようなことをする。接化の方便ではあるにしても、禅の祖師たちは問答という宗教劇のなかで、独自の禅風をもつ「表現者」ともいえる。ふつうに思い浮かべる「無心」は静かなものだが、「本来心」を回復することを目的とする禅では、開悟の後も心は働くことを止めない。表現の不正確をお許し頂きたいが、禅僧は大悟の後にこそ「表現者」たり得るのである。能や茶の湯や作庭などさまざまな芸術領域の表現者たちが拠り所とし得たのは、この独特の禅の立場にあるように思う。しかし今回は紙数が尽きた。またの機会に語ってみたい。

注

（1）日本中世における禅宗と禅僧の活動の多様性については、小島毅監修・島尾新編『東アジアのなかの五山文化』（東京大学出版会、二〇一四年）及び同書の参考文献リストを参照。

（2）柳田聖山『無の探究・中国禅』（仏教の思想七）、角川書店、一九六九年。

（3）『歴代名画記』巻七。「李嗣眞云（中略）至於張公骨氣奇偉、師模宏遠、豈唯六法精備實、亦萬類皆妙、千變萬化詭狀殊形、經諸目運諸掌得之心應之手。意者天降聖人為後生則」。

（4）「白居易「記画」『白氏長慶集』。「工倖造化者由天和來。張但得於心傳於手、亦不自知其然而然也」。

（5）『画禅室随筆』巻二。「讀萬卷書行萬里路、胸中脱去塵濁、自然丘壑内營、立成鄞鄂隨手寫生、皆為山水傳神矣」。

（6）クルト・ブラッシュ「水墨画と禅画」『大法輪』三〇巻一九〇号、一九六三年。『禅画と日本文化』木耳社、一九七五年所収。

（7）ブラッシュは『禅画』（二玄社・一九六二年）の「緒言」に「私の眼目としたところの禅画論は「序論」、「円相」、「白隠」を中心とした章及び「日本的独創性」である。」と記している。

（8）金沢弘「竹雀図」解説『日本美術絵画全集』一、集英社、一九七七年。

（9）『宣和画譜』巻二〇。

（10）源豊宗「禅の美術」『禅と芸術Ⅱ』（叢書禅と日本文化二）ぺりかん社、一九九七年所収、初出『華道』、一九六五年。

（11）今泉淑夫「室町文化としての禅宗」『日本美術全集』一一、講談社、一九九三年。

（12）久松真一『禅と美術』墨美社、一九五八年。

（13）注12前掲書、図五。
（14）立原正秋『日本の庭』新潮社、一九七七年。
（15）「山水圖詩敍」『空華集』巻一四（『五山文学全集』二）、『空華日用工夫略集』延徳元年一一月二二・二四・二六・晦日条。
（16）島田修二郎「罔両画（上・下）」『美術研究』八四・八六、一九三八・三九年。
（17）福永光司『荘子・内篇』（新訂中国詩古典）、朝日新聞社・一九六六年。
（18）戸田禎佑「牧谿序説」『水墨美術大系三　牧谿・玉澗』講談社、一八九七三年。
（19）柳宗悦「『禅茶録』を読んで」『大法輪』二一―二・三、一九五四年二・三月、熊倉功夫編『柳宗悦茶道論集』岩波文庫、岩波書店、一九八七年所収。
（20）柳はこれ以外にも「自由の美」「無礙の美」「無事の美」などの呼称を挙げている。
（21）注12前掲書。
（22）加藤周一『日本文学史序説』上、筑摩書房、一九七五年。
（23）市川白弦「一休とその禅思想」『中世禅家の思想』（日本思想大系一六）、岩波書店、一九七二年。

【コラム①】

禅林墨蹟の二面性

野口善敬

禅文化を代表する文物に墨蹟がある。現代では、茶道の掛け物としての需要もあり、定型句を用いた一行書が主流になっているが、墨で禅僧が書いた物は全て禅林墨蹟であり、もともとは様々な形式があって、その量は中世に中国から将来されたものだけでも、かなりの数に上る。

中国の禅僧の墨蹟の数が多かった最大の理由は、言うまでもなく入宋・入元・入明した禅僧や渡来した中国僧が沢山いたからである。日本から中国へと渡り帰国した僧侶は、禅宗以外の宗派を含め、分かっているだけでも、北宋で二十余名、南宋で百余名、最も往来が頻繁であった元朝で二二〇名以上、明代でも一〇〇名以上あったとされる（木宮泰彦『日華文化交流史』冨山房・昭和三十年七月）。中国からの渡来僧については、著名な者だけでも宋代に十四名、元代に十三名があり（同前）、随侍して渡航した無名の僧侶を含めると、かなりの数が来朝したと思われる。これら中国に渡った日本僧や渡来僧に加え、更に日中間を往来した禅宗に帰依した官人・商人の存在を勘案するならば、中国からもたらされた墨蹟は、散逸して現存しないものも含めて莫大な数であったことは想像に難くない。

禅林墨蹟の種類は、多岐にわたるが、贈与する相手を限定せずに書かれた墨蹟としては、達磨や布袋・寒山拾得など一般的な画題に則った「仏祖賛」などの画賛の類や、死に臨んでの遺偈や法要行事での香語、一般的な風物を詠った詩偈や、額字・榜文・疏文などがあった。その他、依頼されて作られたものとして、故人への碑銘や語録の序跋などもある。一方、特定個人に贈るために書かれたものとしては、書問・尺牘・法語・偈頌・道号や、自賛を付した頂相（肖像画）などがある。

これら墨蹟の、後世における歴史的な資料・美術的な作品としての価値評価は別にして、当時、中国の禅林墨蹟が日本で希求され、入手後、ことのほか大切にされた理由には、二つがあったと考えられる。

＊

一つには、墨蹟に本来具わっている、いわば信仰の対象としての宗教的な価値の存在である。日本国内における禅宗隆盛の背景となったのは、禅の教義に対する天皇家・将軍家などの深い帰依と手厚い保護であった。僧俗を問わず禅に帰趨した時代の流れの中にあって、禅の本場ともいうべき中国叢林の高僧の存在は日本人にとって尊崇のまとであり、その墨蹟は入手の困難さから貴重視され、異国の高僧の禅風を偲ぶよすがとして、禅僧や居士の間で珍重されることになる。特に、為書きが無い画賛の類は、所持する対象の人物が特定されておらず、汎用的な内容が記されている分、幅広く多くの人々に憧憬の念をもって受け入れられ、鑑賞の対象となることになる。これに対し、個々人に与えられた印可状や法語・道号などの類は、為書きをされた個々の人物に対して、特定の意図をもって書き与えられたものである。そのため、付与された当人にとっては、自ら中国に赴き、宗匠に参禅して直々に下付された、教示なり称賛の語が記された重要な意味内容を持つ墨蹟であり、身近に大切に置くことによって自らを戒める警策となったであろうし、更にその弟子や法孫たちにとっても法祖の偉大さを示す遺宝であり、修行の目標として畏敬の念を持って扱われたことであろう。本邦の寂室元光（一二九〇〜一三六七）も、「〔本物の禅匠の法語を〕手に入れた者は、隋侯の珠や卞和の璧〔といった至宝〕を大切に隠すかのようにして家に持ち帰った（得之者、如袖隋珠卞璧而帰家也）」（『永源寂室和尚語録』法語「示真源禅者」）と述べているが、墨蹟全般が祖師の面影を伝える宝物として秘蔵されていたのである。【図版①】

*

このように、墨蹟はもともと自ら己事究明の禅修行を深化させるために所持秘蔵すべき、宗教的な性格を持つものであり、所持していることを公開して他者へ誇示するためのものではないが、今一つ、所持していることを周囲に示すこと自体に大きな意味があったのも事実である。つまり、墨蹟が大切にされた二つ目の要素として、証拠物件としての存在価値があったのである。特に自分のための為書きが付された墨蹟を所持していることは、自らが中国に渡り、実際に著名な宗匠に参禅したり、嗣法したり、交流したりしたことを示す証拠品となったのであり、帰朝後、自らの修行歴を示し、五山十刹といった大寺院に入る際の箔付けの品ともなったのである。もちろん求道のために渡航し、帰朝後も隠遁的な生き方を貫いた寂室元光のような真摯な僧が数多くいたのも事実であり、帰朝僧の全てが自己顕示欲のために中国に渡ったわけではないことも忘れてはならない。

ただ、ここで問題とすべきは、禅宗そのものの在り方に、墨蹟が証拠品として扱われる素地が存していたということである。「不立文字・教外別伝」を唱え、教学的な研究や著述を重視しない禅門においては、本来、修行僧の悟りの有無を客観的に判断することのできる学力的な基準は存在しない。中国・日本の五山において偈頌や疏文などの詩文作成の巧拙が重視されたのは事実であり、秉払上堂の存在を見ても分かるように、住持開堂する前提として、指導者として修行者との流暢で雄弁な遣り取りが求められていたことは

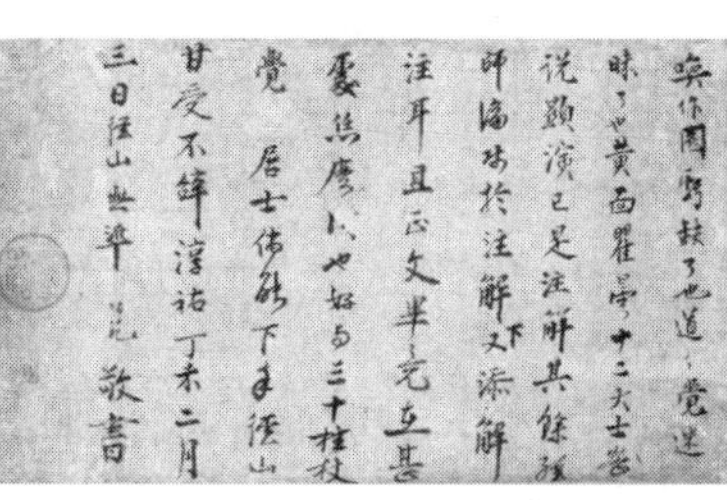

無準師範「与覚聡居士法語」（福岡市美術館所蔵・松永コレクション）【図版①】

隠元隆琦「額字〈選佛場〉」（京都萬福寺所蔵）【図版②】

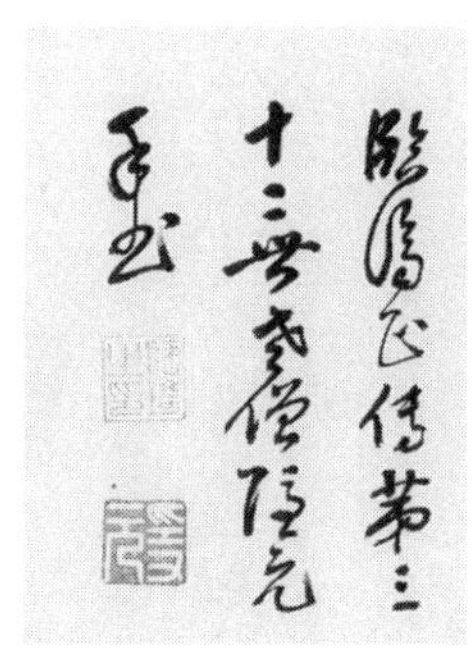

隠元隆琦「黄檗山進山法語」（京都萬福寺所蔵）【図版③】

間違いないが、もとより建て前としては以心伝心の禅宗の本質的な事柄ではない。あくまで修行者の悟りの有無、修行の成否が問題であり、その判断は、優れた禅僧による直接の問答機縁や投機の偈の検閲による判断を俟つしかなかったのである。そして、その判断が可能なのは、禅宗の法系図に名を連ねた禅僧だけであり、その禅僧から印可を得ることによってのみ叢林内において認められることになるのである。「師匠がいなくて自分で悟るのは、すべて天然外道だ（無師自悟、尽是天然外道）」（『六祖壇経』機縁第七「永嘉玄覚禅師」条）と言われる通りであり、禅門で『景徳伝燈録』や『五燈会元』といった燈史が重要視される所以なのである。また、その師資相承の法系図重視が最も鮮烈に現れるのは、正統意識という形をとってであった。最も顕著な例としては、近世黄檗宗における「臨済正宗」の主張があり、隠元隆琦（一五九二～一六七三）の墨蹟の関防印や自署に明らかであるが（【図版②③】）、中世日本でも一休宗純（一三九四～一四八一）がことのほか法系を重視した側面があったことが知られる。一休は大徳寺の法系こそが虚堂智愚（一一八五～一二六九）・大應国師南浦紹明・大燈国師宗峰妙超の流れを汲む正系であり、妙心寺の法系は関山慧玄と授翁宗弼の間で嗣法関係が断たれているとしており（【図版④】）、自らの正系としての立場を強調するために「虚堂七世」などと署名している墨蹟が複数見受けられる（【図版⑤】）。
日本では東福寺のように一流相承制を取っていた大刹もあり、伽藍法が重視されて後継者が選ばれる傾向が強く、そのような土壌の中では、中国で嗣法することが必ずしも有利に役立ったとは限らないが、中国の名僧に参じて法語を得たり、対等に渡り合って詩偈を贈られたという経歴は、正系の禅僧としての立場の補強という観点から見れば、決して無駄なことではなかったのである。

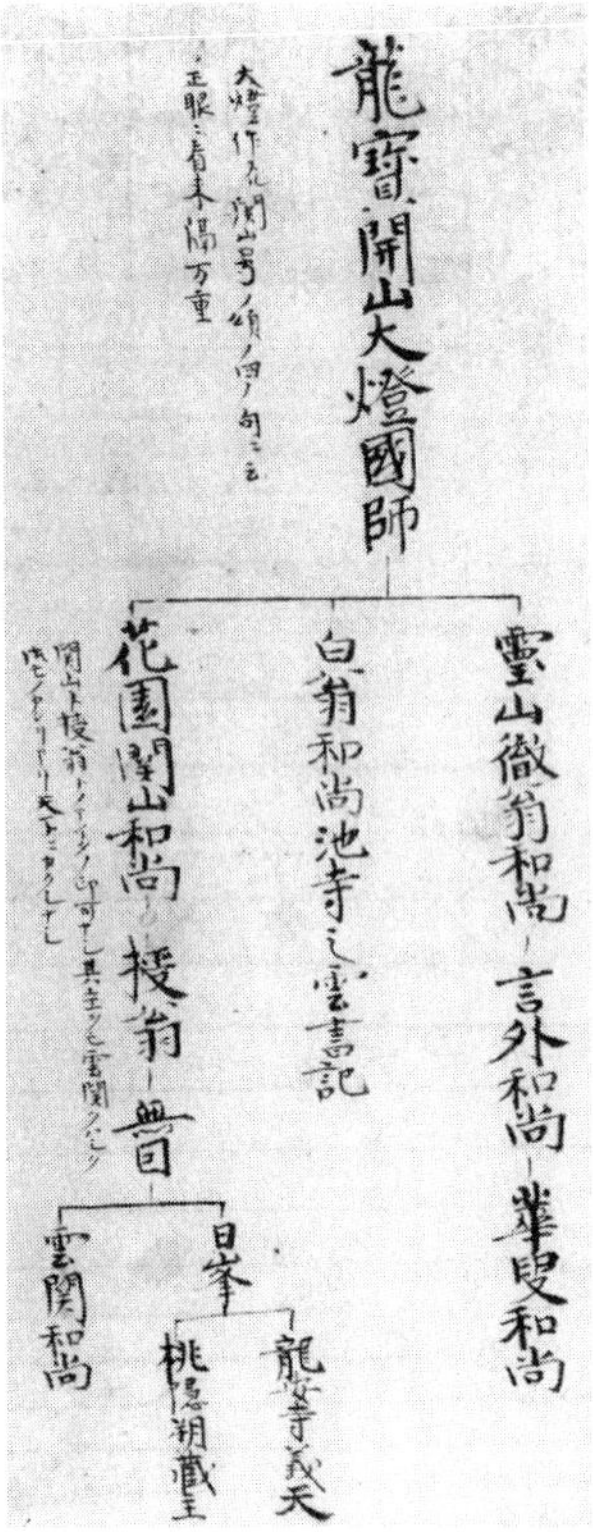

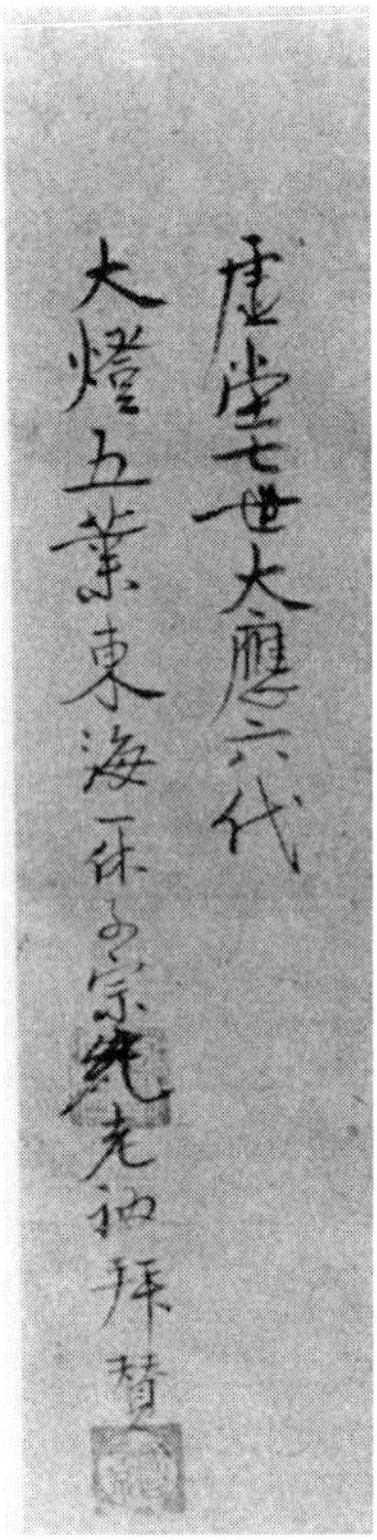

一休宗純「宗峰妙超頂相賛」（酬恩庵所蔵）
【図版⑤】

一休宗純「法系図」（酬恩庵所蔵）
※「花園関山和尚」の左の書き込みに「関山ト授翁トノアイタノ印可ナシ其ユエヲ亡雲関クハシク御モノカタリアリ天下ニカクレナシ」とある。
【図版④】

*

この様に、中世の禅林墨蹟は信仰対象としての価値と、修行の証拠としての価値の二面性をもともと備えていたのである。しかし、江戸期に入って茶道の隆盛により、本来の道筋から離れ、茶事での掛け物としての禅林墨蹟の需要が増大し、特に中国渡来の墨蹟は、美術品として大名など好事家の間で法外な価格で取り引きされることになる。偽物を含めいかに大量の墨蹟の需要があったのかという事実は、江戸初期の『江月宗玩墨蹟之写』（竹内尚次著『江月宗玩墨蹟之写の研究 上』国書刊行会・昭和五十一年三月、参照）に明らかである。

本来の宗教的な意味合いを喪失した禅林墨蹟の流通は、批判的に見れば「玩物喪志」であり、不立文字を標榜する禅門にとって、ある意味不幸なことだったかもしれない。しかし、たとえ骨董趣味的な側面が一部あったにせよ、数多くの墨蹟が大切に保存されて後世に残ることになり、今日の私たちに祖師方の面影を垣間見ることを可能にしたのであり、文化の保持という意味では大きな功績があったと言えよう。

第二部　禅と思想・文化・空間の拡張

舎利信仰と禅
——王権とのかかわりから——

西山美香

はじめに

釈尊のお骨を仏舎利という。現在も仏舎利と称するモノが、日本を含むアジア各地にたくさんのこされている。膨大な仏舎利は、人々の釈尊に対する熱くて深い思慕をそのまま象徴しているであろう。釈尊が涅槃に入られた後、ご遺体は火葬されお骨がのこった。仏教の特徴の一つは、釈尊が私たちと同じく一人の人間として生まれ、修行によって悟りを獲得できることを、自らの実践によって示された点にあるとされる。火葬後にお骨がのこったのも、まさに釈尊が人間であったことの証明でもあった。釈尊のお骨、すなわち仏舎利をめぐっては争奪戦がくりひろげられたが、最終的に均等に八つに分割され塔に納められた。それが舎利塔の最初である。そしてそれから二百年後、インドを統一したアショーカ王は、八つの塔のうちの七つを開けて舎利を集めて細分し、自らが支配する領土各地に八万四千の塔をつくり納めたとされる。アショーカ王の八万四千塔造立説話は、王が行った仏教保護政策を象徴する伝説と現在では考えられているが、理想的な王の営為として、アジアの為政者に大きないた。

影響を及ぼしていくことになる。ちなみにかの三蔵法師（玄奘）もアショーカ王が建てた塔を探しながら旅してい た。

仏教における理想的な王は、転輪聖王という神話上の王である。転輪聖王は王に求められる条件のすべてを備え、武力ではなく正法によって世界を統治する。釈尊は生前、自分の滅後二百年後に転輪聖王が現れると予言し、その予言通りに現れたのがアショーカ王であったとされる。人々はアショーカ王を転輪聖王になぞらえ、アショーカ王自身も転輪聖王たらんとしたのであろう。

本来、王と出家者は両立できないものであった。王子として生まれた釈尊が、転輪聖王か、ブッダ（覚者）か、どちらの道に進むかの選択を迫られたことがそれを示している。ところが釈尊が涅槃に入られる直前、弟子の阿難が釈尊のご遺体をどう供養すればよいかを釈尊に質問すると、最初は出家者は葬儀にはかかわるなとお答えになったが、最終的に「転輪聖王の葬法にならえ」と指示された。そのため釈尊の御遺体は、転輪聖王と同じように火葬され、舎利がのこされ、塔に納められたのである。

舎利とは、王（俗）と出家者（聖）との重なりによってうみだされたモノであった。ちなみに古代インドの物語（ジャータカ）には、お忍びで庶民の暮らしの視察を行う王が登場する。水戸黄門のお忍び世直し旅も、古代インドで理想とされた王の姿にその始原を求められるのかもしれない。

一　中国と日本の育王山信仰

アショーカ王の八万四千塔は中国にも建てられたと当時は信じられ、中国皇帝はそれらを大切に扱った。そして隋朝になると、文帝は深く仏教に帰依し、正法をもって三宝を護持し、一切衆生を救うことを祈願し、仁寿年間（六〇一〜六〇四）に中国一一〇余州へ舎利を三回にわたって頒布し、舎利塔を造立させたのである。

仁寿元年（六〇一）文帝は自らの誕生日である六月十三日に舎利塔造立を命じた。これが舎利頒布の初回である。舎利は全国に運ばれ、釈尊入滅の地クシナガラに舎利が迎えられた法式にならって各地で迎えられた。舎利は文帝の命により十月十五日正午に一斉に石函に入れられた。文帝が全国同日同時刻に舎利を埋納させたことは、アショーカ王が自らの八万四千塔を同日同時刻に建立した故事に基づいたものであった。文帝の舎利塔造立は、文帝が自らをアショーカ王に、そして転輪聖王へとなぞらえた営為であったことがわかる。

唐代になるとアショーカ王の八万四千塔の一つと信じられていた、法門寺の仏舎利を宮中に迎えて供養が行われたが、その法式は文帝の仁寿舎利塔の法式にならったものであった。つまり隋の仏教治国策は唐に継承されたのである。ちなみに隋唐の仏教治国策は、仏教によって地方支配をはかった日本の国分寺へも大きな影響を与えた。

中国五代の呉越国王・銭弘俶（九二九〜九八八）は、仏教に深く帰依し、アショーカ王八万四千塔と隋文帝仁寿舎利塔にならい、八万四千塔を鋳造した。

八万四千塔に代表・象徴される呉越王の仏教政策は、宋朝皇帝からも尊崇を受けて継承された。呉越の首都であった杭州は、後に南宋の都ともなり、政治・文化・経済の中心地であったと同時に、杭州を含む江南一帯が、中国仏教の中心地としても栄えた。銭弘俶八万四千塔のうちの数基は日本へ将来され、日本でも呉越王にならって八万四千塔供養が行われるようになった。

銭弘俶の造塔事業としては杭州の雷峰塔（塔内に八万四千塔も奉安される）も知られる。雷峰塔は、塼（せん）（敷瓦）ごとに『宝篋印陀羅尼経』が封蔵されていた。『宝篋印陀羅尼経』は釈尊の真身舎利と同じ価値をもつとされる経典（陀羅尼）である。

またアショーカ王が作った八万四千塔の一つとされる塔が、一二八一年に中国明州の育王山（現浙江省寧波）において発見されたことも、中国の舎利信仰においてきわめて重要である。それが祀られた育王山は金の領土となった五台山にかわり、釈尊の遺跡として、中国最大の仏教的聖地となり信仰を集めた。育王山とはアショーカ王の漢訳・阿育王にちなむ名である。

平氏には強い舎利信仰・育王山信仰があった。胡宮（このみや）神社蔵「仏舎利相承次第」には、白河院が中国の育王山・雁蕩山から舎利を請来し、白河院は没するときにその舎利を祇園女御へ、祇園女御はそれを平清盛に相伝したことが記されている。これは平清盛が白河法皇の落胤であることを示すともいわれてきた。

そして『平家物語』「金渡（かねわたし）」が著名である。平家一門の滅亡を予見した平重盛は、子孫の追善供養を期待できないため、他国善根を企て、黄金を育王山の拙庵徳光に寄進したという。この逸話がどこまで史実を伝えているのかは不明であるが、日本全国各地に重盛の寄進の返礼として贈られたという舎利・青磁茶碗・仏像などが残されており、育王山が広く知られていたことがこれによってもわかる。

拙庵徳光は、育王山に住した中国臨済宗の名僧・大慧宗杲（そうこう）の法嗣である。日本におけるはじめての禅宗教団である達磨宗の開祖・大日房能忍は、無師独悟して禅風を挙揚したが、嗣法すべき師僧を持たないことは、釈尊以来の法灯の嗣承を重視する禅宗において極めて異例であるためその禅をそしられ、弟子を拙庵徳光のもとへ派遣し、自らの所解を示し印可を受けた。

育王山信仰は育王山に参詣・修行した重源・栄西・道元、そして能忍の弟子などによって日本へと伝えられた。まさに育王山は舎利と禅のあこがれの聖地であった。

二　鎌倉将軍の舎利信仰と禅

建暦元年（一二一一）六月三日丑刻、鎌倉幕府三代将軍・源実朝は夢を見た。夢の中で一人の高僧が実朝に「あること」を告げたのである。実朝はこの夢については誰にも語らないまま時は流れた。五年後の建保四年（一二一六）六月十五日、夢中の高僧とまったく同じ「あること」を告げる人物が、実朝の目の前に現れた。それは東大寺復興に携わっていた宋人・陳和卿であった。

陳和卿は実朝と対面するや大いに涕泣し、実朝に「あなた様は、昔、育王山の長老でした」と告げたのである。五年後の符合に感激した実朝は、陳和卿に大船を建造させ、育王山巡礼を企てた。しかし翌建保五年四月十七日、完成したその大船は由比ガ浜からの進水に失敗し、船はそのまま砂浜に朽ち果てた（『吾妻鏡』）。

実朝は、最初の夢の後、建保元年（一二一三）四月十七日に八万四千塔供養を行っている。実朝の父・源頼朝、兄・源頼家も八万四千塔供養を行った。二代将軍・頼家は、建仁三年（一二〇三）八月二十九日に病気治癒のために八万四千塔供養を行った。当時、天皇や将軍の病気は怨霊の祟りと考えられていた。初代将軍・頼朝は、建久八年（一一九七）十月四日、平家一門を含む源平内乱による戦没者の慰霊鎮魂のために八万四千塔供養を行った。これらによって八万四千塔供養が怨霊調伏のための追善供養であったことがわかる。

頼朝の八万四千塔は午時に一斉に供養が行われたが、アショーカ王と隋の文帝が同時刻一斉に舎利を納めたことにならったものであろう。「仏牙舎利略記」によれば、渡宋に失敗した実朝は、宋・能仁寺に使者を遣わし黄金を寄進した。その返礼として、実朝に仏牙舎利（釈尊の歯）が贈られ、実朝はまず勝長寿院（源頼朝創建）に、次に自らが創建した大慈寺に安置したという。その後、鎌倉幕府の実権を握った北条得宗家の北条貞時は、父・北条時宗が創建した円覚寺へと弘安八年（一二八五）に遷祀した。

鎌倉幕府滅亡後は足利将軍・鎌倉公方が仏牙舎利を深く信仰し、足利尊氏・直義・基氏・氏満が円覚寺で礼拝している。室町幕府三代将軍・足利義満は、ついに仏牙舎利を京都に召し上げ、自らが創建した法幢寺（現在の鹿王院）・相国寺に奉安した。仏牙舎利が武家政権の権威・正統性を象徴する〈宝物〉であったことがわかる。

大慈寺・円覚寺・法幢寺は十月十五日に舎利供養を行ったが、それは隋文帝仁寿舎利塔の供養の日である。また相国寺がモデルとした中国の大相国寺には、中国皇帝の尊崇を集める仏牙舎利があり、義満の営為はそれにならったものであろう。鎌倉将軍、それを継承した室町将軍は舎利信仰・舎利供養を媒介として、自らの身をアショーカ王・中国皇帝になぞらえていたことがわかる。

舎利は東アジアにおける王権の象徴でもあった。大相国寺の仏牙舎利は入宋僧の成尋が礼拝しており、『参天台五台山記』に詳しい記事が見えている。

三　足利将軍の舎利信仰と禅

室町幕府初代将軍・足利尊氏とその弟で幕府の執政者・直義は、夢窓疎石とはかり、全国各州それぞれに一寺一塔を造立しようとした。安国寺利生塔である。利生塔は舎利塔で、東寺と直義秘蔵の舎利が一粒ずつ、計二粒の舎利が納められた。

東寺の舎利は空海が唐から将来したもので、国家の危機の際は減少し、繁栄の際は増加するという不思議な力を持つ国家的宝物であった。山城国の利生塔に指定された法観寺八坂塔も国家の危機を塔の傾きで知らせたという。利生塔はアショーカ王八万四千塔を、安国寺利生塔は古代の国分寺を、そして国分寺がモデルとした隋文帝の州官寺・仁寿舎利塔を模倣した制度であろう。

また安国寺利生塔設置・天龍寺創建は、後醍醐天皇をはじめとする鎌倉末期以降の戦乱における戦没者の慰霊鎮魂を目的としていたが、それは源平内乱後の後白河法皇・源頼朝による鎮魂仏事を再現したものとも推測される。

文治元年（一一八五）八月二十三日、再建された東大寺大仏胎内に舎利と宝篋印陀羅尼経が納められ、八月二十五日には後白河法皇の八万四千塔供養が行われ、八月二十八日に大仏開眼供養が挙行された。源平内乱後においても舎利は重要な役割を果たしたのである。

ちなみに天平十五年（七四三）に聖武天皇の大仏造立の発願の詔が発せられたが、それは隋文帝仁寿舎利塔の供養の日と同じ十月十五日のことであった。

康永三年（一三四四）十月八日、足利尊氏・直義・夢窓疎石は、仏舎利・舎利塔の供養について説く『宝積経』「摩訶迦葉会」を写経し、高野山金剛三昧院に奉納した。前田育徳会尊経閣文庫に所蔵される国宝『宝積経要品』がそれである。紙背は、尊氏・直義・当時の治天である北朝の光厳上皇・高師直・兼好法師などが「なむさかふつせむしむさり（南無釈迦仏全身舎利）」の一二字からはじまる和歌を詠んで自筆した短冊である。三宝院賢俊の序歌、尊氏・直義・光厳院の順番ではじまる、二条為明・冷泉為秀・兼好・頓阿・慶運・浄弁など二十余人の自筆和歌短冊一二〇枚を貼り継いだ尊氏・直義は「なむさかふつせむしむさり」の十二字すべてを詠み、最多の歌数である。尊氏は「霊山に説きおく法のあるのみか舎利も仏の姿なりけり」と舎利を詠み、歌頭の「南無釈迦仏全身舎利」は「宝篋印陀羅尼経（一切如来心秘密全身舎利宝篋印陀羅尼経）」とほぼ同義と考えられることから、尊氏・直義の舎利信仰に基づく作善であったことがわかる。同日付で直義は高野山御影堂に光明皇后願経の『雑阿含経』を奉納し、また直義と夢窓疎石との問答の形式をとる仮名法語集『夢中問答集』の再跋も同日付であるから、直義が本作品の制作・奉納に深くかかわっていたことが推定される。

応永三十年（一四二三）十月二十一日には、四代将軍・義持が「なむさかふつせんしんしやり（南無釈迦仏全身舎利）」の十三文字を頭におく和歌を詠進させており、これは尊氏・直義の営為を模倣・再現したものであろう。二代将軍・義詮は父・尊氏の七周忌に際し八万四千塔を造立し、足利将軍家墓所の等持院の一隅に奉安し、その部分を宝篋院となした。義詮の院号は宝篋院殿である。

室町将軍の舎利信仰をもっとも象徴するものこそ、三代将軍・義満が自らの邸宅・北山殿に建造した舎利殿金閣である。金閣は夢窓中興の西芳寺の舎利殿（瑠璃殿）をモデルに建造し、足利尊氏邸舎利殿を継承していると考えられる。尊氏邸舎利殿供養の導師は夢窓であった。ちなみに当時、鎌倉浄智寺に黄金閣という建物があり、義満はそれも意識していたのかもしれない。

相国寺の仏牙舎利には不思議な後日談がある。相国寺の仏牙舎利は応仁の乱（一四六七〜七七）の際、賊に盗まれたともいわれ行方不明であったが、その後のある日、京都から遠く離れた鎌倉の円覚寺に空から降ってきたという。現在、円覚寺舎利殿に奉安されているものは、その空から降ってきた舎利である。

関ヶ原の戦の直前の慶長五年（一六〇〇）六月に徳川家康はその舎利を礼拝しており、家康は舎利に何を祈願したのであろうか。

アショーカ王以来、舎利塔を造立させた王には、ブッダ（覚者）でもあり全土を統一した転輪聖王でもあるというイメージを読みとることができるが、それが彼ら自身によるセルフプロデュースによっていることはいうまでもない。ただし、仏教側は安直な舎利信仰に対し、常に警告を発してきたことも、忘れてはならないであろう。日本にかぎっても、『正法眼蔵随聞記』には道元の、舎利によって「仏の悟りを得たりと執するは僻見なり」という語が記されている。これは道元に参じていた、強い舎利信仰をもつ達磨宗徒に向けての警告の言辞でもあったであろう。

また、夢窓疎石と足利尊氏・直義が書写した『宝積経』「摩訶迦葉会」は、仏舎利をありがたがるのではなく、自らが礼拝される舎利となるように修行せよという内容を持つ経典であった。舎利信仰はあくまで在家の作善の方便の一つとされていたのである。

（初出『仏教タイムス』連載「舎利信仰と王権」より）

禅の本としての『方丈記』
――『流水抄』と漱石・子規往復書簡から見えること――

荒木　浩

一　『方丈記』と禅

建暦二年（一二一二）三月の末、外山の庵で、桑門蓮胤という名のもとに、鴨長明（一一五五?～一二一六）は『方丈記』を著した。京都市伏見区日野の法界寺のあたりから東に向かって山へ入ると、長明方丈石という遺蹟があり、江戸時代以前より、長明の方丈の庵跡と伝承されている。

そうした境遇も反映してか『方丈記』には、作品世界全編に、色濃く仏教思想が覆っている。だが通説では、その中に禅の思想が織り込まれていると考えられることはない。乏しい伝記資料からも、長明に禅の影響や痕跡をうかがうことは困難である。

彼より一回り以上年上の栄西（一一四一～一二一五）は、建久二年（一一九一）、二度目の渡宋から帰国して禅を広め、建久九年（一一九八）に『興禅護国論』を著し、長明が『方丈記』を執筆した年には法印に叙されている。柳田聖山氏は、同時代人の慈円（一一五五～一二二五）が、栄西とその著『興禅護国論』から「見えざる影響」を受けていたという（日本思想大系『中世禅家の思想』解説）。長明にも、禅からの「見えざる影響」がなかったのかどうか。一度は問いを立ててみるべきかも知れない。

たとえば佐竹昭広氏校注の新日本古典文学大系を手引きに『方丈記』を読めば、「身心（シンジン）ノ苦（クル）シミヲ知（シ）レヽバ」の「身心」という用語の脚注に「「身心」の語、正法眼蔵に多出」と注があり、道元の『正法眼蔵』から、例がいくつか引かれている（二六頁）。道元（一二〇〇〜一二五三）は、長明と無縁の後輩であるが、『方丈記』終盤にみられる「夫三界（サンガイ）は只心（ココロ）ヒトツナリ」が「三界唯一心」の訓読である点も道元と重なる要素である。新大系は「「三界唯一心」。古来、誤って華厳経の偈（げ）と言い伝えてきた。「花厳ニハ三界唯一心ト云ヒ、法花ニハ唯有一仏乗ト説キ、起信ニハ一心法界ト云フ」（梵舜本沙石集五末ノ九）。歌にも詠まれた」云々と釈して禅宗には触れないが（二七頁）、『正法眼蔵』には「三界唯心」を立章して「三界唯一心」に言及する。有福孝岳氏は『正法眼蔵』の心』という著書の中に「三界はただ心一つなり」という章を立てて『正法眼蔵』当該章と「三界唯一心」の句を論じ、最後に『方丈記』を引用している（第二章、NHKブックス、一九九四年）。

通行の信頼できる注釈書による限り、『方丈記』と禅との関わりは、この程度しか拾えない。だが『方丈記』に対して、積極的に禅のコンテクストを読み取ろうとした、特徴的な注釈書もかつてはあった。前近代ではもっとも詳細な注解を留める、槙島昭武著『鴨長明方丈記流水抄』二巻（享保四年（一七一九）刊、以下『流水抄』と略称する）である。同書は博引旁証で、内典・外典、和漢の書籍を多く引用するが、その中でも「楞厳経」（『大仏頂如来密因修証了義諸菩薩万行首楞厳経』）や「伝灯録」（『景徳伝灯録』）などをしばしば用い、『円覚経』にも言及して注釈するなど、一読して禅宗的な色合いを感じさせる。先の「身心」については、『流水抄』の依拠本文が「心又身のくるしみをしれらば」とあるために特に注はないのだが、「それ三界（がい）ハたゞ心ひとつなり」の部分については、次のように示されている。

三界　祖庭事苑云、三界謂欲界色界無色界。又謂之三有。
たゝ心一つ　華厳経云、三界唯一心。々外無別法。心仏及衆生是三無差別。沙石集巻五に。華厳にハ三界唯一心。法華にハ唯有一乗法。起信にハ一心法界。天台にハ唯一実相。毘尼にハ常尒一心。浄土門にハ一心不乱。宗門にハ一心不生。密教にハ唯一金剛と説と云々。（下略）

ここには宋の睦庵善卿撰『祖庭事苑』と無住の『沙石集』が引用されている。前者は禅籍の事項・語句の注釈書としてよく知られた本である。『沙石集』の方は新大系脚注が挙げていた箇所と同じだが、底本が違う。岩波文庫『沙石集』（筑土鈴寛校訂）などで確認できる、平仮名整版本とおぼしい右引用部分には「宗門」とある。一方新大系が引く梵舜本（旧日本古典文学大系の底本）を確認すると「禅宗」という本文になっている。この叙述は、「夫道に入る方便一つにあらず。悟をひらく因縁これ多し。其大なる意を知れば、諸教、義ことならず。修すれば万行の旨、みな同じき者をや」と『沙石集』（岩波文庫）が序に語る主張を伝える重要な部分だが、今は措く。ともかくも『流水抄』読者は『方丈記』を読み進めてその注釈に「宗門に」という表現を見出す。その注解が、禅宗的視点で施されている、という予見を与える例である。

そうした眼で『流水抄』冒頭の「鴨長明方丈記標題」を読むと、「方丈」が次のように説明され、禅宗的視点がより主体的に感じられるだろう。

方丈　祖庭事苑巻六云。今以禅林正寝為方丈。蓋取則毗耶離城維摩之室。能容三万二千師子座。有不可思議之妙事故也。〈今案に仏家に四法界あり。所謂理法界。事法界。理事法界無碍事々無碍法界也。

維摩居士の丈室に。件の師子座を入られしも則此法界にこもれり。〉書言故事云、長老所ㇾ飯ノ室曰二方丈一。……（中略）維摩詰。浄名居士ハ、釈尊と同代にして、大悟の優婆塞也。一丈四方の石室に入て病に臥せり。文殊大士行向ひ談ありし事、則維摩経、続高僧伝等に委く見えたり。長明の外山の居、石座のごとき、浄名の方丈に准拠せられし事ハ、此集の巻末に記す。（中略）今案に、此書ハ（中略）方丈の事に便り、維摩の十喩を地盤として、文飾に筆力を労せず、たゞ志の趣く処を挙られ侍り。其趣ハ発語三段の間に釈するがごとし。

そしてそのコンテクストの中に、維摩居士や『維摩経』が配置されているといった書きぶりである。この彩りは『方丈記』全体の作品構造の説明にも及んでいる。

…あしたに死し、ゆふべにむまるゝならひ。たゞ水の泡に似たりけり。しらすむまれ死ぬる人。いづかたより来たりて。いづくへか去る。又しらずかりのやとり。誰がために心をなやましなにゝよりてか目をよろこばしむる。

たとえば序段のこの一節について『流水抄』は、次のように『景徳伝灯録』や『宗鏡録』など禅籍を挙げて説明しつつ、傍線を引いたように終段との結構を説く。

○泡に似たり　伝灯録巻三十、楽普和尚の浮漚歌云、雲天雨落庭中ノ水、水上ノ漂々見二漚起一、前者ノ已滅スレバ後者生ズ、前後相続テ無二窮已一、本因テ二雨滴一水成ㇾ漚、還マタ縁テ二風激一漚飯ㇾ水云々。

○しらす生れ　心地観経に、有情輪廻シテ生二スルコト六道一ニ猶如二ク車輪ノ無一二始終一。或為二父母ト一為二男女一、世々生々互有レ恩云々。宗鏡録云ニ、循二テ色空ノ成ルニ一周二遍シ法界ニ一、随レテ業ニ発現ス。処二シ異生ニ一時浮二沈シ業海ニ一生死相続ク云々　西行上人の撰集抄にも…（中略）。是皆無辺の生死、無始無終の道理にして心地の法問也。此巻末に心更に答る事なしと書れたる同じ手にをは也。深意筆舌に及へからす。

○又しらす　……生死一大事の深理、豈外を求べきや。たゞ自己の一心にあり。本心悟る則ば、千条万端皆空にして、拘束せらるゝ処なし。是を上にしらずとある段に籠られたり。是則作者方丈記を書れたる本志なるべし。然れば浮生の一身を寓するの居家、なんぞ心をつくるに足んや。爰を以て作者方丈の室をむすばれたる所以、爰の又しらずと書れたる段にこもれり。凡物の心をしれりしよりと侍るより。不請の念仏両三返を申て止ぬと書捨られしまで。文意悉発語三段の内を出ず。眼をつけて熟読すべし。

『流水抄』がいう発語三段とは、「……消ずといへどもゆふべをまつ事なし」までを指す。「行川」から「わづかにひとりふたりなり」までを発語第一段、「其のあるじと」からここまでを発語第二段、「あしたに死し」から「目をよろこばしむる」までを発語第三段と定義して「小序三段」とも呼んでいる。現在の『方丈記』理解では序段に相当する。傍線部では、続く第二段の「およそ物の心をしれりしよりこのかた。四十あまり……」から、最末尾の「不請の念仏両三返を申て止ぬ」までの照応関係——すなわち作品総体——を指摘し、その説明が禅籍の『景徳伝灯録』や『宗鏡録』を引用して行われているのである。

『方丈記』終段は『流水抄』本文では以下の通りである。

しづかなる暁此ことハりをおもひつゞけて。ミづから心にとひていはく。世をのがれて山林にましはるハ。

心をおさめて道をおこなハんがため也。しかるを汝がすがたハ聖に似て心は濁にしめり。住家ハ則。浄名居士のあとをけがせりといへども。たもつ処ハ。わづかに周梨槃特が行にだにもおよばず。もし是貧賤の報の。ミづからなやますか。将亦妄心のいたりて狂はせるか。其とき心さらに答る事なし。たゞかたハらに舌根をやとひて。不請の念仏両三返を申てやみぬ。

この部分について『流水抄』は、「○心に問て　是より自問自答心地の沙汰也」と述べた後、『後撰集』、『法華経』方便品、『維摩経』方便品、『楞厳経』、『撰集抄』、『古今集』などと多岐に及ぶ引用をして以下に至る。

○周梨槃特　楞厳経巻五曰、周梨槃特迦曰仏言、我闕誦持無多聞性。最初値仏聞法出家、憶持如来一句伽陀。於一百日得前遺後得後遺前。仏愍我愚。（中略）なを文殊出曜経。義楚六帖など合考べし。

○貧賤の報　方便品十如是の中に、如是報と説れたるごとく、一切の義に前果の報侍る事也。因果経（＝『善悪因果経』）……続後拾遺に（下略）

○妄心のいたりて　維摩方便品是身無作風力所転者（＝引用者注、ここまで『維摩詰所説経』。以下は『維摩経略疏』巻十方便品二もしくは『宗鏡録』に相当）、妄念心動身内依風得有所作云々。

○心さらに答る事なし　発語第二段の首尾にて心地の法問たり。以心伝心の沙汰なるべし。予がごとき筆端の及ぶ所にあらず。

『楞厳経』『維摩経』を引いて「以心伝心」と閉じる。禅のバイアスはかなり明瞭に読み取れるだろう。

二　夏目漱石と禅の本としての『方丈記』

おそらくはこの『流水抄』という注釈書を、若き日の夏目漱石は愛読した。

明治二十四年（一八九一）十二月、夏目漱石は『方丈記』を英訳したが、その際に使われた本文は、この『流水抄』と関根正直校閲・武田信賢註『新註方丈記』（吉川半七刊行）との併用であるらしい（下西善三郎「夏目金之助の英訳『方丈記』に使用せる本文――漱石と方丈記（二）――」『深井一郎教授退官記念論文集』、一九九〇年三月参照）。『新註方丈記』の刊行は明治二十四年六月十五日。それ以前の漱石は、『流水抄』によって『方丈記』を理解していたと考えなければならないのである。

「それ以前」、つまり明治二十三年前後の漱石は、禅への傾倒を深めていた。漱石がその時期に『方丈記流水抄』を読んだとすれば、ごく自然に、禅の本としての『方丈記』像が現前する。今日知られるところ、夏目漱石がもっとも早く、そして確実に『方丈記』を引用した例は、明治二十三年の正岡子規宛て書簡であるが（下西善三郎「漱石と『方丈記』」『日本文学』三二―一二、一九八三年十二月参照）、漱石の禅との関わりが知られるのはその前年のことであった。

漱石の書いたもので「禅」の語が出てくる最も早いものは『木屑録』（明22・9）である。漱石はここで親友米山保三郎について、「賦性恬澹読書談禅之外無他嗜好」「山人嘗語余曰深夜結跏万籟尽死不覚身入于冥漠也」と書き、「余庸俗慵見露地白牛」と書いている。漱石に禅的な影響を与えたのはおそらく米山であろう。その翌二十三年八月の子規宛書簡には「狐禅生悟り」なる語があり、「露路白牛」（『碧巌録』…）と自ら署名している。二十六年七月、大学を卒業して大学院に残ったが、この頃鈴木大拙の依頼で、釈宗演が九月シカゴで開かれる世界宗教会議で講演する原稿「仏教小史」の英訳に朱筆を入れた。（井上百合子「夏目漱石と禅思想」（『国文学 解釈と教材の研究』八―一三、一九六三年九月）。

この時系列に即して、漱石と正岡子規との書簡の往来をたどってみよう。引用は和田茂樹編『漱石・子規往復書簡集』（岩波文庫、二〇〇二年）により、年譜も参照した。漱石は金之助、子規は常規とあるべきだが、便宜上統一して示す。

明治二十二年五月十三日書簡（漱石から子規宛）には「米山」の名前が出てくる。井上論文に言及のある「親友米山保三郎」である。明治二十三年一月初（漱石→子規）には「米山は当時夢中に禅に凝り、当休暇中も鎌倉へ修行に罷越（まかりこ）したり」とあるが、それを受けた子規の書簡がある。

同一月十八日（子規→漱石）

同学生近況今更のやうに耳新しく覚え候。我文科誕生已来夙（いらいつと）ニ一個の親鸞上人あるを知る、一個の達磨大師あることを知らざりき。開明の今の世の中、坐禅の節ハ尻の下に空気枕をしくやう御注意奉願候。哲学世界二個の生臭（ナマクサ）坊主を出す未（いま）だ喫驚するに足らざる也。…

半年後には「米山法師」という揶揄も見える。

七月十五日（子規→漱石）

尤米山法師ニハ御無言の方可然と存候。もシ善き仲間と思ひこまれこのあつい時に坐禅などをやらされてハ蚊の血漬をこしらへるやうなものにて却而殺生罪ニ陥るべくと存候。……

このあと漱石から長文の手紙が届けられ、そこに『方丈記』が引用されている。

八月九日（漱石→子規）

爾後眼病とかくよろしからず。それがため書籍も筆硯も悉皆放抛の有様にて長き夏の日を暮しかね、くくり枕同道にて……この頃ではこの消閑法にも殆んど怠屈仕候。といつて坐禅観法はなほできず……風流気もなければ仕方なくただ「寐てくらす人もありけり夢の世に」などと吟じて独り洒落たつもりの処瘠我慢より出た風雅心と御憫笑可被下候。……去れば時々は庭中に出て（米山法師の如く蟬こそ捉らね）色々ないたづらを致し候。（中略）

この頃は何となく浮世がいやになり、どう考へ直してもいやで〳〵立ち切れず、さりとて自殺するほどの勇気もなきはやはり人間らしき所が幾分かあるせいならんか。……それは〳〵のん気に月日を送りこの頃はそれにも倦きておのれの家に寐て暮す果報な身分でありながら、定業五十年の旅路をまだ半分も通りこさず、既に息竭き候段貴君の手前はづかしく、われながら情なき奴と思へどもこれも misanthropic 病なれば是非もなし。（中略）

We are such stuff
As dreams are made of; and our little life
Is rounded by a sleep.

といふ位な事は疾から存じてをります。生前も眠なり死後も眠りなり、生中の動作は夢なりと心得てはをれどさやうに感じられない処が情なし。知らず、生れ死ぬる人何方より来りて何かたへか去る。またしらず、仮の宿誰がために心を悩まし何によりてか目を悦ばしむると。長明の悟りの言は記臆すれど悟りの実は迹方なし。これも心といふ正体の知れぬ奴が五尺の身に蟄居する故と思へば悪らしく、皮肉の間に潜むや骨髄の中に隠るるやと色々詮索すれども今に手掛りしれず。ただ煩悩の焔熾にして甘露の法雨待てども来らず。

……御文様の文句ではなけれど……

傍線部が『方丈記』への言及である。波線を引いた「心といふ正体の知れぬ奴」という表現にも留意しておきたい。米山の名前も見えるこの手紙の前後には「禅」という語をめぐって、子規と漱石の間で書簡が往来する。

八月十五日（子規→漱石）

つまらぬ些事がふと心を激する種となるなど狐禅、生悟りの人にハ免るべからざる事ども也。

八月下旬（漱石→子規）

（悟れ君）なんかと呶鳴つても駄目だ。（狐禅生悟り）などとおつにひやかしたつて無功とあきらむべし。

八月二十九日（子規→漱石）

御手紙拝見痳耳に水の御譴責……かツまた狐禅生悟りが君をひやかしたなどとハよつぽどおかしい見様じやないかねへ。

漱石が「露地白牛」と禅語で署名するのは、右の八月下旬書簡である。さらに一年後、嫂の登世を亡くした漱石が、やはり禅に言及していることも付記しておく。

不幸と申し候は余の儀にあらず、小生嫂の死亡に御座候。……（彼女は）生れながらにして悟道の老僧の如き見識を有したるかと怪まれ候位、鬚髯鬖々(しゆぜんさんさん)たる生悟りのえせ居士(こじ)はとても及ばぬ事、小生自から慚愧(ざんき)仕候事幾回なるを知らず。

これは明治二十四年八月三日、漱石から子規に宛てたものだ。『方丈記』英訳が進行していたはずの時期の手紙である。

三　子規との書簡往来に見る『方丈記』と禅

この子規宛て書簡に着目し、漱石の『方丈記』受容の議論の俎上に載せたのは下西善三郎前掲論文「漱石と「方丈記」」である。下西氏は、この書状に留意する第一の理由として「一つはシェイクスピアの引用がある点」を挙げ、もう一つ、漱石の「原質的なもの」が現れているとして、「心」の記述に注目する。

明治二十三年の子規宛書簡を重視する第二の事情は、この書簡が、後の漱石、少なくとも「自己本位」という言葉を得て強くなるまでの漱石の、原質的なものを示していると思われる所にある。……一つは、この書簡に現われている「心」の問題である。「心といふ正体の知れぬ奴」という言葉が、「何となく浮世が嫌になり」といった厭世・人間嫌い病との関連において、きわめて深刻に語られていることは間違いない。

ただしこの「心」のとらえ方には異議がある。書簡の流れをみるに、まず第一に、ここは『方丈記』と「禅」というコンテクストで読まなければならないからである。

『方丈記』が「しらすむまれ死ぬる人。いづかたより来たりて。いづくへか去る。又しらずかりのやとり。誰がために心をなやましなにゝよりてか目をよろこばしむる」と叙述するところを、禅の本たる『方丈記流水抄』は、先引したように「〇又しらす…生死一大事の深理。豈外を求べきや。たゞ自己の一心にあり。本心悟る則ば。千条万端皆空にして。拘束せらるゝ処なし。是を上にしらすとある段に籠られたり。是則作者方丈記を書れたる本志なるべし」（読点を原文に復した）と注釈していた。文脈は瞭然として整合している。

若き日の漱石を苦しめた、死ぬほどの思いと禅への希求。そして『方丈記』所引。それぞれはこのように一体的なものとして存在し、それはまた直線的に正岡子規にのみ示された。この一連が重要なコンテクストである。

下西論文によれば、その後漱石は「明治三十四年四月頃以後に書かれた英文『断片』」の中で、"Were we born, we must die —— Whence we come, whither we tend? Answer!"と誌している。「この断片が書かれた明治三十四年は、「倫敦に暮らしたる二年は尤も不愉快の二年也」（『文学論』序）と回想される、失意と煩悶の英国留学時代にあたる」。

…"Were we born, we must die —— Whence we come, whither we tend" の一節が発語されているのは、本稿の関心の最も見逃し得ないところである。この一節を和訳すれば、まさに、『方丈記』冒頭部の一節、「知らず、生まれ死ぬる人、何方より来りて、何方へか去る」に正確に合致するからである。しかも、『方丈記』のその一節が、漱石にとって、英訳の仕事以前から既に重い意味を持つものであったことは、前節で触れた。つまりは、およそ十年を経て、まさに突然に『方丈記』の一節が漱石の心に蘇った、ということなのではないか。もしそうなら…明治二三年八月九日付子規宛書簡の〝原質性〟の別の一証ともなる。と同時に、漱石は、精神的に追い込まれた状態のさ中に、二度までも、『方丈記』を自己の心に食い込ませることになった、と言えるのではないか。（中略）明治二十四年の『方丈記』英訳は、当該箇所を、

Our destiny is like bubbles of water. *Whence do we come? Whither do we tend?* What ails us, what delights us in this unreal world? It is impossible to say.

としている。イタリック体の部分に注意すれば、使用された語までが一致していることを知る。『方丈記』をそのように英訳した記憶が、十年を経て、先に引用の英文「断片」の中の一節に姿を現わしている、ということではあるまいか。……英訳以後、特に『方丈記』に対し、格別な発言をしていない漱石ではあるが、二十代初めの『方丈記』は、漱石にとっての「体験」と呼び得るものではあるまいか。その『方丈記』体験は、十年後のこの英文「断片」に、極めて濾過的ではあるけれども、最も端的なそれとして姿を現わしているると思われる。漱石にとって、『方丈記』への共感は、精神の基底部に響き合うところで所有されていたのだ、と稿者は考える。（下西善三郎「漱石と『方丈記』」）

右は、漱石の中で永く続く『方丈記』の重みについて的確に発掘した、貴重な論考である。

四　子規の永逝と追悼の中での『方丈記』の意味

話を少し戻そう。明治二十七年九月四日の漱石から子規宛て書簡では、「去月松島に遊んで瑞巌寺（ずいがんじ）に詣でし時、

南天棒の一棒を喫して年来の累を一掃せんと存候へども、将来の凡骨到底見性（けんしょう）の器にあらずとそれだけは断念致し候」と参禅への敬遠が書かれているが、その後、十二月二十三日、漱石は「鎌倉の円覚寺に参禅、釈宗演から「父母未生以前本来の面目如何」と公案が与えられ、越年する」（『漱石・子規往復書簡集』付載略年譜）。大きな大きな転機があった。

翌二十八年一月十日斎藤阿具宛書簡には「小子去冬より鎌倉の楞伽窟に参禅の為め帰源院と申す処に止宿致し旬日の間折脚鐺裏の粥にて飯袋を養ひ漸く一昨日下山の上帰京仕候五百生の野狐禅遂に本来の面目を撥出し来らず」とあって、遂に参禅したことが知られる。紹介者は友人菅虎雄であった。「楞伽窟」は、円覚寺管長釈宗演の号であり、帰源院は円覚寺の塔頭で、宗活がいた。（この時の体験が『門』にとり入れられ、宗演は「老師」、宗活は「宜道」とよばれている。）（中略）

漱石の一生を辿って見ると、彼の禅に対する考えは、おおむね三段階にわけることが出来そうに思う。その一つは、青年期の参禅の時であり、彼の周囲に米山や菅をはじめ禅に赴く友人が多く、そういう雰囲気があったとしても、当時の彼は、子規への書簡が示すように、やはり狂気にも似た何物かを、棒喝によって解決しようとしたのである。（井上百合子「夏目漱石と禅思想」）

六年後、漱石は英文の『断片』を書く。そしてさらにその少し後、明治三十四年十一月六日に、子規から漱石に宛てて、悲壮な最期の手紙が届いた。

僕ハモーダメニナッテシマッタ、毎日訳モナク号泣シテ居ルヨウナ次第ダ、…

僕ハトテモ君ニ再会スルコトハ出来ヌト思ウ。万一出来タトシテモソノ時ハ話モ出来ナクナッテルデアロー。
……書キタイコトハ多イガ苦シイカラ許シテクレ玉エ……

明治三十五年九月十九日、正岡子規没。翌年二月、漱石は子規の墓を参り、次のような追悼文を書いた。思い半ばで途絶した、未完のものであるという。

水の泡に消えぬものありて逝ける汝と留まる我とを繋ぐ。去れどこの消えぬもの亦(また)年を逐ひ日をかさねて消えんとす。定住は求め難く不壊(ふえ)は得ぬべからず。汝の心われを残して消えたる如く、我の意識も世をすてて消る時来るべし。水の泡のそれの如き、死は独り汝の上のみにあらねば、消えざる汝が記憶のわが心に宿るも、泡粒の吾命ある間のみ。

淡き水の泡よ、消えて何物をか蔵(かくさ)む。汝は嘗て三十六年の泡を有ちぬ。生けるその泡よ、愛ある泡なりき信ある泡なりき憎悪多き泡なりき〔一字不明〕しては皮肉なる泡なりき。わが泡若干歳(いくばくさい)ぞ、死ぬ事を心掛けねばいつ破るると云ふ事を知らず。只破れざる泡の中に汝が影ありて、前世の憂を夢に見るが如き心地す。時に一弁の香を燻じてこの影を昔しの形に返さんと思へば、烟りたなびきわたりて捕ふるにものなく、敲(たた)くに響なきは頼みがたき曲者なり。罪業の風烈しく浮世を吹きまくりて愁人の夢を破るとき、随処に声ありて死々と叫ぶ。片月窓の隙より寒き光をもたらして曰く。罪業の影ちらつきて定かならず。死の影は静なれども土臭し。今汝の影定かならず亦土臭し。汝は罪業と死とを合せ得たるものなり。

霜白く空重き日なりき。我西土より帰りて始めて汝が墓門に入る。爾時(そのとき)汝が水の泡は既に化して一本の棒杭たり。われこの棒杭を周る事三度、花をも捧げず水も手向けず、只この棒杭を周る事三度にして去れり。

我は只汝の土臭き影をかぎて汝の定かならぬ影と較べんと思ひしのみ。

この悲痛なテクストには、水の泡のたとえが繰り返され、定住不壊の叶わざること、罪業の風、夢、影などの文字を織りなして綴られる。この文章に、これまで見てきた子規書簡、禅、そして禅の本としての『方丈記流水抄』というコンテクストを折り重ねてみる時、濃厚に『方丈記』が、いな『流水抄』が響き合っていることがわかる。

行川のながれは絶ずして。しかも本の水にあらず。よどみにうかふうたかたは。かつきえかつむすびて。ひさしくとゞまる事なし。

行川の流れハ……なを維摩経方便品に……十喩に是身如泡不得久立などの文段、皆此発語の奥意にて侍るべし。

○かつきえかつ　……千載に公任卿〳〵こゝに消かしこにむすふ水の泡の浮世にめぐる身にこそありけれ

○久しくとゝまる　維摩方便品の十喩云、是身如聚沫不可撮磨者。水流衝撃因成聚沫。一往似有撮之此身亦尓也云云又云是身如泡者。上水滞下水上水為因下水為縁。得有泡起斯須則無也。或因触滅。一往異水如実知之離水無也。身亦如是云云。是等の語を本として書れたる文段也。金剛般若経に、一切有為法如夢幻泡影如露如雲亦如雲応作如是観と説れたるも、涅槃経に、是身無常念々不住、猶如電光慕水如淡と侍るも、皆維摩の十喩の儀に同じ。又長明の発心集に、大かた此身ハ有にもあらず。又久しくとゞむべき物にもあらず。たゞ流来生死の夢の中に、因縁をのづから和合して、仮に業報の形のあらハれたるばかり也云々。

あしたに死し。ゆふべにむまるゝならひ。たゞ水の泡に似たりけり。しらすむまれ死ぬる人。いづかたより来たりて。いづくへか去る。

○朝に死し　是より発語第二段也。最初の一段を受て謂返し、結語せられたる也。法華随喜功徳品に、世皆不牢固如水沫泡焔云々…

かの地獄の業風なりとも。かくこそハとぞおぼゆる。

人をくるしめ人をなやますハ又罪業なり。

一期のたのしみハ。うたゝねの枕の上にきハまり…

○枕の上に　維摩経十喩に、是身如夢為虚妄之見。涅槃経に、生死無常猶昨夢など見えたり。其外、円覚経、唯識論等に説れたる趣心おなじ。南華老人の夢に胡蝶となりし寓言、斉物論に侍り。これ是非も争べからず。死生も却て変なきの理を明せる也。源氏五十四帖も夢幻の二字を以て畢竟とす。…死生変化、つら〳〵おもへバ皆夢にあらざる事なし。長明是を会得して、枕の上にきハまるとハ書れたるにこそ。深意眼を付べし。夫木に西行上人〽夢のうちにさむるさとりの有けれはくるしみなしとときける物を

『流水抄』の注釈は、『方丈記』本文と呼応して一体となり、漱石の子規追悼文と執拗に絡まり合う。

子規没後四年を経て、漱石は色濃く『方丈記』のイメージを伝える『草枕』という作品を書いた（拙稿「『方丈記』と『徒然草』――〈わたし〉と〈心〉の中世散文史――」荒木浩編『中世の随筆――成立・展開と文体――』竹林舎、二〇一四年参照）。漱石の『方丈記』沈潜は、若き日の英訳によって深く心に刻印され、彼自身の禅への強い関心と、禅の本としての『方丈記流水抄』という注解を媒介として、子規との対話の中で膨らんでいった。それは、苦しい英国留学の日々にも交わされ続けた正岡子規との書簡の中でより深く醸造され、その死によって、一つの大きな区

切りを迎えた。そして『草枕』へと到る。
『方丈記』はこのように、禅の本として、おそらく夏目漱石の生涯を彩った古典作品であった。論ずべきことは多いが、ひとまず上記を指摘して本稿を終えたい。

〔付記〕『方丈記流水抄』(関連部分の『方丈記』引用も同書)は簗瀬一雄『方丈記諸注集成』に拠るが、板本を参照し、特に注説については、句読点・返り点・濁点・振り仮名などを取捨付加し、誤植と思われる箇所を訂正するなど、表記に変更を加えた場合がある。なお本稿は科学研究費助成事業「超越的文化バイアス論としての古典文学研究の可能性」(挑戦的萌芽研究、研究課題番号:26580049、研究代表者荒木浩)による成果の一部を含むものである。

道元「水、水を見る」
――井筒俊彦の『正法眼蔵』理解の一断面――

西平　直

一　分節と本質――井筒俊彦の理論枠組み――

『正法眼蔵』「山水経」に、「水、水を見る」という謎めいた言葉がある。人が水を見るのではない。魚が水を見るのでもない。水が、水自身を、「見る」。

さしあたり人間の視点から離れる教えと理解する。人間のものの見方に囚われている限り世界の真相を見ることはできない。水の真相に至るには、人間の視点から見るだけではなく、魚の視点から水を見る、天人の視点から水を見る。のみならず、水が水自身を「見る」視点を学ばなければならない。道元は「水現成の公案」と呼ぶ。

「水の水をみる参学あり。水の水を修証するゆへに、水の水を道著する参究あり（水が水を見る見方で、水を見ることを学ぶ。この段階では、「水」を見るのは水であるから、「水」が「水」を語り明かすことになるからである（道元「山水経」『正法眼蔵（二）』、水野弥穂個校注、岩波文庫、一九九〇、一九二頁、以下項数のみ記す）。

ところで「山水経」は、「而今の山水は、古仏の道現成なり。ともに法位に住して、究尽の功徳を成ぜり（眼前の山水の自然の姿はそのまま仏の悟りであり、それ以上の教説はあり得ない、この世界で出会う山や水がそのまま真実在そのものである）」という有名な言葉で始まる。そして「東山水上行」という奇妙な話も出てくる。東の山が水の上を流れて行く。常識的にはありえないこと。「山が水の上を流れる」ということは、常識の地平においては、意味をなさない。ところが、道元によれば、人間の立場を離れて山を見るならば、山は動き出す。人間のものの見方に縛られなければ、山と水との関係は、まったく新しくなる。山も水も「真実在」そのものとなる。「而今の山水は、……ともに法位に住して、究尽の功徳を成ぜり（山も水も、それぞれ別々に存在しながら、しかもそのままにして真実在そのものの顕れとなる）」。

そうした事の機微を道元は一言、「東山水上行」と示した。「水、水を見る」という謎めいた言葉は、そうした話の筋の中に登場してくるのである。

さて、ありがたいことに、道元のこの言葉を解き明かした井筒俊彦の論文がある。The Philosophical Problem of Articulation（*Toward a Philosophy of Zen Buddhism*, Prajna Press, Boulder,1982所収、初出は一九七四年、以下Izutsu 1974と略）。「水現成」を中心主題とするわけではないのだが、論文の最も核心的な箇所においてこの問題が論じられている。なお井筒の日本語文献では、『意識と本質』第Ⅶ章の後半が対応するが、（例の通り）直接的な翻訳ではなく、和文は和文で独自に書き直されている。その食い違いも含め、英文・和文を重ね合わせながら見てゆくことにする（井筒俊彦『意識と本質』（岩波書店、一九八三、以下「岩」と略、および、中央公論社『著作集６』一九九二、以下「著」と略）。

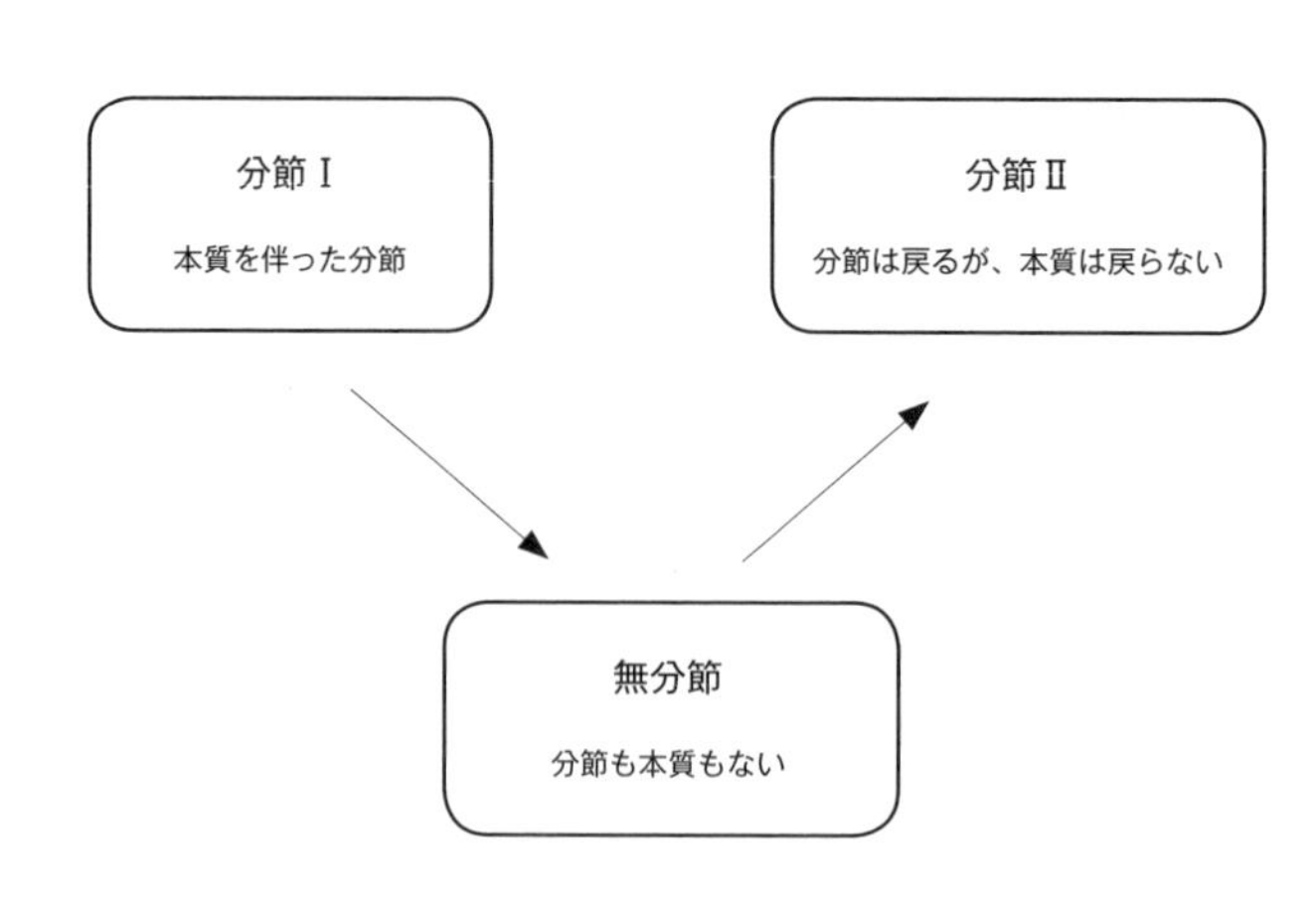

「東洋哲学」と呼ばれる井筒の壮大な構想の土台には、「分節 Articulation」をキーワードとした「分節－無分節」の理論枠組みがある。「分節」をさしあたり「区切り」と理解してみれば、井筒は「区切りがある」位相と「区切りのない」位相を分けたことになる。

時間軸に沿って（修行の視点に立って）言い換えれば、（1）「分節」の区切りがゆるみ「無分節」へと向かう道、（2）「無分節（区切りのなくなった位相）」、（3）「無分節」の中にあらためて区切りが湧き起こり新たな「分節」が生じてくる道。井筒は便宜的に「分節Ⅰ」、「無分節」、「分節Ⅱ」と呼ぶ。「無分節」を中間に挟んで、それ以前（分節Ⅰ）とそれ以後（分節Ⅱ）を区別したことになる。

もう一つのキーワードが「本質」である。三段階に沿って言えば、（1）「分節Ⅰ」における分節は本質に縛られている。（2）「無分節」では分節も本質も消滅してしまう。それに対して、（3）「分節Ⅱ」においては「分節は戻るが本質は戻らない」。本質に縛られることのない「分節」が新たに生じてくるというのである。

井筒の論文において、「水、水を見る」は、この「分節Ⅱ」を解き明かす中で言及される。正確には、この「水現成」の話だけが独立した節をなし（論文全体のバランスを崩すほど）大きな位置を占めている。『意識と本質』の中でも、禅哲学を論じた長い二つの章の最後に配置され、あたかも最奥の秘儀を解き明かすかのように扱われているのである。

二　分節の恣意性

井筒は、道元の議論の出発点を「分節の恣意性」に見ている。正確には、道元の議論の哲学的意味を、そうした文脈の中に位置づけることによって解き明かそうとしたということである。

人は、現実を、自らの認識枠組みに即して分節する。視覚や聴覚といった感覚器官に即して区切る。あるいは、常識や理性的判断に合致させて区切る。先の「東山水上行」が奇妙に聴こえるのは、その出来事が私たちの常識的な区切りに納まりきらないためである。山は「動かない」ことになっている。山が水の上を流れるなどということは、常識的な区切りから見たら、意味をなさない。

しかし道元によれば、そうした区切りは、私たち人間が「恣意的」に引いた境界線に過ぎない。もともとの世界には境界線がない（あたかも宇宙から見た地球に国境線がないように）。ところが私たち人間が「区切り」を設定する。自らの感覚器官に合致する仕方で区切る。そしてまさに自らの感覚に合致していればこそ、その区切りが「恣意的である」ことに気がつかない（唯識思想が「遍計所執性」と呼ぶ事態である）。

「人がリアリティを分節する際の恣意性　the arbitrariness of man's articulation of reality」（Izutsu 1974, p137）。道元もこの「恣意性」を指摘するところから話を始めた。

井筒は「コトバによって」区切るという。単に区切るだけではない、「コトバ」は区切りを固定する。そこに「自性」が生じる。井筒は「自性」を「本質」という西洋哲学の概念で捉え直す。個々の区切りはそれぞれの本質によって定義され、「本質的に固定された実体」として、他の「実体」から明確に区別されることになるという。

道元が強調したのは、この本質が、他の可能性を排除してしまうという点である。例えば、水は「下流に流れる」と定義される時、水の本質からして下流に向かって流れるものと理解され、それ以外の可能性は排除されてしまう。「この個物に、それ以外の何百もの存在論的可能性が残されているということに気がつかない」(ibid. p138)。水は「下流に流れる」と思い込み(下流に流れるという性質のみを本質として固定し)、それ以外の可能性を閉ざしてしまう。

しかし水は下流に流れるとは限らない。水の場合は、氷になり蒸気になるという仕方で、他の可能性が見えやすいのだが、道元の話はそこに留まらない。「山」が「水」の上を歩くという可能性も含まれる。私たちが自分たちの設定した「区切り」に縛られなければ、「水」にはそうした「存在論的可能性」が含まれている。

水という区切りが溶け去り、山と繋がる新しい「区切り」が生まれる。もし私たち人間が、自ら設定したにすぎない区切りから自由になり、水を一つの本質に縛り付けることがなくなるならば、「水」は多様な存在論的可能性に開かれてゆく。私たち人間がコトバによって区切り固定し(一つの本質に縛り付け)、それ以外の可能性に目を閉ざしているだけである。そこで井筒はこの「本質」を「凝固点」という。水の「本質」とは多様な水の可能性を一つに固定する「凝固点」である。

逆に言えば、「凝固点のない存在は流動する」(『意識と本質』岩一七九頁、著一四五頁)。本質に縛られなければ、「何百もの存在論的可能性」が動き出す。「「本質」の束縛を離れた存在のこの生々躍動、流動性」(同頁)。その事態を道元は「解脱」という。正確には、道元の語る「解脱」を、井筒はこうした「本質の束縛から離れる」という哲学的意味において解き明かしてみせたということである。

三　「人、水を見る」、「魚、水を見る」、「水、水を見る」

さて、道元は「人間の見方」から離れるために、「水」をめぐってこんな話をする。魚から見る時、水は住まいである。魚にとって水は居住空間である。あるいは、経典によれば、天人たちは水を宝石の首飾りと見る。天女にとって水は宝石の首飾りなのである。同じ水であっても、見方が違うと、それぞれ異なる姿をもって現れる。というより、それらが、実は自らに固有の見方にすぎないと気がつくことなく、思い込んでいる。

魚にとって、水は住まいとして現れるのではない、水は住まいである（と思い込んでいる）。天人たちにとって、水は首飾りとして現れるのではない、水は首飾りである（と思い込んでいる）。同様に人間も人間固有の眼に即して水の本質を決めている。正確には、水というコトバで区切り、コトバの文化的制約性に束縛される仕方で、水を見ているにすぎない。「恣意的」なのである。

しかもその「恣意性」は、それぞれの存在様式にとっては最も「自然 natural」であるから、ますます気がつきにくい。魚にとって水が住まいであるという最も自然なことが、実は最も「恣意的」なのである。井筒は「naturally(that is, arbitrarily!)」と書く（Izutsu 1974, p138）。人間にとって最も自然に感じられる区切りが、すなわち最も「恣意的」である。そもそも人間が創りだした恣意的な区切りを、最も自然なこととして感じているにすぎない。

そこで道元は「随類の諸見不同」という。多様な種類に即した多様な見方はそれぞれ同じではない。その違いを想像せよ。人間の感覚から離れ、人間以外の者にとって水がどのように体験されているか想像せよ。多様な視点を思い、高次の視点に映る姿を思えというのである。

「水、水を見る」

ところが道元の話はそこに留まらない。多様な視点から見るだけは足りない。その先に「水、水を見る」という見方がある。水が水を見る見方を学ぶ必要がある。人間や魚や天人というそれぞれの立場から水を見るのではない。「水が親しく水を悟るのだから、水が水を語り明かすことになる」(ibid. p141)。

話を整理してみるならば、一、人間だけに特有の視点(「人見」)。二、人見に縛られない、魚や天人の視点まで含めた多様な視点(高次な視点、「随類の諸見不同」、「人天の水を見る」)。三、「水、水を見る」という視点(英文原著では the stage of water-seeing-water)。

道元はこう語る。

しばらく十方の水を十方にして著眼看(ちゃげんかん)すべき時節を参学すべし。人天の水をみるときのみの参学にあらず。水の水をみる参学あり。水の水を修証するゆへに、水の水を道著する参究あり。(「山水経」一九二頁)

井筒(英文)はシンプルな英語で説き明かす。「あらゆる次元において存在している「水」を、あらゆる次元の異なるものの見方から見ることを学ぶべきである。人間や天人のみの視点から水を見るのではない。水が水を見る見方で、水を見ることを学ぶ。なぜなら、その段階は、「水」を見るのは水であり、必然的に「水」が「水」を語り明かすことになるからである。」(Izutsu 1974, p140)

人が水を見るのではない。魚が水を見るのでもない。水が、水を見る。和文(『意識と本質』)はこう解き明かす。

①水が水そのもののコトバで自らを水と言う（「道著」する）のだ。②水そのもののコトバでとは、無分節者自身のなまのコトバで、ということ。③水が水自身を無制約的に分節する、それが水の現成である。④分節された水は明々歴々として現成するけれど、これに「本質」を与え、水を「本質」的に固定するような言語主体はここにはない（『意識と本質』岩一八四頁、著一四九、丸数字は引用者）。

①「水が水そのもののコトバで自らを水と言う（「道著（だうちゃ）」する）」に当たる箇所を、英文は、'water' illuminating itself and disclosing itself as the primordial Non-Articulated と説明する（Izutsu 1974, p141）。水が自らを照らし出し、自らを開示する、もともとの無分節のままに。

つまり、②「水そのもののコトバでとは、無分節者自身のなまのコトバで、ということ」。人間のコトバではない。無分節のなまのコトバで、水が自らを「水」と言う。③「それが水の現成である」。④「分節された水」は「分節Ⅱ」として存在する。しかし「本質」に縛られない。水を固定する「本質」を与える言語主体がないからである。

この事態を道元は「解脱」と呼ぶ。存在論的に言えば、無分節者が自己を分節する仕方は、限りなく自由であるということ。ところが同時に道元は注意を促す。「しるべし、解脱にして繫縛なしといへども諸法住位せり」（「山水経」一九四頁）。

「諸法住位（しょほうじゅうい）」とは、水も山も、それぞれ完全に分節されているということ。水は水の存在的位置を占め、山は山の存在的位置を占めている。しかしこの水と山には「本質」が伴わない。本質に由来する一切の繫縛から自由である。無自性である。ということは「分節Ⅱ」の位相を言い当てていたことになる（後に見る通り、華厳哲学で言えば「事事無礙」の位相に相当する）。

四　水が、自らを、水へと分節する

さてここで、あらためて「分節」という言葉に立ち止まる。これまでこの言葉は「区切る」という意味で理解されてきた。人間が世界を分節する（区切る）。人間が恣意的に世界を分節することによって、個々の事物は「分節（分節されたもの・独立した存在者）」として姿を現わす。

ところが井筒はこの言葉を「別の」意味でも用いていた。無分節が自らを分節する。人間が分節するのではない。無分節が自らを分節してゆく。無分節（区切りなきもの）が自らを或るもの（区切られたもの）へと分節する。「形なきもの」が「形」になる。無分節という「形なきもの」が、「形」という分節された姿へと自らを顕わす（自己分節する）。

先の引用に戻れば、③「水が水自身を無制約的に分節する」。水が、水という分節された姿において自己を顕わす。ということは、別の形に自己分節するのではない。水が自らを、水へと、分節する。「形なき（無分節の）水」が「形ある（分節された）水」へと、自己分節する。

道元は①「道著する（語る・表現する）」と語り、井筒は「水そのもののコトバで言う」と解き明かす。そして、②「水そのもののコトバでとは、無分節自身のなまのコトバで」と付け足す。「水が、水を見る」とは、水が自らを「もともとの無分節」として語り出すということ。「語り出す」といっても、人間のコトバのように、区切りを本質で縛ることはない。④「これに「本質」を与え、水を「本質」的に固定するような言語主体はここにはないい」というのである。

自己分節は同時に無化される

さて、ここから井筒の話はますます微妙な問題に入り込む。ひとつは「自己分節は同時に無化される」という点、もう一つは「水が遍在する」という点である。（＊以下、華厳哲学の用語と重ねるのは、「水、水を見る」が「理事無礙」でも「事事無礙」でもなく、「理理無礙」に近い出来事ではないかという問題提起のためである）。

まず井筒は、自己分節は同時に無化される、という。「水が水自身を水にまで分節するということは、結局、分節しないのと同じである」（『意識と本質』岩一八四頁、著一四九頁）。

水を見るのは水そのものである。あたかも透明なものが透明なものを見る時、二つの透明を区別することができないように、「水が水自身を水にまで分節する」ということは、自らの分節行為を無効にしてしまう。結局、分節しないのと同じである。分節しながら分節しない（＊華厳で言えば、「事」と「理」は区別されるが、しかし互いに礙（さまた）げ合わない。無礙である。「理事無礙」である）。

こうした事態を井筒は「覚者の眼（悟りを開いた人の眼）」を借りて説明する。「覚者の眼には、リアリティ（水＝無分節）の自己分節は、自らを一瞬「水」へと分節し、次の瞬間、本来の無分節の状態へと戻ってゆくというように映る」（Izutsu 1974, p141）。

同じことは、別の場面で、次のようにも語られる。「電光のごとく迅速な、無分節と分節との間のこの次元転換。それが不断に繰り返されていく。繰り返しではあるが、そのたびごとに新しい。これが存在というものだ。少なくとも分節IIの観点に立って見た存在の真相（＝深層）はこのようにダイナミックなものである」（『意識と本質』岩一七六頁、著一四三頁、「分節IIの観点」は「覚者の眼」）。

つまり、無分節の自己分節は、無分節と分節の次元転換として成り立っている。水（無分節）は自らを一瞬

「水」へと分節し、次の瞬間、本来の無分節の状態へと戻ってゆく。それが不断に繰り返され、しかもそのたびごとに新しい（＊華厳で言えば「事」と「理」が次元転換し合うという意味で「理事無礙」である）。

道元は「真の実在（リアリティ）」をそうしたダイナミックな出来事と見た。自由に自己分節し続ける。絶えず止むことなく自らを具体的な形へと自己分節し続ける。しかし重要なのは、この自己分節が、同時に無化されるという点である。リアリティはたえず自己分節しつつ、同時にその自己分節の作用をそのつど無化し続けている。そこで覚者の眼には、万物は無分節のままとしても見える。原初の無分節を保ったまま永遠に静寂であるかのようにも見える（むろん井筒は「無分節を静寂とだけ理解してはならない」と何度も強調している。「絶対無分節は自己分節するからこそ絶対無分節なのである。分節に向かってダイナミックに動いていかない無分節はただの無であり、一つの死物にすぎない」（『意識と本質』岩一六三頁、著一三三頁）。

自己分節は同時に無化される。実在の真相は、無分節が自らを自己分節し続けると同時に、その自己分節の作用を無化し続ける出来事であると、道元は説いたことになる。

水の偏在

第二は、「水が遍在する」という点である。道元自身の言葉で言えば、「水のいたらざるところあるといふは、小乗声聞教なり。あるひは外道の邪教なり。水は火焔裏にもいたるなり。心念思量分別裏にもいたるなり。覚知仏性裏にもいたるなり。」（「山水経」一九五 - 一九六頁）

「水の到らない所」などありえない。水は火の中にも、精神作用の中にも、悟りの中にもある。井筒は「水の偏在 the ubiquitous presence of water」と説明する（Izutsu 1974, p138）。水は、至る所に、あらゆる姿を取って存在している。ということは、全存在が水。全宇宙が水（＊華厳で言えば、個々の「事」がそのまま「理」であるという

「理事無礙」)。

「無分節者（非水）が全体的に、すなわちその全エネルギーを挙げて、自己を水として分節する。無分節者がそっくりそのまま、「本質」を介入させずに顕露するのだから、全存在がいわば水である。全宇宙、すなわち水」（『意識と本質』岩一八一頁、著一四六頁）。

ここで重要なのは、「無分節者（非水）」という表現である。覚者にとってはごく普通の水も、無分節そのものである。無分節がそのまま「水」。水であるが、しかし分節された水ではないから、井筒は「非水」という。

この「非水」という用例は他には登場しないのだが、私たちに貴重な手掛かりを提供する。無分節である「水」は、水として分節されているわけではないから「非水」である。その非水が自らを水へと分節する、ということは、「非水」とは「未だ水へと自己を分節する前の水」ということになる。

「水の遍在」とは「非水」が遍在するということである。「非水」は水にも山にも鳥にもなりうる。「非水（未だ水へと自己を分節する前の水）」は、自己を、水へと分節することも、山へと分節することも、花へと分節することもできる。したがって、非水（無分節）が遍在する。

しかしここでも「分節」という言葉が重要な役割を担っている。「分節」と「分割」はまったく異なるというのである（図を参照）。

「分割」は、無分節エネルギーを部分に区切り、各部分がそれぞれ独立した花になり鳥になること。それに対して「分節」は、無分節のエネルギーが全体を挙げて花となると同時に、無分節のエネルギーが全体を挙げて鳥となる。エネルギーの一部分が花になり、別の部分が鳥になるのではない。そのつど「全体を挙げて」姿を顕わす。全エネルギーを挙げて、花として分節し、鳥として分節する。何らの媒介もなく、直接に、自らを顕わす（＊華厳が「性起」と呼ぶ事態である）。

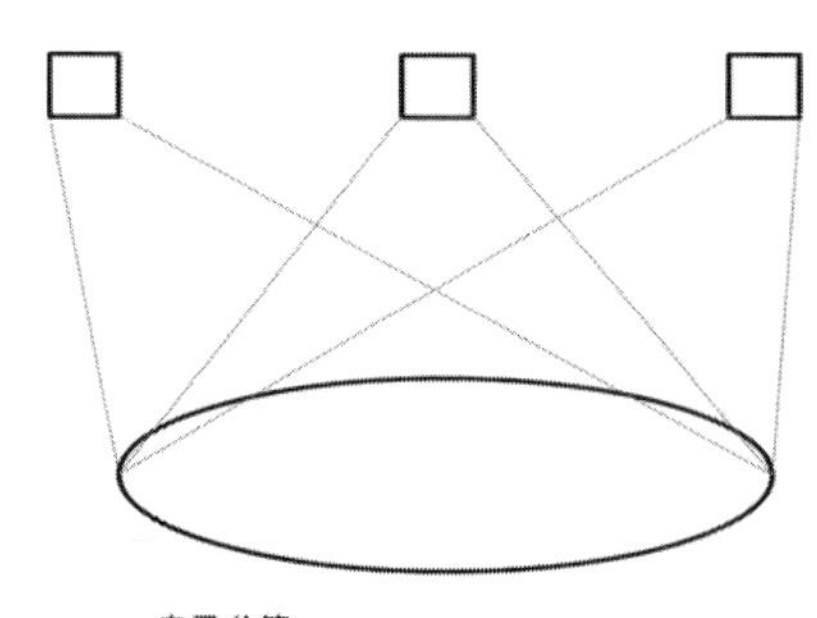

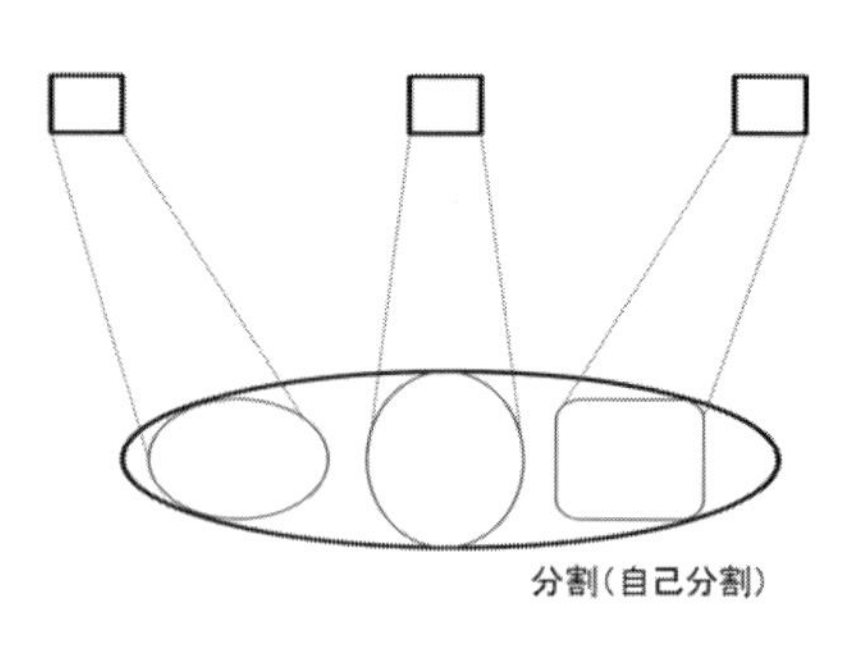

したがって「水の遍在」とは、存在論的に言えば、「無分節の遍在」ということである。「非水（未だ水へと自己を分節する前の水）」、すなわち無分節が遍在する。「水（無分節）」が、全体を挙げて、直接に、万物の内に、自らを顕わしている。むしろ無分節が自己分節することによってすべての物が成り立っている。そのことを道元は「水（無分節）が遍在する」と説き明かしたことになる。

一切諸法、畢竟、解脱

こうして無分節が遍在する。むしろ万物は、無分節が自己分節することによって成り立つ。井筒によれば、道元はその事態を「一切諸法、畢竟、解脱」と言い当てている。

「一切諸法、畢竟、解脱（この世のすべての事物はそのままにして仏そのものである）」とは、存在論的には、この世のすべての事物がそのままにして無分節そのものであることを意味する。すべての法（分節）はそのままにして解脱（無分節）。つまり「一切分節、畢竟、無分節」である（＊華厳で言えば一切の分節（事）は、そのまま、無分節（理）。「理事無礙」である）。

しかし分節がない（区切りがない）わけではない。分節は分節として成り立っている。先に見たように「解脱にして繫縛なしといえども、諸法住位せり」。万物は、解脱し（区切りがなく）繋縛なし（本質に縛られない）としても、しかし「諸法（それぞれの事物）」は「住位せり（それぞれ独立して）」存在している。水は水として存在し、山は山として存在し、それぞれ分節されている。分節されているが、しかし本質に縛られない。それが存在論的に理解された「一切諸法、畢竟、解脱」の意味ということになる（＊華厳で言えば「事」と「事」は分節されているが、しかし互いに透明、礙げ合わない。「事事無礙」ということである）。

五　鳥のごとし

ところで井筒は『意識と本質』の中で、道元の「鳥のごとし」という言葉にたびたび言及している。「水清くして地に徹す、魚行きて魚に似たり。空闊くして天に透る、鳥飛んで鳥のごとし」（『正法眼蔵』「坐禅箴」、岩波文庫（一）二五一頁）。

覚者の眼には、鳥と花はそれぞれ区別されつつ、しかし鳥も透明、花も透明。「すべての事物は互いに区別されつつも、しかも「本質」的に固定されず、互いに透明である。「花」は「花」でありながら「鳥」に融入し、「鳥」は「鳥」でありながら「花」に融入する」（『意識と本質』岩一二一頁、著一〇〇頁）（＊華厳が「縁起」と呼ぶ事態。「事事無礙」である）。

「鳥が鳥である、のではなくて、鳥のごとし、という。しかもその「鳥のごとし」が無限に遠く空を飛ぶ。鳥としての「本質」が措定されていないからである。この鳥は鳥という「本質」に縛られていない」（同、岩一二二頁、著一〇一頁）。

鳥は鳥として分節され、魚は魚として分節され、相互に区別されながら、しかしこの魚と鳥の間には「不思議な存在相通があり、存在融和がある。つまり、分節されているのに、その分節線が全然働いていないのだ、まるで分節されていないかのように」(同)。

つまり、分節されている「に似たり」。分節されている「かのごとし」。道元は、存在の究極的な真相をそのように理解していたというのである。

重要なのは、無分節がそのまま存在の真相であるわけではないという点である。確かに「分節」によって「究極の現実」を捉えることはできないのだが、しかし「無分節」によっても捉えることはできない。そうではなくて、道元は、無分節でありながらしかし分節されている「かのごとし」という姿に、存在の真相を見た。何の区切りもない無分節ではないが、本質に縛られ固く閉じた区切りでもない。区切りがあるのだが、まるで区切りがないかのように透明である。相互に無礙であるのだが分節されている「に似たり」。分節されている「かのごとし」。

この事態を井筒は(読者の理解を助けるために)覚者の眼を借りて「二重写し」と説明する。分節と無分節との「二重写し」。存在の真相を見るに至った覚者の眼は、分節と無分節とを二重写しに見ている。

「分節されたもの(例えば花)が、その場で無分節に帰入し、また次の瞬間に無分節のエネルギーが全体を挙げて花を分節し出す。この存在の次元転換は瞬間的出来事であるゆえに、現実には無分節と分節とが二重写しに重なって見える。それがすなわち「花のごとし」といわれるものなのである。」(『意識と本質』岩一七七頁、著一四三頁)

花・鳥・魚はそれぞれ分節され、独立して存在している。ところが存在の真相を見るに至った覚者の眼には、それらの「分節されたもの」が、一瞬のうちに、区切りのない無分節の中に溶けてしまう。しかし次の瞬間に、その無分節のエネルギーが全体を挙げて花となる。無分節が自らを花として自己分節する(＊華厳で言えば、「縁起」は「性起」によって成り立つ。「事事無礙」は「理事無礙」によって成り立つ）。

六　「水、水を見る」の位相――「理理無礙」へ――

さて、既に何度も見てきたとおり、井筒の道元理解は、華厳哲学の「四法界」と重なる。「分節―無分節の理論枠組み」と「華厳哲学」との対応関係については別稿に譲ることにして、ここでは華厳哲学と重ねる仕方で「水、水を見る」の位相を浮き彫りにしてみる（拙論「井筒俊彦の「分節」と「無分節」――華厳の「事」と「理」」、末木文美士編『比較思想から見た日本仏教』、山喜房佛書林、二〇一五年また、「事事無礙」については、拙論「西田哲学と「事事無礙」―井筒俊彦の華厳哲学理解を介して」、『思想』特集「西田哲学研究の射程」二〇一五年十一月）。

まず、見てきたように、「水の遍在」は「理事無礙」に対応した。「水（非水＝無分節）」が、全体を挙げて、直接に、万物の中に、自らを顕わしている。無分節が自己分節することによって個々の事物が成り立つ。華厳で言えば「性起」によって「事」が成り立つ。「理」が「事」へと性起し、「理」と「事」は無礙である。

他方、「鳥のごとし」は「事事無礙」に対応した。「事」と「事」は相互に区別されながら、しかし区切りがないかのように、互いに透明である。互いに礙(さまた)げがない。

では、「水、水を見る」は、華厳哲学で言えば、いかなる位相に相当するのか。「水1が、水2を、見る」。この「水1」は「非水」であるから「事」ではありえない。「水1」は「いまだ水へと自己を分節する前」であり、「無分節」と言い換えられていたから、むしろ「理」に対応すると考えられる。

問題は「水2」である。井筒はこの「水2」を「分節された水」と理解する場合が多い。「水2」が「事」であるならば「水、水を見る」は「理事無礙」に対応する。ところが他方で、井筒は、この「水2」を単純に「分節された水」と等値したわけではなかった。むしろ「水自身を見る」、ということは、自らと異なる「分節された水」を見るのではない、「水が、自分自身を見る」。とすれば、この事態は、「水（無分節）」自身の中で、自己分節が始まりかけている出来事ではないか。「分節しながら分節しない」とも語られた自己分節の、初発の、より繊細な位相。それは華厳で言えば「理」と「理」の関係ではないか。

井筒がイスラーム哲学に依拠しながら語った「理理無礙」に近い出来事。「理」と「事」の関係ではない。それ以前の、「理」と「理」の関係（井筒俊彦「事事無礙・理理無礙――存在解体のあと」、『コスモスとアンチコスモス――東洋哲学のために』岩波書店、一九八九、『井筒俊彦著作集9』中央公論社、一九九二）。

井筒はイスラーム哲学（イブヌ・ル・アラビーの「存在一性論」）に即して、「理理無礙」の位相を語った。「理」が「事」になる「性起」以前に、構造的に先行する仕方で、「神自体の内部で」、自己顕現が生じている。つまり「理」の中で既に生じていた「（第一次）性起」。華厳哲学で言えば「理」の内に、「無分節的な理」と「分節的な理」という二つのレベルが想定され、前者から後者が自己分節的に現成する。しかし前者と後者は相互に無礙であるから「理理無礙」という。

「水、水を見る」は「理理無礙」の位相の出来事ではないか。井筒はそれを見通しながら、道元を読み解いたのではないか。

「水が、自分自身へと、分節する」。「無分節的な理」の中に「分節的な理」が生じる。あるいは、事後的に言えば、分節的な「事」が生じる以前の、無分節の中に「事」への萌芽が芽生える最初の出来事。その繊細な位相が「水、水を見る」と語られた出来事の位相であったように思われるのである。

岐陽方秀と世阿弥の交流と「一」への意識

――室町時代初期の東福寺を中心とした中国風の思想――

重田みち

日本中世に開かれた京都の禅院の中で、十四世紀後半に足利義満の権力と最も結びつきの強かった夢窓派とはやや離れた立場にあった寺院が五山の一つに選ばれた。都の東南に位置した東福寺である。その法流はとくに学問の方面に特徴があり、渡宋した開祖円爾（えんに）（一二〇二―一二八〇）以来、中国から禅門はもちろん教門の学問や、宋代以降の程朱学を含めた儒学などを積極的に摂り入れ、舶来の書物とともに受け継いでいった（足利衍述氏『鎌倉室町時代の儒教』、有明書房、一九三二年、四二一―四八頁参照。ただしその蔵書については今枝愛真氏「『普門院蔵書目録』と『元亨釈書』最古の写本――大道一以の筆蹟をめぐって――」、『田山方南先生華甲記念論文集』、一九六三年、も併せて参照）。東福寺は、都において大陸風の学問・思想を最も幅広く伝え、重んじてきた禅院であったと言える。

ここでは、室町時代初期、すなわち十四世紀後半から十五世紀前半に至る足利義満政権期から次代の義持政権期にかけて、その東福寺を本拠地として意欲的に学問に携わり後代にも相当の影響を与えた禅僧岐陽方秀（きようほうしゅう）（一三六一―一四二四）と、義持政権期に方秀と親交のあったことが知られている将軍家側近の能役者で、やはり後代の能楽の道を敷いた世阿弥（一三六四?―?）とを取り上げたい。

かつて世阿弥の禅の教養は曹洞禅のそれであると言われ、方秀と世阿弥との思想面での関係は十分に論じられてこなかったが、むしろ世阿弥の藝論の形成には、室町将軍家に近かった方秀やその周辺との交流が重要だったのではなかろうか。本稿ではまずそのことを、方秀に縁の深い禅籍に注意しながら確認したい。また、世阿弥はもちろん、方秀も大陸に渡ることはなかったが、背後には東福寺の大陸風の学問・思想が直に近い形で横たわっていた。そのような環境において二人が何を受け容れ、その著述に何が反映されているのか、描く試みを行うことにする。紙幅に限りがあるため多くを論ずることはできないが、いまは二人に関連の深い典籍やその著したものに見出される「一」ということばに注目して、大陸と日本の学問・思想の関係という観点から、当時の東福寺という禅の場における学問・思想の特徴や社会的役割の一端に光を当ててみたい。

なお、本稿に掲げた仏教典籍及び岐陽方秀の著した漢文の現代日本語訳は、すべて本稿筆者による。

一　岐陽方秀と世阿弥の交流と禅籍——世阿弥の側からの研究史をふまえて——

方秀と世阿弥との関係についての研究は、一九七〇年、森末義彰氏による二人の親交を示す資料の指摘に始まった(「桃源瑞仙の史記抄にみる世阿弥」、『中世芸能史論考』東京堂、一九七一年、所収)。その後一九九〇年、落合博志氏により、方秀と世阿弥がどのように接触しえたかについて、二人の交流時期と見られる足利義持政権期(一四〇八—一四二八)、すなわち同世代の二人の後半生にあたる時期の方秀の足跡をたどりつつ、推測が行われている(「世阿弥のいる場所　禅的環境　東福寺その他」、『国文学　解釈と教材の研究』、一九九〇年三月)。方秀と世阿弥の関係についでは筆者も関心を抱いてきたが、はじめて拙文に取り上げたのは落合氏稿の約十年後である(「初心忘るべからず」と『宗鏡録』、『鎮仙』四七五、一九九九年)。中国五代の禅僧永明延寿(九〇四—九七六)の撰述した禅籍『宗鏡録』の冒頭近くに「初心安可暫忘（初心安くんぞ暫くも忘るべけんや）」という文があることに気づき、それが世阿弥の藝論に見える標語「初心を忘るべからず」の誕生と何らかのかかわりがなかろうかと考えたことが発端であった。ただし、世阿弥と禅という興味を引きそうなテーマであるにもかかわらず、森末氏の右の指摘以後約三十年の間に、方秀と世阿弥の関係に注目しその方面をさらに掘り下げようとする論考は、いま述べたもの以外にほとんど現れなかった。

　これには当時の研究史が関係している。右森末氏の指摘に十年余り先だって、世阿弥の禅的教養は曹洞宗説由来であるとする香西精氏の論考が発表され（「世阿弥の禅的教養」『世阿弥新考』、一九五八年、わんや書店）、能楽研究界で大きな支持を得ていたのである。香西氏説の直接の根拠は、世阿弥の藝論や能の詞章に用いられたことばには曹洞宗の禅籍に見えるものが多いという点にあった。しかしそこには、臨済宗の代表的語録である『碧巌録』からの藝論への引用も取り上げられていた。後述する「一に多種有り、二に両般無し」（『風曲集』第四条）や、「新羅夜半、日頭明らかなり」（『九位』）等である。したがってその時点ですでに、世阿弥の禅の教養が必ずしも曹洞宗独自の説ではないことが明らかになっていたはずであったが、香西氏は、世阿弥が参照したのは『碧巌録』そのものではなく、その内容を引用した曹洞宗の禅籍を経由した説であると推測された。それは当時の香西氏が並行して、世阿弥が帰依したのは将軍周辺の臨済宗（五山）ではなく曹洞宗であったと論じられたことと関係している。すなわち香西氏は、世阿弥が大和国の曹洞宗寺院補巌寺（ふがんじ）の住持であった竹窓智厳（ちくそうちごん）のもとで出家し、そこに田地も寄進していたことを、表章氏との協力による補巌寺調査をとおして明らかにされた（香西氏「ふかん寺二代――竹窓智厳のこと――」、一九五八年一月、「世阿弥の出家と帰依――補巌寺文書に照らして――」、一九六〇年三月、ともに『世阿弥新考』に収録、等）。それに伴って、世阿弥の禅の教養も、竹窓智厳との交流によって得たと推測されたのである。それは世阿弥と五山僧との交流が知られていなかった当時の状況下での理解であったが、ただちに通説化し、その後岐陽方秀と世阿弥の交流を示す貴重な資料の存在が明らかになってからも、香西氏説に対する疑問はなかなか提示されなかった。

しかし『碧巌録』といえば、方秀の撰述書にその注釈『碧巌録不二鈔』があったことがかねてより知られており、そこに十分な注意が向けられるべきである。末木文美士氏の調査考察に指摘されているように、方秀のこの注釈は本文の校訂に意を用い、語句・故事の訓詁・出典も明記し、中国の渡来僧による『碧巌録』の先行注釈の説に対しても学問的に厳密な批判を加えた、中世に比肩すべき類が知られない、同書注釈の代表的存在である（末木氏「『碧巌録』の注釈書について」、『松ヶ岡文庫研究年報』七、一九九三年）。したがって、世阿弥が『碧巌録』の内容を学んだ師としてまず第一に想定すべきは、岐陽方秀でなくてはならない。

ちなみに方秀のこのような注釈の態度には、幼少より儒学に親しみ博覧強記として知られた方秀（足利衍述氏前掲書三四五―三六七頁、等）の学問に対する姿勢がよく表れている。さらに言えば、『碧巌録不二鈔』はすべて漢文（中国語）によって記されており、そこには中国の書物に携わるにあたり和風に堕しまいとする気概がうかがわれるようでもある。これらは東福寺ならではの大陸風の学問を受け継いだ方秀の一面であるとも言えようか。

さて、『碧巌録』以外に方秀と世阿弥との関係において注目すべきと思われる禅籍は『宗鏡録』であり、先述したように、世阿弥の「初心を忘るべからず」に関して『宗鏡録』を以前の拙稿に取り上げた。もっとも筆者は、同書の「初心安くんぞ暫くも忘るべけんや」の句に注意を促したものの、世阿弥の標語がそれに基づくと断定したわけではない。しかもその直後、中国唐代の劉禹錫（七七二―八四二）の詩に「初心不可忘（初心 忘るべからず）」という句があることにも気づいたため、数年後に学会発表なども行ってこれらと世阿弥の標語との関係を考え続けており、最終的な結論を示していない。法哲学研究者の土屋恵一郎氏は、世阿弥の標語における「初心」の語意の点から、『宗鏡録』よりも劉詩との関連の可能性のほうが高いと見ていられるようだが（『世阿弥の言葉』岩波書店、二〇一三年、十一—十三頁。劉詩の存在については他研究者から教示を受けた由、筆者の学会発表類とは無縁。なお同書の『宋鏡録』は正しくは『宗鏡録』）、筆者は『宗鏡録』のいささか難解な前後の文の解釈の再考を含め、さらに慎重に判断する必要があると考えている。

以前の拙文に『宗鏡録』を取り上げた理由は、世阿弥の標語との表現の類似からばかりではなく、第一に、その日本における受容にあった。つまり同書が日本では東福寺派において円爾の時から重んじられてきた書物であり（今枝愛真氏「『宗鏡録』と鎌倉初期禅林」、『中世禅宗史の研究』東京大学出版会、一九七〇年）、なかでもそこに述べたように、当の方秀が、明の建文帝から日本に派遣された教門僧一菴一如に『宗鏡録』百巻の条目整理を依頼するなど、同書に関心を持っていたからである。むしろある意味では「初心」云々の文よりもそのことのほうがより重要なことであると思われた。また第二に、世阿弥の「初心を忘るべからず」の論には、「後心」「上根上智」といった仏教語が同時に用いられ、その一部は『宗鏡録』との関連を追究してもよいと思われたからである。詳細は別の機会に譲るが、したがって劉詩の存在にかかわりなく、世阿弥の「初心を忘るべからず」の格言に『宗鏡録』との何らかのつながりがあるかもしれないという考えは、いまだに捨て去っていない。

このように、世阿弥の方秀との交流に関して、『碧巌録』と『宗鏡録』はとりわけ注目すべき禅籍だと考える。そのうち『宗鏡録』については、第三節に再び取り上げたい。

二　「不二」から「一」への変換——方秀と『注維摩詰経』——

世阿弥の藝論には、「一」ということばを用いた漢文的表現が散見する。たとえば、前節に述べた『碧巌録』の引用「一に多種有り、二に両般無し」（『風曲集』）や、「音曲・はたらき一心」（『花伝』花修篇第二条）、「万法一に帰す。一、いづれの所にか帰す。万法に帰す」（『拾玉得花』第二条）等である。以前、右の『風曲集』「一に多種有り、二に両般無し」の世阿弥の文脈における意味を考察するにあたり、その思想的背景として、「不二」を説いた『維摩経』の「不二の法門に入る」章（鳩摩羅什訳『維摩詰所説經』では「入不二法門品」）の文を具体的に取り上げたことがある（「世阿弥能楽論の一禅語の解釈とその思想史的背景――「一に多種有り、二に両般無し」――」、『立命館文学』六〇一、二〇〇七年九月）。『維摩経』は禅でのみ重んじられてきた経典ではないにもかかわらずそれに注目したのは、このように「一」を意識した世阿弥の漢文的表現が、岐陽方秀が「不二和尚」を名のったことと、何らかの関係があるのではないかと考えたためである（拙稿「世阿弥の〈基調象徴〉と〈基調観念〉――時間の〈場〉化――」、『アート・リサーチ』六、二〇〇六年三月、にやや触れた）。それでは、その「一」と「不二」との関係はどのようなものであったか。本節では方秀の『維摩経』の読みかたに注目して、そのことについて考えてみたい。

方秀と『維摩経』（鳩摩羅什訳『維摩詰所説經』）の関係については、今泉淑夫氏が数年前に、世阿弥の藝論や作品と連関させて言及していられる（『世阿弥』、吉川弘文館、二〇〇九年）。中には以下述べることなど、やや違う角度から見たい点もあるが、維摩詰（浄名居士）の画賛「浄名居士幷叙」をはじめとする方秀の『維摩経』関連の文章の例や、同人が「不二」を称していたのが応永七年以前からであったことの指摘をとおして、方秀が『維摩経』の「不二」の思想に沈潜したことを具体的に示された説には首肯される。

今泉氏は、方秀が応永二十七年に恵一侍者に依頼されて著した次の自賛に注目された（今泉氏前掲書二七一―二七二頁）。

一侍者絵像求賛。一曰、「幻與非幻、全是不二。余於是乎賛曰、「一則不二、不二則一。性相平等、匪影匪質。」（『不二遺稿』上巻）

【訳】恵一侍者が〔私の〕画像を描いて賛を請うてきた。恵一が「幻も幻でないものも、ともに不二ですね」と言った。吾輩はそこで自賛する、「一は不二であり、不二は一である。本質と現象とは斉しく、影でもなく実質でもない」と。（解釈は今泉氏と異なる箇所がある。訳の「恵一が」は「ある人が」とも解釈可能。）

右の「一則不二、不二則一」を、今泉氏は『維摩経』の核心と述べていられる。たしかに「不二」ということばを用いたこの文が同経典に基づくという指摘はそのとおりであろう。ただし、ここで方秀が「不二」を「一」と同じだと言っているのは、『維摩経』そのものの発想とは異なる。あくまでも「不二」という否定辞を用いて説く否定的論述法が同経典の特徴であり、それが「一」と言い換えられることはない。それに対し「一」という肯定的表現を用いたのは、『維摩経』そのものを離れたそのとらえ直しである。

それでは、方秀におけるそのとらえ直しが何に基づいたのかといえば、直接的には同経典の鳩摩羅什・僧肇・竺道生（じくどうしょう）等による注を編集した『注維摩詰経』であった可能性が高い。同注釈の巻八「入不二法門品」では、同品の冒頭の文について以下の記述がある。

〔経文〕爾時維摩詰謂衆菩薩言、「諸仁者、云何菩薩入不二法門」。
〔注〕……生曰、「既悟其一、則衆事皆得。故一為衆事之所由也」。（大正蔵三八―三九六中～下）
【訳】〔経文〕その時維摩詰は多くの菩薩たちに言った、「皆様方、菩薩が不二の法（dharma）の門に入るというのはどういうことですか」。
〔注〕……道生の説、「一さえ悟れば、多くの事はみな会得したことになる。だから一は多くの事の手掛かり（経由点）なのだ」。

経文には「不二」とあるのに対し、道生（三五五―四三四）の注では、それが明確に「一」と言い換えられている。また同経典の次文について、『注維摩詰経』は以下のように記す。

〔経文〕各随所楽説之。

〔注〕肇曰、「自経始已来所明雖殊、然皆大乗無相之道。無相之道、即不可思議解脱法門、即第一義無二法門。此浄名現疾之所建、文殊問疾之所立也。凡聖道成莫不由之。故事為篇端、談為言首、究其所帰一而已矣。然学者開心有地、受習不同。或観生滅以反本、或推有無以体真、或尋罪福以得一、或察身口以冥寂。其塗雖殊、其会不異」。（大正蔵三八―三九六下）

【訳】〔経文〕各々方、お好きなようにこれについてお話しください。

〔注〕僧肇の説、「そもそもの始まり以来、説法のしかたは異なるけれども、すべて大乗でありかたちをとらない道である。かたちをとらない道とは、つまり不可思議な解脱を成就するための法の門であり、つまり最も肝要で二つとない法の門である。これが浄名居士が病気によって見せ、文殊が病気見舞によって示すということを行った理由である。凡庸な者も聖なる人も道が成就するには必ずこの方法による。それだからこの事が篇の筆頭に置かれ、この質問が会話の冒頭にあるのであって、帰する所を究め尽くしてみればただ一つなのだ。しかし学ぶ者が〔仏道の〕志を発するには〔各々の〕レベルがあり、受け容れ学ぶ内容も一様ではない。或る者は〔物の〕生滅のさまを詳察して本来の在りかたに帰着し、或る者は有と無を推察して真を体得し、或る者は〔過去世の〕罪と福とを追究して唯一の真理を会得し、或る者は身や口〔の業〕を観察して煩悩を滅する。それぞれの道は異なるけれども、その行き着く所は変わらない。」

この僧肇（三七五―四一四）の注における「一」（傍点部）は、経文の「不二」ということばそれ自体を「一」と言い換えたものではなく、その点で先の道生の例とは異なる。しかしこれは、かつて福永光司氏が僧肇の思想について指摘された、〝すべての概念の相対性を超えた絶対の「一」〟というもののとらえかた、ひいては中国特有の歴史や社会を背景とした、老荘的な思惟や論理（福永氏「僧肇と老荘思想――郭象と僧肇――」、『肇論研究』、法蔵館、一九五五年）が顕れた例だと見ることができる。右の文は、『周易』繋辞下伝「天下同帰而殊塗」（天下〔のすべてのもの〕は同じ所に帰結するが通る道は異なる。本文は『十三経注疏』台湾藝文印書館、一九九七年、に拠る）、『孟子』滕文公上「夫道一而已矣」（道は一つに行きつくものである。本文同右）、『老子』第三十九章「昔之得一者、天得一以清、地得一以寧、……。」（昔の唯一の真理を得たものは、天は唯一の真理を得て清くなり、地は唯一の真理を得て安定し、……。本文は『王弼集校釋』中華書局、一九八〇年に拠る）等の中国古典を明らかにふまえており、これらの「帰一」「唯一」の発想が重なり合うようにしてこの僧肇の注をなしている。先の道生の説の「一」にも同様の背景が推測される。つまりこれらはおおよそ福永氏の右の見識に関連させて解すべきものであり、『維摩経』経文の「不二」の表現にかかわらず、僧肇や道生の注が「一」というとらえかたや表現に傾いているのは、インドとは異なる中国ならではの仏教思想の展開の顕れであると言えよう。

そして当の方秀の賛に「一則不二、不二則一」とあって「不二」と「一」とを融通する発想が見えているのも、この『注維摩詰経』の発想に近い。実際、方秀は同注釈を読んでいた。それは、先述した『碧巌録不二鈔』に『維摩経』経文とともに『注維摩詰経』所収の注が引用されている（第八十四則）ことなどから明らかである。したがって、方秀の「一則不二、不二則一」という文言は、直接的には同注釈に基づいた可能性が高い。『注維摩詰経』は東福寺別院である普門院の蔵書目録（文和二年、一三五三、大道一以作成と推測される。今枝愛真氏前掲稿「『普門院蔵書目録』と『元亨釈書』最古の写本——大道一以の筆蹟をめぐって——」参照）に書名が見え、方秀は応永七年（一四〇〇）以前からそこに足を運んでいた（今泉氏前掲書二七五頁）。普門院のこの目録には経文単独の形の『維摩経』の名は見えず、一方『注維摩詰経』は『維摩経』の経文全文を収め、その一一に注釈を附す形態をとっているから、方秀にとっては、『維摩経』を読むとはすなわち『注維摩詰経』も同時に読むことだったと見てよい。その読みかたは、儒教経典を学ぶ際に経文と注とがともに記された本（経注本）を読むことを基本とし、注も非常に重視した、儒学の方法に近かったと言える。したがって、方秀は『維摩経』経文のみならず、右の僧肇や道生の注も大いに参照したはずである。もっとも、経文と注とを、思想的には別ものとしてあつかわなければならないことはもちろんである。

　右の普門院蔵書目録には、仏教典籍以外にも、先述した『周易』『孟子』『老子』をはじめ儒学や老荘思想の書名が多数記載されている。つまり、〝すべてはその根幹をなす一の諸相である〟〝すべての道は唯一の場所に落ち着く〟というものの見かたが顕れた説は、『注維摩詰経』のほかにも方秀の読書範囲に散見していた。本節冒頭に挙げた『碧巌録』の「一有多種、二無両般」（一は多くのものを含むが、二は〔二つに見えてもそこには〕二つのものはない、不二だ）などは、方秀が読んだ中でも「一則不二、不二則一」に内容が近い例である。したがって、「一則不二、不二則一」は直接的には『維摩経』の注に基づくものであったとしても、方秀は種々の中国の書物によってこの類の発想に通じていたに違いない。『維摩経』の「不二」の思想とともに、「不二」が「一」へと変換されやすい中国思想を学ぶ環境が、方秀の周囲には整っていた。

　そしてこの環境は、方秀だけではなく、本節冒頭に述べた世阿弥の「一」への意識の基盤をもなしているのではないか。世阿弥の藝論には「不二」の用例も若干見られるが、「一」をより多く用い、「不二」以上に「一」に特別な意識を持っていたことがうかがわれる。そこには『注維摩詰経』を直接投影した跡は見出せないが、いま述べたような中国思想的な「一」というものの見かたを、世阿弥も方秀の周辺で学んだのではないか。次節ではそのことに関して、「一心」ということばに注目しつつさらに見ていきたい。

三　「一心」――『宗鏡録』と方秀・世阿弥――

世阿弥の藝論には、「一」を意識した漢文的表現のなかに「一心」が数例見られ、世阿弥が「一」に関することばのなかでもとりわけ重んじたことがうかがわれる。たとえば『花伝』花修篇において世阿弥は、能の謡（音曲）と所作（ふぜい・はたらき・ふうてい）の関係を、謡を基準として所作はそこから生ずる「体」と「用」の関係であるととらえ、以下のように説く。

> 一切の事は、いわれを道にしてこそ、よろづのふぜいにはなるべき理なれ。いわれを表すは言葉なり。さるほどに、音曲は体なり、ふぜいは用なり。しかれば、音曲よりはたらきの生ずるは順也。はたらきにて音曲をするは逆なり。諸道・諸事において、順、逆とこそ下るべけれ。逆、順とはあるべからず。返すがへす、音曲の言葉の便りをもて、ふうていをいろどり給べき也。これ、音曲・はたらき一心になる稽古なり。
>
> （第二条。世阿弥伝書引用は日本思想大系『世阿弥 禅竹』に拠り、一部表記を変えた。）

また続けて、この謡と所作の関係を能役者が理解して作能・演能の稽古・工夫の経験を積んだ結果を「謡ふもふぜい、舞ふも音曲になりて、万曲一心たる達者となるべし」と言っている。これに近い説は世阿弥の藝の講話が書き留められた『世子六十以後申楽談儀』にも見える。

音曲とは能の性根也。されば、肝要又此道也。……至り至りて、能・音曲の一心に帰する所、万徳の妙花を開く成就なるべし。（第六条）

右の「能」は、謡に対して視覚的表現を中心に見た場合の「能」であり、その点で『花伝』花修篇の「はたらき」（所作）とほぼ同列にあつかってよい。その謡と所作との関係は、『花伝』花修篇によれば、謡を基準として所作が生ずるようにすべきものである。あくまでも謡が「体」であり核となるととらえるのが世阿弥の見かたであるが、藝の研鑽・洗練によって謡と所作とは融合し、一体となりうるとも述べている。両者が「体」「用」の関係を超越し、その性質の相違や位置付けの差がもはや役者の意識下に後退させられて、藝を形づくるあらゆる要素が「一心」に帰する境地を、世阿弥は想定している。

この「一心」をはじめ、世阿弥の「一」に筆者が注目してきたのは、先述した中国の禅籍『宗鏡録』が、「一心」を重んじた書物であることを理解しつつあったことと並行している。その過程で圭峰宗密（七八〇—八四一）・延寿・朱子（一一三〇—一二〇〇）の「一心」と世阿弥の「一心」を比較した口頭発表（国際高等研究所研究プロジェクト、二〇一一年九月）も行ったが、『宗鏡録』の内容を論じた日本の研究が少ないこともあって、同書の読解には、石井修道氏の説（「宗密と延寿」『華厳学論集』大蔵出版、一九九七年、等）のほか中国・欧米の研究の力を借りた。ごく最近、延寿と『宗鏡録』を中国仏教史・思想史の観点から本格的に取り上げた柳幹康氏の研究が発表され（『永明延寿と『宗鏡録』の研究——一心による中国仏教の再編——』法藏館、二〇一五年二月）、日本でも近世以前には東福寺を中心に禅籍として重んじられていた『宗鏡録』が「一心」をテーマとすることは、日本の研究でも明確に指摘されるようになった。

ただし、「一心」は程朱学でも用いられることばでもあり、世阿弥の用例がそちらに由来する可能性も考えなくてはならない（右の口頭発表及び最近の拙文に触れた。「学ぶ世阿弥、考える世阿弥」『観世』、二〇一四年八月）。世阿弥の「一心」については、能楽研究の立場から高橋悠介氏が、『宗鏡録』を取り上げた先の拙稿（一九九九年）をもとに同書と結びつけ、世阿弥の藝論『遊楽習道風見』の「一心を天下の器になして」について、「『宗鏡録』にみられるような禅における「一心」の捉え方から来ている」と述べている（「世阿弥から禅竹へ――禅の問題を中心に――」、『禅竹能楽論の世界』慶應義塾大学出版会、二〇一二年）。しかし同稿には「一心」を「禅において特に強調された説」であると見る根拠が示されず、しかもこの世阿弥の文は、「器」等のことばが見える点からも、程朱学との関連の検証がとくに必要だと思われる例であって、単純に禅由来であるとは認められない。

このような世阿弥の「一心」についての考察のすべてをここに論ずる紙幅の余裕はないが、その一過程として、方秀の文にも「一心」の表現を用いたものがあることに着目し、その中からいま重要だと思われる例を少々取り上げてみたい。

一例は、至徳二年（一三八五）の奥書を有する「明之説（明之の説）」で、方秀が周防の「杲上人」に字を請われて「明之」と命名し、その意味を述べた文である。

予考、于『周易』離卦説之曰、「離、明也」。「明」也者、「明徳」也者、乃吾聖人之徒所謂一心也。人々之所具、素有之大本。寂而常照、照而常寂。

【訳】私が考えるに、『周易』では「離」卦を〔説卦伝に〕説いて「離は明なり」と述べる。〔『周易』の〕「明」というものや〔『大学』の〕「明徳」（人に先天的に具わっているすぐれた特性）というものは、これこそ我が聖人の仲間（仏教徒）が言う一心のことだ。一人一人に具わっており、本来持っているおおもとだ。〔その本体は〕さとりの境地であって常に照らし、〔その光は〕照らしていて常にさとりの境地にある。

ここで方秀は、仏道の「一心」を、『周易』説卦伝の「明」や、程朱学の鍵概念である『大学』の「明徳」と同じだと言う。つまりここでは儒学が参照されているが、この「一心」は仏教語としての「一心」であることが「吾聖人之徒所謂一心」と明示されており、『宗鏡録』に言う「一心」すなわち先述した柳氏が言い換えられた「般若」「一切諸法〔万法〕の根源」（柳氏前掲書三十四・八十七頁）などの謂に符合する。しかも末文の「寂而常照、照而常寂」は、現存『宗鏡録』冒頭の中国北宋の楊傑による序の「鑒体寂而常照、鑒光照而常寂」（「鑒体」は鏡の本体、「鑒光」はその光）の文と表現が一致する。これらのことから、方秀が右の文を著す際に『宗鏡録』をふまえたことは明らかである。

また方秀の別の一例は、応永二年（一三九五）の奥書を有する「送允中昱侍者序（允中昱侍者を送るの序）」に見える以下の文である。

夫学也者、吾聖人設以為修乎一心之標准也。曰戒、曰定、曰慧、三綱雖異、皆総乎是。

【訳】そもそも学ぶということは、我が聖人（仏）が一心を修めるために設けた基準だ。すなわち「戒」「定」「慧」で、〔この〕三綱目は違ってはいるが、すべて一心に束ねられる。

ここには「一心」とともに修行の基準である「戒」「定」「慧」が取り上げられているが、これはやはり『宗鏡録』の楊傑の序に以下の文があることをふまえたのであろう。

普容来者、……指帰妙源、所謂舉一心為宗、照万法為鑑矣。若人以仏為鑑、則知戒定慧為諸善之宗。

【訳】来る者をあまねく受け容れるとは、……深奥の源を願い、〔延寿の〕言われる「一心を取り上げておもとする」ことであり、万物を照らして鏡とすることである。もし人が仏を鏡だと見なすならば、戒・定・慧が種々の善のおおもとであることを知るだろう。

このように、方秀が二、三十歳台の頃に著した文にすでに、「一心」をはじめとして『宗鏡録』への意識が表出されていることからは、世阿弥の藝論の「一心」も『宗鏡録』を何らかの意味で反映している可能性が考えられる。とくに先の『世子六十以後申楽談儀』の文に見える「万徳」ということばは儒書における用例が皆無に近く、逆に『宗鏡録』等の禅籍をはじめ仏教典籍には多数見られることから、少なくともこの例は、程朱学よりは『宗鏡録』の思想を背景としていると言えよう。また、世阿弥が「一心」の「一」に対して「万法」「万曲」「万徳」のように〝すべて〟を表す「万」を対にするのは、儒教・老荘思想・仏教を問わず中国の数多くの文章類に用いられるレトリックを摂り入れたものである。『宗鏡録』でも、右の楊傑の『宗鏡録』序の「一心」と「萬法」はその例であり、延寿自身も「一心」を「萬行」「萬有」等と対比している。この「萬」と対置される「一」が、前節に福永光司氏の指摘として挙げた〝すべての概念の相対性を超えた絶対の「一」〟を意味し、それに類することは明白である。

もっとも、世阿弥の「一心」は言うまでもなく禅籍を離れた能の藝論における応用的な例であり、したがってその意味も『宗鏡録』の「一心」と同一ではない。しかし『世子六十以後申楽談儀』の「至り至りて、能・音曲の一心に帰する」には、藝には落ち着くべき本来的な唯一の境地（一心）があるとするとらえかたがうかがわれ、能の藝におけるその「一心」の位置付けは、延寿による仏道の「一心」の位置付けと共通性があると言うことができる。それはまた、前節に『注維摩詰経』の「一」に関して見た、「究其所帰一而已矣」（落ち着く所は結局ただ一つ）などの文言と通い合う発想でもある。このように、世阿弥の少なくともこの類の「一心」の論は、方秀周辺で読まれた『宗鏡録』の「一心」ひいては「一」に対する理解を投影しているとみてよいのではなかろうか。

結び

以上見てきたように、岐陽方秀の文章、また方秀と交流した世阿弥の藝論には、日本の室町時代初期の禅環境における学問・思想の在りかたの一端をうかがうことができる。

その一つは、〝すべてはその根幹をなす一の諸相である〟〝すべての道は唯一の場所に落ち着く〟というニュアンスに結びつく「一」への意識が顕れていることである。これは福永光司氏が指摘されたように、すべての概念の相対性を超えた絶対の「一」に通じており、インドとは異なる中国特有の歴史・社会において生じた老荘思想的な発想によるものと解される。二人の近くには、この「一」というとらえかたを示した『注維摩詰経』『宗鏡録』『碧巌録』等の中国の仏教典籍があり、それらの背後にはさらに『周易』『孟子』『老子』等の中国古典もあった。もっとも、これらの古典や仏教典籍から方秀・世阿弥の例に至るまでには時代的・社会的な径庭があり、各々のジャンルやテーマも異なるため、それら多くの説の相互の違いを無視するわけにはいかないが、そうであるにせよ、そこに通底するものの見かたの傾向が、二人の文章や藝論にも受け継がれている。

これはそのまま、方秀の学問的・思想的基盤であった東福寺の環境を反映したものであると言えよう。東福寺は円爾以来、教門・禅門を問わない仏教典籍はもちろん、程朱学を含めた儒学や老荘思想の舶来の書物を多数蒐集し、幅広く中国の学問・思想を学びうる場であった。その伝える禅は、古田紹欽氏のことばによれば「択一主義」ではなく「総合主義」のそれであり（「円爾と東福寺」『日本禅宗史の流れ』人文書院、一九八三年）、開祖以来『宗鏡録』を重んじたことに端的に顕れているように、アルバート・ウェルター氏（Albert Welter）が中国の禅の歴史について注目された、教門の学を排し語録を中心に伝えた禅の法流とは異なる在りかたの禅（'*Yongming Yanshou's Conception of Chan in the Zongjing lu: A Special Transmission within the Scriptures*, Oxford University Press, 2011; 'Beyond Lineage Orthodoxy: Yongming Yanshou's Model of Chan as Bodhisattva Cultivation', *Chung-Hua Buddhist Journal* 26, 2013）が日本に根付いた典型例であった。「一」への意識は、この東福寺のように中国の種々の学問・思想の道が輻輳する場における、ものの見かたの一特徴である。

また、方秀や世阿弥の説には、それらを日本的なものと混淆させずに、大陸の純粋に近い形で表現しようとする傾向がうかがわれる。それは、方秀が『碧巌録不二鈔』の撰述にも自身の文章の著述にも和文を用いず漢文に徹したことにも、また世阿弥が方秀と交流した後半生の藝論に、漢文表記や字音熟語の造語を試みたことにも顕れている。もっとも世阿弥の場合、その伝書の漢文記述のレベルからは、中国の書物を自身で読み進める学力があったとは考えがたいが、方秀やその周辺の助けを借りつつ、世阿弥なりにその内容を咀嚼して藝の工夫や継承に活かそうとした跡が見受けられる。ここにも東福寺的な環境が顕れているのではないか。つまり、当時の東福寺は円爾の渡宋と舶来の蔵書によって築かれた伝法を核として大陸風の感覚を留めた、都周辺における学問の中心地であり、随一の国際的場（トポス）であったと言うことができるのではなかろうか。そこに方秀のようにとりわけ学問に熱心な僧が現れて、建文帝に派遣された中国僧と積極的な交流も行い、その周囲を相乗的に国際的な空気が占めることになったのではないかと思われる。

また、世阿弥のように武家や地方豪族出身の禅僧とは異なる社会的地位にあった人物が、このように大陸風の学問に接しえたことには新鮮な驚きのようなものを感じるが、この世阿弥の例などから考えれば、当時の東福寺には、とくに足利義持政権期以降、それまでの社会的範囲や階層を超えて学問を普及させる基点となった、そのような性格も同時に垣間見られるように思われる。足利将軍家文化圏は、世阿弥のような藝能者の将軍家周辺への受け容れをはじめとして、身分による教養の壁を低くし、文化の享受層を町衆の間や地方へと次第に拡大させていったが、それに学問の面で連動していったのが、東福寺という禅の場ではなかったろうか。その教育的役割の先進性にも注目したい。

逆に言えば、当時の能役者は、貴顕と交流可能な将軍家文化圏や東福寺周辺に身を置いていなかったならば、世阿弥のように歌道や蹴鞠から禅や儒学まで学ぶことはできなかったろう。そして、教養の身分差の壁が取り払われていったのが都の将軍家周辺からであったならば、かつての能楽研究において世阿弥の禅的教養の出所と見られていた竹窓智厳や大和の補厳寺の周辺は、いかにそこでの学問の質が高かったとしても、当時の能役者のような身分層に対して教育の先鞭をつけたとは、考えにくいのではないか。この点も、世阿弥が禅にかかわる教養を身につけた環境として、東福寺を中心に考えるゆえんである。

方秀も世阿弥も中国に渡航こそしていない。しかしともに、このように中国風の学問・思想を総合的に近い形で伝えていた禅の場において、国際的な感覚でそれを受け容れようとした先進的な人物であった。ここに見てきた「一」への意識は、そのような室町時代初期の東福寺という場における仏教理解やもののとらえかたの、一つの象徴と言えるのではなかろうか。

＊本稿は、日本学術振興会科学研究費補助金（課題番号 15K02232）の成果の一部である。

仮山水としての西芳寺
――中世禅院における山水の枠組みをめぐって――

野村俊一

はじめに――中世禅院の山水とその特徴を考える――

鎌倉と京都を中心に、日本の禅院は鎌倉時代から本格的に開花した。ここをターミナルに、中国南宋江南地方を経て多彩かつ真新しい情報・モノ・人が往来し、その結果、禅院の文化は後世に多大なインパクトを与えるようになった。足利将軍家の邸宅だった室町殿、金閣が聳える北山殿（現鹿苑寺）、銀閣が聳える東山殿（現慈照寺）など、禅院をモデルに制作された場は少なくない。そのインパクトは時の為政者の生活圏にまで及んだのである。

この文化を代表するものの一つとして、しばしば「枯山水」が挙げられる。大仙院書院庭園や龍安寺方丈庭園など、想起される文化財も少なくないだろう。では、これら「禅院」の「枯山水」にみる本来の特徴とは一体何か。たしかに、後者のみに限れば、水を用いずに砂・石・樹木などで山や海を象徴的に表現するといった、現在も永らえている具体的な形態や制作技法を指摘することは容易い。しかし、この言葉は平安中期には禅院と異なる文化圏ですでに用いられていたし、その関連語として「仮山水」や「唐山水」なども指摘されていることから、鎌倉時代の禅院に特有のものではなく、何かしらの区別を伴うものだったと考えられるのである。しかし、既往研究ではいずれの言葉も「枯山水」と同一のものと解釈され、言葉間の差異が等閑視される傾向にあり、その結果、禅院の山水にみる本来的な意味が見えづらくなってしまっていることも否めない。「禅院」の「枯山水」には思いのほか謎が多いのである。

中世日本の禅宗の本格的開花時において、山水はどのような考えのもと制作・受容されたのであろうか。その考えは他の文化圏と比べてどのような特徴があったのであろうか。以上の問題意識のもと、本稿では山水を捉えるための禅宗特有の枠組みについて考えてみたい。そのためにも、まず「枯山水」をめぐる先にみた問題を確認したうえで、とくに「仮山水」という言葉に着目し、夢窓疎石（一二七五―一三五一年 以下「夢窓」）が暦応二（一三三九）年に復興した西芳寺での具体例を再検討したい。[1]

夢窓は後醍醐天皇や足利尊氏らの帰依を受け、七代の天皇から国師号を贈られた高僧としても有名で、山水への「園霞癖」も名高く、彼が関与したといわれる史跡も少なくない。しかし、あまりにも有名であるため、その由来にさまざまな尾ひれが付き、創建当初の事跡がいささか見えづらくなっているのも否めない。夢窓はどのような禅宗特有の枠組みにより西芳寺の山水を手がけたのであろうか。「枯山水」をめぐる問題をも念頭に、ほかの宗派や文化圏での事例との違いに留意し検討しよう。

一　中世禅院の「仮山水」

まず、「枯山水」という言葉の使われ方について確認しよう。[2] その史料上の初出を、橘俊綱（一〇二八―九四）が編纂した『作庭記』にみることができる。

池もなく遣水もなき所に、石をたつる事あり。これを枯山水となづく。その枯山水の様ハ、片山のきし、或野筋などをつくりいでゝ、それにつきて石をたつるなり。又ひとへに山里などのように、おもしろくせんとおもハゞ、たかき山を屋ちかくまうけて、その山のいたゞきよりすそざまへ、石をせうくたてくだして、このいゑをつくらむと、山のかたそわをくづし、地をひきけるあひだ、おのづからほりあらはされたりける石の、そこふかきとこなめにて、ほりのくべくもなくて、そのうゑもしハ石のかたかどなんどに、つかハしらをも、きりかけたるていにすべきなり。又物ひとつにとりつき、小山のさき、樹のもと、つかハしらのほとりなむどに、石をたつることあるべし。但庭のおもにハ石をたて、せんざいをうへむこと、階下の座などしかむこと、よういあるべきとか。

同書は寝殿造庭園に関する作庭秘伝書と伝えられるものだが、「枯山水」について、池や遣水などの水を用いずに石を立てたものと説明している。軒の近傍に設け、地形起伏ある場を専らとし、樹木や束柱のほとりにも石を立てることも特徴として挙げている。ここではとくに、池や遣水などの池泉と「枯山水」とが区別されていること、「枯山水」が時に山里などの実景をモデルに制作されたことに注意したい。

この記述内容を念頭に、鎌倉期に隆盛した禅院の山水について、一四世紀における五山叢林の境内を表した『建長寺指図』および『円覚寺境内絵図』のもとその具体像を確認してみよう。いずれの絵図も、三門と仏殿が、僧堂と庫裏が対面し、仏殿の奥に法堂と方丈が並ぶ典型的な五山叢林の伽藍配置を表している（図1・2）。その奥の方丈に隣接する山水に注目すると、寝殿造庭園や浄土庭園などでもみられる池泉庭園を共通して確認することができる。ひるがえって、鎌倉五山の方丈庭園では、『作庭記』がいう「池もなく遣水もなき所」としての

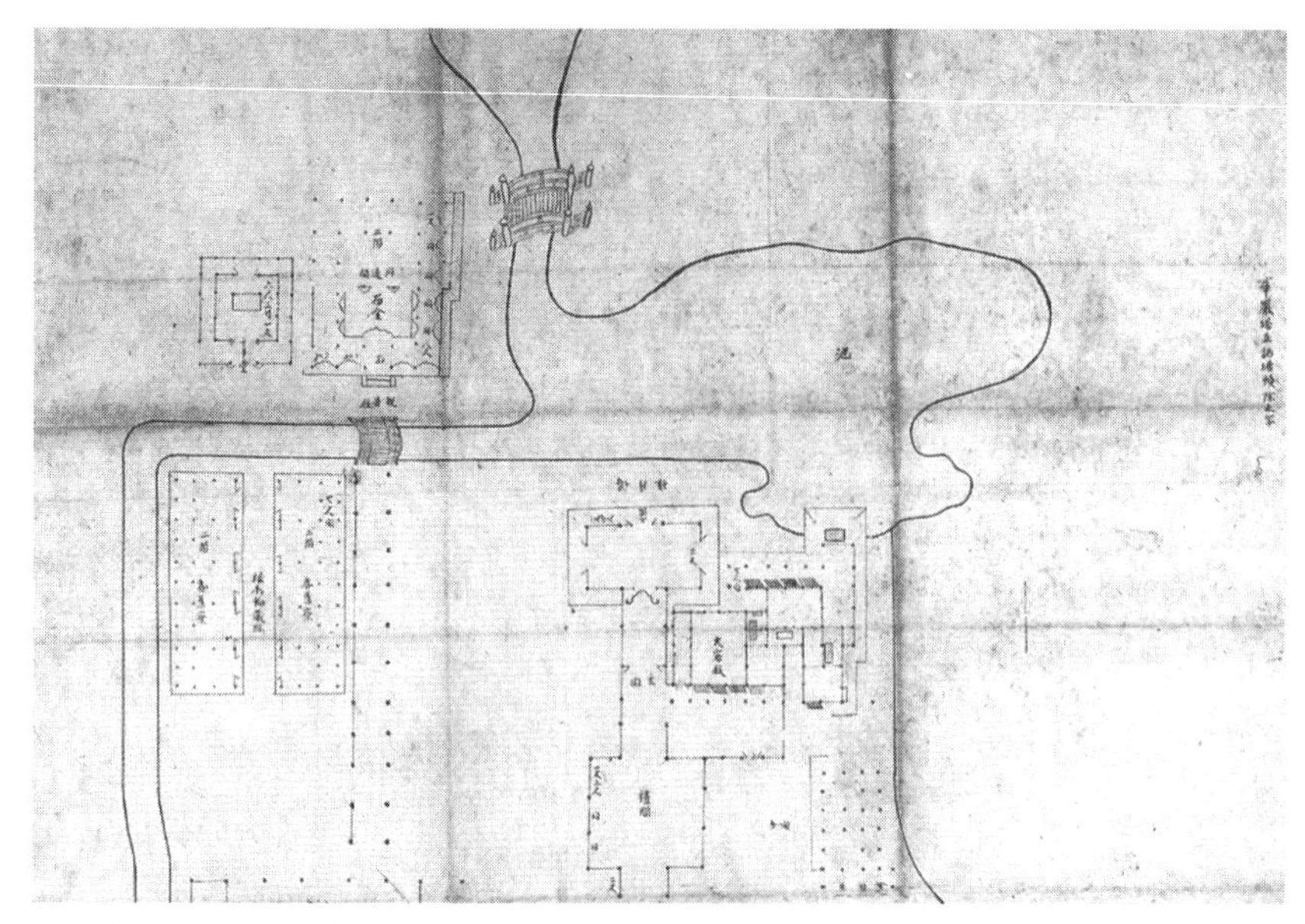

図１『建長寺指図』（部分）

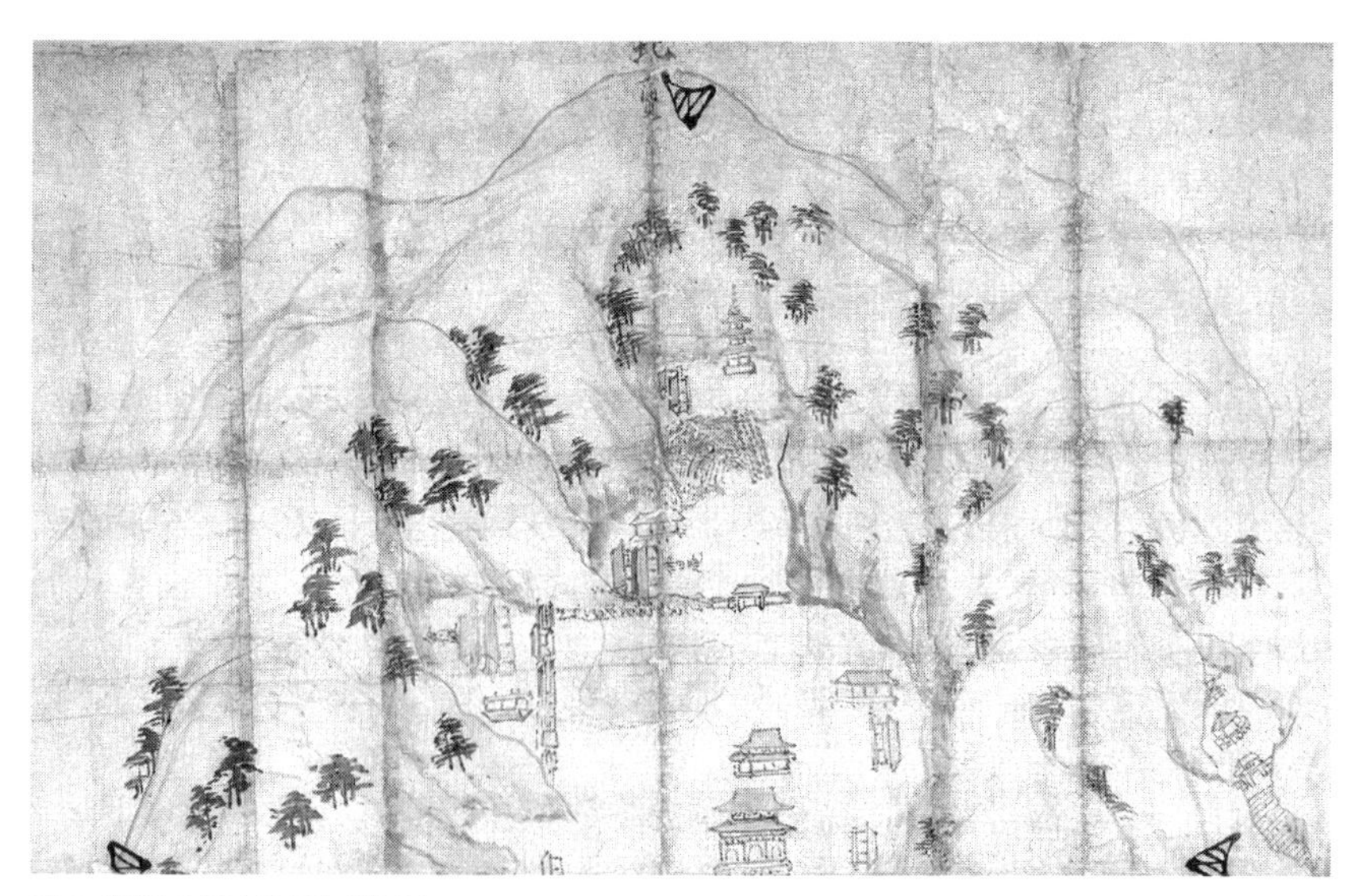

図２『円覚寺境内絵図』（部分）

「枯山水」が専一に用いられたわけではなかったことがうかがえよう。

　どうやら、現在一般に流布する「枯山水」と、鎌倉期に隆盛した禅院の山水とのあいだには、具体的な形態や技法に差異が見出せそうである。そこで次に注目したいのが、一条兼良（一四〇二―八一）が撰述した蓋然性が高い『尺素往来』と、そこにみる「枯山水」の説明である。禅院で使用された言葉を説明する文脈のなかで、この言葉のほかに「仮山水」という言葉が説明されている。

> 先為庭上之景、前栽荘厳仕候。（中略）仮山水者、海様、河様、池様、泉様、遣水様、岩井様、細谷川様、枯山水様、山形、野形、洲濱形、葦手形等。石立者、海川之石、野山石流破石、水切石、逃石、逐石、副石（易林本 添石）、離石、起石、臥石、鸕鷀羽干石、鴛鴦双居石、三尊［仏］石、品文字等。瀑落者、絲落、布落、離落、絲落、単落、重落等。模国々之名所令建立候。

禅院で前栽を荘厳するための技法を説明するなか、「枯山水」は「仮山水」と同一のものとして扱われていない。前者は泉や遣水などといった庭園を構成する具体的な範疇の一つとして、いっぽうの後者はこれらを包括する上位概念として、「石立」や「瀑落」と同水準のものとして位置づけられている。「枯山水」は「仮山水」の一種に過ぎないのである。このような区別と体系化が、当時における百科事典としての役割も果たした往来物のなかで明示されたことにあらためて注意する必要があろう。(3)

　では、実際に中世の禅院でこのような区別はされていたのであろうか。管見によれば、語録や仏教的詩文となる偈頌など禅僧が遺した史料のなかに、「枯山水」という言葉を見出すことはできない。しかしここで留意したいのは、いっぽうの「仮山水」という言葉こそが禅院で数多く用いられていたという事実である。試みに『五山文学全集』および『五山文学新集』に限定し確認すると、語録や偈頌のなかに多数の用例をみることができるとともに、判断が難しい事例もあるが、山水を観念的に詠んだものと、実在の山水を制作したことがうかがえるものとの二種を見出すことができる。[4]

山水への「園霞癖」で名高い夢窓疎石も、他の禅僧と同様に「仮山水」に言及している。例えば『臨川家訓』では、三会院の整備をめぐって後世に対し次のように示している。

近来叢林諸寮各搆小庫裏。其意楽殊不順理。火事亦可怕也。一向制之。僧家宜甘枯淡。無愛閙熱。縦有来客。氷雪相看也得今此伽藍偏依　都督親王大願力而興成矣。因卜寺後奉安報恩之塔。其傍又搆卵塔以表開山之儀。中立彌勒堂充両塔之昭堂。因号三会院。此皆公界所宜有者也。此外伽藍郭内及菜園裏莫卓私庵。予於三会院東搆仮山水。恐其犯用常住菜園。乃買隣地以代之。

個別伽藍の維持管理について触れるなか、三会院の東方に構えられた「仮山水」が菜園へと転用されることがないよう戒めている。実利的な土地活用への批判といったところであろうか。具体的な様相までは不明だが、この場合の「仮山水」は実景としての庭園を指すものとみて良いだろう。

夢窓と「仮山水」をめぐって注目したいのは、夢窓が手がけた西芳寺庭園の来歴について、応永七年（一四〇〇）に急渓中韋が記した『西方寺池庭縁起』（以下『西方寺縁起』）にみる次の記述である。

国師天性仮山水のおもむきを得て。島々洲崎そのよろしき所にしたがひて仏閣僧舎を建。又そのあいだ奇岩怪樹の有さま。世に九山八海を移し給ふといひ伝へしもかゝる事になん。

本来的に備えた「仮山水のおもむき」のもと、「島々洲崎」のただ中へ適切に「仏閣僧舎」を建てること、そして、これらの合間を縫って立つ「奇岩怪樹」が「九山八海」をうつしたものであるとの伝承が記されている。この「仮山水のおもむき」の志向するところが、実在の庭園のみにとどまらず、建築までもワンセットに捉えられていることに留意したい。

ここまでを整理しよう。「枯山水」という言葉はすでに平安時代に編纂された作庭書で用いられていたが、鎌倉期の建長寺や円覚寺といった代表的な五山叢林の方丈庭園では、同書がいう「池もなく遣水もなき所」としての「枯山水」が専一に用いられていたわけではなく、寝殿造庭園や浄土庭園でも用いられた池泉も備えられていた。管見によると、中世を生きた禅僧の語録や偈頌では「枯山水」という言葉は用いられておらず、代わりに「仮山水」という言葉が専ら用いられており、「園霞癖」でも有名な夢窓疎石が自ら制作した山水に言及したときもこの言葉が用いられていた。とくに西芳寺庭園の再興は「仮山水のおもむき」のもと実現したと後世に評価され、この「おもむき」の射程は庭園にとどまらず建築をもカバーするものだった。そして、この「仮山水」という言葉は、一五世紀に編纂された往来物では中世禅院の用語の一つとして、「枯山水」を包括する上位概念として体系的に区別されていた。このように山水の制作・受容の現場において、「枯山水」はあくまで「仮山水」の一カテゴリーとしての位置づけであり、中世禅院で専ら用いられた言葉は「仮山水」だったことがうかがえるのである。

なお、冒頭でも触れたとおり、「枯山水」に類似する言葉としてほかにも「唐山水」・「乾山水」・「乾泉水」が指摘されている。(5)管見の限り「乾山水」と「乾泉水」は中世禅院で記録された語録や偈頌では確認できないが、いっぽうの「唐山水」は唯一『臥雲日件録抜尤』において確認できる。しかし、すでに指摘されているとおり、この言葉は山水を意味するものではなく、あくまでも菓子を意味するものだった。[6]この菓子が禅院の山水をモチーフにした可能性も否めないが、現状において直接的な関わりを見出すことは難しい。

このように、本格的に開花した時期における日本の禅院では、建築や庭園を指し示す言葉は「枯山水」よりも「仮山水」が主流だったとみて良い。では、「仮山水のおもむき」のもと実現した西芳寺は、どのような禅僧特有の枠組みのもとで再興されたのであろうか。次章以降、具体像をもとに検討してみよう。[7]

二　西芳寺の山水と建築・庭園の意味付け

現在、京都市西京区に位置する西芳寺は、一面に拡がる苔がビロード状に照り映えた通称「苔寺」としても有名である。『西方寺縁起』によれば、この場にはかつて聖徳太子の別荘が存在したほか、阿弥陀如来の真身が示現したことから、その尊容を七宝塔に納め、池の西方に仏殿が造営されたという。のちに行基や空海、高岳親王、延朗上人といった人々が訪れ、池泉で放生会などの儀礼も行われた。

その後、浄土宗に帰依した中原師員（なかはらのもろかず）（一一八四—一二五一）が厭離穢土・欣求浄土の心をあらわし、この地に穢土寺と西方寺という二つの寺を構えた。師員が没したのちしばらく寺が荒廃するに到ったが、藤原親秀（—一三四一頃）によって夢窓が招請され、暦応二（一三三九）年にかつて西方教院だった「西方寺」という名称を「西芳寺」へと改めた。生まれつき仮山水の趣を得ていたという夢窓は、先にも触れたとおり、嶋々・洲崎のなかにほどよく建築を設けてゆき、あいだに奇岩・怪樹がみえるさまは「九山八海」を移したものと伝承された。このように、かつての浄土宗寺院は禅院へと再構成され、建築と庭園が増改築されていったのである。

では、この中興事業において夢窓は具体的に何を行ったのか。彼の行状をもっとも信頼にたる状態で記録した

『夢窓国師年譜』（以下『年譜』）、『夢窓国師塔銘』（以下『塔銘』）、『西芳遺訓』（以下『遺訓』）をもとに、まずは実際に手がけられた庭園と建築について繙（ひもと）いてみよう。

『年譜』によると、西芳寺において清池を開き伏流を導いた池泉では、岩間より水がさらさらと流れ、松島・嘉樹・奇岩が林立し、船が浮かぶ水面に建物が映り込んでいた。この池泉は「黄金」池と名付けられ、『塔銘』によると蟠松や怪石、珍菓異花が雑然と生い茂るなか、池を掘って水を引き、堤を築いて柳を植え、船を浮かべ橋亭を設けることで整備された。

興味深いのは、『年譜』・『塔銘』・『遺訓』をみる限り、このような庭園に関する記述よりも、建築に関するもののほうが充実していることである。

まず夢窓は、かつて阿弥陀仏を奉っていた仏殿に「西来堂」の額を掲げ、仏殿の南方に「無縫塔」と僧寮（僧舎）を造営し、地形に合わせた回廊を堂閣と僧寮のあいだに設けた。「黄金」池には船舶のための「合同」亭をはじめ、南に「湘南」亭を、北に「潭北」亭を、山の絶頂には「縮遠」亭を、中途に「向上関」という門を、半山至らぬ辺りに「指東」庵を設けている（『年譜』）。僧寮は坊主寮「釣寂庵」に一棟、「環中庵」に五棟、「格外庵」に八棟、「貯清庵」に一棟、穢土寺に一棟の計十六棟が存在したほか、公界に庫裏と典座寮が存在した。各寮には原則坊主一人と侍者一人の計二名が配置されたという（『遺訓』）。

このようにして夢窓は、「遊観行楽」の所や「禅寂憩止」の庵を備えてゆき（『塔銘』）、僧衆の数と役職を厳しく制限しながら僧寮の維持に努めたのである（『遺訓』）。ここにおいても、実在の庭園のみにとどまらず、建築もワンセットに再興計画が実施されたことがわかる。また、穢土寺にも僧寮を設けていることから、かつての西方寺と穢土寺を包括し、全体を西芳寺として再整備したことをうかがえる。

夢窓はこの場を「須擇坐禅行道為念者耳」（『遺訓』）とあるように、坐禅専修の場に位置づけた。同時期の京都では、ほかにも夢窓が大きく関与した天竜寺と臨川寺が造営されたが、前者は官寺となる五山叢林として、後者は夢窓派一門の徒弟院として、ともに集団生活を伴う公的な禅院に位置づけられていた。これらに対し西芳寺は、夢窓が信頼の置ける弟子のみを集め修行に専念するための、より私的な場として整備された。常住する僧数や生活規則を厳しく律することで、理想的な修行環境の実現が目されたのである。

さて、西芳寺の池泉とその周辺の建築は、大きく二つの内典をもとに名付けられ整備されていった。一つは唐代中期の禅僧南陽慧忠（六七五―七七五、以下「南陽」）をめぐる『碧巌録』にみる故事である。[8] それによれば、あるとき唐朝の皇帝粛宗（七一一―七六二）が南陽へ百年後に望むものを問うたところ、遺骨を葬る一基の無縫塔を挙げた。皇帝がそのかたちについて尋ねると、南陽は無言で応じた。不思議がる皇帝に対し、南陽は弟子の耽源に尋ねて下さいと答えた。南陽の死後、皇帝が耽源を召し出し意味を問うと、「南は湘之のあたり、北は潭州のはてまで、黄金なす国土の限り、陰のない木々の木陰に、乗り合いの船はにぎやかなれど、瑠璃の宮殿に知る人ぞなき」と答えたという。

黄金の国土のなか、南に「湘南」、北に「潭州」が位置し、水上に「合同船」が浮かぶというイメージは、西芳寺に反映された各固有名にそのまま見て取ることができる。また、この故事の中心をなす「無縫塔」は、一般に死者の遺骨を葬る石塔の一つで、日本では鎌倉期に禅院のあいだでひろまり、次第に他宗でも普及したものであるが、西芳寺では「西来堂」の南方に楼閣建築として計画され、この二階に舎利一万顆を貯えた水晶の宝塔が納められた（『年譜』）。南陽の問答にみる水晶を奉った「瑠璃殿」が、西芳寺無縫塔の二階に再現されたのである。

西芳寺の庭園に大きな影響を与えたもう一つの内典は、馬祖道一（七〇九―七八八）の法を嗣ぎ、洪州西山に隠棲した亮座主をめぐる故事である。[9] それによれば、熊秀才が洪州の西山を遊んでいたとき、暗谷の林で盤石に座る一人の僧を見かけた。ここはかつて亮座主が隠棲したと伝えられる場所。「亮座主ですか」と訪ねたところ、その僧は東方を指差した。その方向に目をやると、その僧の姿は消えていた。小雨がやみ盤石に登ると、その場のみ誰かが座っていたかのように乾いていたという。西芳寺の山の中腹ほどに設けられた「指東」庵は、この「僧以手向東指」という語をもとに命名されたのである。

このように夢窓による西芳寺中興の具体的内容は、禅宗でしばしば参照された内典の固有名や物語を、実在の山水にオーバーラップさせたものだった。そして、これにあわせるように建築・庭園を改造・新造することで、理想の山水への希求が目されたのである。実現した建築・庭園および掲げられた扁額は、内典で用いられた固有名を象徴するランドマークとしても意味を放っていたことになるだろう。

三　西芳寺の山水と建築の機能

さて、以上みてきた西芳寺における山水への意味づけについては、参照された蓋然性が高い内典とその内容を中心に、すでに多くの既往研究でも指摘されている。以上をふまえて次に留意したいのは、先にも触れたとおり、この事業において建築の造営や命名に関する記録のほうが多いことである。たしかに、清池を開いて伏流を導くなどといった庭園整備の記録もみられるが、それ以上に、池泉へ沿うかのように複数の楼閣や亭を構え、それぞれを廊で結び、各々に固有名を賦すといった建築計画に要があったかのように史料の紙幅が割かれている。

では、実際に造営された建築の機能はどのようになっていたのであろうか。ここで一四世紀中に記された史料に着目すると、室内で書を認めたり、客人に対応したり、庭園を鑑賞したり、坐禅したりなどといった、いわゆる住宅の特徴を備えたものの存在がみえてくる[10]。

史料一「夢窓国師画像」

這田舎奴、形醜心愚、其醜也者画得太似、其愚也者固匪可図、莫謂丹青無妙手、仏祖似難以名摸、借□□溪居士、擬向何処見吾、咦、

藤給侍中雲溪居士、画予幻質需賛、

暦応庚辰仲秋、西山隠子疎石書于潭北軒　印　印

史料二『空華日用工夫略集』康暦二（一三七八）年一二月二五日条

早、過西芳寺、先釣寂庵、先師像前炷香三拝、先師平日所用道具器皿等、不移一物皆在此矣、（中略）次登縮遠亭、更高上如下坂、勇登到頂、縮遠二字宛爾、九重城之南北東西、粲然如図画中物、既下登無縫閣、拝舎利塔、々乃先皇勅封、不許輙開、復入方丈飯（後略）

史料三『空華日用工夫略集』永徳二（一三八二）年一〇月一三日条

承府君命、赴西芳精舎紅葉之会、（中略）坐列之式、主席周信、迫府君命代国師、々々与太清対、二条殿与府君対、其余僧俗、随次而坐、蓋国師小悩不来也、点心罷、就于富士間寮道話、府君入先師書閣平日燕息処、歴覧随身道具等、而感慕之、齋罷、復就富士間与話且和漢聯句、（中略）聯句将半、君忽召管領、留令在席、引余到貯清寮、君換衣着道服袈裟、独往指東庵、閉戸坐禅、侍前者下條一人而已、及晩、令下條召余、々乃上指東庵、与君対話（後略）

史料一は夢窓が自身の頂相（高僧の肖像画）に着賛したときのものであるが、その賛を「潭北」亭（軒）で書き

記したことがわかる。また史料二は、坊主寮「釣寂庵」において、夢窓寂後からおよそ一世代後も未だに彼が日常使用した道具類が遺っていたこと、くわえて彼の像が奉られるようにもなっていたことを伝えている。

史料三にはおもに「富士間（寮）」の使われ方が掲載されている。足利義満は「富士間（寮）」にて義堂周信（一三二五－一三八八、以下「義堂」）と道話したのち、夢窓の平日起居した「書閣」でくつろぎ、道具類を歴覧し感慕している。斎食ののち再び「富士間（寮）」に戻り和漢聯句を行っている。このように「富士間（寮）」はおもに道話や和漢聯句のために用いられているが、『西方寺縁起』に「貯清軒より叡山の見ゆるを富士の間といひ」とあることを勘案すると、この室あるいは寮は、内部から比叡山を眺望することができた公的な場として、「貯清庵（軒）」に存在したものと考えられる。

以上の通り、夢窓在世中の一四世紀中頃には「釣寂庵」が坊主寮＝方丈として利用され、康暦期には中興開山となる夢窓の像を奉る機能を持つようにもなっていた。他方で永徳期には「貯清庵（軒）」が道話や聯句を行う方丈として、比叡山を眺望できる「富士間（寮）」と、夢窓の道具類を遺す「書閣」とを内包する場として存在した。すなわち、西芳寺に客殿と書院を備えた住宅建築が散見されるのである。

また、池泉の周囲に建築相互をつなぐ回廊が設けられたことは先にも触れたとおりであるが、『塔銘』に「遊鑑行楽之所、禅寂憩止之廬、必備焉」と、すなわち遊鑑の所や坐禅の庵が必ず備えられたとあることからも、個別の建築や廊から境内の池泉を鑑賞できるようになっていたことがわかる。「富士間（寮）」から比叡山を眺望できたのも、この室に「遊鑑行楽之所」の機能が備えられていたからで、史料三にて義満が指東庵で坐禅をしているのも、この建築に「禅寂憩止之廬」の機能が備えられていたからに他ならない。山水の体験を促す具体的工夫として、これら建築の機能が設けられたとみてよい。

なお、舎利を納める水晶を奉った「無縫塔」は楼閣の第二層に設けられたが（史料二）、第一層は「瑠璃殿」と呼ばれる空間が造営された(『年譜』)。およそ一世紀後の史料によると、四方の建具が蔀戸となる坐禅の床になっていたという(『蔭涼軒日録』長享二年一〇月四日条)。この床も創建当初から存在したとするならば、「禅寂憩止之廬」として計画されたものとみて良いだろう。

楼閣建築の上下層で機能や扁額を区別することは決して珍しいものではなかった[11]。のちに西芳寺をモデルに造営された慈照寺銀閣は、下層が書院造形式の住宅風となる「心空殿」として、上層が観音を奉る禅宗様仏堂風となる「潮音閣」として完成した。また、鹿苑寺金閣でも第一層が寝殿造形式の住宅風、第二層が観音を奉る和様仏堂風となる「潮音洞」、第三層が舎利を奉る禅宗様仏堂風となる「究竟頂」といったように、各層のデザインと扁額に差異がみられる。西芳寺無縫塔の場合、上層の具体的なデザインは不明であるが、上下層で機能が使い分けられていたことからも、銀閣や金閣と同様に意匠も区別されていたのかもしれない。

四　浄土宗批判としての西芳寺

ではあらためて、浄土庭園を再構成した西芳寺にみる大きな特徴とはいったい何か。そこで注目したいのが、この再構成の背景に見え隠れする、禅宗および浄土宗双方に対する夢窓の考え方である[12]。

先にも触れたとおり、西芳寺の前身にはこの世を穢れた世界として厭い離れる「厭離穢土」と、極楽浄土を心から願い求める「欣求浄土」といった浄土宗特有の対概念と、各々をもとに具現化した穢土寺と西方寺があった。これら二つの寺を包括し西芳寺として再構成した夢窓の意図とはいったい何か。まず確認したいのは、かつて西方寺で本尊阿弥陀仏を奉っていた仏堂に「西来堂」という扁額を掲げた背景を説明した、『西方寺縁起』にみる次の解釈である。

史料四　『西方寺縁起』

仏殿に本より彌陀如来の三尊を安置しあれば。西方来迎の文字をかね。西来堂と名付け。念仏と修禅其名ことなりといへども。衆水にうつる月は本天上の一輪といふ事をしめし。（後略）

浄土宗と禅宗ではそれぞれ念仏と修禅と修行方法が異なるが、相互に共有するものもあると説いている。これははたしてどういうことか。そこで注目したいのが、穢土と浄土を掲げる浄土宗の世界観に対し、夢窓自らが『夢中問答集』（康永元（一三四二）年刊）[13]のなかで次のように批判していることである。

史料五　『夢中問答集』第二九段

浄土・穢土隔てあり、迷悟凡聖同じからずと思へるは、妄想なり。聖凡の隔てもなく浄穢の別なしと思へるも亦、妄想なり。

史料六　『夢中問答集』第八三段

仏説の中に、了義経と不了義経との二種あり。末代の衆生、了義経の説に依りて、不了義の説に依るべからず。凡夫の外に仏あり、穢土の外に浄土ありと説けるは、不了義の経なり。凡聖・浄穢、皆差別なしと明かせるは、了義大乗の説と云云。この文のごとくならば、浄土宗には、穢土の外に浄土あり。凡夫の外に仏ありと、立てられたり。了義大乗の説とは申すべからず。

『夢中問答集』とは、夢窓が足利直義の問いに答えた問答体によって禅の本旨を説いたものである。史料五が直義の「何を妄想というか」という問いへの、史料六が「念仏の教えが大乗である根拠はあるか」という問いへの答えであるが、双方とも共通して浄土宗の世界観を批判している。浄土宗では浄土と穢土、悟った聖人と悟っていない凡夫とを区別し、凡夫の外に仏が、穢土の外に浄土があると優劣を説くが、禅の立場からみればこの枠組みの設定自体が妄想であるという。史料六にみる「了義」とは真実の義理を明白にあらわした大乗の教えのことを意味するが、このような理由から浄土宗の説は「不了義」のものであると断じているのである。

念仏を唱える浄土宗が大乗の深旨にあわないとする夢窓の辛辣な批判は、浄土宗の智演（一二九〇—一三七一）による反駁を誘発させた。智演は天台・禅を学んだのち浄土宗鎮西派道光（一二五一—一三三〇）に師事した僧で、のちに中国の廬山にも渡海したという経歴をもつが、彼の自著となる『夢中松風論』のなかで、『夢中問答集』の浄土宗に関する記述を中心に、典拠となる内典を繙きながら各問答別に反論を加えていった。

この批判を受けた夢窓は、まもなく反論を展開した。その内容は『谷響集』[14]としてまとめられ、浄土宗と禅宗それぞれの教理、枠組み、各々の差異について、『夢中問答集』を補完するよう追記されるに到った。少々長くなるが、本稿と関係する重要箇所をいくつか以下に挙げよう。

史料七　『谷響集』

然ども末世の衆生は、慧眼なくして、仏説は何も同事と思ぬべし。如来これを愍て、涅槃宝積等の中に、浄土、穢土は同じからず、凡夫と仏とは差別せりと説る経は皆不了義なり。凡聖隔てなく、浄穢別なしと説るは、了義経なり。（中略）何ぞ不了義の説によりて、西方浄土ありと談じて、人を勧めて著相の行をなさしむるや。

史料八　『谷響集』

実生死に輪廻する我身ありと思て、これを厭て浄土に生ぜんとねがふは凡夫の迷情なり。この迷情に順じて聖賢かりに厭離穢土欣求浄土の法門をしめしたまへり。これを了義の法門といふべからず。たとい因縁生の義なりとも、若すこしきも、欣厭の心に住せば、亦是真の了義にあらず。

史料九　『谷響集』

或は云、平等の一理に約すれば、浄穢凡聖の勝劣なし。差別の事門に約すれば凡夫は賤く、聖人は貴し、穢土は劣なり、浄土は勝たりと云。かようの法門も亦是不了義なり。了義大乗の意は、たとひ差別門に約すれども、十界の依正相即互融して、事事無礙なること、帝網のごとし。身土も互融し、体用も相即する故に一毛孔の中に、諸の刹土を現じ、微塵の中に、無量の身を顕す、其身は是不思議身なり。すべて法身、色身の差異なし、其土も亦不思議土なり、何ぞ穢土浄土の勝劣あらんや。

史料一〇　『谷響集』

しかるを一生工夫をなすとも、若本分に契当せずは、損を取るべしと仰られたるは、いまだ禅門の玄旨を参決し給はぬゆへなり。浄土宗の意は、阿弥陀の浄土は、西方にのみありて、穢土にはなし。念仏の法門は、浄土宗の人にのみありて、禅者にはなし。禅宗の趣はしからず、本分の田地は浄土にもあり。穢土にもあり。

先にも触れたとおり、夢窓による批判の核心は、浄／穢、凡／聖と分別し優劣をつける浄土宗の世界観にあった。阿弥陀の浄土が西方のみにあり、ここへ往生しようと願う浄土教の教えは、禅の立場と相容れないものであり、そもそもこの浄土教の教えは、聖人が悩める衆生のために仮に示したものであった。対して禅院で志向される「本分の田地」は浄土にも穢土にもあると説く。

「本分の田地」という言葉は、凡夫や聖人、迷妄や悟達、穢土や浄土といったさまざまな分別が生じる以前の状態を指示し、諸仏・聖賢の智恵をはじめ、衆生の身心、世界国土が出生する境地を説明したものである（『夢中問答集』第六三段）。穢土／浄土と分けられた世界があらかじめ存在するのではなく、この「本分の田地」から穢土／浄土をはじめとする世界や衆生などの一切の分別が生まれる。禅宗では所与の分別に従うのではなく、分別が生じる以前の境地を覚ることこそが重要であるという。『夢中問答集』や『谷響集』ではこの立場がしきりに説かれている。

なお、この穢土／浄土の分別を越えた境地について、史料九ではそのイメージの一端が象徴的に表現されている。すなわち、「事事無礙（筆者註：事象と事象とが妨げなく交流・融合する世界）なること、帝網のごとし」であるとか、「身土（筆者註：今までの行為の結果である正報＝身と、身がよりどころにしている環境となる依報＝土）も互融し、体用（本体と現象）も相即」するであるとか、「一毛孔の中に、諸の刹土を現じ、微塵の中に、無量の身を顕す」といったように、さまざまな対概念が生成する枠組みを徹底的に疑うことで得られる理想的な禅的地平が、『華厳経』などの内典をもとに表現されている。これらはすべて、「本分の田地」の象徴的表現の一種とみてよい。

ここで、夢窓による西芳寺再興の具体的な所作が想起されよう。西芳寺において夢窓は、かつて西方寺・穢土寺と分節されていた場を一元化し、「遊鑑行楽之所」や「禅寂憩止之廬」としての建築・庭園を適宜配置し、南陽慧忠や亮座主の故事にみる固有名や物語をもとに意味付けした。個別の亭・楼閣・廊では境内の池泉を鑑賞したり、坐禅をしたりすることが可能であった。このように、西芳寺の全域に禅特有の境地に至りうる、意味あるいは機能を保持した建築・庭園＝実在の山水が施されたのである。西芳寺は浄土と穢土といった分別をもとに理解される山水ではなく、「本分の田地」に気付く切っ掛けとしての実在の山水が、境内に散在するよう配置された場と理解できるのである。

おわりに――「仮山水」としての西芳寺――

ここで、「西方来迎」に由来した「西方寺」という名称を、あえて「西芳寺」と変更したことにあらためて注目したい。『年譜』によれば、「西芳寺」の「芳」という字は「祖師西来五葉聯芳」という言葉から採ったものであったという。「祖師西来」という語は、禅宗の祖師たる達磨が西方の天竺（印度）から東方に訪れた意図や根本精神を問う「祖師西来意」という公案でしばしば用いられ、自らの心こそが仏にほかならないということを意味した。また、「五葉聯芳」という語は、釈尊から達磨を経て、五代・六祖にいたって正しい法が宣揚されたことを意味する。[15]

このような禅宗の立場とその法脈が、はるか東方の西芳寺にまで伝来したということ。西方の彼岸に外在した来世の浄土へ往生するということから、実在の山水の体験を介して生得的に内在する「本分の田地」を現世に気付くということへの枠組みの転換。西芳寺中興という事業の背景に、山水と「本分の田地」をめぐる夢窓の禅的枠組みをみることができる。

以上をふまえ最後に、このような西芳寺のあり方と「仮山水」との関わりに触れ筆を擱きたい。夢窓は「山水」について次のように述べている。

史料一六　『年譜』
師亦迅筆題廊壁間云。仁人自是愛山静。智者天然楽水清。莫怪愚惷翫山水。只図藉此礪精明。構小亭掲以礪精。

史料一七　『夢中問答集』　第五七段
山河大地、草木瓦石、皆これ自己の本分なりと信ずる人、一旦山水を愛することは、世情に似たれども、やがてその世情を道心として、泉石草木の四気にかはる気色を、工夫とする人あり。もしよくかようならば、道人の山水を愛する模様としぬべし。然らば則ち、山水を好むは、定めて悪事ともいふべからず。定めて善事とも申しがたし。山水には得失なし。得失は人の心にあり。

夢窓が山水を愛するのは精明を磨くためであった。山河大地や草木瓦石が、すべて自己の本分から生じているという世界観のもと、泉石草木の温かさ・熱さ・冷たさ・寒さといった山水のさまざまな現象が、悟入のための数ある工夫の一つと見立てられている。すなわち、「遊鑑行楽之所」や「禅寂憩止之廬」としての、山河大地や草木瓦石としての実在の山水=建築・庭園は、「本分の田地」という境地に気付くという立場からみれば、あくまでも仮のものに過ぎなかった。西芳寺の再興計画は、「池もなく遣水もなき所」としての「枯山水」の設置という理解のみでは把握できない。そこには中世禅院の山水の特徴が、「仮山水」の「仮」という言葉に込められた禅宗特有の意味や態勢が見え隠れしているのである。

［引用文献］

・『臥雲日件録抜尤』（『大日本古記録』岩波書店、一九六一年）
・『空華日用工夫略集』（太洋社、一九三九年）
・『谷響集』（『国文東方仏教叢書』第三巻、東方書院、一九二五年）
・「西方遺訓」（『夢窓国師語録』（『大正新脩大蔵経』第八〇巻））
・『西方寺池庭縁起』（『続群書類従』第二七輯上）
・『作庭記』（『日本思想大系　第二三巻　古代中世芸術論』岩波書店、一九七三年）
・『西山夜話』（『夢窓国師語録』（『大正新脩大蔵経』第八〇巻））
・『尺素往来』（『日本教科書大系』往来編、第二巻、講談社、一九六七年）
・『大慧普覚禅師宗門武庫』（『大正新脩大蔵経』第四七巻）
・『仏果圜悟禅師碧巌録』（入矢義高・末木文美士・溝口雄三・伊藤文生訳注『碧巌録』岩波書店、一九九二年）
・「夢窓國師畫像」（『大日本史料』六之一五）
・「夢窓国師塔銘」（『夢窓国師語録』（『大正新脩大蔵経』第八〇巻））
・「夢窓国師年譜」（『夢窓国師語録』（『大正新脩大蔵経』第八〇巻））
・『夢中問答集』（川瀬一馬『夢中問答集』講談社、二〇〇〇年）
・『臨川家訓』（『夢窓国師語録』（『大正新脩大蔵経』第八〇巻））

注

（1）　西芳寺に関する既往研究は枚挙に遑がない。例えば外山栄策『室町時代庭園史』（岩波書店、一九三四年）、吉川需「夢窓疎石の作庭」（『月刊文化財』昭和五〇年八月号、一九七五年）、川瀬一馬『夢窓国師　禅と庭園』（講談社、一九六八年）、田中正大「禅寺の石庭」（『日本の美術一五　禅寺と石庭』（小学館、一九七一年）など。近年のものとしては、高橋桃子「中世西芳寺の歴史と庭園観」（佐伯有清編『日本古代中世の政治と文化』吉川弘文館、一九九七年）が一五世紀以降の西芳寺にみる履歴の概要をまとめており、飛田範夫『庭園の中世史：足利義政と東山山荘』（吉川弘文館、二〇〇六年）が庭園の一部復原案を示している。また、本稿では触れなかった西芳寺の桜に着目したものとして、モリー・ヴァラー「苔より桜――西芳寺における夢窓疎石と禅宗――」（『日本研究』第四六集、二〇一二年）がある。

（2）「枯山水」の語源ついて、類語の意味とともに文献から検討した代表的な既往研究は以下の通り。外山英策『室町時代

庭園史』（岩波書店、一九三四年）、森蘊「枯山水に就て」（『寶雲』六編三號第二三冊、一九三八年）、堀口捨己「枯山水の庭」（『思想』第二五九号、一九四三年）、芳賀幸四郎「枯山水について」（『東山文化の研究』河出書房、一九四五年）、田中正大「枯山水小考」（『造園雑誌』一九（二）、一九五五年）、吉川需「枯山水の語義」（『日本の美術 No.61 枯山水の庭』至文堂、一九七一年）。

外山英策は「枯山水」と「仮山水」とを、芳賀幸四郎は「枯山水」と「唐山水」とを同義に扱う。他方で森蘊の論考は「枯山水」と「仮山水」とを区別し論じた初期のものとして注目されるが、「仮山水」の思想的背景まで踏み込んだ考察には到っていない。

また、夢窓疎石と「仮山水」とに触れたものとして、西村貞「夢窓国師の烟霞癖と仮山水」（『禅文化』第一号、一九五八年）がある。同論考は「仮山水」を「唐山水」と同義とみなし、「石をたたんで山となし或いは滝となす流儀の庭」と解釈する。しかし、各々の根拠が示されておらず、かつ制作・受容の枠組みまで検討したものとはなっていない。

（3）森注（2）前掲論文も『尺素往来』を引くことで「仮山水」と「枯山水」との差異に触れている。

（4）紙幅の関係から全文掲載は差し控えるが、「仮山水」という言葉が見られるものは以下の通り。『濟北集』、『松山集』、『旱霖集』、『閻浮集』、『南游稿』、『不二遺稿』、『村庵藁』、「建長寺龍源菴所蔵詩集」、『雪樵独唱集』、『梅花無盡蔵』、「悠然亭詩軸」

（5）堀口注（2）前掲論文、田中（2）前掲論文、吉川（2）前掲論文。いずれも『源平盛衰記』の記述のもと指摘する。

（6）『臥雲日件録抜尤』文安三年七月一〇月一二日条
建仁瑞岩、相遂来、定水庵主、携胡餅号唐山水者来、盖不入水之佳餅也、

「枯山水」と「唐山水」との関係に触れたものは堀口注（2）前掲論文、芳賀注（2）前掲論文、田中（2）前掲論文、吉川（2）前掲論文がある。

（7）西芳寺再興に関する論考は、野村俊一「中世禅院の山水と夢窓疎石――西芳寺と瑞泉寺」（『日本風景史 ヴィジョンをめぐる技法』昭和堂、二〇一五年）をもとに再構成したものである。

（8）『碧巌録』第一八則
擧。粛宗皇帝問忠国師、百年後所須何物。国師云、与老僧作箇無縫塔。帝曰、請師塔様。国師良久云、会麼。帝云、不会。

国師云、吾有付法弟子耽源、却諳此事。請詔問之。国師遷化後、帝詔耽源問、此意如何。源云、湘之南、潭之北。中有黄金充一国。雪竇著語云、山形拄杖子。無影樹下合同船。瑠璃殿上無知識。

便宜を図り、圜悟および雪竇の著語を省略した。

(9) 『大慧普覚禅師宗門武庫』參學比丘道謙編

政和間有熊秀才。鄱陽人。游洪州西山過翠巖。長老思文嗣佛印元禪師。亦是鄱陽人。遣二力擡籃輿至淨相。所經林壑陰翳。偶見一僧。貌古神清。厖眉雪頂。編葉為衣。坐於盤石。如壁間畫佛圖澄之狀。熊自謂曰。今時無這般僧。嘗聞亮座主隠于西山。疑其猶在。出輿趿踖而前問曰。莫是亮座主麼。僧以手向東指。熊方與二力隨手看。回顧失僧所在。時小雨初歇。熊自登石視。坐處猶乾。躊躇四顧太息曰。夙緣不厚。雖遇猶不遇也。

(10) 以下に述べる西芳寺の「書閣」に関しては、川上貢「禅院における客殿と書院――十四世紀より十七世紀にいたる両者の関係――」(『建築史研究』第二〇号、一九五五年)で触れられている。しかし川上の成果は、どの僧寮に存在したものかなど、西芳寺の住宅の特徴も含め検討したものではない。

(11) 金閣、銀閣の建築的特徴について概要がまとめられたものとして、『日本建築史基礎資料集成 十六 書院』(中央公論美術出版、一九七一年)がある。

(12) 夢窓の浄土宗に対する態度や立場に関する既往研究として、荻須純道「夢窓国師の浄土教観」(『福井博士頌壽記念東洋文化論集』早稲田大学出版部、一九六九)、荻須純道「夢窓国師の浄土教批判」(『禅文化研究所紀要』一二号、一九八〇年)がある。

(13) 五山版『夢中問答集』全三巻三冊(国会図書館蔵)は本来カタカナで記されているが、便宜を図るため川瀬一馬『夢中問答集』(講談社、二〇〇〇年)に従いひらがなに改め、適宜段数を記した。

(14) 五山版『谷響集』全一冊(内閣文庫蔵)は本来カタカナで記されているが、便宜を図るため『谷響集』(『国文東方仏教叢書』第三巻、一九二五年)に従いひらがなに改めた。

(15) それぞれ『新版 禅学大辞典』(大修館書店、一九八五)および『禅の思想辞典』(東京書籍、二〇〇八年)の解釈による。

【コラム②】

禅宗と医療

上田純一

僧侶らが仏教のもつ福田思想から病者の治療や看護にあたってきたことはよく知られている。本稿で採りあげる禅宗寺院内の医療行為も基本的にはそのような考えに基づくものである。だが寺院内に、以下に述べるような卓越した医療組織を保持していたという点において、禅宗はやはり他に類を見ない存在であった。とすれば、これはおそらく禅宗の宗派的特色を示したもの、と考えるべきであろう。以下この点について少し述べてみたい。

禅寺内では、住持の健康管理を任とする湯薬侍者や、衆僧の医療所である延寿堂などの施設があった。これらの職や施設の歴史は古く、唐代百丈禅師の時代まで遡ると伝えられているが、禅宗の流入とともにわが国へも移入された。

【湯薬侍者】まず湯薬侍者の職から説明しよう。湯薬侍者の職が明確になるのは、元代に編纂され、わが国の禅宗界にも大きな影響を与えた『勅修百丈清規』中（「湯薬侍者」）である。これによれば湯薬侍者は、住持に供奉し「湯薬」の世話や左右応接、また身辺の世話などを行う役職と記されている。この記載を根拠として、湯薬侍者を「住持の秘書的役職」と見なす解釈は、たとえば近年の『禅学大辞典』の解説などへも受け継がれている。

ただ、この解釈は、中世末、あるいは江戸時代以降の状況としては取りあえずあてはまるとしても、鎌倉時代あたりの実態とは多少異なるようである。というのは、住持への「湯薬」の世話（医療）という、もう一方の重要な役割が、ほとんど抜け落ちているからである。

たとえば、『空華集』（「賀二侍薬霊仲本上人一唱和集叙」）では、湯薬侍者は唐代の百丈禅師の時代に住持の健康管理を任として設置された職であったことが明確に述べられている。唐代云々の点はしばらく措くとしても、湯薬侍者が住持の健康管理を任として設置されたとする筆者（義堂周信）の認識は重要である。同様に、たとえば『天祥和尚録』坤（「賀二湯薬侍者一」）には、湯薬者の医術によらなければ住持の寿命は延ばすことはできない、との言及もある。同様の史料はそのほか少なくないが、この辺りに止めるとして、ただ、一点だけ付け加えておくと、湯薬侍者は実際には住持のみならず、衆僧全体の健康管理も任とすることがあったらしい。後述するように、禅寺内には一般の僧に対する医療施設としては延寿堂があり、彼らの医療は延寿堂主の任となっていたのだが、延寿堂の施設をもたないような地方寺院においては、彼らが衆僧の医療に携わることも多かったようである。

【延寿堂・延寿堂主】次に延寿堂についてみてみよう。延寿堂については新村拓氏の研究（『日本医療社会史の研究』）もあり、詳細はそちらを参照いただきたいが、つまりは一般僧のための医療施設であった。『禅苑清規』巻六「将息参堂」には、一般僧の場合、軽微であれば本寮にて将息し、重症であれば「延寿堂」にて治療をうけるべきことが記されている。

禅寺内の延寿堂と関連し、浄土系寺院には当時、いわゆる無常院（堂）と呼ばれる施設があった。死を迎えるためのホスピス的施設であった無常院は、往々にして禅寺内の延寿堂と同一視されてきた。だが治療を目的とした延寿堂とは理念的には全く異なった施設である。

延寿堂が治療を目的とした医療施設であったことは、たとえば鎌倉円覚寺の延寿堂に関する禁制などからも窺うことができる。永仁二年正月「北条貞時禅院制符條書」および嘉暦二年十月一日「北条高時円覚寺制符條書」などには同寺延寿堂に関する条文が含まれていて、病僧の無断外出を禁じている。延寿堂には、つまり外出可能な軽症の病僧なども多く収容されていたことを知ることができるのである。

延寿堂が以上のような一般僧のための医療施設であったとすれば、施設責任者である延寿堂主は当然のことながら医僧であった。『禅苑清規』巻四「延寿堂主浄頭」には、延寿堂主について、「寛心にして事に耐え、道念周旋して、病僧を安養し、善く因果を知る人を任ずべきである」と述べられ、「もし病僧が堂に入ったならば、行者をして床位を打畳せ、湯薬を煎煮し、粥飯を供し、逐次問尋し病人の意に適うようにせよ」と、病僧の治療・看護を命じている。

【東福寺功徳院】以上の事実を踏まえた上で、さらに次の事実を紹介しておこう。鎌倉時代の弘安年中、東福寺内には身寄りのない一般庶民のために無料の療病院が設立された。「功徳院」と呼ばれた施設である。

「弘安年中」の設立ということから考えて、東福寺の開山円爾とも、何らかの関係があったことは容易に推測できる。功徳院は設立の後、衰退、復興を繰り返しながらも、少なくとも南北朝中頃までは存続していたようであるが、その頃は「覆苫は乱墜し、椽柱も頽危」という状態であった。そこで道円なる者が、「持二小疏一遍扣二或出家或在家一」、広く幹縁を呼びかけ、屋根の修理を計画したのである。以上は同寺所蔵の勧進趣意書から知ることのできる内容である。

このように東福寺には、開山円爾の時代から、医療施設「功徳院」が併設されていたことを知ることができる。その際、とくに注意すべきは、功徳院の医療技術が最新の宋・元医学に裏打ちされた高い水準を保持していたと推測される点である。このころ中国では、宋学の「各物窮理」の方法論をもって新たな医学理論を発展させつつあった（高橋真太郎「中国の薬物療法と其影響」）。東福寺内には、中国との交流を背景にしてこれら最新の医学書が数多くもたらされており、功徳院でもそれらに基づいた最新の医学が提供されていたと考えられるのである。

【来世の浄土・現世の浄土】 禅宗と医僧との関わりの深さについては、実はこれまでにもしばしば指摘があった。たとえば新村拓氏は前掲書において、医僧を最も多く輩出したのは時衆であるが、禅宗がこれに続き、南都僧や密教僧がわずかにみられ、その他の宗派は極めて少ないと指摘している。

ただ、そのことのもつ意味を禅院内の医療スタッフやシステムの問題とも絡めて考えてみるということは、これまでほとんどなされてこなかったようである。以上に見たように、禅院内のこのような充実した医療システムこそが多くの医僧を生み出し、さらにはその社会的活動を支える有力な母胎になったと考えられよう。

さて、禅宗の特色を以上のように考えることができるとすれば、それでは禅宗のどのような理念から一体それは生み出されたのだろうか、最後にこの点に言及して本稿を締めくくりたい。仏教の本来の目的が「悟り」を得る、という点にあったことは言うまでもない。では、その悟りとは一体何処で得られるのだろう。換言すれば、「悟りの世界（浄土）」はいったい何処に存在するのか。現世（此岸）か、来世（彼岸）か。これらの問題を巡って各宗派の考えは大きくふたつに分かれた。いま便宜的に、現世に「悟りの世界（浄土）」を想定する前者の立場を「現世主義」、来世に想定する立場を「来世主義」と呼ぶとすれば、たとえば浄土系などが明らかに後者の立場をとったのに対し、禅宗は、おそらく前者に属する宗派であったと思われる。

試みに夢窓疎石の浄土観をみてみよう。夢窓によれば、念仏の人は安楽国（浄土）に生ずることを究極の目標にするが、禅者は「穢土浄土の隔なき大乗の深理を悟」るために「しばらく浄土に生」れることを願うと述べている。また彼は、浄土そのものについても、「まことの浄土は心のうちにて候」とする唯心浄土観、ないしは「この世界をはなれて別に浄土もなし」とする穢土即浄土観を強調している。同様なことは南浦紹明の言からも窺える。彼は、善導の『往生礼讃』や黒谷の『金剛法界章』などを引用しながら、西方極楽浄土は己の心の中にあり、阿弥陀とは心の異名である、と述べている。また医僧を最も多く輩出したとされる時衆についても、同様なことが指摘できる。たとえば一遍の浄土信仰は、来世的な信仰ではなく、「仏境現前」という現世的傾向の強いものであったことがすでに指摘されている。

これらの言を、たとえば浄土信仰者の病観などと比較してみよう。その違いの大きさに驚かぬものはいないだろう。浄土僧良忠が著した『看病用心鈔』は、「病を往生の期とよろこび、一心に死をまつ」ことを要求するのである。もちろん、これは両者の宗教的な優劣を意味するものではないが、両者の病に対するこのような違いこそ、前述した延寿堂と無常院との根本的な差異となったものであった。

以上のように、禅宗の浄土は現世にあり、現世の悟りを最も重視していた。そしてそれを可能にしたのはもちろん日々の修行である。とすれば、修行や悟りの障害となる病は克服すべき対象以外の何物でもなかった。『仏頂国師語録』巻四「省行堂榜」には「身が疲れれば病が生まれ、病が生まれれば、規範を厭い故郷が恋しくなるものである。（中略）百丈が（延寿堂を）建立した意味もここにある」と述べられている。

これまで見てきたように禅寺内の医療体制が驚くほど充実していたことも、実は以上のような禅宗の理念に起因するものであったことがわかる。

第三部　禅と権力・社会・宗派の変容

宗論の史的考察

大田壮一郎

はじめに

その存在が現在あまりに自明なためか、そもそも宗（宗派）とは何か、また宗と宗派・教団は同義なのか、こうした基本概念の検討が中世仏教史研究では不十分なまま今に至っていると思われる。古代における学派的な「宗」と、今日につながる近世以降の教団・宗派としての「宗」はよく知られているが、その間の中世における「宗」のイメージは曖昧で、論者により宗派・教団・門流など様々な用語で説明されている。鎌倉仏教の登場という日本仏教史を画する時代として注目される一方、中世における「宗」の歴史的展開はなお未解明の課題なのではないか。もちろん、ここで宗という大きな問題を全面的に扱うことは不可能だが、その手掛かりとして宗論という現象に注目したい。なぜなら、宗論は古代から近世にかけて仏教史にたびたび登場し、宗と宗の論争という性質上、その時々の宗の在り方が反映したと考えられるからである。

後にも述べるように、従来の宗論への関心は主に論争内容にあった。これに対し本稿では宗論の形態・様式に着目する。この点に関して整理しておくべき問題がある。宗論とは第一義的には異なる宗派間の教義論争と理解される。しかし、現状では研究分野や論者によって宗論に含む内容に違いがある。そこで議論の前提として以下のように整理したい（宗論に題材を取った物語草子・絵巻・狂言などの文芸作品はひとまず除く）。

Ⅰ型…裁定を下す世俗の第三者が存在し、教義について対席して問答する公開型の論争（例…和の宗論、安土宗論など）

Ⅱ型…裁定を下す世俗の第三者は存在せず、教義について対席して問答する公開型の論争（例…大原問答など）

Ⅲ型…著作を通じて教義について問答する文献上の論争（例…最澄・徳一論争など）

宗論の範疇を最も広く取る場合、右の三類型が全て含まれる。これは教義に関わる他宗間の論争を全て宗論とする立場である。文学研究・教学史などの分野に多い理解であり、辞典類も総じてこの見解に近い。これに対し、日本史学の分野では、古代・中世史ではⅠ型を宗論の典型とし、近世史研究ではⅢ型を宗論と呼んでいる。そして、日蓮宗教学史では、第三者を権力者以外の「公衆」も含めて理解し、Ⅰ・Ⅱ型が中世の宗論であり近世以降にⅢ型となる、という見解がみられる。

このように、宗論の意味する内容をめぐって理解が錯綜している。その背景として二つの点が挙げられる。まず、宗がそうであるように、宗論の意味する内容も時代による変化が想定されるが、その展開過程が明らかではない。また、これまで歴史的視点からの考察が少なかったためか、同時代史料と後世の編纂史料が区別なく用いられる場合があり、史料批判という点で不十分であった。しかし、近年になって中世の宗論を自力救済の手段と位置付けた神田千里氏の研究が登場し（「中世の宗論に関する一考察」『戦国時代の自力と秩序』吉川弘文館、二〇一三年、初出二〇〇八年）、また大塚紀弘氏は宗論の展開過程を中世における仏教観の相剋から見通し、宗論の「ない」時代としての中世に注目している（「中世仏教における融和と排除の論理」『武蔵野大学仏教文化研究所紀要』二九、二〇一三年）。

そこで本稿では、こうした近年の動向を踏まえながら宗論の歴史的展開についてこの三類型に即して検討し、各時代における宗論の形態とその意義を考えたい。

一　宗論をめぐる二つの焦点——平安初期と戦国期——

本章では、先行研究が取り上げてきた二つの時期の宗論に注目し、その共通点と相違点を検討する。

(1) 平安初期の宗論

鎌倉時代末成立とされる古辞書『濫觴抄』（『群書類従』雑部）は、宗論の起源を以下のように説明する。

> 宗論　村上十八年癸亥（応和三）八月。於清涼殿召南北十人（各十口。）五箇日間令講法花決釈奥義。天台良源大法師対法相法蔵大法師。決釈一切衆生皆成仏理等。

応和三年（九六三）、宮中の清涼殿において法華十講が催された。この時、天台宗の良源と法相宗の法蔵・仲算の間で交わされた論義（経論に関する講説や問答）が後に「応和の宗論」と呼ばれ、宗論の代名詞として後世に伝わる。もっとも、宗派の異なる僧侶間の問答は最澄・空海以前に遡るし、御斎会を挙げるまでもなく宮中における論義会自体とくにこの時期は珍しくない。にもかかわらず、この応和三年の論義会が宗論の濫觴とされ、後に繰り返し言及されたのはなぜだろうか。

そもそも事の発端は、興福寺（法相宗）を「六宗長官」（または「六宗長者」）とする朝廷の政策に延暦寺（天台宗）

ら諸宗が反対したことにあった。これに対し朝廷は「可依宗浅深」すなわち各宗教義の優劣によって解決を図る方針を示し、臨時の論義会開催に至ったとされる（「応和宗論記並恩覚奏状」『大日本仏教全書』興福寺叢書二）。しかし、実際の論義では判定役の証義が置かれず優劣も定かではなかった。また論題自体も目新しいものはなく、それは論争というより天皇以下の貴顕に自宗の教義を開陳するパフォーマンス的内容であったという（横内裕人「自己認識としての顕密体制と「東アジア」」『日本中世の仏教と東アジア』塙書房、二〇〇八年、初出二〇〇六年）。また、東館紹見氏は、この時の論義会が法華経供養会として初の宮中開催であったこと、施政理念に合致した一乗思想の講説の場として機能したことを指摘する（「平安中期平安京における講会開催とその意義」『仏教史学研究』四三―二、二〇〇一年）。それらは確かに同時代の天台宗にとっての意義として理解できるが、後世に諸宗から「宗論」として注目された理由は別にあるのではないか。

このように考えるのは、天台宗と法相宗の双方がこの時の論義を自らの勝利として早くから主張しているからである。天台宗では長元四年（一〇三一）成立の良源伝『慈恵大僧正伝』（『続天台宗全書』史伝2）、法相宗では平安末期成立とされる「応和宗論日記」（前述「応和宗論記並恩覚奏状」に所収）などがある。これらは客観的な記録というより自宗の優越性を語る宗派性の濃厚なテキストである。そのエピソードとして応和三年の論義会が選択されたとすれば、その関心の所在は朝廷主催の「場」で宗の優劣を決めること、言い換えれば〈国家による宗の優劣の判断〉という法会の開催目的にあったのではないか。

また、この論義が「宗論」と呼ばれた時期とその状況にも注目すべき点がある。応保二年（一一六二）の年記を持つ恩覚奏状は、園城寺僧覚忠の天台座主補任に端を発する延暦寺と興福寺の相論において、延暦寺側の批判への反論を記した文書である（恩覚については蓑輪顕量「戒律復興運動初期の動向」『中世初期南都戒律復興の研究』法藏館、一九九九年）。ここで恩覚は、法相宗を「権宗」とする延暦寺に対し、「上古帝範。近代皇化。恐凡智憚宗論者也」

として、延暦寺側の主張そのものが「帝範」・「皇化」に反する「宗論」であると批判した。ここでは直接応和三年の論義会への言及はない。一方、翌長寛元年（一一六三）に同じ相論に関わって書かれた「興福寺僧綱大法師等奏状」には、「因茲村上天皇御宇。応和三年秋八月。於清涼殿被行臨時御読経之時。自他宗義。互以抗論。（中略）但自茲之後。不可有宗争之由。勅定畢」とある（出典は「応和宗論記並恩覚奏状」に同じ）。「宗論」の語は見えないが、先の恩覚奏状の文言が「不可有宗争之由、勅定畢」とある部分に対応することは疑いない。したがって、少なくとも十二世紀半ばには、応和三年の論義会は「宗論」と呼ばれていたことになる。なお、「応和宗論」の初見は、「勘応和宗論記云」ではじまる「応和宗論日記」の成立如何によるだろう。三好俊徳氏によると、信教であるという（「仏教史叙述のなかの宗論」『日本宗教文化史研究』二一―一、二〇〇八年）。その指摘に従うならば、「応和宗論」の初出も十二世紀中もしくは十三世紀初頭を下らない時期となるだろう。このように宗論という言葉自体、（一一五七～一二四一）著『仏法伝来次第』（『続群書類従』釈家部）の宗論関係記事は「応和宗論日記」からの抄出で宗派を異とする寺院間の訴訟の中に確認できるものであった。

牧野淳司氏は、延慶本『平家物語』に弘法大師宗論説話が挿入された背景として、延慶年間前後における諸宗間の諡号相論との関連を指摘し、真言宗の優位を主張するために宗論説話が盛り込まれた可能性を論じている（「延慶本『平家物語』弘法大師宗論説話の生成」『国語と国文学』、二〇〇八年十一月）。これを承けて三好俊徳氏は、応和の宗論に関するテキスト群も寺院間の相論と密接に生成されたとし、その政治性に注目している（三好前掲論文）。実態はともかく、〈国家による宗の優劣の判断〉が謳われた応和三年の論義会における「勝利」は、自宗の優越性を示すために聖俗に向けて戦略的に語られたと言えよう。

以上の検討から、応和三年の論義会が「宗論」として後に特別視された理由は、論争自体の内容より〈国家による宗の優劣の判断〉という開催目的に関心が寄せられたためと考えられる。やがて、応和の宗論は『続古事談』や『太平記』において説話化し（畑中智子「応和の宗論関連記事にみる良源像変遷の一側面」『仏教文学』二八、二〇〇四年）、また『元亨釈書』や『和漢合符』などの仏教史書や年代記にも採録され「日本仏教史」の一齣となってゆく。

ところで、先行研究は応和の宗論をどのように論じてきたのだろうか。教義論争という性質上、これまでは主に教義史研究の分野で取り上げられてきた（上田進城「應和の宗論」『密宗学報』一九四、一九二九年、尾上寛仲「應和の宗論と宗要義科の確立」『天台学報』一二、一九七〇年など）。とくに、最澄・徳一論争以来の論争史に応和の宗論を位置づける点に特徴がある（尾崎光尋『日本天台論義史の研究』法華大会事務局、一九七一年、田村晃祐「天台宗と法相宗の論争」『仏教思想史』五、一九八三年）。よく知られているように、奈良時代末から平安初期にかけて、南都六宗の各宗派間や、天台宗と南都六宗の間で盛んに教義論争が行われた。これを思想史研究の立場から整理した末木文美士氏は、八世紀後半から九世紀を「諸宗論の時代」と位置付け、宗派意識が顕在化するなか、論争内容が当初の他宗批判の応酬から諸宗共存を前提とした序列の争いへ変遷してゆく過程を跡付けた（「平安初期の諸宗の諍論」『日本仏教思想史論考』大蔵出版、一九九三年）。応和の宗論は、この「諸宗論の時代」の後に位置することになる。従来の研究が応和の宗論を教義論争の文脈で理解してきたことは、かかる状況を前提とすれば首肯しうる。しかし、それだけ盛んに教義論争が行われたなかで、応和三年の論義に宗論という名称が限られた理由は、やはり法会開催の目的にこそ求めるべきであろう。

以上、応和の宗論として注目されてきた応和三年の論義会について、宗論の濫觴とされた理由、史料上の所見、先行研究における評価などに着目して論じた。教学研究で注目されてきたがゆえに、これまで応和の宗論は教義論争史に位置付けられてきた。しかし、後世に「宗論」と名付けられた理由は、むしろ〈国家による宗の優劣の判断〉という法会開催の目的にあったと考える。なお、管見の限り平安初期においてⅡ型やⅢ型の教義論争が同時代史料で「宗論」と呼ばれた事例がないことを付言しておく。

（2） 戦国期の宗論

応和の宗論と共に先行研究で注目されたのが、「安土宗論」に代表される戦国期の宗論である。安土宗論とは、天正七年（一五七九）五月、近江国安土の浄厳院において法華宗と浄土宗の間で行われた宗論であり、法華宗側の敗北で決着したとされる。そして、法華宗側の関係者の処刑と共に、宗論における敗北を認め以後は他宗批判を行わない旨を誓わせる起請文（侘證文）の作成が法華宗側に強制された。

この安土宗論は織田信長の主催ということもあり、仏教史に限らず広く知られた事件である。もっとも、今日の安土宗論をめぐる通説は、仏教史研究の泰斗である辻善之助氏の研究に依るところが大きい。辻氏は慎重な史料操作を行い宗論の経緯を跡付け、この宗論は当初から法華宗が敗北するよう信長が仕組んだものであり、法華宗「迫害」を目的として催されたと論じた（『日本仏教史』第七巻、近世編之一、岩波書店、一九五二年）。また、「慶長宗論」と呼ばれる慶長十三年（一六〇八）の徳川家康主催の宗論も、家康の意図で法華宗の敗北が仕組まれたとした（『日本仏教史』第九巻、近世編之三、岩波書店、一九五四年）。辻氏以降の研究においても、宗論を戦国大名や統一政権による対法華宗政策として取り上げたものが多い（研究史については玉山成元「浄土・日蓮の宗論」『仏教思想史』五、一九八三年）。たとえば、織田政権論では、信長の宗教政策の一として対一向一揆戦争や比叡山焼討ちとセットで安土宗論が扱われている。

このように、戦国期の宗論を扱った研究では主催者の政策的意図の強調に特徴があり、安土宗論がその典型として取り上げられてきた。これに対し神田千里氏は、当事者の申請により催され敗者に俗的支配者の制裁が行われたこと、勝者が敗者の袈裟を剝ぎ取る「実力行使」が認められたことなどから、中世の宗論とは自力救済と当事者主義の裁判であり、中世社会に「日常的に存在」した現象と位置付けた。そして、戦国大名や統一政権による宗論の抑制・禁止は、自力救済を禁じる近世的権力の特徴に共通するものとした（神田前掲論文）。神田説はほぼ戦国期の事例を根拠にしており、果たして宗論の自力救済的性格を中世全般に敷衍してよいかは疑問もある。しかし、神田氏が導き出した中世宗論の諸特徴は、本稿が注目する宗論の形態を考える上で注目される。

構造的にみれば、安土宗論も応和の宗論と同じＩ型の宗論と言える。しかし、世俗権力による敗者への制裁や当事者間の実力行使（私的制裁）は、応和の宗論には全くみられないこの時期に固有の内容である。また、前者は神田氏も指摘するように戦国大名や徳川家康も行っており、織田信長の個性に還元されるものではない。

さらに、後者の実力行使という点に着目すると、Ｉ型では捉えきれない戦国期の宗論の姿が浮かび上がる。天文五年（一五三六）、洛中で談義を行っていた天台僧の花王房に法華宗壇徒の松本なる者が問答を挑み、勝った松本が負けた花王房の袈裟を聴衆の面前で剝ぎ取った。これを「松本問答」と言い、天文法華の乱のきっかけとなったとされる著名な事件である（辻善之助『日本仏教史』第六巻、中世編之五、岩波書店、一九五一年）。ただし、この場に聴衆はいても世俗権力者の裁定は存在せず、Ｉ型の宗論には当てはまらない。また神田氏は、イエズス会宣教師と禅僧らの問答も第三者の介在なく市井で行われていたことを宣教師の記録から指摘し、これらも宗論の一形態としている（神田前掲論文）。つまり、戦国期の洛中では、世俗権力者が介在しない対席型の教義論争、すなわちⅡ型の宗論が市井に展開していたことになる。

では、こうした第三者の存在しない教義論争は宗論と見做されていたのだろうか。

廿四日（中略）妙覚寺與妙蓮寺就宗旨之儀有問答、於法文者妙覚寺勝云々、因茲妙蓮寺衆令打擲妙覚寺住持、老僧間以外物忩云々、

廿七日（中略）此夕又妙覚寺與妙蓮寺有合戦、今朝可推寄之由風聞処、自武家被成下知、被相宥両方云々、

（『後法興院記』明応五年六月条）

明応五年（一四九六）、同じ法華宗の妙覚寺と妙蓮寺の間で「宗旨之儀」について「問答」が行われ、やがて乱闘から「合戦」に及ばんとして幕府により制止された。ここで注目したいのは、この時の「問答」を三条西実隆が日記に「抑今日日蓮宗々論（一致勝劣）」と記したことである（『実隆公記』明応五年六月二十四日条）。第三者の裁定も存在せず、また宗派間ではなく「一致」「勝劣」をめぐる門流間の教義論争にもかかわらず、実隆はこれを「宗論」と記した。ここから、世俗権力の有無に依らず対席型の教義論争を宗論とみる場合があったことがわかる。

また、「鍋かむり」で知られる法華宗の日親の行状に関する『長禄寛正記』の内容も注目される。

同年（寛正二年）十一月八日千葉介ガ許ヨリ法花ノ僧徒日親上人ト云法師ヲ召進ス。是ハ方々ニ横行シテ。法華経ヲ談ジ諸宗ノ仏法ヲ嘲リ及宗論。ソノコロ無雙ノ悪比丘也。殊ニ妙厳庵ノ雪庭ノ門徒争論有之。徒党ヲ結デ乱ニ悪口ヲ基トシテ。出家ノ法ニ背キ。人ヲスヽメ非法ヲ積リ。細川右馬頭ニ預ラレ禁獄セラル。（『群書類従』合戦部）。

『長禄寛正記』の成立は、文明十四年（一四八二）筆写の奥書をもつ『長禄記』との関連から十五世紀末〜十六世紀と考えられる。ここにみえる「宗論」も、前後の文脈や前述の事例からⅡ型を想定しうるのではないか。

このように、宗論の意味する範囲が変化していたとすれば、戦国大名の分国法にみえる宗論の規制も、その対象がⅠ型の宗論に限らない可能性を考える必要がある。

一　諸人可存知御法度事
近年於説教・法談之道場毎々余経を誹謗し、他宗を罵言・悪口せしむる事、聴衆耳を驚すと云々、因茲両方鬱憤ニ堪す、宗論を遂て、吾法の妙理をあらハさむと擬する間、互に其門徒以下俗縁のともから一揆せしめ、嗔恚強盛の余り、やゝもすれハ喧嘩闘諍に及て、干戈を帯し騒動せしむ、（中略）不可不誡之、自今已後、宗の相論をかたく停止せしめ、各自悟自得して、可被専在寺・隆功、（後略）（「大内氏掟書」一七四条『中世法制史料集』第三巻　武家家法Ⅰ）

右は、大永二年（一五二二）に戦国大名大内氏が定めた分国法である。大内氏の懸念は、前述の妙覚寺・妙蓮寺の場合がそうであったように、宗論を契機として武力を伴うような騒擾が発生することにあったと思われる。とすれば、ここで想定されているのは、大内氏が裁定者となって主催するⅠ型の宗論に限らず、分国内で偶発的に生起する可能性のあるⅡ型の宗論を念頭に置いたものではなかったか。

また、分国法ではないが、同じく戦国大名後北条氏が永禄九年（一五六六）に発給した次の文書の内容も注目される。

掟

一、去今両年一向宗対他宗度ゝ宗師問答出来、自今以後被停止了、既一向宗被絶以来及六十年由候処、以古之筋目、至于探題他宗者、公事不可有際限、造意基也、一人成共就招入他宗者、可為罪科事、

（一条省略）

右、門徒中へ此趣為申聞、可被存其旨状如件、

永禄九年丙寅十月二日

阿左布

（「善福寺文書」『戦国遺文』後北条氏編、九八四号　なお、虎朱印は省略した。）

右の史料は「一向宗被絶以来及六十年由」の文言が注目され、後北条氏による一向宗「禁教」政策の根拠として論じられてきた。しかし、鳥居和郎氏により後北条氏による「抑圧」は本願寺との交渉や西国情勢との関連など非宗教的な理由による一時的なものに過ぎず、実際には「禁教」状態は存在しないことが明らかにされた（「後北条氏領国下における一向宗の「禁教」について」『戦国史研究』三八、一九九九年）。とするならば、ここで「掟」として定められたのは、他宗に対する「宗師問答」（正しくは「宗旨問答」か）の禁止ということになる。後北条氏も領国内における偶発的な教義論争を「造意基」と警戒しており、やはりⅡ型の宗論の存在が想定される。

ここでは戦国期における宗論の展開を検討した。たしかに史上に知られる宗論はⅠ型が多く、それが典型であったことは疑いない。しかし、その背後には記録に残りにくい市井における教義論争が展開していたと考えられる。これを宗論と呼ぶ事例を史料に確認できたのはわずかだが、世俗権力者の裁定の有無に依らず、対席型の教義論争単体を宗論とする新たな傾向、すなわちⅡ型の宗論の登場が想定される。

ところで、狂言『宗論』や物語草子『夫婦宗論物語』・『ぼろぼろの草子』など、文芸作品に描かれた宗論にはⅠ型のような世俗権力者は登場せず、その構図はむしろⅡ型に近い。「諸宗同体」を説く作品上のコンセプトが背景にあるとしても（恋田知子「『ぼろぼろの草子』考」『仏と女の室町』笠間書院、二〇〇八年）、「問答」や「争論」ではなく「宗論」と名付けられた所に、当時の社会に共有されていた宗論観がうかがえるのではないだろうか。また、狂言『宗論』の文献上の初見が文禄二年（一五九三）であり（橋本朝生「中世狂言年表」『狂言の形成と展開』みづき書房、

一九九六年)、物語草子の成立が近世初頭という点も重要である。これらは直近の時代すなわち戦国期段階の宗論の姿を前提に創作されたはずである。このように、宗論の概念は世俗権力者の裁定行為から教義論争自体に比重を移しながら多義的に展開しており、それはⅠ型・Ⅱ型が併存した戦国期における宗論の実態を反映したものではないだろうか。

以上、第一章では先行研究で注目されてきた平安初期と戦国期の宗論の形態を検討した。宗論とは、応和三年の論義会が〈国家による宗の優劣の判断〉の場として後世注目されたことにより登場した用語と考えられる。それは、戦国期の宗論が世俗権力の裁定を伴う教義論争を典型としたことにも明らかである。こうした共通点がある一方、戦国期の宗論には、「実力行使」や敗者への制裁など、実際の応和の宗論や後世の「応和の宗論譚」にみられない特徴が存在した。また、世俗権力者の裁定を伴わない教義論争が市井に偶発的に展開し、これも宗論と見做された可能性がある。このように、Ⅰ型の宗論を基本としつつも、Ⅱ型の宗論が社会的な広がりを見せたのが戦国期の状況と考えられる。実力行使という両類型の共通点や、宗論文芸に描かれた宗論の姿と成立時期もⅡ型の展開を示唆しよう。

二　宗論の「ない」時代——中世仏教と八宗——

(1)八宗と宗論

前章で論じたように、宗論をめぐる研究は、平安初期と戦国期、また教義史と政治史のように、異なる時代・

分野で論じられ交差することなく現在に至っている。このことが宗論理解をめぐる混乱の一因と言えるが、それ以上に問題なのは、平安初期以降について宗論の展開が検討されて来なかったことである。ただし、それは研究史上の空白というより、宗論の「空白期」であったことに起因すると考えられる。

前章の所見史料に立ち戻ると、そもそも「宗論」という用語は、応和三年の論義会の後に宗論が「勅定」で禁じられたことを述べるくだりで登場する。これが興福寺側の一方的主張ではないことを十四世紀初に成立した『法然上人行状絵図』（四十八巻伝）第三十一に九条兼実の消息として記された部分から確認しておきたい。

> 弘仁の聖代に戒律大小のあらそひありき。天暦の御宇に諸法浅深の談あり。八宗きおひて定準とし、三国伝て軌範とす。しかれども、あらかじめ末法の邪乱をかゞみて、諸宗の対論をとゞめられてよりこのかた、宗論ながく後をけづり、仏法これがために安全なり。（大橋俊雄校注『法然上人絵伝』下巻、岩波文庫、二〇〇二年）

このように、宗論は「天暦の御宇」すなわち村上天皇の時以後は禁じられ、その後に行われた形跡がない。応和の宗論が中世の史伝・説話類で繰り返し語られたことは、これを「更新」する新たな宗論が存在しなかったことを示唆する。従来は教義論争の終着点として応和の宗論を位置付けたため、その後で宗論が禁じられた事実にあまり注意が払われていない。なぜ宗論は国家が主催しながら直後に禁じられ、その後も開催されなかったのだろうか。その意味を理解するには、国家の宗教政策の展開を踏まえる必要がある。

そもそも「諸宗論の時代」と言うべき論争的状況が出現したのは、九世紀初頭の桓武朝の宗教政策が大きく影響している。八世紀から続いた法相宗と三論宗の論争は、前者の隆盛と後者の衰退という状況を招いた。そこで桓武朝は諸宗を平等に扱うべく年分度者制の改革を実施する（平井俊榮「平安初期における三論・法相角逐をめぐる諸問題」『駒澤大学仏教学部研究紀要』三七、一九七九年)。その延長に、華厳以下七宗の「学業」について「凡此諸業廃一不可。宣准十二律定度者之数。分業勧催共令競学」(『類従三代格』巻二)と定めた延暦二十五年(八〇六)の太政官符が出される。曾根正人氏によると、最澄の提案に南都側が同調したことで「全宗派教学を保全しなければならないという」、「教理的にも歴史的にも根拠」がない方針が官符により制度化され、宗派は国家仏教の構成単位となり、以後「護国のための諸宗派の平等保全という護国体制理念へ」至ったという(「平安初期南都仏教と護国体制」『古代仏教界と王朝社会』吉川弘文館、二〇〇〇年、初出一九八四年)。こうして国家「公認」となった七宗は、やがて真言宗を加えた八宗となり、『天長六本宗書』(天長七年〔八三〇〕撰)の頃には、平安期の国家仏教たる八宗体制が確立する。末木氏が指摘したように、以後は他宗の存在を前提に相対的優位性を争う形で教義論争が展開する。それは国家による諸宗併存の姿勢を前提としたものであった(末木前掲論文)。

このように、応和の宗論の前提には九世紀を通じて形成された八宗という枠組みが存在し、教義論争はその枠内で自宗を他宗と差異化することに力点が置かれた。また、国家側も他宗教学を学ぶ研鑽の機会として論義会を積極的に催し、むしろ論争を奨励する姿勢にあった。とするならば、応和三年の論義は何ら特別なものではなく、数ある論義会における論争の一つに過ぎないはずである。つまり、禁じられたのは論義自体ではなく〈国家による宗の優劣の判断〉にあったと考えられる。建前であれ平等に八宗を興隆する立場にある国家の方針と、宗の優劣を決める宗論の趣旨が矛盾することは明らかである。朝廷における宗論が応和三年の一度だけ試みられ、以後催されなかった理由がここにある。現に、応和の宗論以降も最勝講や御願寺仏事など数多くの中央論義会が創始され、院政期には学侶の昇進過程と連動した国家的法会体系として整備される。(上島享「中世国家と仏教」『日本中世社会の形成と王権』名古屋大学出版会、二〇一〇年)。もちろん、そこでも宗派を異にする僧侶同士の問答が行われたが、その内容は他宗批判というより、諸宗教学を踏まえた自宗教学の大綱を示すことに重きが置かれた(海老名

尚「平安・鎌倉期の論義会」『学習院史学』三七、一九九九年)。

かくして、八宗は国家との関係における並列的な秩序として確立するに至る。この八宗こそ「顕密八宗」とも呼ばれた顕密仏教であり、中世の国家的宗教秩序を担った存在であった(黒田俊雄「中世における顕密体制の展開」『黒田俊雄著作集』第二巻、法藏館、一九九四年、初出一九七五年)。平安初期以降に宗論がみられない理由は、この体制が矛盾を孕みつつも秩序として機能していたからに他ならない。たとえば、法然を弾劾した『興福寺奏状』では、宗とは勅許を得た八宗に限られるとし、法然が勅許を得ずして浄土宗を立てたことが非難されたし、栄西は『興禅護国論』において禅宗を立てるための「勅許」を求めた。このように、宗は国家の公認に依るという論理は十三世紀にも健在であった。また、同じく十三世紀に断続的に出された念仏・法華・禅への停止・追放令の前提に、延暦寺をはじめとする八宗側の訴訟(強訴)による「弾圧」要請があったことは、かかる国家と一体となった宗の在り方をよくあらわしている(大田壮一郎「中世仏教史の〈分水嶺〉」荒武賢一朗ほか編『日本史学のフロンティア2――列島の社会を問い直す』法政大学出版局、二〇一五年)。

以上、応和の宗論以降に宗論が催されなかった理由を検討した。平安時代初頭の諸宗興隆方針によって確立した八宗は、中世において「南都北嶺」に代表される社会的勢力(寺社権門)として展開する。八宗は国家的仏事の担い手として、時に強訴により国家に圧力をかける存在として、中世国家と不可分の関係を構築した。その秩序の下、八宗は教義的にも互いに融和的傾向を強め、御斎会「八宗奏」のように天皇の下で儀礼的な「八宗」が演出された。大塚紀弘氏は八宗内部の〈融和の論理〉と八宗外部への〈排除の論理〉を共有する「顕密」八宗観が支配的な中世において、宗論が成り立つ余地はなかったとする(大塚前掲論文)。逆に言えば、〈国家による宗の優劣の判断〉が試みられた応和三年の論義会は、それが行われない。すなわち諸宗共存の時代だからこそ、あえて注目されたと考えられる。

（2）宗論の可能性

中世は国家と結びついた顕密仏教の時代であると共に、鎌倉仏教の出現という日本仏教史上の大きな節目の時代でもあった。それは、宗の問題としては八宗以外の新たな宗の登場という形で現象した。教学史研究で詳しく検討されているように、十三世紀後半頃から八宗に禅と浄土を加えた十宗論が盛行し、仏教界は再び「諸宗論の時代」を迎えた（末木文美士「顕密体制論以後の仏教研究」『日本仏教綜合研究』六、二〇〇八年、山口眞琴「諸宗論テクストと『七天狗絵』の生成をめぐって」『国語と国文学』九二―五、二〇一五年）。とすれば、ここに平安初期のような宗論開催の可能性は見出せるのだろうか。以下、鎌倉仏教の一つである禅宗が関わる二つの問題を取り上げてみたい。

1　正中宗論

これまで史実として受容されてきた中世の宗論が、いわゆる「正中宗論」である。正中元年（一三二四）、八宗の学僧と大徳寺開祖の宗峰妙超が後醍醐天皇の御前で対決し、敗北した山門の玄恵法印らは宗峰妙超に師の礼をとったとされる。この一件は、早く辻善之助氏が禅宗と他宗との摩擦を論じるなかで「正中宗論」として紹介し（「足利初代天台宗と禅宗の軋轢」『日本仏教史研究』第一巻、岩波書店、一九八三年、初出一九一九年）、さらに禅宗史の大家である玉村竹二氏も詳述した（「大徳寺の歴史」『日本禅宗史論集』下之二、思文閣出版、一九八一年）。これが事実とすれば、まさにI型の宗論が十四世紀に再び催されたことになる。ところが近年、玄恵の綿密な事跡研究を行った小木曽千代子氏によって、明確にその事実が否定された（『玄恵法印研究』新典社、二〇〇八年）。小木曽氏によれば、「正中宗論」と呼ばれる御前対決は、「儒者」玄恵らと宗峰妙超の間の論義譚として応永三十三年（一四二六）成立の『大燈国師行状』に初めて見えるもので、そもそも宗派間の論争ですらなかった。ところが、十七世紀前半成立の沢庵宗彭撰『大徳開山興禅大燈高照正燈国師年譜』では、「南都・北嶺教師、奏于朝、欲破禅宗、於清涼殿及于宗論」とあるように、禅宗と八宗の宗論として記述された。以後、宗峰妙超関連の年譜や『延宝伝燈録』などの僧伝に宗論譚として踏襲されていったという。辻氏が依拠したのは実はこうした近世成立の伝記類であって、そこから今日の「正中宗論」像が造り出されてきたのである。

たしかに、事実とすれば重大な事件であるはずの「正中宗論」が同時代史料に全くみえないのは不自然であり、また応和の宗論のように、これを先例とした言説も見当たらない。そもそも『大燈国師行状』の論義譚自体、玄恵の宗峰妙超帰依伝承に引き付けた説話とする理解が早くから提起されている（岩橋小彌太「玄恵法印」『国学院雑誌』四五―一一、一九三九年）。つまり「正中宗論」は二重の意味で史実とは見做しがたいわけで、「今日伝える正中二年の宗論譚が伝承でさえもない」という小木曽氏の見解に尽きると言えよう。

ところで、沢庵の年譜を遡る宗論譚の所見を探ると、『諸宗勅号記』に以下の記事が見出される。

> 大灯国師。諱妙超。字宗峰。大徳開山。雲門再誕云々。花園帝師始　宸筆宗峰国師云々。国師住南禅之時有宗論之日。諸宗皆為国師之門弟。東寺者小法師。奈良者宗良。叡山者宗叡。三井者宗園云々。実名可尋記。（『続群書類従』釈家部）

『諸宗勅号記』は、禅・律・浄土の各高僧への勅号授与の書式を集成したものである。記載事例は十七世紀まで下るが、原型部分は勅書作成を担当する大内記の菅原（東坊城）和長・長淳親子の手により明応〜享禄年間頃に整えられたという（『群書解題』）。したがって、「正中宗論」譚の初見は十六世紀前半に遡ると考えられる。小木曽氏は「正中宗論」が諸書において年代すら一定しないことを挙げ根拠の不確かさを指摘したが、右の引用部分の曖昧な表現からもそうした一端がうかがえよう。なお、この『諸宗勅号記』は太政官内記局の手になる一見には宗派性が希薄で客観的な記録に思えるが、東坊城家の歴代が大徳寺派に帰依し、和長も一休の実子岐翁紹偵に参禅し所領を大徳寺養徳院に寄進した篤信の人物であったことに留意すべきである（玉村前掲論文、矢内一磨「在俗信仰者の教団結衆」『一休派の結衆と史的展開の研究』思文閣出版、二〇一〇年）。

2 『太平記』の中の宗論

『太平記』巻二十四は、北朝において禅宗と天台宗による宗論が提案されたことを記す。そのきっかけは、康永三年（一三四四）の天龍寺落慶供養をめぐる禅宗と天台宗の対立である。後醍醐天皇の菩提追善のため、幕府・北朝は嵯峨に天龍寺を建立し、夢窓疎石を住持に招請する。その落慶供養に光厳上皇臨幸を企てたこと対し、延暦寺が抗議し強訴に及んだ。その善後策を諸卿が議論する場面で宗論が提案される。

良有テ三條源大納言通冬卿被申ケルハ、（中略）縦山門申處雖事多、肝要ハ只正法與邪法ノ論也。然ラバ禅僧與聖道召合セ宗論候ヘカシトコソ存候ヘ。サラデハ難事行コソ候ヘ。（『太平記』二、日本古典文学大系三五、岩波書店、一九六一年）

三條通冬は右のように述べた後で「凡宗論ノ事ハ、三国ノ間先例多ク候者ヲ」として天竺における外道との論争、後漢の道仏論争を引き、最後に「又我朝ニハ村上天皇ノ御宇応和元年ニ、天台・法相ノ碩徳ヲ召テ宗論有シ」として応和の宗論の様子を詳細に語る。これに対し、二条良基が「八宗派分レテ、末流道異也トイヘドモ、共ニ是師子吼無畏ノ説ニ非ト云事ナシ。而ルニ何レヲ取リ何レヲ可捨」と判断の困難さを述べ、「サレバ宗論ノ事ハ強ニ無其詮候歟」と否定し、結局その提案は容れられなかった。『太平記』が描く宗論をめぐる顚末はおよそ以上の通りである。

この事件自体の所見史料は多い（『大日本史料』第六編之九）。にもかかわらず、宗論の提案については『太平記』以外に全くみえない。また同様のケースとして、貞治六年（一三六七）に南禅寺住持の定山祖禅が『続正法論』を著して「八宗猶未及吾宗之一隅」と八宗を非難し、これに怒った延暦寺が諸寺を語らい強訴に及んだ際も、双方が宗論を提起した形跡はなく、幕府・朝廷でも話題になっていない。そして何より、『太平記』が宗論の先例として引用したのは「応和の宗論」であり、「正中宗論」ではなかった。畑中智子氏は『太平記』を境に良源像が説話化・神格化してゆくことを指摘し、「元来、信仰拡大の意図のもとに創作された応和の宗論に関する説話が、『太平記』に取りこまれていった」と推測する（畑中前掲論文）。このエピソードも良源伝を意図した挿話と考えるならば、宗論の提案自体も史実に取材したとは認め難い。

以上、ここでは十四世紀に実施されたと考えられてきた宗論も、物語に描かれた宗論の提案も、何れも史実としての実態を持たないことを確認した。禅宗と八宗の対立は数多の事例が示す通りだが、それが宗論に結実することは遂になかったのである。

第二章では、平安初期以降に宗論が行われない理由を国家の宗教政策の展開から検討した。諸宗興隆の方針によって確立した「八宗」は、総体として「仏法」を形成し、「王法」たる世俗権力と相互補完的に国家的宗教秩序を形成した。かかる秩序の下では諸宗興隆と対極にある宗論が催されることはなかった。前引史料の「諸宗の対論をとゞめられてよりこのかた、宗論ながく後をけづり、仏法これがために安全なり」という一文は、この時代の「仏法」の有り様を端的に示したものと言えよう。

また、鎌倉仏教が隆盛した十四世紀以降も、八宗との間で宗論が行われることはなかった。その背景には、禅宗や浄土宗など鎌倉仏教が社会的に展開する中で既存の「八宗」の枠組みは相対化されたものの、為政者による諸宗興隆の姿勢は変容しながらも維持されたことがあると考える。たとえば、北畠親房は『神皇正統記』（暦応二年〔一三三九〕成立）の中で、八宗（六宗）以外の禅宗を含めた諸宗について「但君としてはいづれの宗をも大概しろしめして捨られざらんことぞ国家攘災の御はかりことなるべき（中略）国の主ともなり、輔政の人ともなりなば、諸教をすてず、機をもらさずして得益のひろからんことを思給べき也」とする（嵯峨天皇条）。また初期室町幕府のブレーンとしても活躍した夢窓疎石も、国王・大臣の勤めとして一宗に偏することなく諸宗の外護者・檀那として振る舞う事を『夢中問答』（康永三年〔一三四四〕刊）に述べている。下って文明十二年（一四八〇）成立の一条兼良の『樵談治要』（将軍足利義尚に政道を説いた書）では、八宗から倶舎・成実の二宗を除いた六宗と禅・浄土を足したものがこの時代の八宗とした上で、「大檀那たる人ハいつれをも断絶なき様に外護の心をはこひ給ふへし」と諸宗興隆の姿勢を説いている。宗論と対極にある諸宗興隆の方針は、なお室町後期に至っても公武権力を規定しており、宗の優劣を判断することはなかったと考えられる。

おわりに

本稿では、異なる時代・分野で個別に議論されてきた宗論について、その史的展開を考察することで論点の整理を行った。宗論の「原型」となった応和三年の論義会は、諸宗平等の理念を前提とした国家の諸宗興隆政策の下で、宗の優劣を判断するというイレギュラーな機会であったがゆえに注目されたものであった。以降、中世において寺院間の相論で「先例」として持ち出されたり、良源伝などに「応和の宗論」譚が引かれるのも、それが諸宗興隆の方針により確立した「八宗」の枠組みが秩序として機能した――すなわち宗論が行われない――時代だったからである。やがて鎌倉仏教の登場により八宗は相対化されるも、なお為政者側の諸宗興隆の姿勢は維持されたと考えられ、実際に宗論は行われなかった。近世編纂史料にみえる「宗論」を無批判に史実とみなしたり、文献上の教義論争を宗論とする近世的な在り方（Ⅲ型）を中世以前に遡及して理解してきたことで、宗論は断続的に催されてきたかの如き印象がある。しかし実際には平安初期以来長きにわたり規制されてきた。宗論は、催されなかった事実にも注目すべき意義がある。

一方で、戦国期には処罰や実力行使を伴う形で盛んに宗論が催された上、世俗権力者の裁定を伴わない教義論争も市井に展開していた。とするならば、長く禁じられていた宗論がなぜ戦国期に「再」登場し、また規制されたのかが問われなければならない。しかしながら既に紙数を大幅に超過しており、詳しい検討は次の機会とせざるを得ない。その際、鍵となるのは、大塚紀弘氏が「中世の宗論の大部分は、日蓮の立てた法華宗が関係している」（大塚前掲論文）と述べたように、日蓮および法華宗（日蓮宗）の動向にあると考える。日蓮とその後継者たちが他宗を盛んに批判したことは著名であるが、その際に宗論の開催を訴え、また宗論に備えて教学研究を深めていたことは日蓮宗教学史以外ではあまり注目されていない（都守基一「宗論と宗義論争」小松邦彰・花野充道編『シリーズ日蓮第三巻　日蓮教団の成立と展開』春秋社、二〇一五年）。そして、京都以外の諸地域では、法華宗側の働きかけで実際にⅠ型やⅡ型の宗論が行われたと思しき事例が散見する。したがって、中世後期まで宗論が行われなかったとする本稿の見解は厳密には正確ではなく、それは中央における不開催に限定される。また、神田が指摘した世俗権力による敗者への制裁や、当事者間の実力行使（私的制裁）という中世宗論の特徴は、法華宗の行動原理と類似している。戦国期の宗論は、明らかに「応和の宗論」と異質な要素があり、連続するものとして一括りに捉えることは適切ではない。宗論の「再」登場は、それまでの宗の在り方の変化を示す事象として検討すべきと考える。次の課題としたい。

月舟寿桂と東国の麦搗歌

川本慎自

はじめに

中世の禅宗は、思想であると同時に学問の場であったことはいうまでもない。そこにはいわゆる「禅」そのもののみならず、漢学に代表されるような、禅とともに新たに日本へ伝来したさまざまな知識が付随していた。こうした知識は、鎌倉後期から南北朝期にかけて、多くの渡来僧や渡海僧によって将来され、室町期には禅宗寺院やその周辺において広く定着をみることとなった。その様相は、室町中期ごろから盛んに作成されることとなる、禅僧による講義の筆録、「抄物」によってうかがうことができる。

室町・戦国期の禅僧、月舟寿桂（げっしゅうじゅけい）は五山の代表的な学僧の一人であり、五山文学に大きな足跡を残している。その月舟が、唐詩の選集である『三体詩』についてのさまざまな講義・筆録を集成し、法嗣の継天寿戩（けいてんじゅせん）とともに整理して大永七年（一五二七）に編んだ抄物が『三体詩幻雲抄』（内閣文庫所蔵）である。そのなかに、次のような一節がある。

［史料一］

竹枝詞　或曰、簪二竹枝一以歌也、理未然也、言二二妃恋レ舜揮レ泪染レ竹、以レ此為二根本一、而作二婦思レ夫之歌一也、而歌妓所レ歌者也、補（横川景三）云、撃二竹枝一合二音律一歌レ之、此義可也、一義云、祭レ神時焼二竹枝一、非也、又鎌倉所レ謂麦搗歌類也、非也、

（『抄物大系 三体詩幻雲抄』一五〇頁）

中唐の詩人、李渉の「竹枝詞」について解説した部分である。竹枝詞は民間歌謡に端を発する漢詩の形式で、白居易や劉禹錫など多くの詩人により詠まれているが、ここでは竹枝詞の起源について四つの説を挙げている。第一の説として、中国の伝説上の皇帝・堯の娘で舜の妻となった二人の妃（娥皇・女英）が、舜が亡くなったのを悲しんで、湘江のほとりで涙を流し竹を染めたという故事を挙げ、妻が夫を思う歌として歌妓が歌うようになったと述べる。この故事は張華『博物志』巻八に見え、日本中世の禅林においても広く知られた故事である。たとえば瑞渓周鳳『臥雲藁』に収められる「湘竹画叉」詩（『五山文学新集』五、五一六頁）はこの故事を描いた湘竹画への讃で、杜詩のこの故事への言及を典拠としている（太田亨氏「日本禅林における杜詩受容について」『中国中世文学研究』四五・四六、二〇〇四年）。

史料一で挙げられる第二の説は横川景三（補庵）の説で、竹の枝を叩いて歌の調子を合わせるという説を述べ、「此義可也」、すなわち月舟寿桂の判断としてこの説は妥当であろうとする。さらに他の説として、神を祭る際に竹を焼いたものだという説、鎌倉でいう麦搗歌のようなものだという説の二つを挙げ、いずれも「非也」、すなわち誤りであるとする。

月舟寿桂に先行する三体詩抄には『聴松和尚三体詩之抄』（希世霊彦、蓬左文庫所蔵）、『暁風集』（万里集九、国会図書館所蔵）、『簑庵剰稪』（湖月信鏡、蓬左文庫所蔵）が現存し、これらの「竹枝詞」解説には起源諸説が挙げられ

るが、いずれも「可也」「非也」の記述はなく、『三体詩幻雲抄』で可否の判断を加えている主体は月舟と考えられる。つまり月舟は、『三体詩』講義の準備の手控えとして、竹枝詞の起源についての「先行研究」を挙げ、それぞれに妥当か誤りであるかの判断を加えているのである。

ここで各説の妥当性について改めて論ずる意図も用意もないが、注目すべきは、最後の説に挙げられた「鎌倉謂ふ所の麦搗歌の類なり」という一節である。竹枝詞の起源は鎌倉でいう麦搗歌のようなものである、という説で、「竹枝」が竹の枝で麦を叩く麦搗きの動作を連想させることによって現れた説と考えられる。竹枝詞の起源説としては「非也」と退けられているが、その判断の前提として月舟寿桂は、「麦搗き」や「麦搗歌」がどのようなもので、竹枝詞とはどのように異なるかを知っていたことになる。つまり鎌倉で行われていた農事や農事歌についての具体的な知識を持っていたことになるのである。しかし、京都建仁寺を主たる活動の場としていた月舟は、どのようにして東国鎌倉の農事歌の知識を得るに至ったのであろうか。そして、京都で行われた『三体詩』講義において、なぜ東国の農事について語らなければならなかったのだろうか。そこには学問としての禅宗と、実際の東国の農事との間の何らかの接点があることが想定されよう。

月舟寿桂を手がかりとして、京都禅林における東国農事知識の出所と行先に着目することによって、「禅」の学問としての側面が、どのように社会と関係し、どのように影響を与えていたのかについて考えることとしたい。

一　麦搗歌と鎌倉節

前提として、史料一に現れた「鎌倉謂ふ所の麦搗歌」とはいかなるものだったのかを考えてみたい。室町期の歌謡についてはこれまでに多くの研究が積み重ねられており、とくに『閑吟集』については五山僧に近いところで成立したことが推測されている（浅野建二氏『中世歌謡』塙書房、一九六四年、小笠原恭子氏『閑吟集』――編者像夢想――」『室町藝文論攷』三弥井書店、一九九一年、中本大氏「『閑吟集』と江西龍派」『新編日本古典文学全集月報』六八、二〇〇〇年）。『閑吟集』のなかに麦搗きは五十八番歌の「麦搗く里の名には　都しのぶの里の名」という歌詞に見えるが、これは「近」字の注記のある近江節の一つであり、必ずしも「鎌倉謂ふ所の麦搗歌」に直結するとは言いがたい。

一方、藤田徳太郎氏により紹介された『鎌倉麦舂之歌』と題する歌謡集（竹柏園旧蔵）には「かまくらへ参る道に椿うへて」「かま倉殿が世におちて」など、鎌倉に関する歌詞をもつ古謡が収められる。書物としての成立は近世と見られるが、収められた歌詞の多くは室町小歌に類似した形態・表現であり、古い伝来を持つものと推定されている（「鎌倉麥挿歌」『日本民謡論』萬里閣、一九四〇年）。こうした麦搗きの農事に関わる歌謡が月舟寿桂のいう「鎌倉謂ふ所の麦搗歌」につながるのではないかと考えられるが、具体的にこれらは中世に遡りうるものなのだろうか。

鎌倉の「麦搗歌」として想起されるのは、関東地方に現在も伝承される次のような民謡である。

［史料二］

鎌倉の御所の座敷に　十三になる娘が酌に出た
酒よりもさかなよりも　十三になる娘が目についた
目につかばつれてゆかしゃれ　娘は他国の縁だもの

（函南町平井「麦搗き唄」、『静岡県の民謡　民謡緊急調査報告書』八七頁）

ここで挙げたのは鎌倉ではなく伊豆・函南のものであるが、この民謡に見られる「鎌倉の御所」ではじまる歌詞は、伊豆・函南のみならず東国で広く民謡として伝承されている。とくに、相模・伊豆の相模湾西岸各地で行われる伝統芸能「鹿島踊」で歌われる歌詞に含まれることが知られ、ここでも「鎌倉の御所」を含む歌は「麦つき歌」の名称で呼ばれており、農事歌の転用であることが指摘されている（吉川祐子氏「相模湾西海岸の鹿島踊」『静岡県史研究』四、一九八八年）。なお、史料二の歌詞は「鎌倉の御所の座敷に」であるが、多くの鹿島踊の歌詞では「鎌倉の御所の御庭に」となっている。この「鎌倉の御所の御庭に」の歌詞は、多摩川流域の祝唄「はつうせ」や、三浦半島の「チャッキラコ」、房総半島の「みろく踊」などの踊唄にも見え、鎌倉をとりまく形で東国一帯に広がっているのである。

ただし、「鎌倉の御所」の歌い出しで始まる「鎌倉節」は、後に流行歌として近世から近代にかけて全国へ流布したため、現在の分布状況から中世へ遡るか否かを判断することは難しい。「鹿島踊」についても、踊り自体は近世の成立で、歌詞の多くは御船唄や労作唄からの流用であるとされる（俵木悟氏「ミノコオドリの系譜」『芸能の科学』三一、二〇〇四年ほか）。一方、こうした「鎌倉節」の詞章は中世に流行した風流踊歌の常套句の一つとして指摘されており（佐々木聖佳氏「風流踊歌の常套句」『日本歌謡研究』三六、一九九六年）、中世における京などの異郷への憧憬の一つ、鎌倉憧憬を反映したものと位置づけられる（森山弘毅氏「中世鎌倉唄小考」『野田教授退官記念日本文学新見』笠間書院、一九七六年）。

戦国期以降の鎌倉は、鎌倉公方の古河移座などにより政治的中心たる「都市」としての性格を失い、単なる農村に変貌して近世を迎えることはつとに指摘されるところであるが、一農村となってしまった鎌倉への憧憬が近世以後に発生することは考えにくく、「鎌倉の御所の御庭に」という麦搗歌の詞章自体は、成立としては鎌倉に「御所」があった時代、すなわち少なくとも室町期の鎌倉府の時代まで遡るものと想定される。また、音韻の上でも史料二に見られるような「五七七五」の詞型は古代中世の古態を残すものと指摘される（町田嘉章氏「日本民謡の詞曲形態から見た時代性と地域性」『日本民俗学大系』十、平凡社、一九五九年）。伊豆・函南の「麦搗き唄」や相模湾西岸の「鹿島踊」そのものの成立時期は確認できないとしても、これらの歌詞の原型の成立は中世まで遡りうるのであり、月舟寿桂のいう「鎌倉謂ふ所の麦搗歌」そのものではないとしても、これら「鎌倉節」の詞章の原型が「鎌倉謂ふ所の麦搗歌」で指されるものの一つだったということは想定できるであろう。

二　月舟寿桂と鎌倉禅林

さて、冒頭で述べたように、月舟寿桂は「鎌倉謂ふ所の麦搗歌」、つまり東国の農事歌についての知識を持っていたと考えられるのであるが、京都建仁寺にあった月舟が直接に東国の農事歌を見聞きすることは難しいはずである。月舟は東国の禅院に住持したこともなく、また東国禅院に掛搭した形跡も見受けられないのである。では、いかにして東国の知識を持つに至ったのであろうか。

月舟寿桂は近江出身で、蒲生心即院に掛搭したのち、磯野楞厳寺にあった正中祥端に参じている。その後正中祥端に随って上京し、以後は主として建仁寺において活動している。十刹の山城真如寺・越前弘祥寺住持をつとめたのち、永正七年（一五一〇）に建仁寺住持となり、天文二年（一五三三）に示寂している。こうした履歴から見ると、東国寺院に入寺したこともなく、東国とのつながりはないように見えるが、正中祥端の法を嗣いでいることに注目したい。正中祥端は古先印元、友峰等益とつながる関東幻住派の法脈に連なる僧で、尾張を経て上京するまでは長く建長寺にあった（玉村竹二氏「知られざる禅僧たち」『日本禅宗史論集』下之二、思文閣出版、一九八一年）。こうした法脈を嗣ぐ月舟寿桂は、東国寺院に掛搭した経験こそないものの、人脈的には鎌倉禅林とのつながりをもちうるのである。

その実例として、鶴天正松（かくてんしょうしょう）という僧を見てみよう。すでに朝倉尚氏により紹介されているが（「月舟寿桂小論」『抄物の世界と禅林の文学』清文堂出版、一九九六年）、『実隆公記』大永三年（一五二三）七月十三日条には、関東宇都宮の僧鶴天正松が住庵富閑斎についての題詠の作成を三条西実隆に依頼していることが見える。その依頼は月舟寿桂の仲介によるものであり、鶴天と月舟はそれ以前からの知り合いであったことがわかる。実隆はこの依頼を受け、月舟と詠草をやりとりしながら題歌を作成し、清書した軸を八月九日に月舟側に渡している。この時の題詠は『再昌草』にも収められている。

[史料三]

東関左典廐閣下（宇都宮忠綱）、一㆘見東山月舟老禅寄㆗題㆓富閑斎㆒之詩㆖、作㆓題歌㆒賜㆓斎主鶴天㆒、々々入洛、就㆓老禅㆒示㆑予以求㆓瓦礫㆒、披而読㆑之、句々有㆓金玉声㆒、予不㆑獲㆑止応㆓其求㆒云、

天地と　ひらけしよりの　なかにありて　いきとしいける　人はたゝ　色香にそみて　春の花　夏のゝ草の
ことしけく　秋のもみちの　木枯に　跡をもとめす　ゆくとしの　こゝらまきれて　すくす世に　心を塵
の　外にをきて　すむらん人の　かしこさに　されは仏の　のこしける　いまはのきはの　をしへにも　鳥
のむれゐる　枝はみな　かるゝうれへを　しらすなり　かもめぬるてふ　こもり江の　なみ風たてゝ　戸さ
しせぬ　関の東の　海山の　しつかなるにや　とみぬらん　心をすます　久かたの　月の舟より　たくひこ
し　露をかことに　光ある　こと葉の玉の　声きけは　さらに此世の　物ならす　むかしを思ひ　伊豆の海
や　おきの小島に　よる波の　立ならふとも　こえつへし　わか身朽木の　杣ふりて　ひかてたえにし　埋
木の　花をもしらぬ　心もて　筆をそむなる　墨の江の　松のおもはん　ことをしも　あはれわすれて　色
に出ぬる

世とゝもにともしくもあらす春秋を心の水のすむにまかせて

大永第三暦中元後一日　　槐陰老衲堯空（実隆）書印

（『桂宮本叢書』十二、七〇六頁）

これによると、月舟寿桂が富閑斎に寄せた詩を宇都宮忠綱が一見し、忠綱もまた富閑斎についての和歌を送ったところ、鶴天は上洛した際にさらに三条西実隆に題詠を求めたということである。歌中には「伊豆の海」や「墨の江」など関東の地名のほか「月の舟」などの語が詠みこまれており、月舟と関東の僧鶴天、そして下野の大名宇都宮忠綱という東国への人脈が見えてくることとなる。鶴天はこの後もしばしば上洛していたようで、ある年には夏から春にかけて半年以上京都に滞在して月舟から儒学を学び、帰郷する際には月舟寿桂の頂相画を作成して月舟の讃を求めていることが『幻雲文集』に見える（『続群書類従』第十三輯上、三九五頁）。ではこの鶴天正松という僧はどのような人物だったのであろうか。

鶴天正松は、建長寺住持をつとめた鎌倉禅林の僧であった。月舟の語録『幻雲疏藁』（東京大学史料編纂所架蔵謄写本）には、鶴天が建長寺に住持する際の道旧疏（新住持の友人が入寺を勧める疏）が収められている。

[史料四]

鶴天住建長〈諱松〉

前席禅興鶴天禅師、其宗緒遠承二仏国派一、其族譜近出二宇都宮一、然而処俗超然、風流好事、可レ尚矣、今也親戚敦者、俾下人告二諸僧録司一、聞二諸大檀越一、滌中篆相州巨福山建長興国禅寺上、於レ是洛社耆年聞二斯盛挙一、忻然闔辞、従曳二其駕一云、（後略）

これによると、鶴天正松は仏国派（高峰顕日の門流）の僧で、俗系は宇都宮氏であるとされる。『幻雲文集』所収の「天渓説」（『続群書類従』第十三輯上、三三四頁）は鶴天の俗姪の天渓□長に月舟が与えた道号説であるが、これには天渓の俗系は「野之宇都宮壬生氏」とあるので、鶴天も下野壬生氏の出身と考えてよいであろう。壬生氏は宇都宮氏被官であり、近年の研究では宇都宮氏の庶流であることが明らかにされている（『壬生町史』通史編Ⅰ）。

鶴天正松が建長寺に住持する際の江湖疏（新住持を祝って広く江湖から寄せられる疏）は常庵龍崇からも寄せられており、常庵の文集『寅闇疏』（東京大学史料編纂所架蔵謄写本）に収められている。この疏は大永三年八月のものと記されており、鶴天の建長寺への入寺は、月舟寿桂や三条西実隆から富閑斎への題詠を集めていたのとほぼ同時期のことであった。さらに常庵による江湖疏の形式について、戦国期の関東禅林で成立した雑録である『談柄』の第十六談で言及されているが（今泉淑夫氏「『談柄』について」『日本中世禅籍の研究』吉川弘文館、二〇〇四年）、そこには「宇都宮興禅寺鶴天ノ江湖疏」とあり、鶴天は宇都宮にある興禅寺の僧であることがわかる。

興禅寺は鎌倉期に宇都宮貞綱が高峰顕日の法嗣、真空妙応を招じて建立した禅院で、宇都宮氏の菩提寺となっている（大森正且氏「鎌倉幕府御家人の禅宗受容の一断面」『駒沢史学』五八、二〇〇二年）。つまり鶴天正松は宇都宮氏一族の壬生氏の出身で、宇都宮氏の菩提寺興禅寺の住持をつとめたのち、鎌倉五山の建長寺に昇住していたのである。

ここで鶴天正松が三条西実隆に題詠を求めたのが大永三年であったことに注目したい。月舟寿桂の『三体詩幻雲抄』が編まれたのは大永七年であり、月舟は「鎌倉謂ふ所の麦搗歌」について言及したのと極めて近い時期に東国の禅僧と接触していたのである。では月舟と鶴天のつながりは、いかなる意味をもつのであろうか。

三　月舟寿桂と足利学校周辺の人々

鶴天正松は、戦国期に常総で活躍した禅僧、大蟲宗岑（だいちゅうそうしん）にも富閑斎への題詩を求めており、その内容は『大蟲岑和尚語集』（東京大学史料編纂所架蔵謄写本）に残されている。

［史料五］

寄題富閑斎　　総陽国分甲州別駕請レ之

楊州屋裡好同帰　対景無心忘万税　一刻千金不貧宝　月移花影上柴扉

（『牛久市史料』中世Ⅱ、三五二頁）

富閑斎への題詠について、下総の国分甲斐守の請により作成していることがわかる。大蟲宗岑は常陸小田の出身、常陸巣月院や上野長楽寺を経て足利学校で学んだのち、国分氏の菩提寺である下総大龍寺のほか、岩城興徳寺、下野雲巌寺に住している（外山信司氏「下総矢作城（大崎城）と大蟲和尚」『城郭と中世の東国』高志書院、二〇〇五年）。その語録には禅僧をはじめ連歌師、医師などとの詩詞の応酬が収められており、その多くは足利学校の出身者であることから、大蟲の周辺には「足利学校に学んだ者たち」のネットワークが存在していたことを考察したところである（川本「足利学校の論語講義と連歌師」『生活と文化の歴史学4　婚姻と教育』竹林舎、二〇一四年）。

その大蟲の語録に現れる人物のなかに、谷野雲庵（一栢現震（いっぱくげんしん））の名が見える。一栢現震は医師で易学や暦学にも長じており、足利学校で学んだのちに越前に赴き医書『勿聴子俗解八十一難経』の版行などを行ったことで知られる。月舟寿桂は越前との関係が深く、永正六年（一五〇九）の弘祥寺入寺をはじめとしてしばしば越前に下向し、朝倉貞景と密接な関係があったことは周知のことであるが、一栢と月舟との間にも交流があり、たとえば月舟は一栢が撰述した易書『命期経軌限盈縮図』に跋文を寄せている（小曽戸洋氏「幻雲の医界における交友関係」『扁鵲倉公伝』幻雲注の翻字と研究』一九九六年）。一乗谷遺跡では元代の医書『湯液本草』写本の焼片が発掘されているが、宋版『史記』（国立歴史民俗博物館所蔵）「扁鵲倉公列伝」への月舟による書き入れにはこの『湯液本草』が引用されており（真柳誠氏「朝倉氏遺跡出土の『湯液本草』」『日本医史学雑誌』三九－四、一九九三年）、一栢の知識が越前を経て月舟へ到達していたことが見てとれる。

　月舟寿桂の学問と足利学校の学問との内容上の連関性はつとに指摘されているが、月舟自身は足利学校に学んだわけではない。しかし、前述のように月舟の師である正中祥端は関東で学んだ僧であり、常陸法雲寺において復庵宗己（ふくあんそうき）・一曇聖瑞（いちどんしょうずい）に学んでいた（『本邦諸師行状塔銘』）。復庵宗己や一曇聖瑞は南北朝・室町期の関東儒学の中心的存在であり、足利学校とも密接な関わりを持っていた（川本「中世後期関東における儒学学習と禅宗」『禅学研究』八五、二〇〇七年）。こうしたことから、月舟と「足利学校に学んだ者たち」とのつながりが生じたものと考えられる。

　また、復庵宗己下の幻住派と、高峯顕日下の仏国派は親しい関係にあった。たとえば、復庵開山の常陸清音寺と高峯門下の下野興禅寺には同じ院派仏師院広の手による仏像があることが指摘されており（清水眞澄氏『中世彫刻史の研究』有隣堂、一九八八年、田中恵氏「十四世紀院派仏師の造仏と林下禅」『MUSEUM』四六九、一九九〇年）、両寺には室町期から活発な交流があったことが推測されるのである。興禅寺は鶴天正松の住していた寺院であり、復庵下の幻住派僧、そして月舟寿桂と交流を深めて行くことになったのであろう。

　このように、月舟寿桂は東国に赴いたことこそないものの、足利学校や関東の学僧と接点を持っており、そこには宇都宮の鶴天正松も存在していたのである。『三体詩幻雲抄』に見える「鎌倉謂ふ所の麦搗歌」という言及の背後にある、東国の農事ないしは農事歌に関する知識は、こうした月舟寿桂と東国人脈との学芸上のつながりのなかでもたらされたと考えることができよう。

このことを可能にしたのは、禅宗の法系が全国に張り巡らされていたという点によってである。禅宗では釈迦から続く法系のなかに自己を位置づけることが重視されるが、その法系は単一の寺院、塔頭内にとどまるものではなく、同一の法系に位置する僧が全国の寺院に散らばっていた。これは本来的には、師を求めてさまざまな禅院を遍歴するという禅宗教団のあり方によるものであるが、こと日本中世においては、十方住持制のもとに五山・十刹・諸山という官寺が全国に配置されるという制度によって担保されていた。鎌倉末期以降、各地の地方勢力が住持として高僧を招くことを希望し、幕府がそれに応じて高僧を分与するという行為が、中央と地方の関係を構築していたということは斎藤夏来氏の説くところである（『禅宗官寺制度の研究』吉川弘文館、二〇〇三年）。

こうした禅宗の広域性の帰結は、政治的にはたとえば幕府・鎌倉府間の使節として多く禅僧が起用されるという形で見ることができるが、文化的には、ここまで見てきたように、月舟寿桂をとりまく広域的な学芸上のつながりという形で現れてくることになるのである。

四　月舟寿桂と麦搗唄

ここまで月舟寿桂の「鎌倉謂ふ所の麦搗歌」という言及をめぐって、その知識がもたらされた情報源について考えてきたが、では月舟寿桂は麦搗歌とは直接関係のない漢詩講義において、なぜわざわざ東国の農事歌について言及しなければならなかったのであろうか。そこで、朝倉尚氏らの研究に導かれて（「月舟寿桂小論」前掲）、月舟がどのような漢学講義を行っていたかを見ていくことにより、月舟の『三体詩』講義がどのような聴衆を対象としていたかを考えてみたい。

『三体詩幻雲抄』は、先に述べたように、月舟寿桂が先行する抄物を集成・整理したものであり、実際の講義の筆録ではなく講義を準備する段階での手控えというべき性格のものである。しかし、『三体詩幻雲抄』が大永七年（一五二七）に編まれて間もない享禄三年（一五三〇）に月舟は実際に『三体詩』講義を行っている。この講義は宮中で行われ、三条西実隆の周辺の多くの公家が聴講していた（『実隆公記』享禄三年九月二十五日条ほか）。

月舟寿桂と三条西実隆との間には、この『三体詩』講義以前から漢籍の貸借や漢詩知識の照会、漢詩の添削など、とくに漢学に関する深い交流があり、その様相は『実隆公記』のほか、堀川貴司氏によって紹介された月舟から実隆の子公条に宛てた書状からもうかがうことができる（「三条西家旧蔵『経国集』紙背文書について」『五山文学研究』笠間書院、二〇一一年）。さらに月舟と実隆はともに宮中の和漢聯句御会に参加しており、それをきっかけとして、『三体詩』講義に先立つ永正六年（一五〇九）、月舟は宮中で杜甫詩の講義を行う。この永正六年の杜詩講が好評だったため、この後引き続き宮中や公家邸において、三条西実隆や山科言継に『史記』や『漢書』などの漢学講義を行うようになるとされる。したがって、大永七年（一五二七）に三体詩講義の手控えである『三体詩幻雲抄』を編む際にも、月舟は実隆や言継をはじめとする公家が聴講することを念頭に置いていたと考えることができよう。『三体詩幻雲抄』自体は講義筆録ではなく講義準備の手控えであるため、迂遠な論証を要したが、つまり『三体詩幻雲抄』の内容は実隆や言継らの公家に向けた享禄三年の講義にほぼ等しいとして差し支えないのである。

さて、ここで挙がった三条西実隆や山科言継などの人物は、風流踊歌と接点があったことに注目したい（森末義彰氏「盆踊の研究」『宗教研究』新一〇―一、一九三三年）。実隆は「拍子物の小歌」二十首を作詞しており（『実隆公記』

享禄二年七月十一日条)、言継は堀川近江守らの所望により踊歌を作詞し、その拍子を定め町衆に稽古させている(『言継卿記』永禄八年七月十八日条)。いずれも拍子を取る形の踊歌であって、月舟寿桂の言及した「竹枝詞」が竹の枝で拍子を取るとされたことと類似する。

すなわち、月舟寿桂が『三体詩』講義の聴衆として想定していた公家たちの間では、実際に踊歌の作詞を行うほど、風流踊歌への関心が高まっていたのである。そして『三体詩』に見える「竹枝詞」は風流踊歌と類似するところがあって、その内容についての知識はこれらの聴衆にとって魅力的な知識であったと考えられるのである。さらに唐詩「竹枝詞」だけではなく、おそらくは実隆や言継らの見聞きしたことのない東国の農事歌について紹介することは、聴衆にとっても風流踊歌の歌詞を作成する上で意味のあるものであっただろう。

このように月舟寿桂が「竹枝詞」の解説のなかで「鎌倉謂ふ所の麦搗歌」に言及するのは聴衆の関心の反映であり、聴衆にとって極めて魅力的な知識を伝達しようとした結果であったと位置づけることができよう。

おわりに

ここまで、月舟寿桂『三体詩幻雲抄』に現れる「鎌倉謂ふ所の麦搗歌」という記述を手がかりとして、月舟寿桂がどのようにして東国の農事歌の知識を得たのか、なぜ『三体詩』講義の場で東国の農事歌について語ることとなったのかについて考えてきた。

月舟寿桂の情報源については、月舟が関東幻住派につながる法系に属しており、足利学校周辺の学芸のネットワークとのつながりを持っていたことに注目した。その一員である宇都宮の鶴天正松との交流から、東国の農事歌についての知識を得ることとなったと想定したのである。そして、得た知識をもたらす先である『三体詩』講義の聴衆は、当時流行した風流踊歌に強い関心を持っており、東国の農事歌についての知識は魅力的であったがゆえに月舟は言及したのであろうと考察した。

このように月舟寿桂は、背後には足利学校周辺から得た東国農事の知識を背負い、眼前には公家社会の風流踊歌への関心を見据えて『三体詩』講義を行った結果、「鎌倉謂ふ所の麦擣歌」に触れることとなったのである。

こうした知識伝授は、もちろん「禅」の思想から直接にもたらされるものではなく、禅とともに学ばれた漢学・儒学とも直接に関わるものではない。講義に付随して伝達された、いわば余談雑談の類である。しかし、禅宗の学問の場としての側面を考えたとき、これらの禅と直接に関係しない知識を得ることも、禅に関わる人々にとって十分に魅力的なものだったのである。

鎌倉末から南北朝にかけての禅の日本伝来の時期、禅宗寺院で最新の儒学を学べることは、当時の僧俗にとって大きな魅力であった。しかし、儒学を禅とともに学ぶことは、禅宗の立場からすれば不純なものであった。それを当時の禅僧たちは「興禅の方便」として許容し、むしろ活用してきたのである。

室町・戦国期に至り、禅宗寺院において儒学・漢学を学ぶことは当然のこととして定着していくが、儒学・漢学にとどまらず、さらなる「魅力的な知識」を伝達していたことは、禅宗寺院が「学問の場」として機能し続けていたことを如実に示している。そしてその機能は、東国の農事歌の知識が京都の風流踊歌の周辺で受容されたように、中世の社会・文化に大きな影響を与えることとなったのである。

足利将軍の受衣・出家と室町文化

原田正俊

はじめに

足利家の歴代将軍をはじめ近親者や守護大名等が禅僧のもとで戒を受け、さらには出家したことはこれまでもよく知られている。南北朝・室町時代には、禅宗、特に臨済禅の興隆はめざましいものであり、京都・鎌倉の有力な禅寺は五山に列し、鎌倉時代以来の禅寺に加えて天龍寺、相国寺が創建された。天龍寺は、足利尊氏・直義、相国寺は、足利義満が大檀越となって建立したことは周知のことである。

顕密諸宗が優勢を誇ったなか、禅宗がどのような形で展開し、室町幕府のもとで位置付けられたのかについては、筆者もこれまでいくつかの論点を明らかにしてきた（原田正俊『日本中世の禅宗と社会』吉川弘文館、一九九八年）。もっとも、室町殿が禅宗だけを保護したのではなく、南都六宗・天台宗・真言宗など顕密諸宗の法会を継続して開催していることも事実であり、近年研究が進展してその内容と位置けが議論されている（大田壮一郎『室町幕府の政治と宗教』塙書房、二〇一四年）。

ただ、室町時代の仏教が、禅宗の台頭によって大きく変容したことは重要であり、研究状況としては、顕密と禅の関係性、さらに禅宗の台頭による顕密諸宗の変容といった点も課題となってきている。

同時に公家・武家共に禅宗に帰依する人々が増加したことも事実であり、何故、禅宗が人々を惹きつけたのかは、重要な課題である。また、室町時代には、大陸からの書や絵画、調度、文具が珍重され、室町殿の邸宅内にはこうした唐物が所狭しと飾られていた。絵画や書は、禅宗と関係するものも多数ある。大陸から日本で好まれるものが選ばれてもたらされ、禅寺や公家・武家の邸宅内に飾られて、自らの権勢を示す威信材として好まれた。いずれにしても、室町文化は禅宗、禅僧と密接な関係のもと形成されたのであり、禅と室町文化の関係性は、これまでも多方面から分析が加えられてきた。

本稿では、室町文化の主導者としての側面を持つ足利将軍の禅僧からの受戒・受衣という行為を中心に検討し、その思想的背景、足利将軍が禅宗への帰依を表明することによってそれが社会全体に及ぼした影響も含めてみていきたい。こうした検討によって、室町仏教のなかにおける禅宗の特色を明らかにすることができ、また、社会のなかで重要視される理由、室町文化との関わり方、影響の及ぼし方をみていくことができるものと考える。

一 足利将軍の受戒・受衣

足利尊氏が、夢窓疎石に深く帰依したことは有名である。夢窓は、建治元年（一二七五）伊勢に生まれ、甲斐で育ち、はじめ密教を学ぶが、禅宗に関心を懐き、建仁寺、建長寺で蘭溪道隆門下（大覚派）の禅僧達のもとで参禅、元から一山一寧が来日すると、そのもとでも修行した。その後、隠遁を好む日本僧、高峰顕日のもとで学び、その法を嗣いだ。北条貞時室の覚海尼の招きで鎌倉に行き、さらに後醍醐天皇の命で、正中二年（一三二五）南禅寺住持として迎えられた。南禅寺退任後は、北条高時の招請で鎌倉の浄智寺、円覚寺の住持になっている

（「夢窓国師年譜」『続群書類従』第九輯下、以下、夢窓の事績は年譜による）。鎌倉時代末期には、著名な禅僧の一人であった。

足利尊氏は、当時、名声が高かった夢窓を尊崇し、弟の直義と共に、法談を聞いている。延元元年（建武三年・一三三六）、尊氏は、夢窓に弟子の礼をとり、示誨（じかい）を求めた。この時、受衣しているとみられる。この年は、尊氏が後醍醐天皇に叛旗を翻し、一旦は西国に敗走後、京都に戻り幕府を開く年である。夢窓は、新たな権力者の帰依を受けたことになり、尊氏からすれば、これまでの政権で重用された僧を自らの師としたのである。尊氏の夢窓への帰依は、細川顕氏が甲斐国恵林寺で夢窓と出会い、受衣したのを契機に、尊氏、直義に紹介したといわれる（『梅松論』下）。「夢窓国師語録」には、尊氏の道号付与の際に書かれた「仁山」頌がある（巻下之二『大正新修大蔵経』第八〇巻四七九頁 c）。

暦応二年（一三三九）、夢窓の勧めで、尊氏・直義は、光厳上皇に奏請して、後醍醐の冥福を祈るための一寺建立を始めた。暦応寺、後の天龍寺の創建である。康永元年（一三四二）三月七日には、光厳上皇が西芳寺を訪れ、夢窓から受衣して、道号「無範」法諱「光智」を与えられている。

貞和五年（一三四九）三月、足利直義が、天龍寺雲居庵で夢窓から受衣し、一〇月二二日には、足利義詮が鎌倉から京に上り、一二月一日、天龍寺普明閣上で受衣している。夢窓は翌、観応元年（一三五〇）四月より病となり同二年九月晦日に没した。

観応二年八月一六日付、足利尊氏御内書案では、天龍寺の創建は後醍醐天皇の恩徳への報謝のためで、光明天皇の勅命で夢窓が開山となったことが述べられ、足利家の子孫・一族・家人は、末代まで当寺に帰依することが定められている（『天龍寺文書の研究』九八号）。夢窓の遷化間近を察して、尊氏が一族一門あげて、天龍寺への帰依を夢窓に対して示したものとして注目される。

この文書は、正文が早くに失われたようで、案文のみ伝来しているが、「天龍寺重書目録」甲にも案文が収録され、端書が写されており、観応二年九月二日、近江の戦場から下された尊氏自筆の置文であったことを夢窓が記している。

また、長禄四年（一四六〇）四月二〇日、足利義政がその内容を証判しており、歴代の将軍にこの取り決めは引き継がれたことがわかる。証判のため、禅林行政を司った蔭凉軒主がこれを取り次いでおり、同時に足利義満による天龍寺保護のための置文が義政に進覧された。尊氏置文には花押と後証のための書が加えられ、天龍寺にとってもきわめて重要視されていることがわかる（『蔭凉軒日録』長禄四年三月一八日・四月二日・五月二十六日条）。

足利直義の禅宗への信仰については、玉村竹二氏の研究に詳しいが（「足利直義禅宗信仰の性格」『日本禅宗論集』下之一、思文閣、一九八一、初出は一九五八年）、本稿に関連する事項を整理しておく。

直義は、もともと夢窓派以外の禅僧に帰依しており、当初は、元に渡り古林清茂の禅風に影響を受けた天岸慧広、さらに天岸の帰国時に元から来た、竺仙梵僊、日本僧で同時に帰国した雪村友梅に帰依した。また、全国の安国寺・利生塔の設置、天龍寺の開創にも直義が深く関わっていた。後に元僧、東陵永璵を日本に招き、後に天龍寺住持としたことなどが注目される。

直義は、大陸の禅宗にあこがれ、渡来僧はもとより、大陸の事情に通じた日本僧を特に重視していた傾向がみられる。後に夢窓に師弟の礼をとるものの、これを尊氏に対する政治的な屈服とみる説もある（玉村前掲一九八一）。また、直義と夢窓との問答の記録でもある『夢中問答集』について、夢窓の禅に対する批判的視点からまとめられたとしている。

今一度、直義と夢窓の関係について検討していくと、『夢中問答集』刊行の経緯は、巻末に付された竺仙梵僊による跋、再刊時の再跋に経緯が詳しく記されている（川瀬一馬校注、講談社学術文庫による。以下の本書頁を示す）。

問答集は、等持院の古先印元が竺仙に一帙を示し、これは古山大居士（直義）が久しく夢窓との間で交わした問答の記録であるといい、すべての在家出家、女性など道を志す者のために仮名でまとめ、それを夢窓の在家の弟子である大高重成が刊行したと記す。竺仙は、渡来僧であるから仮名の書物は読むことはできないが、夢窓の力量は認めていたこともわかる。こうした人々を引導する書は必要としている。最初の跋は、康永元年（一三四二）九月一九日となっている。

再跋では、この書を刊行することを、当初、夢窓は許さなかったが、既に写本が出回っており、文字の間違いなどあっては誤解を生むため、やむなくこれを許可したことがわかる。また、もとは直義一人のために説いたものとはいえ、無辺の衆生に説く必要を感じ、刊行したとする。刊行を主導した大高重成は海岸居士として夢窓に参禅して、浄名（維摩居士）の風があると褒め称えている。康永三年（一三四四）一〇月八日に記されている。このように、直義は長年、夢窓のもとで参禅、問答していたことがわかり、その質問も簡潔ながら鋭く、夢窓が懇切に答えている様をみることができ、この書が、夢窓批判のために刊行されたとはいえない。

直義は、もともと鎌倉時代に来日し、北条時宗の帰依を受けた無学祖元に憧れていたようで、関東にいた時に、無学の像を前に弟子の義を表し、「恵源」の法諱を無学の門派である仏光派の僧から与えられていた。この時の実際の師を、玉村氏は、天岸慧広であるとする。また、天岸から「古山」の道号を与えられ、「古山恵源」と称していたことがわかる（『東帰集』）。直義は、北条時頼が東福寺開山の円爾に示した投機の偈を百年後にみて、和韻をして偈を作成しており（『大日本史料』六編之一六、正平七年二月二六日条）。直義の禅の悟りの境地への関心の高さをみることができるとともに、禅宗に傾倒した北条氏の例に倣う様をみることができる。雪村友梅は、「三条殿頌軸」のなかで、直義が「禅悦をもって楽となす」と評し、時頼の偈に和韻したことを述べている（前掲『大日本史料』同日条）。

貞和五年（一三六九）閏六月、直義は、高師直と不和になり、幕府内部は二派に分かれて動揺した。高師直のクーデターによって直義は、失脚し、この年一二月八日出家した（『公卿補任』）。これより先同年三月、直義は夢窓に対して、自分は以前、無学に弟子の礼をとっているが、今、夢窓を師として衣盂（鉢）を受けてもかまわないかと問うている。夢窓は、事同一家と言い、夢窓の弟子となることを許している。

この状況を、玉村氏は、尊氏の監視下でけじめをつけるため、不本意ながら夢窓の弟子になったとする。確かに政治的に追い込まれた直義が、尊氏の信任厚い夢窓の弟子となり、恭順の意を表したともいえる。しかし、直義は、長年の参禅の師であった夢窓を選択する余地はあったわけで、夢窓は、仏光派の正嫡であるとの自負もあったことから、さほど不自然なことでもない。足利義詮が上洛後、受衣し、直義に代って政務をたすけた。この一連の動きをみれば、足利一門として、夢窓の弟子となり結束を図ったものといえよう。

また、注意しなければならないのは、直義が出家したのは一二月であり、無学への拝塔、夢窓への師弟の礼をとった時点では、在俗の身であり、いわば居士として弟子になっている。義詮も貞和五年（一三四九）時点では、居士として夢窓の弟子となったのである。これまでの研究では、直義については、当初の受衣と出家を混同して、再出家とするなど、混同がみられる。この時代の禅僧からの受衣では、居士の立場で法諱と道号が与えられたのである。

義詮は、法諱を「道権」、道号は「瑞山」であることが知られている（「夢窓国師語録」巻下之二『大正新修大蔵経』第八〇巻四八二頁 a）。貞治六年（一三六七）一二月七日に、義詮は没するが、生前に剃髪して僧形になっていたわけではない。

義詮は、最初、禅宗に対して関心が薄かったようであるが、夢窓の弟子で等持寺にいた默庵周諭のもとで看経坐禅に励み、楞厳経、円覚経の講義を聴き、感銘を受けたという。その言によれば、自分はこれまで仏道修行は、出家遁世の身でないとできないと思っていたが、黙庵の講義によって、万法は心より生じることを聴き、「心外無別法」ということを翻然と知ったという。義詮は日常、武家の権力を掌握し、天下の政を補佐する立場であるが、天下は未だ安穏ではなく、生死のことに怖れているという。しかし、禅の教えを聴くことによって、「従今赴敵陣、可無豪髪怖畏心」といい、戦場に赴くとも少しの怖れもないとしている。戦乱の日々を過ごした義詮にとって、禅の教えを聴くことによって大いに勇猛心を鼓舞されたことがわかる。また、禅僧の読経や呪の読誦が追善供養にふさわしく、禅宗独自の陞座に感銘して、今後、仏事は全て禅家に委ねると言っている（「常光国師（空谷明応）語録」善入寺黙庵和尚三十三年忌請、『大日本史料』第六編之二八、貞治六年一二月七日条）。

足利義満の受衣出家については、別稿で論じているので、ここでは詳述しないが、かなり複雑である（原田正俊「相国寺の創建と足利義満の仏事法会」『中世京都と室町政権の首府構想』文理閣、二〇一六年予定）。本稿に関わる点を述べると、義満は、延文三年（一三五八）に生まれ、四歳の時、南朝軍の入京で父義詮は近江へ退き、義満は建仁寺蘭州良芳のもとに逃れ、さらに播磨に落ち延びた。その後、京都に戻り、貞治五年（一三六六）には、九歳で、義満の名を賜り、従五位に叙された。翌六年（一三六七）九月二九日、天龍寺に詣でて、春屋妙葩から受衣している（『師守記』）。この年、一二月七日、父義詮が没し、翌年征夷大将軍に任じられている。

応安五年（一三七二）一一月二七日には、臨川寺三会院において、夢窓の塔を拝して受衣しており（「足利官位記」）、法諱「道義」、道号「天山」となった。これは先に師僧となった春屋の失脚によるものと考えられ、当時の三会院主龍湫周沢をあらためて師として受衣したとみられる。このように、足利氏にとって、夢窓の弟子となることは通過儀礼の一つとなっていた。夢窓没後では、その塔や御影を拝して、その時代の夢窓派の中心人物から受衣して法諱を受けることが慣例となっていく。

その後の義満は、『空華日用工夫略集』にみえるように、禅宗の法会をしばしば聴聞している。南禅寺において、首座や書記、蔵主といった僧衆が住持の資格を得るための儀式である秉払の儀式をみて、拄杖（禅僧の杖）を立てたり、横に持ったりして交わされる禅問答にいたく感心し、俊快であると褒めている（康暦二年一一月一七日条）。義堂周信にその軽薄な評価をたしなめられているが、義満がこうした禅宗法会の内容に興味を持っていたことがわかる。顕密諸宗とは異なった、大陸風の禅宗法会は義満の気に入ったといえる。

義満は無字の公案を与えられ、参禅にも励んでいたようで、夢に出てきたと話しており、趙州の逸話などを聞いている（永徳元年一一月七日、永徳二年五月四日条）。安聖寺において義堂周信、太清宗渭などと蚊に刺されながらも坐禅に励み、道話を好んだ（永徳二年七月一七日条）。

西芳寺で訪問の折には、道服袈裟に着替えて、指東庵で座禅を組み、夢窓の遺徳を偲んでいる。夜更けまで座禅し、翌朝も粥の後、坐禅三昧で過ごしている。義堂はこのことを春屋に語り、感涙を催している（永徳二年一〇月一三日条）。

このように義満は、在俗の身で禅僧の衣、袈裟をつけて過ごすこともあり、居士として禅僧たちと共に過ごしているのである。義堂をはじめとした禅僧達からは、様々な講義も受けており、禅宗に関する道話のみならず、儒学も学んでいた（原田正俊「日本中世における禅僧の講義と室町文化」『東アジア文化交渉研究』第二号、二〇〇九年）。

義満は空谷明応との会話の中では、円覚経の講義を受け、日常に妄心が起こるのをどうしたらよいのかと聞いている。さらに密教の小野・広沢流における仏に対する考え方を問い、空谷は両者の見解を紹介した後、禅の教えはこれらを統合するものであると述べている。義満は、禅宗は先人達においても修行しがたく、自分のような政務に関わるものには無理ではないかと疑問を持ち、浄土の業を衆した方がいいのではと問うている。空谷は、中国の楊億・李翶・裴休・商英といった政務に関わりながら禅に深い理解を示した人物の例をあげながら、禅宗の教えを修することは何ら問題ないと助言している。義満は、日頃、金剛般若経の読誦を日課としていたという

（「特賜仏日常光国師空谷和尚行実」『大日本史料』第七編之一〇、応永一五年五月六日条）。

このように義満の宗教的な素養の形成に禅僧たちの影響がきわめて大きかったことがわかる。義満は、その後公家社会をも包摂した形で実権を掌握し、寺社勢力もその影響下においていった。応永元年（一三九四）には、征夷大将軍を辞し、太政大臣に任じられた。応永二年、太政大臣を辞任し、六月二〇日出家した。

義満が髪を下ろし本格的な僧形となるのはこの時で、戒師は相国寺住持の空谷、剃手は絶海中津がつとめた。義満は、臨済宗夢窓派の禅僧になったのである。義満の近臣ともいうべき公家の四辻季顕、中山親雅も出家、武家方でも、斯波義将をはじめ出家者が続いた（『大日本史料』第七編之二、応永二年六月二〇日条、柳原記録、官務雅久所進記案）。別稿（原田二〇一六）でも指摘したが、義満が禅僧として師主の如くふるまい、諸大名に剃刀を施していることは注目される。

義満の宗教的な志向が複雑なのは、この後、応永二年九月一六日、南都東大寺で受戒、真言宗の仁和寺御室が戒師となっている。衣体も南都六宗や天台・真言宗の僧が共通して用いる顕密様の衣と袈裟を着けるようになった。禅僧から付けられた道号と法諱であったが、諱を「道有」から「道義」に改めている。さらに、応永三年九月二一日は、延暦寺大乗戒壇で戒を受けている。

義満は、禅宗と顕密の両方の僧形をとったことは注目され、北山殿における儀式の際は、法皇の如く顕密様の衣体ですごした。後に醍醐三宝院満済が、義持から義満着用の袈裟を贈られており、真言僧、顕密僧が着用する袈裟をまとっていたのである（『大日本史料』第七編之一三、応永一七年三月二三日条、『満済准后日記』応永二五年五月一日条）。これは、現存する肖像画にも、禅宗様と顕密様の二種類があることからも裏付けられる。

因みに、義満の葬儀は禅僧等の手で営まれ、等持寺に置かれた位牌には。「新捐館　鹿苑院殿准三宮大相国天山大禅定門」とあった。禅僧たちからみれば、あくまで俗人の物故者として戒名が付与されていた。

このように、足利氏歴代の主要な人物は、禅宗に帰依し、受衣することによって安心を得、人によって差はあるものの、坐禅と公案の工夫にまで励んだのであった。戦乱や困難な政局の渦中にあって、彼らが禅宗によって、大いに力づけられていたことは注目されよう。

禅宗が在俗に身を置く人々にも、日常の坐禅、看経を勧め、禅僧風の諱や道号を授与し、広く人々を包摂しようとしてたことは注目される。さらに禅語録や禅宗祖師の伝記を列挙した歴史書でもある燈史の講義、公案を与えての問答など、悟りへの手段を示していた。こうした禅僧たちの働きかけは、中世社会に禅宗を定着させるのに、大いに効果を発揮したのである。その入り口というべきものが在俗の身で禅僧の弟子となる受衣であった。次章では、受衣・受戒についてその思想的な背景を検討していきたい。

二　禅僧からの受衣受戒の意味

前章で述べたように、足利氏一門は天龍寺との師檀関係を定め、特に臨済宗夢窓派への帰依を表明していた。これにより、義満にみるように少年期に受戒し、法諱を与えられる場合があった。さらに道号を受け、自らの禅室や書斎に禅宗風の室号を掲げ、禅僧等にその由来を書いてもらうことも流行した。守護大名層も含め、上層武家は競ってこの風を学んだことがわかる。

俗人が禅僧と師弟関係を持つ行為としては、「受衣」「受衣盂」「受衣鉢」「受袈裟」「付衣受戒」といった語で表現されるが（『夢窓国師年譜』『続群書類従』第九輯下）、いずれも同じ儀礼を指すものとみられる。こうした言い回しは、他の禅僧たちの伝記にも多くみられる。

特に夢窓の場合は、数も多く、観応二年（一三五一）、夢窓がなくなる年には、諸方から来る僧尼士庶が衣盂を受けて結縁したいと望み雲集した。側近の僧がその法名を記し、二千五百有余人とする。僧尼と並び武士、医師や商工業者、庶民にまで及び、経律論師の徒すなわち他宗の僧侶も問答に負けて師弟の関係を結んだとする。また、猟師や漁民など殺生に関わる人々も三帰五戒すなわち仏宝僧に帰依し、不殺生戒以下の在家信者が守る戒を受けたとしている（『夢窓国師年譜』）。最晩年にも夢窓を慕う人が受戒を請うて押し寄せたことがわかる。「天龍寺雑志」（東京大学史料編纂所架蔵謄写本）には、夢窓の徒弟員数として、

妙字　八十八人　周字七百九十人
道遍普昌中梵字　二千九百九十八人
律僧廿七人　教僧四百七十八人
比丘尼一千五百六十五人
優婆塞　三千人　優婆夷二千百九人
　都合自筆名簿分　一万一千五十五人
観応二年仲秋廿四日　於三会院南詢軒、総授衣分四部弟子二千九十人
総計一万三千百四十五員
　右慈済門派江月和尚所記

としている。妙字というのは、僧侶で春屋妙葩のように諱に妙が使用される弟子を指す。この史料は、玉村竹二氏（『夢窓国師』平楽寺書店、一九五八年）も紹介しているが、僧侶のみに注目し、多数の弟子を作ったものの、この大門派は挾雑的要因によっての結合していたとあまり評価は高くない。本稿で注目するのは、在俗の男女である

優婆塞、優婆夷の数の多さであり、彼らも夢窓から受衣して弟子となり、名簿に載せられていたのである。こうした夢窓の教化により、禅宗はより広範な人々に広がり、禅僧から諱や道号をもらうことが一般化したとみられる（原田正俊「室町殿の室礼・唐物と禅宗」『日本仏教綜合研究』第九号、二〇一〇年、芳澤元「室町期禅宗の習俗化と武家社会」『ヒストリア』二三五号、二〇一二年）。さらに足利将軍が受衣したとなると、守護大名以下、有力武士はこれにならった。また、光厳上皇、崇光上皇をはじめ公家方への影響も大きかった。

夢窓は、その教えを示した「臨川家訓」のなかで、声聞僧と菩薩僧の一致を説くが、小乗戒を完全に守ることの難しさ故、僧形を捨てて俗にあって禅を行ずることもできるとしている（『続群書類従』第九輯下五三二頁下）。こうした夢窓の俗世に生活する禅修行者を積極的に位置付ける教えによって、足利将軍をはじめ禅宗への帰依者が増加したのである。

むろん、こうした禅僧の在家者への対応は、南宋における居士の在り方を踏まえていることは確かで、道元が中国禅林の様相を記したところにも、居士の悟りについて高く評価している（『正法眼蔵』第二八礼拝得髓）。渡来僧たちも男女を問わず在家者の参禅を認めている。

次ぎに授戒についてみていくと、禅宗において授戒は栄西の時代から重視され、栄西には「梵網経菩薩戒作法」の著述がある。また、鎌倉末から活躍した虎関師錬にも「禅戒軌」（「海蔵和尚紀年録」『続群書類従』第九輯下四七三頁）がある。これらの書物の真偽については、渡部賢宗氏の考証に詳しいが、いずれも大乗菩薩戒の授戒を重視している（「栄西撰といわれる『梵網経菩薩戒作法』の成立とその意義について」『北海道駒澤大学研究紀要』一一、一九七六年）。栄西は、建久三年（一一九二）、香椎宮のそばにあった建久報恩寺で「始行菩薩大戒布薩」を行ったとされ（『元亨釈書』巻二伝智一之二）、これ以降、禅宗の授戒が行われていった。

夢窓と同時代に生きた虎関の「禅戒軌」によれば、禅宗における戒の伝来は、他宗の戒の伝来が不連続なのに対して、禅宗は釈迦―西天四七祖―東土二三祖―南嶽―馬祖―百丈―黄檗―臨済と伝わり、この戒が栄西に与えられているとする。授戒の儀式として演唱・問遮・発心・懺悔・請聖・三帰・三聚・十重・軽戒・回向とその次第が述べられている。

室町時代に五山系の禅宗寺院で行われていた儀式・行事・規則を集成した「諸回向清規式」巻第五（『大正新修大蔵経』第八一、六七八頁）には、虎関師錬の「禅戒軌幷序」があげられ、その内には栄西撰「梵網経菩薩戒作法」も含まれている。また、項目を別に立てて「戒法天龍開山国師、於西芳精舎、伝授碧潭和尚」（同六八一頁a）として、仏への三拝から始まり、懺悔文・三聚浄戒・十重禁戒と続く授戒の作法が記されている。夢窓が、弟子である碧潭周皎に授戒した折のもので、僧俗にこうした授戒がなされたとみられ、先にみてきたような足利将軍以下への授戒も同様の儀式が行われたと考えられる。

鎌倉時代以来、禅僧たちはこうした授戒を行ってきたのであるが、夢窓は特に熱心に僧侶・俗人に対して授戒を行い、師弟の関係を結ぶ儀式としていたことがわかる。禅僧以外の律僧、教僧（顕密僧）への授戒も行われ、在俗の男女多数にも菩薩戒が授けられ、弟子とみなしたのである。先にふれた「天龍寺雑志」中の優婆塞、優婆夷はこれにあたる。

夢窓が、在家の授戒者に如何なる法を説いたのかは、足利直義の質問に答えた『夢中問答集』にいくつかみることができる。当時の直義は居士という名乗りからわかるように、在俗の仏教修行者として禅修行に励んだのであり、夢窓のもとでは、在家の禅修行が積極的に認められていた。

夢窓は、僧侶であっても世間の名利のために仏神を敬い、経呪を読んでいるのでは、どうして仏神の思し召しにかなおうかとし、もし身命を助けて仏法を修行し、衆生を誘引する方便のためならば、世間の種々の事業をなすとも、皆善根となるべし。もし又その中において仏法を悟りぬれば、前になす所の世間の事業、ただ衆生利益の縁となり、仏法修行の資となるのみにあらず、則ちこれ不思議解脱の妙用となるべし。法華経に治生産業も皆実相にそむかずと説けるは、この意なり（二九頁）。

と、説いている。在俗の人も命がけで仏道修行をおこない、人々を仏道に誘う方便ならば、世俗の仕事もすべてが仏道のための良いおこないになるとしている。さらに法華経（法師功徳品第一九）の内容をもとにこれを裏付けているとみられる。

さらに、北条時頼の例をあげ、蘭溪道隆のもとで悟りを求めたとしている。兀菴（ごったん）普寧・大休正念・無学祖元といった渡来僧たちは、僧俗を励まし修行させた（七〇頁）。悟りを求めるという気持ちがあれば、僧侶と在家の信仰は差がないとしている。

また、北条時宗が弘安の役でモンゴルが襲来した時も、日々、無学祖元など禅僧たちと法談をしていたと紹介している。無学祖元の説法である普説にあるこの逸話を世に広めたのは夢窓であるといえよう。

夢窓の在家の人々に対する期待は大きく、

仏法のために世法を興行し、万民を引導して、同じく仏法に入らしめ給ふは、則ちこれ在家の菩薩なり

としている（八一頁）。夢窓は、達磨がもたらした禅宗の教えは、人々が本来持っている底を指し示したものであるとし、禅者も教者も悟ることができ、農民や鍛冶、番匠大工も可能であるとする（二〇八頁）。こうした徹底し

て在家者の禅宗修行への可能性を広げたところに夢窓の真骨頂があったといえよう。これに授衣授戒が儀式として加わることによって、多数の僧俗の弟子が育成されたのである。

また、先にもふれたが、「臨川家訓」のなかで、仏運が末世となっている今は、三千威儀、八万細行といった僧侶としての戒律を守れない者は、僧形を棄て、「在俗行禅」することもかまわないとしている（『続群書類従』第九輯下五三二頁）。夢窓の在俗の禅者に対する積極的な位置付けをみることができる。

こうした夢窓の教化のもと、足利一門、守護大名、上皇などへの授戒が広がったのである。禅に関心のある者はより積極的に禅僧から戒を受け、「在俗行禅」を実践していったのである。

三　受戒の広がりと室町殿との関係

中世社会においては、寺院に入らず世俗活動を行っている多数の僧形の者が存在した。こうした在俗出家の多さは、中世の特色といえる。近年、平雅行氏は、網羅的に中世の出家の実態分析を行い、その意味を明らかにしている（「出家入道と中世社会」『大阪大学大学院文学研究科紀要』五三、二〇一三年、同氏「日本中世における在俗出家について」『大阪大学大学院文学研究科紀要』五五、二〇一五年）。氏の研究によれば、時として鎌倉幕府の評定衆の半数を在俗出家者が占め、南北朝時代の惣村では乙名百姓の四割を在俗出家が占めていた。こうした、在俗出家者は、法体の身で国政を執り行い、村落でも世俗の活動を主導したのである。また、出家・遁世を、自発型・強制型・複合型・死後型などに分類して分析を加えている。こうした、出家・遁世の広がりは、思想的には浄土教の影響を受けたものとしている。

本稿では、中世後期の足利一門の事例を中心に分析したわけで、時代的には平氏による分析の中心的な時代の少し後にあたる。この時期、禅宗による在家のまま受戒し、法諱を受け、禅僧との師弟関係を確認して禅修行に励み、その後、出家するというパターンが上層武家を中心に広がっていた。在俗のままで法諱を受けることが、足利尊氏、直義期に広がり、在俗のまま衣や袈裟を身につけ僧侶の如くふるまう様が、足利義満期には見られるのである。

以下、その後の将軍として、禅宗への傾倒が顕著である義満の息、足利義持の事例をみていき、周囲への影響を検討していく。足利義持の禅宗信仰については、玉村竹二氏（「足利義持の禅宗信仰について」『日本禅宗史論宗』下之二、思文閣出版、一九八一年、初出は一九五一年）の研究に詳しく、生涯に全般ついては、伊藤喜良氏（『足利義持』吉川弘文館、二〇〇八年）の研究がある。また、義持は禅宗以外の顕密諸宗による祈禱や追善法会を盛んに催していたことも事実であり、室町殿、政権担当者として天下の安寧のための法会もあり、義満や祖父尊氏のための盛大な追善は政治的な意味合いもあった（大田前掲）。

ただ、義持は若い時から熱心に禅僧の風を学び、禅僧の如くふるまったことでも知られる。玉村氏は、「禅宗帰依者の自覚を持ち、知的には相当程度の正しい理解を有していた」とし、他の歴代将軍よりも一段上の禅宗理解者であったとしている。氏の説に導かれながら今一度、義持と禅宗との関係を再検討し、さらに周囲の人々の禅僧からの受衣の意味を含めて考察を進めていきたい。

義持は、至徳三年（一三八六）に生まれ、応永元年（一三九四）元服、征夷大将軍に任ぜられる。応永五年には、正三位に叙せられ、父義満の権勢のもとで順調な昇進を遂げている。応永六年、相国寺鹿苑院において、夢窓の弟子である絶海中津より受衣し、「道詮」の法諱を与えられている（「足利官位記」『群書類従』第四輯二七三頁、『臥雲日件録抜尤』康正二年八月一八日条）。

さらに、空谷明応から「顕山」の道号を与えられている（「常光国師行実」『続群書類従』第九輯下、「常光国師語録」

下『大正新修大蔵経』第八一、三四頁c）。この時期は、不明ながら応永六年以降、空谷の没する応永一四年（一四〇七）正月一六日以前である。空谷は、相国寺住持に三度就任し、応永の火災後の復興などに活躍した人物である。応永一七年には、岐陽方秀・惟肖得巌・仲方円伊・西胤俊承・惟忠通恕・心岳通知など五山の名だたる禅僧が「顕山」の号を称える頌を作成している。さらに「楽全道人」の別号を持っていた。義持周辺の山名時熙なども同様に、法諱・道号を持っていたとされ、山名時熙は「懶真」の別号を持っていた。義持は、三条坊門邸に「枢府十境」を定め、これは五山など有力な禅寺が十境として、伽藍や景観に雅称を付けていたことに由来する（玉村一九八一）。

義持は、五山僧による詩文や禅寺風の居室を好み、天台僧に対して禅宗を吾宗と表現している。さらに禅宗の法会の内容にも造詣が深く、相国寺で営まれた観音懺法で文言が落ちたことまで指摘している（『臥雲日件録抜尤』寛正三年六月二三日条）。さらに相国寺僧の飲酒を禁じ、大衆諷経の時に経を読まない僧がいた場合は追放するように制法を定めている（『看聞日記』応永二六年一〇月二〇日条）。玉村竹二氏の指摘にあるように、まさに禅僧としての意識を持って振る舞っている。

応永三〇年（一四二三）四月二五日、等持寺で足利尊氏の追善のため法華八講が始められ、これは貞和以来断絶していたものという。足利義持は、かねてより出家の意向は示していたものの、この夜にわかに洛北等持院において出家した。『看聞日記』の筆者である貞成は、「是道念発気、為寿限長久云々」と記し、仏道を志す意志によるものと、寿命を延ばすためとしている。

義持に近侍した醍醐寺三宝院主満済の『満済准后日記』には、義持が夕方、北野社参の後、洛北等持院に渡り、落髪したと記している。満済も事前に知らされておらず、義持の宿願とはいえ突然のことであった。儀式は禅僧達によって執り行われ、剃手は等持院主の元璞恵珙（げんはくえきょう）が務め、釈迦三尊を正面に、夢窓と絶海中津などの御影を掛けて、その前で得度の儀式が行われた。去年以来、出家の意志を示していたが、隠密の儀でこの日行われた。管領畠山満家（直道道端）・右京大夫細川満元（悦道道歓）・山名時熙（巨川常熙）・赤松義則（延齢性松）・大内盛見（大先徳雄）等、入道大名ばかりが御前に召された。諸大名との対面は、二七日に行われ、聖護院・大覚寺・実相院・浄土寺などの門跡も駆けつけ、その一部は対面をとげた。

義持がその後も権力を持ち続けたことは言うまでもないが、六月一一日には法体で参内、院参し、天皇・上皇に対している。出家後の義持は、常日頃、高位の禅僧が着る黄衣を付けてすごした。義持の禅宗への傾倒を批判する向きもあったようで、室町殿門前に「相撲よりとめたき物は二あり、大内（盛見）のくたり御所（義持）の黄衣」の落書の札が立てられている（『看聞日記』応永三二年九月一三日条）。

室町殿や守護大名達が禅僧と師弟関係を持つことによって、禅僧たちの社会的な立場は大いに向上した。とりわけ、夢窓派の禅僧の権威はたいそうなものであった。こうした状況は、天皇家にも及び、伏見宮貞成親王と禅宗の関係にも顕著にみることができる。伏見宮家は、伏見に御所を構え、近辺には大光明寺・大通院・指月庵・蔵光庵など夢窓派の寺庵が取り囲んだ。貞成の日記『看聞日記』ではこれら寺庵の禅僧との活発な交流がみられ、官家の年中行事として禅寺の行事が組み込まれていた。

崇光院流伏見宮家は、貞成の父、栄仁、当主を引き継いだ治仁にみるように、大光明寺住持をはじめ夢窓派禅僧との交流は密接であり、治仁親王が急逝した時にもわかるように、生前、絶海中津から法諱「景衍」を受けていた。また、絶海が書き与えた「松屋」の道号もあった。葬儀の際に、位牌は「松屋衍公尊霊」とされて、葬儀は大光明寺長老徳祥正麟を中心とした禅僧によって執り行われている（『看聞日記』応永二四年二月一三日条）。ただ、その後、徳祥の意見で、道号の松屋が法名にふさわしくないとのことで、大範と改め「葆光院大範衍公禅定儀」とされた（同応永二四年三月一二日条）、伏見宮家の人物もこうした禅宗様の法名を付すことが一般となっていた。

さらに興味深いのは、兄治仁の死去にともない伏見宮家を継ぐをすることになった貞成の動向である。急な逝去とのこともあり、毒殺説も流布し（同二月一八・二一日条）、貞成の家督継承は前途多難であった。また、室町殿義持の意向も大きく左右することもあり、細心の注意が必要であった。

こうしたなか貞成は、大光明寺の徳祥を通じて、鹿苑院主鄂隠慧奯から受衣する希望を伝えている。鄂隠からの返事は、問題はないが義持に伺いを立ててから返事をしたいとのことであった（同二月二三日条）。三月一日には、宮家の継職と受衣について、鄂隠へ義持の許諾を得てもらうよう催促している。興味深いことに、受衣が大きな意味を持っていたことがわかる。なかなか話は進まず、五月二日には、小野道風詩一軸・伏見院宸筆歌合一巻などの進物を鄂隠のもとに届け、義持に贈るよう工作を進めている。八月になっても事態は進まず、鄂隠からさらに義持宛に書状を出すようといわれている。

一〇月八日、伏見大光明寺に鄂隠の書いた衣鉢法号がもたらされ、徳祥がいそぎ貞成のもとに届けている。鄂隠は、当時、権威ある僧として知られ、貞成は鹿苑院主を介して義持との交渉を円滑に進めるために、この人物からの受衣を望んだことがわかる。伏見宮家が、もともと禅宗のなかでも夢窓派と師檀関係にあることは事実であるが、室町殿との関係性を深めるためには、鹿苑院主をはじめとした夢窓派の有力な禅僧の弟子になっておくことが得策であった。ただ、この後、鄂隠は、義持の怒りに触れ土佐へ逐電し、その弟子たちも相国寺から退出してしまった。貞成は、「僧中権門無比類」人物として師弟関係を結んだのにこうした状況になり落胆している（同応永二五年三月一八・二四・六月一三・一五日条）。人々が夢窓派禅僧と師弟関係を結ぶ意味合いをこのあたりからうかがうことができる。

応永三二年（一四二五）七月五日、貞成は出家する。この出家の背景には、後小松上皇から貞成の息、彦仁を後に皇位に就けることの交換条件で、貞成に出家を勧めたという経緯があった（横井清『室町時代の一皇族の生涯

『看聞日記』の世界』二〇〇二年、初出は一九七九年)。自身は皇位を望まないという意思表明であった。

貞成は、先にふれたように鄂隠の弟子となっていたが、出家するにいたっておらず、法名「道欽」の一書はもらっていた。その経緯を義持に相談して、絶海中津の弟子で、大光明寺長老、大渕のもとで得度の儀式を行うことになった。鄂隠の御影、鉢、袈裟が相国寺大幢院よりもたらされ、指月庵で儀式があった。貞成、五四歳、祖父崇光院、父大通院が出家後も長生きしたことにちなみ、自らも長寿を保ちたいとの意向もあった。戒師大渕が着座のもと、剃髪が行われ、法衣を着け、授衣の儀では、戒師の説法の後、鉢と袈裟が授けられた(同応永三二年七月五日条)。

貞成の俗体での受戒、さらに得度への流れをみてみると、人生の階梯として、禅僧からの受衣、さらにその後の得度出家があった。室町殿を含め、公武の有力者一般において、通過儀礼化していたといえる。また、禅僧、特に夢窓派の禅僧との師弟関係を結ぶことは、室町殿と同じ門派に属することとなり、一体感を深めることになった。貞成が意識していたように、鹿苑院主や大光明寺住持など夢窓派の有力僧と結ぶことは、室町殿のおぼえもめでたくなり、訴訟等の口入を期待できた。室町殿も、禅僧の弟子になることを勧め、後小松上皇の出家の戒師が天台宗の妙法院堯仁法親王に決まった時も、義持は禅僧を戒師にするように求めている(同応永三二年一月三〇日条)。もっとも、後小松はかなり後、永享三年(一四三一)仁和寺宮永助入道親王のもとで出家しており、室町殿の申し入れは退けられたことになる。

こうした室町殿の禅宗に対する帰依は、政治的な意味合いを持ち、公武の人々が禅僧と師弟関係を結び受戒し法諱や道号を得、その後出家することが増加した。守護大名層の受戒を習俗化という風に評価する向きもあるが、政治的な意味合いが多分にあることと同宗派・同門派に属することの社会的一体性も無視することはできない。

むすび

以上、足利氏を中心に受衣・受戒・出家の広がりとその意義を検討してきた。中世社会には、世俗生活をおくる多数の出家者がいたことはよく知られているが、南北朝・室町時代に増加する禅宗の帰依者、出家者は、禅僧側の積極的な在俗の仏教者、居士の位置付けにはじまり、夢窓の活動にみられるように、南北朝期に爆発的に増加した。人生の階梯で法諱や道号を受け、禅僧の如くふるまい、禅院の生活を憧憬することが一般化したのである。

足利一門が夢窓派に帰依し、通過儀礼としての受衣・受戒さらには出家が定着すると、室町殿との宗教的な一体性を求めて禅宗帰依者がさらに増加したといえる。禅僧からの受衣受戒が通過儀礼となり、宗教的に帰依に値する人物を選ぶというよりも、室町殿と近い権威ある有力禅僧と師弟関係を結ぶことが望まれた。こうした状勢のもとで五山とその塔頭の繁栄がもたらされたのである。

禅宗の授戒は、さらに広がり室町時代後期には曹洞宗の禅僧による法会が在地社会に広がった（広瀬良弘「中世禅僧と授戒会」『禅宗地方発展史の研究』一九九八年、初出一九七七年）。こうした現象も、本稿で明らかにした通過儀礼としての受衣授戒の広がり、在俗のうちに法諱を受けるという風潮の展開を前提としている。

こうして、禅宗は顕密諸宗に比して権威を持ち大きな勢力となっていくのである。また、公武の多くの人々が禅僧の教え、言説に学び禅僧の如くふるまう風潮があった。唐物が重視され、日元・日明貿易によって大陸の文物が大量に日本にもたらされ、禅院のみならず公武の邸宅を飾るが、先にみたような禅宗への帰依者の増加と一体化して、禅文化が形成されたといえる。本稿で明らかにした状況は、室町仏教と文化・社会の構造的な仕組みを示すものといえよう。

伝白雲慧暁撰『由迷能起』について

高橋悠介

はじめに

『校訂箋註禅門法語全集』六や『大日本仏教全書』に、『由迷能起』(ゆめのき)として収められる白雲慧暁の仮名法語がある。白雲慧暁(一二二八〜一二九七)は、臨済宗聖一派の僧で、比叡山、泉涌寺での修学を経て、東福寺の円爾に師事し、東福寺第四世となった禅僧である。その経歴については、玉村竹二氏の『五山禅僧伝記集成』に詳しいが、文永三年(一二六六)には入宋し、十三年後に帰国するまでの間に、希叟妙曇に参じて印可を受けており、正応五年(一二九二)に東福寺住持となっている。晩年は東福寺から洛北大宮安居院の栗棘庵に退き、滅後には後伏見天皇から仏照禅師という勅謚号を受けた。白雲が住した栗棘庵は、滅後に聖寿寺と改められた一方、至徳年中(一三八四〜八六)には東福寺内に栗棘庵という白雲の塔院が設けられ、その法系は栗棘門派と称された。室町期の栗棘門派では、東漸健易や岐陽方秀が文学研究において注目されている。

『由迷能起』は、高柳さつき氏の「日本中世禅の見直し——聖一派を中心に」(『思想』九六〇、二〇〇四年四月)など、仏教史研究において、白雲慧暁の思想を考える基礎資料として用いられてきている。ただし、その本文研究・伝本研究においては検討すべき課題が残っており、まずは白雲慧暁の法語と認めてよいかどうか、という基礎的な問題がある。本稿で提起したい問題の一つは、『真言宗安心全書』や日本古典文学大系『仮名法語集』に、知道の『仏法夢物語』として収められている法語があり、本文を比較すると、『由迷能起』と異本関係にあるということである。

知道は、源通親四代の孫にあたる源基定の法名であり、文永六年（一二六九）に出家し（『尊卑分脈』）、東山の白毫寺に住したと伝えられる（『好夢十因』文政四年版本の序文「附言」他）。白毫寺は、速成就院あるいは東山太子堂ともいう律院で、京における西大寺流の拠点であった。『仏法夢物語』については、古く宮坂宥勝氏が「密教仮名法語の資料（一）」（『密教文化』四一・四二、一九五八年十一月）で言及した後、日本古典文学大系『仮名法語集』（岩波書店、一九六四年）に高野山金剛三昧院蔵本を底本とした翻刻が収められ、田中久夫氏による研究（『日本歴史』掲載論文を改稿した「仏教者としての知道」が『鎌倉仏教雑考』（思文閣出版、一九八二年）に載る）をはじめ、今日まで知道の著作として扱われてきた。

一方は大日本仏教全書、一方は日本古典文学大系に収められている本が、異本関係にありながら問題とされずに、それぞれ禅僧白雲の法語、律僧知道の法語として、別個に認識されてきたのは、仮名法語研究の低調さを物語るようである。以下、本法語の成立と展開を考える手がかりを整理すると共に、文学・芸能との関わりにおいて注目すべき点についても言及したい。

一　諸本について

『国書総目録』では、『由迷能起』については先述の活字本二種を挙げるのみで、『大日本仏教全書』解題（荻須純道氏執筆）の底本を示す欄に「享和三年（一八〇三）守選再表装（栗棘庵）」とあるが、現在、東福寺では所在不明とのことである。一方、『国書総目録』では、高野山大学（嘉永四年写）、石山寺、高野山金剛三昧院、高野山宝亀院（天正十年写）の四本を挙げている。このうち、高野山大学図書館蔵本と、金剛三昧院蔵本については、閲覧調査することができた。『真言宗安心全書』下では、石山寺蔵本に基づき『仏法夢物語』の翻刻を載せているが、現在、石山寺では所在不明とのことである。この他、『真言宗安心全書』下では、異本として広隆寺の古写本に拠ったという『夢知識物語』の本文を紹介している（同書末尾には「知道上人之作也」とある）。また、田中久夫氏は『夢知識物語』に関して「元禄十四年妙憧序の板本」に言及するが、いまだ確認できない。その他、八木書店の『古書目録』六十八号（二〇一二年十月）に「仏法夢物語」が掲載されていたが、本書に該当するかどうかは不明である。そこで、以下の考察は高野山にある二本の写本と、上記活字本に拠る範囲内での、途中報告であることをお断りしておく。

まず、『大日本仏教全書』所収『由迷能起』の奥書・識語は以下の通りである（以下、引用文の訓点は私に施した）。

白雲和尚夢記終　　永仁二年春王二月八日記レ之
白雲和尚法語（中略）
明應二年癸丑孟夏、某乙僧住二於城北聖壽一、就レ人借二此本一而写焉、烏鳶之誤多、後之覧人請レ正レ之、白雲
七葉不肖比丘守懌（傍朱：不二三世自悦）焚レ香書、
首尾十六紙
右栗棘開山白雲和尚仏照禅師之夢記
正保二暦乙酉仲冬初三日、小毘丘守初（傍朱：不二八世梅嶺）修補焉、不二比丘守選、於対州、

享和三年癸亥晩秋初一日、以〓再新表皮、是我家法宝、末代莫レ忽焉、
仏照禅師之夢之記、法語、当時本菴無レ之、依レ之、当院自悦和尚自筆本、雖レ為二従来秘襲一、新奉レ納二栗棘
唐櫝一者也、至二後代一不レ可レ忽焉、
文化十年癸酉閏十一月五日、前東福現霊雲天瑞守選謹書

本奥書にみえる永仁二年（一二九四）は、白雲慧暁の晩年にあたる（本文中に「承久比、昔ノ人残レルハ、今ハ一人ナントニヤトコソ侍レ」とある記事との整合性にも、そこまで問題はない）。『由迷能起』相当部分の後に、短い「白雲和尚法語」があり、その後、東福寺霊雲院の自悦守懌（しゅえき）が、聖寿寺（元栗棘庵）にあった本を借り、これらを明応二年（一四九三）に書写したことが記されている。これは十六紙からなるものであったといい、霊雲院に秘蔵されてきたが、正保二年（一六四五）に守初（梅嶺）が修補し、享和三年（一八〇三）に守選が再度、表装し直し、文化十年（一八一三）に栗棘庵の唐櫝に納めたという。

このことは、『仏照禅師語録』の識語にもみえており、『仏照禅師語録』上巻末尾に、

霊雲梅嶺西堂筆自悦和上真蹟仏照禅師語録二巻、同夢法語一冊、奉レ納二栗棘祖室一者也、
文化十年酉十一月　霊雲守選謹誌、

とあり、また下巻末尾に、

仏照禅師語録二冊当時本菴失之故、写二別本一一通留レ之、霊雲此旧本奉レ納二本菴唐櫝之中一、至二于後代一護念

可レ為二専一一者也、夢記一巻添、
文化十年癸酉閏十一月五日、
三住東福霊雲比丘守選謹誌、
不二菴看住守物修補、

とある「夢法語一冊」「夢記一巻」が本書に相当すると思われる。自悦守懌は、白雲から数えて七代目の法孫にあたる禅僧である。『五山禅僧伝記集成』によれば、東福寺不二庵の春江守潮（岐陽方秀の弟子）に師事し、不二庵を経て、明応初年（一四九二）頃には聖寿寺に住し、明応八年（一四九九）九月には東福寺第百八十四世となっており、三条西実隆との交流なども知られている。以上から、白雲の法系を引く自悦守懌自筆による『由迷能起』の写本が栗棘庵において大切にされてきたことは確認できよう。

次に、高野山金剛三昧院蔵本と、高野山大学図書館蔵本の書誌を記す。

○高野山金剛三昧院蔵『仏法夢物語』一帖　請求記号1－24フ金22
列帖装、縦二七・〇×横一七・三糎、全十丁、料紙は楮紙打紙、〔室町時代〕写。
本文共紙表紙左上に外題「佛法夢物語」、表紙右下に「賢純」と墨書あり（外題・本文と同筆）。内題「佛法夢物語」。本文は漢字片仮名交り、毎半葉九行、奥書等なし。

○高野山大学図書館蔵『病中用心抄・仏法夢物語』一冊　請求記号1－24フ4
袋綴装、縦二四・〇×横一六・八糎、全二十五丁、料紙は楮紙、嘉永四年写。

縹色表紙（左側に題簽の剥がれた跡あり）、外題なし、内題「病中用心抄／佛法夢物語」（見返しの剝がれた丁表側の扉題）、その右下に同筆で「沙門宥清」と墨書。見返しに墨印（陰刻方印）「高運」あり。一二オまでが「病中用心抄」、一三オから二五ウまでが「仏法夢物語」で、それぞれ冒頭に「病中用心抄」「佛法夢物語」と書名を付す。本文は漢字片仮名交り、全体が同筆で、毎半葉八行、朱合点あり。

「病中用心抄」末尾（一一ウ〜）に「本云／弘安七年建寅下旬記之　国賊知道／明応九年庚申初冬下旬比於山陰草庵為／備臨終正念之良縁拭老眼書写之畢／願以此功徳必成就往生極楽之大願而已／什遍」。「佛法夢物語」末尾（二四ウ〜）には、「永正十年二月九日於高野山南谷南院漸写畢／願以此写功一切衆生共同入（阿）字門覚本不生理／仙応生年廿六／時天保九戊九月朔謹写之予久ク不生ノ空理ヲ信シ此コロ／独居シテ閑寂ヲ愛ストイヘトモ宿障ノ深厚ナルニヤ昼夜六賊ノ／タメニ悩マサレテ心水澄浄ナルコトヲ得スヤ、モスレハマタ世理ニ走ルア丶／流れいて丶浮世にいつるかけひ水／と丶めかねてし苔のしからみ求寂快長四十有七／（南無阿弥陀仏）千葉蓮坐下万生安穏後生安養土／あはれみヲタレ玉ヘ臨命終ノ砌リハ観　勢両大士ヲシテ必ス引導シ玉ヘ／閑居／山上臥雲十箇年　戒珠雖鈌有微禅／如何佛意不吾識　黙坐終期安養蓮／み佛のこ丶ろをしらすわりなくも／慈悲の誓ひにすかりそめてき　快長／右本備用シテ不顧愚筆為末世写之／時嘉永四辛亥歳五月上旬　宥清」とあり。二四オの本文末尾に「此物語又知道之語也」。

これら二本には少々異同があるものの、後述する『由迷能起』『夢知識物語』と比べると、近い本文を有している。金剛三昧院蔵本には知道の作とする記事は見られず、高野山大学図書館蔵本は、「病中用心抄」末尾に弘安七年の知道の本奥書を載せるのを受けて「仏法夢物語」についても「此物語又知道之語也」とするものの、知道自身の本奥書があるわけではない。なお、日本古典文学大系では、本文末尾に「国賊知道誌之」と入れているが、この記事のみ石山寺蔵本の奥書に拠っている。

二　『由迷能起』『仏法夢物語』『夢知識物語』の大きな異同

この法語は、草菴の主と客人との問答形式で、衆生の生死流転の間が夢に異ならないことを説く内容となっている。『由迷能起』『仏法夢物語』『夢知識物語』の三本には相当な異同があり、その詳細な校異を掲載する紙幅はないが、『由迷能起』を中心としてみた際の大きな異同の概容にのみ、ふれておく（以下、『由迷能起』は大日本仏教全書、『仏法夢物語』は金剛三昧院本、『夢知識物語』は『真言宗安心全書』に拠る）。

まず、『由迷能起』と『仏法夢物語』を比較すると、前者にあって後者に対応記事がない部分が文単位でも散見されるが、前者にしかない記事がある程度の分量に達している五箇所を順に指摘するならば、

①　『由迷能起』で「客曰、夢モ見時ハ、実ト思ヘトモ、覚ヌレハ空ト云事ヲシル」として始まる段落。

②　①の少し後に、「夢ハ心一カ所見ト云事ハ、人コトニ皆知処也」として善事も悪事も心一つによることを説く部分。この段落は「本ヨリ夢ヲ不見人ニハ、此詞モ無詮哉ラント云ヘハ、客笑テ立ヌ」として終わり、続いて「先ニ夢ヲ語シ客、重テ来テ云ク」として始まる一連の文章の途中から『仏法夢物語』に対応記事がみえるようになる。

③　②の後、泉涌寺の理性房の逸話があり、これに続き「客ノ曰ク、単ニテハ、実ニ被心得侍リ。正ク生死ノ中ノ凡夫ノ妄念ノ発ルヤウハ、何ニ心得侍ヘキ」と客の問があるが、この客の問とその答の最初の部分。答のうち、元暁の逸話を引く部分から対応箇所がみえるようになる。

④『由迷能起』で「生死界ト申ハ、此我ヲ思心ナル故ニ、此念ノ深浅ニ随テ、善悪ノ生死処ハ定ヘキ也」として始まる部分（ただし、「由二実知一故、証二菩提一」の経文を引く部分は、対応記事がある）。

⑤『由迷能起』に「客曰、随二生死流一、帰二涅梓源一」から始まる問と、その答の最初の部分。

以上のうち②③⑤は、主客のやり取りの前後や、客の問に相当する部分を『仏法夢物語』が欠いている例だが、これは『由迷能起』に「客ノ曰」とある部分が『仏法夢物語』で「問云」となっていることとも通ずる異同とみられる。『由迷能起』に、「客ノ曰、善悪実ニナキ事ナラハ、悪ヲ作ルトモ罪ナク、善ヲ作ルトモ福ナカルヘシト心得ヘキ歟。答曰、客ノ心得ヲハ因果撥無ノ者ナリトテ、怖キ罪申タル也」とある部分が、『仏法夢物語』では、「問云、善悪実無也。然悪作罪無、善修福無。答云、此得因果撥無者怖テ(ママ)邪見也」となっているのである。『仏法夢物語』では冒頭の二文に「客」の語がみえるのと、末尾近くの「客書消様失」を除くと、「客」による問という形を取るのは「客曰、無我不生理、仏法大地事、実サコソ侍……」とある一箇所のみで、『由迷能起』の方が、主客の問答という形式をよくうかがわせる。

一方、『夢知識物語』は、異同を含みつつも①②③④に相当する部分は有しているが、『由迷能起』『仏法夢物語』両方にみえる泉涌寺の理性房の逸話や、阿字の意義を説く末尾近くの部分を欠いている。後者の点は田中久夫氏が注目しており、仏法夢物語の方が初であり、阿字観の説などを削った改稿本が夢知識ではないかと推測している。ただし、『由迷能起』も含めて考える時、『仏法夢物語』の改稿本が『夢知識物語』といえるかどうかは検討を要するだろう。

三　経典の引用について

ここで、経典引用に注目して『由迷能起』と『仏法夢物語』を比較したい。前者の方が後者より経典の引用箇所が多いが、どちらがより当初の本文に近いかという点が問題になろう。

まず冒頭に、いかなる用心を以て今度の生死を離れるべきかという客の問に対する答が記されるが、『由迷能起』には、

答曰（中略）只夜々夢見侍以ヲ、為二知識一。世間執著ナントノアナカチニ、深カキニアラヌハカリ也。或経ニ此無明ハ、体アルニアラス。夢中ノ人ノ、時ニ無ニアラサレトモ、覚ニ至テ、所得ナキカ如シト説ケリ。人臥テ見ル夢ヲ、是夢ハ実ニ有物ニテハ無レトモ、睡ノ縁来ヌレハ、多ノ事ヲ見ル。

とある。傍線部は『仏法夢物語』に対応記事がないが、『円覚経』に「善男子。此無明者。非二実有体一。如下夢中人夢時。非レ無及レ至二於醒了一無中所得上」（善男子、此の無明は実有の体にあらず、夢中の人の夢の時、無にはあらざれど醒了に至るに及び所得なきが如し）（大正蔵十七巻九一三b）とある部分に基づくとみられる（『夢知識物語』にも、当該の引用文がある。経典の調査には、以下、大正新修大蔵経テキストデータベースを用いた）。『円覚経』は広範に享受されているにしても、とりわけ禅宗における享受が顕著であることは注意しておいて良いだろう。

また『由迷能起』に、

先ツ仏ト云イ、衆生ト云ハ、何ナルソト、能可心得也。毘盧舎那性清浄、三界五趣体皆同、由妄念故沈生死、由実知故證菩提ト説ケリ。此文ノ心ハ、仏モ、衆生モ本性ハ清浄ニシテ、少モ替ラヌ事ナレトモ、妄念ヲ起セハ、生死ニ沈、衆生トナリ、実知恵ヲ起セハ、菩提ヲ証仏ト成ト説ケリ。

とある記事で、四句の偈のうち、最初の二句「毘盧舎那性清浄、三界五趣体皆同」の部分が『仏法夢物語』にはみえない（『夢知識物語』には該当本文あり）。しかし、『仏法夢物語』でも、「此意、仏衆生本性清浄少異無共、妄念起生死沈衆生成、如実知菩提證仏成也」と続いており（『由迷能起』もほぼ同）、四句とも備わっている方が本来の形と思われる。

この句は、少し後にも、人の身心には自性がなく夢のようなものであると説く中で再び引かれるが、『宝物集』巻第六にも華厳経に拠る句として類似句が引用されるものの（第二種七巻本では「毘盧遮那清浄性」と始まり、「妄念」を「忘念」、「実知」を「実智」とする）、華厳経自体にはみえないことが知られる（新日本古典文学大系『宝物集』脚注）。大正蔵を検索すると、すでに親円の『華厳宗種性義抄』（一〇一九年）には、八十華厳の関連句と共に類似句がみえており、華厳学の中で形成された句であろうか。

『由迷能起』では、続いてこの「妄念」について、泉涌寺の理性房の逸話を用いて説明する。

妄念ハ何ナル念ソト覚タルニ、人ノ迷ル故也、東ヲ西ト思カ如シ。起信論ニ説也。何ノ故トシテモナケントモ、迷ヘル心ノ故ニ、東ニ向ト思也。泉涌寺ノ聖リ、理性房ト申人ノ侍シカ、白地ニ京ナル所へ出テタチ、京ヨリ寺へ帰ケルニ、清水ノ橋ヲ渡ケルカ、西へ向テトハ行トテ思ケルヲ、サテモ朝ハ京へ出テ、是寺へ帰レハ、東ヘコソ、向タルニ、西へ向トハ何ニトテ思フト、我心ヲアヤシミケレトモ橋ヲ渡リハツルマテ、終ニ其念ノ替ラサリケルトソ、人ニ語侍リケル。只生死妄念ト申ハ、此程ノ事也。俄ニ東ヲ西ト思ハ、スヘテ其由ハナクテ、只妄ニ思成計リ也。（中略）後ニサテ、東ヘコソ向タルランニ、何トテ西トハ思ソト、道理ヲ以テ、我心ヲアヤシムルハ、仏ノ教ニ遇テ、心源ヲ知テ、生死ノ妄念ヲ、思イ知カ如シ。

「清水ノ橋」を『仏法夢物語』「五条ノ橋」とするなどの異同があるが、語句レベルでの校異は措き、『仏法夢物語』に対応本文がない箇所に傍線を引いた。まず、妄念とは東を西と思い込むようなものであるとした後、『由迷能起』にのみ、それが『大乗起信論』に説かれているという記事がある。この東西の認識違い自体は『大乗起信論』にはみえないが、『大乗起信論』の「覚心初起心」をめぐる注釈においては、新羅僧・元暁の『起信論疏』に「而説二覚心初起相一者、如下覚レ方時知中西是東上、如レ是如来覚心之時、知二初動相即本来静一（而して覚心初起相を説くとは、方に覚むる時、西は是東なりと知るが如し、是の如く如来覚心の時、初動相即ち本来静なりと知る）」（大正蔵四十四巻二一〇c）とみえる。この比喩は、元暁の『起信論疏』の影響下に著された法蔵の『大乗起信論義記』においても、「譬覚レ方時。知二西即東一。更無二西相一可レ知（譬えば、方に覚むる時、西即ち東なりと知る、更に西の相無きを知るべし）」（大正蔵四十四巻二五九a）などと説かれている。

これらをふまえると、この逸話には『大乗起信論』注釈における比喩の下地があって、それを身近な例として説明する際に、理性房の話として形作られたもののように思われてくる。理性房の話が先にあって、後から『大乗起信論』とも関わるという解釈が追加されるとは考えにくく、この点も『由迷能起』の本文の方が古態を残している可能性の例証の一つとなるだろう（なお『由迷能起』では、妄念をめぐる譬え話として、夜に株を見て謬って人と思い恐れる話も載せているが（『仏法夢物語』では、夜、杭を鬼と見誤って怖れる設定）、これは狂言「杭か人か」の素材とも関わるような話である。橋本朝生氏は「狂言と唯識――〈杭か人か〉の形成と展開」（『能と狂言』創刊号、二〇〇三年四月）において、良遍の『法相二巻抄』に同様の譬えがみえることから唯識学との関係を重視しているが、この話の広がりを示す例として付言しておく）。

さて、この理性房は、『律苑僧宝伝』に「律師名道玄。字理性。為二定舜律師徒一」等とあるように、泉涌寺三世の定舜（?〜一二四四、俊芿の弟子）の弟子、道玄とされ、入宋の事跡も知られている。また、『関東往還記』裏書の律系譜にも、定舜の弟子に智鏡・道玄・浄因の三名が挙げられ、道玄には理性房と注されている。ところで、慧暁の伝記『仏照禅師塔銘』（続群書類従）には、「二十五、謁二泉涌明観律師一、事二毘尼学一三載、嘆曰、待レ兎守レ株、烏能去レ縛」とある。二十五歳で泉涌寺の明観房智鏡について戒律を学んだが、飽き足らず、その後、東福寺の円爾に入門したというのである。若年の一時期にせよ、泉涌寺の智鏡のもとで学んでいたとすれば、同じく定舜門下である理性房道玄の話が慧暁の耳に入ることがあってもおかしくはない。一方で、大塚紀弘氏が注目するように（『中世禅律仏教論』山川出版社、二〇〇九年）、定舜が嘉禎三年（一二三七）に南都・海龍王寺で律書の講義を行い、布薩の方法を南都にもたらすなど、泉涌寺流が南都律宗に大きな影響を与えているのも事実であり、西大寺流を汲む知道が泉涌寺僧の話に言及したとしても不思議ではないが、慧暁が理性房道玄と同じ定舜門下の智鏡に学んでいたという事実は、より近い人的関係という点で重視しておきたい。

四　延慶本『平家物語』の俊寛禅宗問答、及び『見性成仏論』との関係

経典引用については、もう一点、禅との関連で特に注目したい箇所がある。万物に自性といって定まれることはないと説く中、善悪をなすことによる罪福の有無についての問に答える次の部分である。

客ノ曰、善悪実ニナキ事ナラハ、悪ヲ作ルトモ罪ナク、善ヲ作ルトモ福ナカルヘシト心得ヘキ歟。

答曰。客ノ心得ヲハ因果撥無ノ者ナリトテ、怖キ罪申タル也。先ニモ申ツル様ニ、心無自性故ニ、善ヲ修スレハ得二善果ヲ一、悪ヲ造レハ悪果ヲウル也。善悪ノ因果ヲ不レ乱。物ニ定レル性ナキ事ヲ、心得ヘキニテコソ侍ニ、善悪性ナケレハ、因果アルヘカラスト云事ハ、大ナルヒカ事也。タトヘハ、夢ノ中ニ、人ヲ殺セハ、夢中ニ有国王、コロセル者ヲ罪スト、見カ如シ。夢ハ虚キ物ナレトモ、空キ上ニモ、因果ハ乱ル丶事ナシ。覚思ヘハ、殺ス者モ、殺サル丶者モ、罪ヲ行フ国王モ、ケニ有物ニテハアラス、只ニ夢ノ思ノ所見也。サレハ善悪トモニ、実ク夢ト信スルナラハ、速ニ越二因果一、可レ証二無上覚ヲ一。其時ハ、罪福総テ主ナキ故ニ、五逆ヲ造テ、仏果ヲ証スル事モ有ヌヘシ。若未至ホトハ、因果ノ道理ヲ、少モ不レ可レ破。凡夫ナラン程ハ、争カ科ナカラン。サレトモ罪ヲ犯ス、心ノ下ニモ、本無ノ所ヲ信スレハ、其罪ヲ消事無疑也。有経ノ中ニ、岸崩テ魚殺トモ、岸ニ無レ罪。風吹テ花ヲ散シテ仏ニ供養スレトモ、風ニ無レ福ト説ケリ。物ニ罪福ナシ。只心ノ分別ヨリ起也。サレハ未レ造レ罪、夢ナレハナニカセント、観シテ身ヲモ、心ヲモ、能々可レ制。既ニ犯シタラン罪ヲモ、夢ノ中ノコトナレハ、跡ナキ心ノナス所也。

夢の中でも殺人を犯せば罪を得るように、その中での因果が乱れることはない、とされるが、一方で罪を犯す心の下にも、本来心に自性がないことを信じればその罪は消えるとされ、その例証として「有経」を引き、罪福は物にはなく、心の分別から起こると説かれている（傍線部、『仏法夢物語』には対応記事なし）。「有経」は、『夢知識物語』では「大論ニ云」として引かれているが、ここで想起されるのが、延慶本『平家物語』第一末「廿九康頼油黄嶋ニ熊野ヲ祝奉事」で俊寛が詠ずる「禅門」の「古歌」である。

延慶本『平家物語』では、流された油黄嶋で夷三郎殿を祀る岩殿に参詣し、熊野権現を勧請しようとする平康頼に対し、俊寛が疑問を呈して、禅宗問答が展開される。その中で、俊寛は三界唯一心の理や禅の法門を説き、神仏を敬わない「無行第一」の禅僧、本空の逸話などを持ち出す。そして、俊寛は『六祖壇経』にみえる慧能の偈をふまえ、「菩提無樹仏ニナルト云事モナシ、明鏡非台浄土云事モ有ヘカラス、元一物ナキ法ナレハ万法皆虚空也、何有塵垢観レハ、見思塵沙罪業モ夢幻似タリ」（「見思」は観念上・肉体上の煩悩、「塵沙」は無数の事象への対応能力がないこと）と言って、熊野権現も夷三郎殿も「妄心虚妄ノ幻化」であるとして同道しない。その際、松の木陰にいた俊寛が、地震により石岸が海に崩れ落ちたのを見て思い出す「禅門」の古歌が、「岸崩殺魚、其岸未受苦、風発供花、其風豈成仏」なのである。康頼は俊寛の考え方について「花厳宗法界唯一心カト覚候」とした上で、それは事新しく言う程ではないとする一方、禅の法門は「因果撥無スルカ故仏教非」「外道法門也」と批判する。ここで『由迷能起』と同じく「因果撥無」（因果の否定）が問題とされているのも興味深い。牧野和夫氏は、俊寛の考え方に教禅一致思想の反映を読み取り、それに対する康頼の批判が、頼瑜の『真俗雑記問答鈔』にうかがえる高野山伝法院方における教禅一致思想（特に禅思想）の峻拒と関わる造形であることを論じている（「延慶本『平家物語』の一側面」『藝文研究』三六、一九七七年三月→『延慶本『平家物語』の説話と学問』思文閣出版、二〇〇五年十月）。牧野氏は、高野山における禅の拠点であった金剛三昧院と伝法院方の緊張関係に言及しているが、これは『仏法夢物語』の一本が他ならぬ金剛三昧院に伝わっている点とも合わせ考えるべき問題かもしれない。また、称名寺聖教『見性成仏論』（永仁五年〔一二九七〕八月四日書写奥書）の禅宗四祖と法融の問答の中にも、次のように類似句がみえることが指摘されている。

罪福无主モトヨリ自性、タ、コレ妄心思想ヲコレリトイウコトヲ、シカレハスナハチ、岸クツレテ魚コロシ、風フイテ花供、シカレト、ツミヲウケタル岸ナク、福マネケル風〔　〕ニコレ、善悪コ、ロノホカニアラマシカハ、キシモツモヲウケ、カセモフクヲマネカサラムヤ、シカレト、シカラサルコトハ、

岸(キシモ)コヽロナク風(モ)ヲモヒナカリケルニヨリテ、ウケス、マネカスハ、アリケルナリ、

赤松俊秀氏は、俊寛が語る本空の造形が、大日房能忍を思わせるとするが（「平家物語と当時の仏教」『浄土教の思想と文化』法蔵館、一九七三年→『平家物語の研究』法蔵館、一九八〇年一月）、『見性成仏論』もまた、能忍や達磨宗との関わりが論じられている禅籍である。『見性成仏論』では、この前後に、「因果撥無」によって悪行をなすことを戒める記事がある点でも、『由迷能起』と共通している。そこでは夢の喩えも用いられており、

「心性ノサトリモ善悪ニアラス、諸法善悪アラサリケルニ、タヽヨシナク、コトハリヲモシラススシテ、善悪業ヲツクリテ、善悪ノ報ウケキタリケルナリ、ヒトヘニコレ、ユメニツクリテ、ユメニウケテ、サムルヨモナクアリケルナリ」

「タヽシコトハリヲモシラス、ヨシヲモサトラス、ヒトヘニ因果ノ撥無(ハチナシ)、善悪不二(ナリト)イヒテ、悪(アクヲ)ツ［　］モノハ悪趣空ノモノナリ、コレハ諸佛ノ教化(ニモ)アツカラス、佛法ノナカノアタナリ」

などという記事も『由迷能起』の先述の内容と近い。教学的背景については仏教学における研究の進展を待ちたいが、『由迷能起』がこうした禅籍にみえる特徴的な句を引いており、その前後の思想的文脈とも通じる記事を持つ面がある点には注意しておきたい。

ところで『由迷能起』には、元暁が華厳の唯心の理を悟った際の逸話がみえる。

元暁ト中人ト、法ヲ尋テ、新羅国ヨリ唐土ヘ渡リ給ケルカ、雨ニアウテ、岩窟ノ内ニ留リ給イタリ。浄キ水ノ

岩屋ノ中ヨリ流出タリケルヲ見テ呑玉ヘリ。水ノ味ノヨカリケレハ、ユカシサニ、明ケテ見レハ、石屋ノ中ニ死人ヲヲケリ。是時夜呑タリシ水ヲ思出テ、ツキ返シ給タリケルニ、法ニハ浄不浄ハナカリケリ、唯心ノ所作也トテ、花厳一宗ノ法門ヲ、此ニテ悟リ給リ。

『仏法夢物語』にも対応記事があり、日本古典文学大系に、『僧高僧伝』「唐新羅国義湘伝」（大正蔵五〇・七二九上）に基づくという指摘がある。しかし、『僧高僧伝』義湘伝では、道中、雨を避けて路傍の土龕に身を隠したところ翌朝見ると古墳の骸骨の旁であった、という記事はあるが、その中で水を飲んだことまではみえない。一方、『宗鏡録』（大正蔵四十八巻四七七ａ）では、塚の内で喉が渇き水をすくって飲んだ所、甚だ美味であったが、後にそれが「死屍之汁」であったのを見て吐き、三界唯心・万法唯識の理を悟ったとされている。『由迷能起』は個別の表現が相当に和文化されているにしても、話の筋としては『僧高僧伝』より『宗鏡録』に近い。実は、『見性成仏論』も「宗鏡云」として元暁の同様の逸話を引いており、その引用本文は『宗鏡録』に比較的近いという違いはあるが、この元暁の逸話を引くこと自体、『由迷能起』と『見性成仏論』の共通する要素として注目されよう。

五　夢の喩えをめぐって

なお、衆生が見る世の中は夢のようなものだと説く禅宗法語を含み、能忍系統の禅との関わりも指摘されている文献に、真福寺大須文庫の『禅家説』がある。本書は、能忍が出版した『伝心法要』など諸典籍の引用と三種の仮名法語からなる内容で、『中世禅籍叢刊〔第三巻〕達磨宗』（臨川書店、二〇一五年）に翻刻が載るが、同書解題（末木文美士氏）によれば「一二七二年以後、遅くとも一四世紀初め頃までの成立」と考えられるという。この中、高灘比丘尼に与えられた法語には、次のような記事がある。

> 今世中有衆生皆眠夢見人也。此夢サマシテ眠サル人成トスルヲ、仏道修行トハ申也。我等衆生、々死眠、一度眠始、六道夢カハル〳〵見也。（中略）此夢実思依、我人思、善悪思心起ナリ。我シリ我ミト愛依、諸ノ物ホシク、婬欲起、物命殺、勝立、虚言ヲモスルナリ。加様罪造、後世地獄餓鬼畜生ナント申浅猿物生、夜昼難忍苦受也。（中略）是等皆夢有ナリ。悟見、六道中有事皆空夢有ケリ。眠夢見時、其夢中事皆実思トモ、サメテ見皆空事。

そして、「ウツヽニ有事モ皆夢ニテ有ル也」として、こうした教えを詠んだ禅の道歌などが記されている。能忍系以外でも、例えば称名寺聖教『禅宗法語』中にみえる心地覚心（法燈国師）の法語「由良開山法語」にも、「生滅スル故諸法夢、タリ。幻ノ如シ。夢善悪有ト思トモ、覚テ見レハ形ナシ。幻結始モナシ、サメタル終モナシ。其カ様善悪法ハ悪心境界向テヲコレトモ、其念源見レハ始ナク終ナシ。（中略）サレハ佛モ生死ハ夢トノ給ヱリ。凡夫ハ此念ノ中ニシテ生死深夢ヲ見」といった記事がある（『金沢文庫資料全書』第一巻、一九七四年）。こうしてみると、衆生の生死の世界を夢に譬え、その実体がないことを説く教えは、『由迷能起』のみならず、禅の認識論と夢という主題から広く見渡す必要がありそうだが、『由迷能起』は一書全体がこの主題による問答として構成されている点に特徴がある。

『由迷能起』の末尾は、阿字を唱える意義を強調した後、「加様ニ申ツルモ、亦夢中ノ詞ニテ侍ケリト云ヘハ、客カキケス様ニ失ヌ。又主人モ其時失ヌ。アヤシキ柴庵モ、松風ハカリニ成ヌ」として終わる。「松風ばかり」

という表現は、能〈松風〉の終結部にもみえ、能〈邯鄲〉で盧生が栄華も一炊の夢と悟る際、女御更衣の声かと聞いていたのが「松風の音」とされる。夢から覚める際の、ある種の定型的な表現とも思われるが、対話様式を取っているのみならず、登場人物が全て消えて終わるという、いささか演劇的な作り方をしている点も『由迷能起』の特徴の一つと言えよう。また、〈邯鄲〉については、邯鄲の枕を善知識として、この世が夢の世であると悟る内容自体、『由迷能起』の主題と通ずるが、その制作背景には禅林における邯鄲譚の享受も指摘されている。こうした展開も含めて考えると、『由迷能起』に「夜々夢見侍以ヲ、為二知識一」とあるのは孤立した思想ではないのである。

終わりに

本稿では、白雲慧暁撰とされる『由迷能起』と、知道撰とされる『仏法夢物語』が異本関係にあることを指摘し、両者の関係について述べた。まず、『由迷能起』には永仁二年（一二九四）の奥書がある一方、『仏法夢物語』の金剛三昧院蔵本・高野山大学図書館蔵本には、知道自身による年記を伴う本奥書がみえない点を確認した。また、『由迷能起』の現存本文と『仏法夢物語』金剛三昧院本を比較すると、前者にしかない記事が段落単位で幾つかあり、『由迷能起』の方が主客の問答という形式をよくうかがわせること、経典の引用箇所も『由迷能起』の方が多く、その方がより当初に近い形態と推定されることを指摘した。そして、『由迷能起』が引く「岸崩テ……」という句の源流が能忍の系統の禅と関わる可能性にも言及した。慧暁の若年期の師、智鏡と同門の理性房道玄の逸話が文中にみえることなども合わせ考えると、本書はもともと白雲慧暁により『由迷能起』の現存本文に近い形で成立し、後に本文の改変を伴いつつ知道に仮託された、という可能性も考えられそうではあるが、確認できた伝本もごく限られており、あくまで現時点での推測の一つに過ぎない。早急な結論は控えるが、本書の内容が禅と関わること自体は先述の通りであり、重要な伝本が高野山における禅律僧の拠点、金剛三昧院に伝わっていることも注意される。前後関係はどちらにせよ、同様の法語が白雲慧暁撰とも知道撰ともされること自体、禅・律の関わりを物語る興味深い事例と言えよう。

＊閲覧調査で御高配を賜った高野山大学図書館に感謝を表したい。

禅におけるルールと反則について

クリスティアン　ウイッテルン

寧有法死不無法生
（『禅苑清規』）

Know the rules well, so you can break them effectively
Dalai Lama

はじめに

社会と人間の触れ合いは何らかの形でルールに基づく。このルールは何らかの書き物として記述される場合もあり、あるいは暗黙の了解によって伝わる場合もある（いわゆる「空気を読む」という場合である）。また、そのコミュニティ（社会）の構成員全てがそのルールを明確に意識している場合もある一方で、そのようなものがあるはずだとぼんやりと気づいているという程度の場合もあろう。しかし、ルールを認識しているか否かを別にして、それに違反することは、そのコミュニティにおいて制裁につながる可能性が高い。

本稿では、中国の禅におけるルールの機能（はたらき）について論じたい。そのためにまずはルールの一般的な機能を検討し、世俗の法律のルールと仏教界における戒律のはたらきを比較する。そのうえで、仏教界の戒律がインドから中国に導入される過程において、中国の人々や中国社会の需要がどのように配慮され、インドの戒律がどのように生まれ変わったかに少々触れ、さらに禅の記録のいくつかの例を挙げて、禅の環境においてはルールがどのように活かされたかを明らかにしたい。

もっとも、本稿のテーマは多様な問題と連関しているが、それらの考察はいまだ初期段階にあり、そのために、本稿の考察にもいまだ課題を残した側面が少なくないことを予めをおことわりしておく。

一　ルール

ルールとは何か。まずはそれを法学の基本的な概念を論じるウィリアム・トワイニング氏（William Twining）の定義に基づいて提示しておこう。同氏は、ルールを或る場面における行為の指針となる規則であると定義する。この意味における典型的なルールとは、Xという状態における、Yという種類の、Zという人物の恣意による行為について、そうすべきである、そうすべきではない、そうしてもよいなどを示すものを指す。この公式には以下の三つの点に特に留意すべきである。

・いずれのルールも規範的である。すなわち、或る行為に関して、そうすべきである・すべきではない、そうしてもよい・してはならない、そうすることが可能である・不可能であるといった指針であって、事実の記述ではない。

・いずれのルールも一般的である。つまり或る種の状況や環境における或る種の行為に対する指針であって、一回限りの案件についての決め事はルールではない。

・ルールとは、行為、すなわち何らかの活動・行動、あるいは何かを怠ることに対する基準としての指針である。この行為とは人間によるものに限る。（Twining 1982, p. 127）

このルールの定義は、一般法（世俗の法）と宗教の規則（戒律）の双方に当てはまるため、本論の前提としてここに示した。しかし以下の表に示すとおり、両者にはいくつかの重要な違いも見られる。

形勢	**一般法**	**戒律**
ルールの範囲	或る地域在住の全ての人間	自分の意識でそのルールを受け入れる
目的	社会の円滑な運用	悟りへの道に進む
適用範囲	最小限の必要な範囲に限られる	全範囲を網羅する
適用可能な対象	他者が見て認識しうる行為	他者が見て認識しうる行為及び本人の意思
形式	書記	書記と口頭（暗黙の了解）

右の表から解るように、（或る個人に対しては）宗教的な戒律の方が一般法より広範囲の規制力を持っている。つまり、或る限定された悪質な行動を避けるだけではなく、日常生活における行為も細かく制限したり、しかるべき

行為を指示したりするものである。

さらに、一般法・戒律相互の関係も考慮する必要がある。一般法は必然的に、僧侶達が属する宗教団体（僧団）の全構成員に対しても適用されるはずのものである。僧侶も地域の在住者だからである。

仏教の中国への伝達の初期段階において、僧侶達と王権との間に激しい論争がたたかわされた。僧侶が皇帝やその代理人に対して頭を下げるべきかどうかなどの問題についてである。しかしおそくとも宋代以降には王権の優越が確立し、それは僧団でも認められることとなった。そのため、皇帝への礼拝や祝福の儀式などは禅寺で用いるルールの集成『禅院清規』にも記載されたのである（高雄義堅：宋代仏教史の研究,1975；Yifa 2002）。

ルールとその解釈のダイナミックス

ルールにおけるもう一つの重要な側面は、各々のケースにおいて実際にどう判断すべきかの解釈が必要だということである。ルールそのものは或る特定のケースに適用されるため、或るケースに特定のルールが適用可能か否か、適用すべきか否か、あるいはより適切なルールが他にあるか否か、ルールが複数の場合はどの順で適用すべきかなどの解釈が必要である。

戒律の場合は、解釈が多様性と流動性はより多きにわたるようである。いささか驚くべきことであるが、実は既成の戒律はほとんど更新されない。大般涅槃経（MPS VI,3）に釈迦尊はいう、「私が去った後に、僧団が希望するならば、付随的で細かいルールは廃止するがよい」。しかしその時以来、戒律のルールは一つも廃止されていない。「付随的で細かいルール」とは何に当たるのかという議論に同意の結着がつかなかったからである。例として、以下に戒律の第一則を見てみよう。

どの比丘であっても、相手の男女を問わず、また同意を得たか否かを問わず、相手と性的な関係を持った者は、「四つの卑劣な違反」の第一を犯す者であり、もはや比丘に値せず、僧団の活動に参加することは許されない。（長井真琴：戒律の根本，1930, p.3を参照）

これは明らかに性的な交際を禁止したものである。以下この戒律の反則に対する罰則について考察するが、まずはこのルールの範囲に対してどのような解釈が行われたかに注目したい。デヴィッド・チャドウィック氏（David Chadwick）は、彼が著した鈴木俊隆老師の伝記の中で、老師が茶道具や茶碗を感嘆をもって見る度に師匠、蔵雲院の玉潤祖温（一八七七―一九三四）に「姦通を止めなさい」と怒られたエピソードを伝えている（Chadwick 2000, p.28）。

この場合は、修行という目的のために、第一則の範囲は本来の適用範囲よりはるかに拡大されている。ここではあらゆる貪欲あるいは処しがたい欲望がその対象となり、性的なものであるか否かを問わず、五感を通じて感じられるものの全てに範囲が拡張されている。この師匠の解釈によれば、美的な鑑賞さえも、姦通を禁じる第一則に違反する行為に当たるのである。

二　インドと中国における僧団の規則

僧侶の行為を制御するルール

受戒は、正式に僧団に入団する際の重要な儀式である。その儀式の中ではヴィナーヤ（律）を朗読する。ヴィナーヤとはすなわち、集団生活を営む僧侶の生活規則のことである。仏典は経・律・論の三蔵に分かたれるが、このうちの「律蔵」をも指す。ヴィナーヤには僧団に入った僧侶が従うべきルール、採るべき行為が記録されている。その中には仏陀自身の手になると認められている部分があるが、多くは後世に追加されたものであり、ルールの解説や罰則規定もその中に含まれている。より厳密に言えば、ヴィナーヤは或る特定の僧団（宗派）が基本とするルールとその注釈の集成である。初期仏教の宗派は、教義の違いよりはヴィナーヤのルールの異同によって区別された。完全なヴィナーヤはおおよそ、比丘（男性の僧徒）と比丘尼（女性の僧徒、尼）に関する全てのルール、及びその注釈と実例の解釈とから構成される。そのルールのリストだけを指してプラーティモークシャ（波羅提木叉）という。すなわち出家者に関するルールを列挙したものであり、そのルールは反則の軽重によって八種類のグループに分類され、最も重い反則から順に並べられている。比丘に対しては、宗派によって異なるが、二一八から二六八のルールがあり、比丘尼のルールはさらに多い。ただし、ルールの分類法は全ての宗派において同じである。ヴィナーヤにはルールのほかに、僧院での日常生活に関する習慣や儀式の方法などについての決め事があり、付録として重要なポイントのまとめや歴史的な情報などが付加される。

プラーティモークシャにおいては、最も重大な反則が以下の順番に挙げられている。すなわち、(1)不貞（性的な意味で）、(2)窃盗、(3)殺生（意図的に生命のあるものを殺すこと）、(4)実際に持っていないのに超人的なまたは宗教的な力を主張すること、である。

この四つの反則を総合してパーラージカ（波羅夷）といい、これを犯すと教団から追放される。「パーラージカ」は一般的には「失敗」「破る」などと訳され、他によって打ち負かされたもの、つまり煩悩に負けて罪を犯すという意味であると推定されている。これを犯した出家者は僧団から追放されると普通は解釈されているが（平川彰氏「修行者がこの罪を犯すと、出家教団から永久に追放される」、日本大百科全書）、実際にそうであったかどうかについては疑いの余地もある。シェイン・クラーク氏（Shayne Clarke）は仏陀当時の僧侶ナンディカ（難提迦）の例を挙げて、第一則の反則は実際には必ずしも追放という結果に繋がることでもなかったと論じている。ナンディカは瞑想中に女性に誘惑されたが、そのことに対して後悔の念にかられると仏陀に白状すると、仏陀は彼に特別な試練の課題を与えた。これはシクサーダッタカといい、残りの生涯をとおしての懺悔であるが、僧団に留まることを可能にする装置でもあった。ナンディカは僧団に残り、後にアルハット（阿羅漢）の段階にまで修行を進めることが出来た（Clarke 2009）。

この例で明らかにされるように、戒律のルールも、僧団に現実的に起こり得る慣例と照らし合わせ、各ケースにおいて実際にどのような解釈が行われたかを確認する必要がある。

戒律の中国への導入

戒律に定まれた比丘や比丘尼の集団的な生活を支配するルールはインドで成立したが、中国で僧団の生活の基盤として成立するためには、それを中国語に翻訳し、しかも中国の風土や文化的背景に適合させる必要があった。仏教の中国への伝来から約二百年後、インドの高僧曇摩迦羅（ダンマカラ、生没年未詳）が洛陽に到来し戒律の（部分的な）漢訳を始めた頃から、正式な受戒が中国でも可能になった。

釈依法（イファ）（Yifa、一九五九生まれ）は、戒律の中国における応用について詳しく論じ、特に釈道安（どうあん）（三一二／三一四―三八五）と釈道宣（どうせん）（五九六―六六七）はそれに関して大きな役割を担ったと述べている。この二人の高僧はヴィナーヤの全てを翻訳、解説したのみならず、中国の仏教者に受け容れられやすく、中国文化圏において適用可能な規範の枠組を構築した。彼女は以下のように述べている。

四種類のヴィナーヤの全訳完成に先立って、道安は中国の仏教界における集団生活を統括するルールを作成した。そのために、学僧であり歴史家であった贊寧（九一九―一〇〇一）は、彼を「僧団の規範の始祖」と讃美した。道安が規範化した僧団の習慣や実践の方法は現在に至るまで途切れることなく実行され続けてきている。しかし、彼のもたらした遺産を、仏教学者は長い間十分に評価してこなかった。（Yifa 2002, p.9）

道安が作成した規則の中には、インドのヴィナーヤには見られないルール及び儀礼が多数見出される。しかし道安のルールそのものは現存せず、道宣によって展開され規格化されたヴァージョンだけが伝わっているため、道安の規範と道宣の追加分が判別できず、細かい導入過程及び導入者は特定できないが、中国の仏教僧院において今日も用いられていることには違いない。当然ながら二十一世紀に入ってからは多少の変更も必要となったため、例えばベトナム出身の禅僧ティク・ナット・ハン（Thich Nhat Hanh　釈一行、一九二六生まれ）は二〇〇四年に新しい清規を出版したが、しかしそこでも集団の日常生活の在り方や心構えに焦点を当てており、ヴィナーヤの基本は変わっていない。

禅院清規

禅寺で使われているルールの集成は《百丈清規》と言われている。この書物は有名な禅僧百丈懐海（七四九―八一四）の作と伝わっている。百丈は毎日休まず僧団が運営する畑に出かけ、農作業に参加していたが、彼が歳を取って体が不自由になった時に、集団の若い僧侶達は彼の鍬を隠し、畑仕事を休ませようとした。しかし、百丈はその日に食事を取るのを止めて、「一日不作、一日不食」（一日作さざれば一日食らわず）と言ったという（百丈懐海禅師語録（四家語録巻二）『新纂大日本続蔵経』第67冊, p.7b）。インド仏教の戒律では、出家者は自ら労働することを堅く禁じられていた。そのため出家者は托鉢乞食（こつじき）や信者からの布施だけに頼っていた。中国の文化にはそれが馴染まないうえに、多数の修業者が集団生活を送る場である禅寺は、しばしば都会や村落から離れた場所に設けられたという事情も加わって、自給自足の農業が必要になった事も背景にある。

《百丈清規》の書物の一番古い原型は、一〇三六年編纂の《天聖広燈録》に見える。百丈の没後二百年を超えた時点のものである（一〇〇四年に成立した《景徳伝燈録》は禅宗の重要な僧侶の伝記を伝えている。その中の百丈伝の付録に「禅門規式」一篇が有るが、それは今の《百丈清規》とは関係がない）。現存する禅寺の清規は全て宋代以降の本であり、それ以前のテキストは伝わっていない。

禅院清規は一〇九九年から一一〇三年の間に、宗賾（そうさく）（九一〇―一〇九二）によって編纂された。ヴィナーヤの代用にはならないが、中国の僧院における集団生活について、生活態度、私物の所有、儀礼、食事、旅行、建物、及び生活に関する追加的なルールを設定したものである。これは宋代の大規模な伽藍に用いられたルールであるが、特に禅宗のみに適応すべきであるとする決まりはなく、他の宗派にもほぼ同じように用いられたものである。

永平清規

日本の曹洞宗の開祖として知られている道元禅師（一二〇〇―一二五二）は、六篇から構成される《永平清規》を一二三七年から一二四六年にかけて著述した。そこでは、道元が自ら創立した永平寺（福井県）の僧団における禅僧としての生活のルールが決められている。道元は《禅院清規》や経典からの引用のみにならず、中国の禅文献から理想の修行者としての模範になる例を挙げている。

《永平清規》の第六篇「知事清規」はこのような実例集であり、各例に道元は自らの評価を加えて、公案集に似た形とした。ここで道元が最も高い評価を与え称賛している禅師には、ルールの違反した行為がしばしば見られる。以下、「知事清規」からの実例を引用するが、その前に中国の禅の一番読まれた典籍《五燈会元》から有名な一則を紹介する。

三　実例

三―一　丹霞焼仏

鄧州丹霞天然禅師本習儒業。将入長安応挙。方宿於逆旅。忽夢白光満室。占者曰。解空之祥也。偶禅者問曰。仁者何往。曰。選官去。禅者曰。選官何如選仏。曰。選仏当往何所。禅者曰。今江西馬大師出世。是選仏之場。仁者可往。遂直造江西。纔見祖。師以手拓幞頭額。祖顧視良久。曰。南嶽石頭是汝師也。遽抵石頭。還以前意投之。頭曰。著槽廠去。師礼謝。入行者房。随次執役。凡三年。忽一日。石頭告眾曰。来日剗仏殿前草。至来日。大眾諸童行各備鍬钁剗草。独師以盆盛水。沐頭於石頭前。胡跪。頭見而笑之。便与剃髪。又為説戒。師乃掩耳而出。

再往江西謁馬祖。未参礼。便入僧堂內。騎聖僧頸而坐。時大眾驚愕。遽報馬祖。祖躬入堂。視之曰。我子天然。

師即下地礼拝曰。謝師賜法号

因名天然。祖問。従甚処来。師曰。石頭。祖曰。石頭路滑。還蹉倒汝麼。師曰。若蹉倒即不来也。乃杖錫観方。居天台華頂峯三年。往余杭徑山礼国一禅師。唐元和中至洛京龍門香山。与伏牛和尚為友。後於慧林寺遇天大寒。取木仏焼火向。院主訶曰。何得焼我木仏。師以杖子撥灰曰。吾焼取舍利。主曰。木仏何有舍利。師曰。既無舍利。更取両尊焼。主自後眉鬚墮落。（五燈会元、『新纂大日本続蔵経』80冊，p.110f）

鄧州の丹霞禅師は、はじめ儒教を学び、科挙（高級官吏の登用試験）の受験のため長安の都へ行き、（旅館）に宿した。そのとき宿の部屋が白光で満ちる夢を見たので占ってもらうと、（空を悟ること）のという答えが返ってきた。たまたま居合わせた一人の禅者が問うて言った。

「貴公はどこへ行くのか」。

「選官のために（都へ）行く」。

禅者、「選官が選仏に比べてどうだと言うのだ」。

「選仏のためにはどこへ行けばよいのか」。

禅者、「今は江西で馬大師が出世された。これが選仏の場だ。貴公はそこへ行ったらよい」。

こうして（丹霞は）江西へ行き、ようやく馬大師にまみえるや頭巾を手にとって額に当てた。馬大師は暫く見つめてから言った。「お前の師匠は南岳の石頭だ」。

さっそく南岳へ行き、石頭大師に逢って同じ仕草をすると大師が言った、「農業小屋の仕事をするがよい」。丹霞は、礼拝して（出家していない修行者）の房に入り、やがて飯炊き係になりそれを三年ほど務めた。

ある日、石頭大師が衆に告げて言った。「明日は仏殿の前の草刈りをせよ」。

翌日、出家者と出家していない修行者が鍬と钁で草を刈っていると、丹霞は盆に水を入れて頭を浄め、石頭和尚の前に（右膝を地につけ左膝を立ててひざまずく）礼法をした。和尚はこれを見て笑い、（丹霞の）剃髪した。剃髪のあと戒を説き始めると、丹霞は耳を掩って逃げ出した。

ふたたび江西へ行って馬師にし、まだ参堂をしていないのに禅堂に入り、文殊菩薩の像の首にまたがった。大衆は驚いてすぐに馬師に報告した。馬師はみずから禅堂へ出向きそれを見て言った。「我子は天然なり」。丹霞は下に降り、礼拝して言った、「法名を授けていただき感謝します」。こうして天然の名がついた。馬祖が聞く。「どこから来たか?」「石頭の所より」。馬祖曰く。「石頭の道は滑り易い、お前は転ばなかったか?」「若し転んでいたら、ここには来られなかった」。

それから遍路に出発し、天台の華頂峰に三年間住し、そうして餘杭の徑山に行って国一禅師を礼拝した。唐の元和中に洛陽の龍門山の香山寺伏牛和尚（馬師の法嗣の自在禅師）と親密な友達になった。のちに（洛陽の）慧林寺でたいへんな寒さに遭い木仏を焚いて暖をとった。院主が叱っていった。「仏の木像を燃やしてどうするのか?」

丹霞は杖子で灰をはじきながらいう。「焼いて仏さまの遺骨を取るんだ」。院主がいう。「木仏像にどうして舎利があるか?」。丹霞がいう。「こっちには舎利がないから、もう二つぐらい焼いてようか」。院主はその後、眉も鬚も抜け落ちてしまった。

この丹霞天然（七三九―八二四）の例には、禅における基本的なジレンマ（二者択一の難問）がはっきり現れている。禅が解脱への道、全ての妨害を乗り越えて、仏陀と同様に悟りを開く可能性があるとされる一方で、厳しいルールの下で細かく決められた僧院で毎日集団生活を送らなければならない。ここで馬祖道一（七〇九―七八八）

と石頭希遷（せきとうきせん）（七〇〇―七九〇）の二人に師事した天邪鬼の丹霞天然は、希遷禅師による受戒の時に耳を塞いで勝手に逃げ出すので、正式に法名を受けることができなかった。その後馬祖のもとで禅堂の仏像に上って、僧団の修行の邪魔をした。しかし馬祖は懲罰を与えずに、そのまま「天然」を法名として認めた。

丹霞の一番有名なエピソードは冬に体を温めるために木製の仏像を燃やしたことである。真に尊敬すべき高僧であれば、火葬の際に舎利を得るはずであるが、舎利がないので、仏像もただの作り物にすぎない、寒い時に燃料として使うには特に問題ないはずだ、と。丹霞の行為はヴィナーヤや戒律に違反しないため、主持も罰を与えることができなかったのである。

三―二　浮山取油麵

道元は上記「知事清規」に二十人の僧院役職者の例を挙げている。永平寺は曹洞宗の大本山で大規模な伽藍であり、住持（永平寺の運営に関する一切の職能を有する最高責任者）の下に置かれている六つの役職、すなわち・都寺（つうす）・監寺（かんす）・副寺（ふうす）・維那（いの）・典座（てんぞ）・直歳（しっすい）を総称して「六知事」と言う。この二十の実例のうちの半分は、文字化されたルールに対して何らかの違反を犯したと言える。その中の何件かは師匠や他の修行者に攻撃行為として暴力に訴えようとし、内一人は実際に暴力を振るい、一人は僧院を放火し、一人は僧団の食べ物を捨ててしまい、もう一人は酒を飲んだり、女性と遊んだりした。そのルールに違反する者は僧団から罰を受けたり、集団から追放することもある。しかし各例の最後に、道元は修行者としての高い意欲、修行の実践に対する熱心さ、僧団への関わりかたを高く評価する。

ここではその中の一例を選んで取り上げることにする。それは浮山法遠禅師（九九一―一〇六七）の例で、道元は彼の典座（禅寺のキッチンを統括する役）としての態度を高く評価し、このように「誠実な心は今の修行者の中にも見つからない」という。しかし道元が語っている例話では、浮山は主持が留守の時に倉から食糧を持ち出して、長い間飢えていた僧団の僧侶達のために馳走を作った。主持が突然戻り、浮山の行為に気づいて寺から追い出すが、最後には主持は浮山の修行に対する心に感動して復帰させ、やがて主持を継承させることに決めた、という。

舒州の浮山法遠禅師と越州の天衣山義懐禅師が修行僧であった時に、特に行って帰省和尚の法会に参加しようとした。その頃は雪の寒さが酷かったが、帰省和尚は（やって来た修行者達を）怒鳴り散らして追い出す有様だった。それだけではなく、水を旦過寮に撒いたため、修行者の衣服が皆濡れてしまった。他の僧侶はみな怒って立ち去ったが、ただ法遠と義懐とは坐具を畳んで衣を整え、旦過寮の中で坐禅をしていた。帰省和尚が再びやってきて「お前達、ここを出て行かないのならば、棒で打つぞ」と言うと、法遠は帰省和尚に近づき「我々二人は、数千里をやって来て、特に和尚さまの禅に参じようとしているのです。たった一杯の柄杓で水を撒かれたくらいで、どうして立ち去ることができましょう。もし打たれたとしても立ち去るわけにはいきません」といった。帰省和尚はそれを聞いて笑いながら、「お前たち二人は、参禅者として迎えよう。掛搭するのだ」といった。

続、請遠充典座。衆苦其枯淡。省偶出荘。遠窃鑰匙取油麺、作五味粥熟。省忽帰赴堂。粥罷坐堂外、令請典座。遠至、省云、実取油麺煮粥。情、願乞和尚責罰。省令算所直估衣鉢還訖。打三十拄杖、出院。遠舎於市中、託道友解免、省不允。又曰。若不容帰。祇乞隨衆入室。省亦不允。省一日出街次、見遠独於旅邸前立。乃云、此是院門房廊。你在此住許多時、曾租銭否。令計所欠追取。遠無難色、持鉢於市、化銭送之。省又一日出街、見之持鉢。帰為衆曰、遠真有意於参禅。遂呼其帰。（『大正新修大蔵経』第84冊，335a）．

その後或る時、法遠が典座という料理の係を務めていた。みな、帰省禅師の「枯淡」（しみったれ）ぶりに苦しんでいたが、師の帰省禅師が出かけたのをよいことに、法遠が倉庫の鍵を盗んで、油麺を取って、「五味粥」を馳走した。ところが、（ようやく馳走のできたまさにその時、）帰省禅師が予定より早く帰山された。帰省禅師は粥を堂の外に運ばせて、典座をよんだ。法遠が来ると、帰省は、「実に油麺を取って粥を煮た」と怒る。法遠は「その通りです、和尚さまの刑罰に従います」、といった。帰省禅師は、「油麺」の代金を法遠に請求し、さらに三十棒くらわせて、寺から追い出した。

法遠は町のなかで住んで、道友たちは、かわるがわる帰省禅師に許しを請うが、帰省は聞き入れない。せめて僧院の外から参禅だけでもと懇願したが、しかし帰省が許さなかった。

ところが帰省禅師が外出した時に法遠が寺の所有の建物に居住しているのを見て、「ここは院門の部屋だ。ここの借り賃を払っているのか？」といい、不足分を計算させて取り立てた。容赦ない仕打ちだが、法遠はそれにもひるまずに、町をひたすら托鉢し、換金して返そうとした。

ある日、帰省禅師が町に出ると、黙って風雨に耐えて托鉢する法遠の姿を目にする。寺に戻った禅師は、みなに向かって「法遠こそ真の参禅者だ」と言い、終に彼が寺に戻ることを許した。

他の《永平清規》の例と同様に、ヴィナーヤや清規など外から与えられたルールを無視して、自らやるべき事を果たすこそが、懲罰の対象にはなるものの、究極的にはほんものの修行者であり、ほんものの禅者であると認められ称賛されたのである。

終わりに

僧院の中で用いられているルールについては、それを文字通りに理解し、本来の意味、あるいは究極の目的が忘れられてしまう危険性が常にある。しかし、以上の用例から明らかにされるとおり、出家者に対するルールは、仏教の究極の目的、つまり悟りへの道に進むこととそれを達成することのためにある。僧侶の集団生活において、あるいは修行の途上で僧侶の健康や精神面を手助けすることが、戒律や清規の究極的な存在理由である。そのためにルールに従うことは必要かも知れないが、時には逆に、悟りへの道を進むためにルールに違反することも許容される。狭い意味では避けるべき戒律や清規の反則も、より広い視野においては、理解されうることであり、さらには必要だと言うべきかも知れない。

このような見方の問題点はむしろ、相互主観的な（複数の人が互いにそれを認め合い、客観性に繋がる）確認は不可能だという事である。しかし、ヴィナーヤのルールも上に述べた通り、客観的に確認できる行為のみならず、出家者の意思や内面の動機も適用範囲内に置いたものであり、それがすでに相互主観的に確認が不可能な問題を有している。僧団ではそのために、月に二回はプラーティモークシャのルールを朗読する儀式があるが、その儀式の際にそれまでの二週間の間のルール違反を僧団の前で自ら告白する。自らの告白がなければ罰もない。仏教におけるルールは僧院内の日常生活を保つための機能であるが、ルールに従うよりもさらに重要な、より本質的な存在理由は、ルールは解脱を得るための助けだということである。それゆえに、外からは観察できない、内面の意思だけに関わる反則の告白も重要な意味を持つ。その告白には、医者に身体の痛い場所を説明してしかるべき薬を貰うのと同様の動機がある。

上に述べた通り、一般社会の法律と僧団のためのルールには大きな違いがある。しかしここではいくつかの例しか挙げていない。僧団のルールの歴史的な展開と制度的な特徴を把握するには、より詳細な今後の研究が必要である。ちなみに、心理学の分野においても、最近このテーマは研究対象とされている。例えば全米心理学学会編の《道徳の社会心理学》(二〇一二年)の論文集には、様々な側面からルールとルール違反の社会学的・心理学的な立場から述べられている。

禅は自在への道を実践しようとしているが、その行為は完全にルール化できない。その問題は百丈、天然や道元の時代から変わっていない。修行者各自、答えを見つけなければならないのである。

参考文献

Chadwick, David (2000). Crooked Cucumber: The Life and Teaching of Shunryu Suzuki. New York: Thorsons.

Clarke, Shayne (2009). "Monks who have sex: Parajika Penance in Indian Monastic buddhism". In: Journal of Indian Philosophy 37, 1-43.

Mikulincer, Mario and Phillip R Shaver, eds. (2012). The social psychology of morality : exploring the causes of good and evil. Washington, DC: American Psychological Association.

Thich, Nhat Hanh (2004). Freedom wherever we go-a Buddhist monastic code for the 21st century. Berkeley, Calif.: Parallax Press.

Twining, William L and David Miers (1982). How to do things with rules : a primer of interpretation. London; Littleton, Colo.: Weidenfeld and Nicolson.

Yifa (2002). The Origins of Buddhist Monastic Codes in China: An Annotated Translation and Study of the Chanyuan Qinggui. Honolulu: Univ of Hawaii Pr.

天聖広燈錄 (1905 [1036]. 新纂大日本続蔵経 78, 420-575.

道元（1934［1247］）、永平清規、大正新修大蔵経 84、319-342.
五燈会元（1905［1252］）、新纂大日本続蔵経 80、1-442.
長井真琴（1930）戒律の根本、巴・漢・和・対訳比丘波羅提木叉、丙午出版社.
高雄義堅（1975）、宋代仏教史の研究.

【コラム③】

禅の触発する力

船岡　誠

将軍足利義政がある日、「だいたいの遊興はやり尽くした。何か珍しい遊びはないか」と同朋衆能阿弥に言った。能阿弥はそれに応えて、「茶の湯は一年中楽しめる遊びで、南都称名寺の珠光（じゅこう）がこれに造詣が深い。茶の湯で禅宗の墨蹟を掛けることがあるが、これも珠光が一休和尚から圜悟（えんご）の墨蹟を得て、茶席で楽しんだことにはじまる」とし、「仏法も茶の湯の中にある」と語ったのである（『山上宗二記（やまのうえそうじき）』）。

これは茶の湯が歴史の表舞台に登場した著名な記事である。東山文化の外護者（げごしゃ）足利義政、連歌・水墨画に精しい同朋衆能阿弥、佗茶の祖村田珠光、そして中世文化と禅を結びつけるキーパーソン一休の登場である。

芳賀幸四郎氏の論文「狂雲子一休とその時代」（『近世文化の形成と伝統』）は、桜井好朗氏によって「第二次大戦後の一休研究の原点」と評された（日本名僧論集・第十巻・解説）。芳賀氏はここで「一休周辺の文化人、少なくも珠光・禅竹・宗鑑・蛇足といふ四人が、ともに因襲の破壊ないし伝統の超越、言ひかへれば新しい美の創造と精神の自由において際立ち、その故に新時代への先駆者としての位置をしめてゐることは注目に値し、文化史的に考察さるべき興味ある現象でなければならない」とされた。茶の湯の村田珠光、能の金春（こんぱる）

禅竹、連歌の山崎宗鑑、絵画の曾我蛇足、いずれも文化史的にいえば「新時代への先駆者」であるが、実は一休が彼らに何らかの影響力をもっていたらしいのである。西田正好氏は、この一休の中世文化人への影響力を「一休文化圏」という言葉を用いて強調した（『一休 風狂の精神』）。

ところでこうした「一休文化圏のひとびと」に一休がどう関わったか、一休がどういう影響力をもったのかというと、今ひとつはっきりしない。ただ茶の湯に関しては、千宗旦の著といわれる『禅茶録』が、「喫茶に禅道を主とするは紫野の一休禅師より事起れり。其の故は南都称名寺の珠光は一休禅師の法弟なり。茶事を嗜みて日に行ひたるを一休禅師見たまひて、茶は仏道の妙所にも叶ふべき物ぞとて、点茶に禅意を写し衆生の為に自己の心法を観ぜしむる茶道とは成り」とし、一休が茶禅一味の世界に深く関与していたことを記す。

一休が世間的に注目されるのは、心敬僧都『ひとりこと』が「おなしく禅門修行の名匠とて、数をしらすきこえ侍れども、今の世に行儀も心地も世の中の人にかはり侍ると聞えぬるは一休和尚也。万のさま世の人には、はるかかはり侍ると人々かたり侍る」と記す、一休の「かはり侍る」ところであろう。一休自身も自らを「狂雲」と称し、また「恋法師」と称して森侍者との情愛を臆面もなく語るのである。

従来ややもすると、こうした一休の「変」や「狂」の部分が強調され、それをもって一休を語り尽くした感を我々も持ちがちではなかったか。ひょっとしたら我々も一休の術中にはまってしまっていたのかもしれない。『一休年譜』の記事を信じれば、一休は印可証請取りを拒否し最終的にはそれを焼却したこと、つまり禅宗の師資相承の否定を意味するかのようである。また『狂雲集』『自戒集』によれば、頂相を本寺に返したり転宗を表明したり、弟子への法の継承を拒否したり、一休はあたかも絶法宣言をしたかのようである。ところが一方で、一休は応仁の乱後に大徳寺の再建に奔走したり、一休没後に弟子たちが「老若和合し、一年に一度、慈楊塔で相会し、是非の諸事を決断すべき」ことを遺言したりしているのである（『真珠庵文書』一四「宗純一休置文案」）。

つまり一休の「変」や「狂」の面ばかりが強調され、一休の「常」や「正」の面に思いが至らなかったといえまいか。そこで一休の「常」「正」の面、すなわち一休が日常的に弟子たちをどう指導していたか、また一休周辺の文化人たちが一休の何に「触発」されて自己の世界を形成していったのか、改めてこの問いを設けて一休関連史料を探ってみたが、なかなか適当なものが見つからない。

先の『ひとりこと』に続き、一休門流で「和泉の堺にて果給ひし南江、ひ出たる詩人と申あへりし。是も行儀心地異相不思議の人といへり」と紹介されている南江宗沅（なんこうそうげん）は、『延宝伝灯録』に「一休純公に参じ、解学を棄つ」とあり、相国寺雲溪（しょうこくじうんけい）のもとで出家しそのご臨済・曹洞の諸師に歴参し、一休のもとで「解学を棄」てたという。禅僧としてスタートした南江が一休のもとではじめて「解学を棄」てたというのが解せないが、「文字禅」を棄てたという意味にとっておこう。この南江について『堺鑑』「隠逸」（沅南江）では、「一休和尚ニ相随テ拘子（くし）無仏ノ話則ニヨリテ投機ノ頌作テ一休和尚ノ称名セラレタゾ」とあり、一休は南江に無字の公案を課していたようである。

一休の「常」「正」の面がなかなか見えてこないので、他の人物のそこに注目したい。他の人物とは他ならぬ沢庵宗彭である。一休と沢庵、かなり共通する部分がある。沢庵に「老僧遺戒之条条」という十六箇条からなる遺戒がある。そのなかの「私には嗣法の弟子がいない。私の死後もし万一、私の弟子と称する者が出たら、それは法賊だから官に報じて大罪に処すべきだ」とか「私は存命中に、衣鉢（えはつ）を先師の塔に還した」とか「頂相に賛を付したり、道号を与えたりしたが、それは結縁のためであって決して嗣法を意味するものではない」などは、一休が『自戒集』で「寛正二年六月十六日大燈国師ノ頂相ヲ本寺ヘカエシテ念仏宗トナル」「自然カナフミナントニテ人ヲ褒美ノ語アリトモ、ソレハ一向ノ狂言也。其ヲ印可トテ人ニフレハ大ヌス人ナルヘシ」「我カ身後ニ純蔵主カ印可ト云者アラハ、官ニ訴テ盗賊ノ罪過ニヲコナウヘシ」と語る言葉に符合する。

沢庵も、一休のように絶法宣言もし法嗣の打出も拒否したが、一方で宗鏡寺・南宗寺・東海寺の行く末も心配していたし、沢庵周辺の人物に影響を与え続けた。いま沢庵周辺の人物として、細川忠利、柳生宗矩と将軍家光を取り挙げる。

寛永六年（一六二九）の紫衣事件直後、流罪となった沢庵たちに同情が集まり、その分金地院崇伝への世間の目は厳しかったが、この段階では細川忠利は崇伝への酷評を気の毒と思っても沢庵への配慮がなかった。大御所秀忠死去にともなう大赦で沢庵らの流罪が解かれた寛永九年、忠利の熊本移封の年でもあったが、このころまでに忠利側から沢庵への接触がはかられていたようであるが、まだこの段階では沢庵は忠利のことを「未だ御目に懸けず、御知人にても之無く候」としていた（『沢庵和尚全集』第四巻、六〇号。以下『全集』）。しかしその三年後に忠利は沢庵の墨蹟を入手し（『細川家史料』一一三七号）、沢庵への関心はいよいよ高まっていったようである。

そして寛永十四年四月付の沢庵の忠利宛書簡（『全集』八一号）で、「御帰国前には、必ず一日申し承るべく候。御尋に於ては、本望たるべく候。一冊静かに御覧成らるべく候。御合点参らざる所候はば、貴面に又々申し入るべく候也」とあり、このころまでには忠利と沢庵の間には交流がはじまっていた。この「一冊」は同年十一月の書簡（『全集』九八号）から『六祖壇経』ではないかと思われる。また翌年八月の書簡（『全集』一二五号）によれば、忠利が沢庵から禅の指導を積極的に受けていたことが知られ、「諸悪莫作之意趣、重而委書付進むべく候」とあり、『景徳伝灯録』「鳥窠道林」章にみえる鳥窠と白居易との問答話に関して沢庵から指導されている。またその二年後の書簡（『全集』一七六号）では「御書中西江水之事、并彼是委御返事後便申進むべく候。先度進候書物、直口上申さず候而、御残多存候」とあり、このころは「西江水之事」すなわち『碧巌録』四二則にみえる馬祖道一と龐居士との問答話であるが、忠利はこうした禅の公案と取り組み、沢庵から禅の指導を受けていた。

文政十三年（一八三〇）東海寺から寺社奉行に提出された「書上」（『全集』第六巻）によれば、将軍家光は剣の奥義を相伝したのに自由な働きという点で宗矩とは違うのはなぜかと問い、宗矩がまだ未熟のとき沢庵に「禅法之儀」を尋ね、沢庵から「観音通身手眼之道理」を示され、以来これと取り組みついに自由を得て、刀剣がこの身に当たらなくなったのは「参禅之功」だと答えている。観音が救済対象に応じて三十三身に変化する、観音の自由自在な働きを示すことから展開した話である。この自在な働きは、沢庵が宗矩に説いたとされる『不動智神妙録』の世界でもあり、沢庵がこの種の公案を宗矩に課したことは十分考えられることである。

宗矩を通じて沢庵に関心を持った家光は、紫衣事件での流罪は大御所秀忠の行ったこと、流罪を解き沢庵を呼び戻したのは自分であることを強調し、逡巡する沢庵を自分の相談役に据えた。では家光は沢庵の何に期待したのか。第一に兵法＝剣の道の背後にある禅の世界への関心である。第二に「心やすく物をも問」（『全集』八四号）える相談役への期待である。第三に寺社行政職への期待、これは崇伝のようなご奉公は御免蒙りたいと沢庵は固辞した。第四に当代一流の教養人沢庵への期待である。沢庵は禅・仏教は言うまでもなく、和歌・剣の道・茶道・儒学・医学にも通じた教養人であった。家光に「か様に面白き事には、気は尽きぬ」（『全集』一〇二号）と言わせた名講義を沢庵はできる人であった。

【コラム④】

真福寺大須文庫所蔵写本からみた中世禅

末木文美士

真言宗智山派別格本山北野山真福寺宝生院（通称大須観音）は、名古屋市中区にあり、庶民信仰の篤い寺として参拝者が絶えず、近年では、門前の大須商店街は若者の街として賑わっている。他方、国文学や日本史の研究者にとっては、真福寺というと、国宝『古事記』写本をはじめとする同寺大須文庫所蔵の豊富な中世写本で知られている。もともとは一三三三年、能信の創建と伝え、能信・信瑜らの努力で、真言系のみならず、南都東大寺系の写本も多く収集され、東の称名寺・金沢文庫と並ぶ良質の中世写本の宝庫となっている。

それらの貴重な写本は、阿部泰郎名古屋大学教授を中心として調査研究が進められ、すでに『真福寺善本叢刊』第一期一二冊、第二期一三冊（臨川書店、一九九八―二〇〇六）として出版されている。その後、断簡まで含めた悉皆調査が進められる中で、禅に関するものがかなりあることが分かってきた。そこで、それらを他の諸寺・文庫、特に本寺所蔵のものと性格が似ている称名寺の関連写本などとあわせて出版する計画が立てられた。『中世禅籍叢刊』全十一冊（臨川書店）として、二〇一三年の栄西集を皮切りに、出版が進められ、私も多少のお手伝いをしている。その構成は、1・栄西集、2・道元集、3・達磨宗、4・聖一派、5・無住集、6・禅宗清規集、7・禅教交渉論、8・中国禅籍集1、9・中国禅籍集2、10・稀覯禅籍集、11・聖一派続となっている。二〇一五年十二月現在で、1・2・3・5・6の各巻が刊行されている。

本叢刊が企画されるようになったきっかけは、栄西の新出著作の出現である。栄西の『無名集』『隠語集』の二冊の写本はそれ以前に発見されており、『真福寺善本叢刊』第二期三巻「中世先徳著作集」(二〇〇六)に収録されたが、その調査の過程で、『改偏教主決』という未知の著作の断簡があることが分かった。最初は冒頭の一紙のみであったが、その後の調査で続々と断簡が発見され、結局、計七十八紙に及ぶことになった。その断簡を整理していく過程で、『改偏教主決』だけでなく、『重修教主決』という別の著作の断簡も混在していることが分かり、さらに、『改偏教主決』の最後には、『教時義勘文』という既知の著作もあわせて書写されていた。他に、『諸秘口決』という写本は、曼殊院蔵『結縁一遍集』と一致することが判明した。

真福寺からは、二〇〇三年に稲葉伸道名古屋大学教授によって栄西の自筆書簡が発見されて、マスコミでも大きな話題となったが、これらの著作は、それに劣らない貴重な写本で、しかもいずれも密教関係の著作であることから、栄西と密教の関係がクローズアップされることになった。新発見の自筆書簡がすべて晩年の東大寺大勧進職時代のものであるのに対して、著作のほうはすべて文治三年(一一八七)に二度目の入宋をする前、北九州で著わされたものである。特に『改偏教主決』『重修教主決』は、太宰府の原山の僧尊賀との論争書であり、栄西が密教の教主を自性身としたのに対して、増賀がそれを論難して自受用身としたことから、両者の間で激しい論争が交わされることになった。これらの新発見著作は、自筆書簡とともに『中世禅籍叢刊』第一巻に収められた。

密教教主論は、後に真言宗で自性身説法説と加持身説法説が対立して、後者を取る頼瑜らの流れから新義真言宗が形成される大きな問題となったが、その源流はすでに栄西・尊賀論争に見られるのである。このような密教プロパーと言ってよい著作が、どのように彼の禅宗立宗や東大寺大勧進職としての活動につながるのか、それは今後の課題である。ちなみに、真福寺から発見された栄西の著作の一つ『隠語集』は、男女の交合をもって金胎両部一致を説く点で、興味深いものがある。

　禅と密教や諸宗との関係という点からは、無住の活動が興味深い。無住は諸宗兼学の代表的な学僧であり、実践僧であるが、従来は『沙石集』により文学史の方面でしか研究されてこなかった。『中世禅籍叢刊』第五巻には、無住の仏教理論書である『聖財集（しょうざいしゅう）』を、はじめて天理図書館本によって影印・翻刻を収めたが、無住に関しても、真福寺から驚歎すべき断簡が発見された。それは東福寺の円爾の講義を聞き書きした無住のノートであり、同巻刊行までに発見された十一紙二十一丁が阿部泰郎氏の手で「逸題無住聞書」として収録された。まだその後に発見された断簡もある。興味深いことに、その内容は禅ではなく、まったく密教であり、栄西の場合と同様、教主論などが問題とされている。

　しかも、そこには注目すべき説も見られる。円爾の仏身論としては、通常の大日如来の上に「一智法身」を立てることが知られているが、本断簡でも「中台八葉」の曼荼羅より上の段階に、「一智身」を置いている。しかし、この断簡によると、その上にさらに「無相菩提」を立てている。「一智身」が「自証菩提」で「真言教根本」「実相真言教」であるのに対して、「無相菩提」は「無覚無成」「元旨非真言教」「真如理智」とされている。真言教を超えたさらに上に「無相菩提」を立てるのである。これは明言されていないが、禅的なもののようであり、禅を密教のさらに上に立てている可能性が考えられる。

　禅と密の関係はこの時代の大きな議論の種となった問題であるが、円爾は禅を密教の上に見るようであり、それに対して、無住は『聖財集』によると、「一心の体を談ずる事、顕密全く同じかるべし。但三密をこまやかに談ずる事は、密家勝れたるべし」（巻下）と顕と密は究極的に一致するとしながらも、「三密をこまやかに談ずる」点で、密教の優位を主張している。先の断簡の一節は、無住よりも円爾の説と一致する。

円爾系の聖一派は真福寺と縁が深い。円爾の弟子の仏通禅師癡兀大慧は安養寺（三重県多気郡）を開いたが、禅とともに密教に優れ、その流れは安養寺流と呼ばれる。真福寺開山の能信は、大須三流と呼ばれるように、実済から慈恩寺方、寂雲から安養寺方、儀海から高幡方を受けているが、寂雲は癡兀の弟子であり、こうして癡兀の密教が真福寺に流入することになった。

真福寺には、無住による円爾の聞書の他、円爾の『大日経疏見聞』『大日経義釈見聞』などの大部の密教関係の講義録や、癡兀の著作、講義録など、聖一派―安養寺流系の多くの写本が蔵されている。これらは多くは密教関係のものであって、直接禅に関する著作は少ない。その密教は特徴のあるもので、醍醐寺三宝院流を受けて、五臓曼荼羅系の身体論を説き、男女の交合から母親の胎内で胎児が成長する胎内五位説を盛んに説いている。このような密教の著作の中に、しばしば禅への言及が見られ、禅が密教と深い関係を持ちながら進展してきたことが知られる。癡兀においては、密教のほうが禅よりも上に位置づけられていたようである。これらの聖一派―安養寺流系の写本は現在検討が進められているが、貴重なものが多数に上るため、『中世禅籍叢刊』では第五巻と第十一巻の二分冊として刊行予定である。

従来の禅宗史の見方では、このような密教との融合は、いまだ純粋禅が確立する以前の不純な兼修禅と見られてきた。しかし、これらの著作で禅密関係が深く追求されていることを見るならば、決して純粋禅確立以前の過渡的な形態ではなく、むしろ積極的に禅を密教と関連付けて、理論のみならず、実践も行っていたと考えられる。これは、従来の禅宗観に大きく転換を迫るものである。

さらに、大須文庫からは達磨宗に関しても貴重な資料が出てきて、『中世禅籍叢刊』第三巻に収録した。これも断簡から復元された著作で、原書名は不明であり、ひとまず『禅家説』と呼んでいる。編著者も不明である。本書は坐禅の仕方やその功徳を説いたさまざまな文献のアンソロジーであり、それに仮名法語三通を加えている。初学者向けの禅入門とも言うべきテクストである。本書が一躍注目されるようになったのは、その中に引用された黄檗の『伝心法要』の末尾に、能忍の名が現われることによる。

能忍は無師独悟によって禅の悟りを得て達磨宗を開いたと言われ、栄西に先立つ日本禅の濫觴をなす。能忍は無師の批判を避けるために、文治五年(一一八九)に弟子を宋に遣わし、仏照禅師拙庵徳光の印可を得たとされるが、『禅家説』の『伝心法要』奥書によると、これはまさしくこの時に宋からもたらされたものを、他本によって補い、能忍が尼無求の援助を受けて出版したものだという。

能忍の一派は修行無用を説いて放埒に陥ったとして、しばしば非難の対象となったと言われる。しかし、最近の研究では、能忍の一派を達磨宗と同一視してよいかという点に関して、疑問が呈されている。『禅家説』全体が果たして能忍系のものであるかという点も、いまだ検討の余地はあるが、少なくともその流れと密接に関係していることは確実である。ところが上述のように、本書は積極的に坐禅を勧めており、決して修行無用論ではない。そうとするならば、能忍系を単純に修行無用論と決めつけるわけにはいかなくなる。能忍の門下は大挙して道元の会下に入り、その主流を形成することが知られているが、道元門流の展開とも絡めて、さらに検討しなければならない問題が少なくない。

以上のように、真福寺大須文庫から発見された禅関係の写本は、従来の禅宗史の常識を大きく覆すものである。室町期になると仏教界の宗派性はかなり強くなるが、鎌倉期にはいまだそれほど宗派の固定性はなく、流動的で複合的であった。そのような中で、禅も成熟していったと考えられるのである。

あとがき

本書は、けいはんな学研都市にある財団法人国際高等研究所において行われた平成二十三年度～平成二十五年度の共同研究プロジェクト「宗教が文化と社会に及ぼす生命力についての研究――禅をケーススタディとして」（研究代表者：天野文雄）で得られた成果をもとに刊行されるものである。

国際高等研究所は、京都、大阪、奈良の大学と政財界が協力して、「人類の未来と幸福のために何を研究すべきかを研究する場」として、昭和五十九年に創設された民間の国際的な学術研究機関である。筆者が高等研にかかわるようになった平成二十二年頃は、創設時の理念をふまえた、「学術の芽をみつけ、育てる」という方針のもとに共同研究を中心とした研究活動が数多く行われていた。新しい「学術の芽」をみつけるには、研究者がそれぞれの領域に閉じこもっていてはならず、自身の専門を基盤としつつも、それを越える必要がある、というわけである。そこで、能楽研究を専門とする筆者が即座に思いついたのが「禅」だった。とりわけ、わが国に伝来してまもない中世の禅は、「不立文字」「直指人心」といった言葉に象徴される清新でユニークな思想によって、能楽（能と狂言）をはじめ、広く中世の芸術や文化に小さからぬ影響を与えているらしいことが長いこと気になっていたこともあって、この機会に、そうした禅の「触発する力」を中世（鎌倉、室町時代）の文化や社会というフィールドで考えてみようと思い立ったのである。

そのフィールドとしては、美術（絵画、彫刻、書）、文学（和歌、連歌、漢詩文）、芸能（能、狂言、茶）、建築（作庭、堂舎）、社会（政治、社会生活）、思想を立て、それぞれの分野の研究者に加え、禅の専門家の参加をも得て、三年の共同研究プロジェクトがスタートしたのである。禅の専門家の参加は、筆者が巻頭座談会の冒頭で述べているように、研究を進める過程で、かならずや禅の専門家の見解を聞く必要があることが予想されたからであり、そもそも禅についての基本的な理解に誤りがあるままに議論が進められることを危惧したからである。禅の専門家の参加は、筆者がこの研究プロジェクトを思いついた時から必須と考えていたことでもあった。その点、本書の冒頭に配した座談会は、禅についての現時点における基礎的知識の提供という面において小さからぬ意義があるものと思う。

こうしてはじまったプロジェクトは、申し分のない研究環境にある高等研を会場に、一泊二日の日程で年二回のペースで研究会を持ち、メンバーには年に一回の報告が義務づけられた。メンバーは途中参加もあって最終的に十九人となり、また、研究会ごとにゲストスピーカーを招いた。ゲストスピーカーには、今泉淑夫、末木文美士、上田純一、熊倉功夫、島尾新、野口善教の諸氏にお願いした。本書は基本的にメンバーの論稿とゲストスピーカーによるコラムで構成されるが、コラム③の船岡誠氏の稿は特に本書のためにご寄稿いただいたものである。なお、当初からのメンバーであった飯塚大展、福島恒徳の両氏の論稿、ゲストスピーカーとして講演をいただいた今泉淑夫、熊倉功夫両氏の稿は公務等諸般の事情で、遺憾ながら本書に収めることができなかった。ともあれ、以上の方々に本書への寄稿者を加えたものが共同研究の全参加者ということになるわけである。

本書は書名のとおり、禅と日本中世の文化と社会の相関についての考察だが、仏教のなかでも、特に禅にはこの種の企画が多いようである。その嚆矢は昭和十三年に英文で刊行され、同十五年、十七年に岩波新書として正続二冊で刊行された鈴木大拙著・北川桃雄訳『禅と日本文化』あたりであろうか。以後も書籍としては、主として昭和四十年代の評価が定まっている論を集成した、昭和五十二年の古田紹欽・柳田聖山・鎌田茂雄監修『叢書禅と日本文化』(全十巻、ぺりかん社)という大規模な企画があったし、平成二十三年の西山美香編『古代中世の内なる「禅」』(勉誠出版)もある。雑誌でも、昭和五十二年の『歴史公論』の特集「禅と中世文化」、平成十六年の『思想』の特集「禅研究の現在」があり、平成二十三年の『文学』の特集「五山文学」などもそれに加えてよいであろう。

翻って、筆者が専門とする能楽研究における禅との関係を論じたものは、戦前までは仏教や神道との関係についての論のなかでは特に際立って多くはなかったが、本書の小稿にも紹介したように、昭和三十七年の香西精、表章両氏による世阿弥の菩提寺たる補巌寺(奈良県磯城郡)の発見を境に、仏教と能の関係を論じたものは、ほとんど世阿弥と禅の関係一色という観を呈することになる。禅と能の関係についての研究は、まず世阿弥から始まったのであり、現在もその過程にある。

その世阿弥と禅の関係であるが、これは一言で言えば、とりあえずは世阿弥が能の役者として体験、体得したことを言説化するさいに、その言葉と思想を提供したのが禅ということになろう。そのことは香西精氏や加藤周一氏が指摘していることであり、そのあたりの消息を加藤氏は「世阿弥に仏教が影響したのではなく、仏教が世阿弥において芸術になった」(日本思想体系『世阿弥 禅竹』)という印象的な言葉で言い表わしてもいるのだが、しかし、そのような言説化がはたして世阿弥の能芸に影響を及ぼさなかったであろうか。これは容易に論証できるような問題ではないが、禅から得た言葉なり思想なりが真に世阿弥が納得するものであったのであれば、それはその後の彼の能芸になんらかの影響を及ぼしたと考えるのが、むしろ自然ではあろう。小論で取り上げた「無」を例にすれば、自身の舞台での体験を「無」と把握したあと、こんどはその「無」の発現に向けて腐心するということはなかったであろうか。かりにそういう想像が許されるなら、そこにはやはり禅の「触発する力」を認めなければならないであろう。また、本書を構成する諸論は、多かれ少なかれ、そのような禅の性格に触れているのではないだろうか。

さいごになったが、好適な研究活動の機会と場を与えてくださった国際高等研究所、とりわけ実務面でお世話になった所員の方々には、ここに深甚の謝意を表したい。また、共同研究プロジェクトのメンバーである重田みち氏にはやっかいな座談会の整理と本書の構成案の作成を買って出ていただいた。雑事にまぎれて、なかなか刊行準備に入れないでいた筆者にとって、この重田氏の申し出が大きな力となったことも、ここに記しておきたい。また、ぺりかん社編集部の小澤達哉氏には企画から刊行まで多大のお世話になった。監修者としては、思想関係の出版で豊富な実績があるぺりかん社から本書を刊行できたことに誇りと僥倖を感じていることを付言して擱筆としたい。

平成二十八年春北摂の寓居にて

天野　文雄

荒木　浩（あらき　ひろし）
1959年生まれ。国際日本文化研究センター教授・総合研究大学院大学教授。日本古典文学。主な著書に、『かくして『源氏物語』が誕生する 物語が流動する現場にどう立ち会うか』（2014年、笠間書院）、『徒然草への途 中世びとの心とことば』（2016年、勉誠出版）、など。

西平　直（にしひら　ただし）
1957年生まれ。京都大学教育学研究科教授。主な著書に『世阿弥の稽古哲学』（2009年、東京大学出版会）、『無心のダイナミズム』（2014年、岩波現代全書）など。

重田みち（しげた　みち）
1963年生まれ。京都造形芸術大学非常勤講師。早稲田大学演劇博物館招聘研究員。京都大学人文科学研究所共同研究員。主な著書に『黒川能狂言百番』（共著、2000年、小学館）、主な論文に「足利義持時代の美意識――世阿弥の藝論の冷え・さび・無文――」（『藝能史研究』208）がある。

野村俊一（のむら　しゅんいち）
1975年生まれ。東北大学大学院工学研究科 都市・建築学専攻 准教授。主な論文に「『建長寺指図』と仏殿・法堂・衆寮」（村井章介編『東アジアのなかの建長寺』勉誠出版、2013年）、「黎明期の五山叢林とその建築・行事」（小島毅監修・島尾新編『東アジア海域に漕ぎ出す4　東アジアのなかの五山文化』2013年、東京大学出版会）など。

上田純一（うえだ　じゅんいち）
1950年生まれ。京都府立大学名誉教授。同和食文化研究センター特任教授。主な著書に、『九州中世禅宗史研究』（2000年、文献出版）、『足利義満と禅宗』（2011年、法蔵館）など。

訳注』（共訳、2015 年、汲古書院）など。

船岡　誠（ふなおか　まこと）
1946 年生まれ。北海学園大学人文学部教授。主な著書に、『日本禅宗の成立』（1987 年、吉川弘文館）、『道元 道は無窮なり』（2014 年、ミネルヴァ書房）など。

鈴木　元（すずき　はじめ）
1963 年生まれ。熊本県立大学文学部教授。主な著書に、『室町の歌学と連歌』（1997 年、新典社）、『室町連環――中世日本の知と空間』（2014 年、勉誠出版）など。

中本　大（なかもと　だい）
1965 年生まれ。立命館大学文学部教授。主な著書に、『名庸集　影印と解題』（2013 年、思文閣出版）、「「十雪詩」のゆくえ」（2014 年、『論究日本文学』100 号）など。

太田　亨（おおた　とおる）
1975 年生まれ。愛媛大学教育学部准教授。主な論文に「日本中世禅林における杜詩受容――『集千家批点杜工部詩集』の中期禅林に及ぼした影響――」（2008 年、『禅学研究』第 86 号）など。

恋田　知子（こいだ　ともこ）
1973 年生まれ。国文学研究資料館助教。主要編著に、『仏と女の室町　物語草子論』（2008 年、笠間書院）、『薄雲御所慈受院門跡所蔵大織冠絵巻』（2010 年、勉誠出版）などがある

大谷節子（おおたに　せつこ）。
1960 年生まれ。成城大学教授。中世文学。主著『世阿弥の中世』（岩波書店、2007 年）。主な論文に「世阿弥自筆本「カシワザキ」以前――宗牧独吟連歌注紙背「柏崎」をめぐって」（『国語国文』83 巻 12 号、2014 年）。

神津朝夫（こうず　あさお）
1953 年生まれ。著述業。日本文化史・茶道史。主な著書に『茶の湯の歴史』（2009 年、角川選書）、『茶の湯と日本文化』（2012 年、淡交社）など。

島尾　新（しまお　あらた）
1953 年生まれ。学習院大学教授。主著に、『瓢鮎図――ひょうたんなまずのイコノロジー』（1995 年、平凡社）、『雪舟の「山水長巻」』（2001 年、小学館）『すぐわかる水墨画の見かた』（2005 年、東京美術）など。

西山美香（にしやま　みか）
立命館大学、花園大学大学院非常勤講師。著書に『武家政権と禅宗』（2004 年、笠間書院）、『九相図資料集成』（共著、2009 年、岩田書院）など。

監修者・執筆者紹介

【監修者】

天野文雄（あまの　ふみお）
1946年生まれ。京都造形芸術大学舞台芸術研究センター所長。大阪大学名誉教授。専門は能楽研究。著書に、『翁猿楽研究』（1995年、和泉書院）、『能に憑かれた権力者——秀吉能楽愛好記』（1997年、講談社選書メチエ）『世阿弥がいた場所——能大成期の能と能役者をめぐる環境』（2007年、ぺりかん社）、『能苑逍遥（上中下）』（2009・2010年、大阪大学出版会）、共編著に『能を読む』全4冊（2012年、角川学芸出版）がある。

【執筆者（掲載順）】

大田壮一郎（おおた　そういちろう）
1976年生まれ。奈良大学文学部准教授。日本中世史・日本宗教史。著書『室町幕府の政治と宗教』（2014年、塙書房）。

川本慎自（かわもと　しんじ）
1975年生まれ。東京大学史料編纂所助教。主な論文に、「室町幕府と仏教」（『岩波講座日本歴史8中世3』2014年、岩波書店）など。

原田正俊（はらだ　まさとし）
1959年生まれ。関西大学文学部教授、日本中世史、主な著書に、『日本中世の禅宗と社会』（1998年、吉川弘文館）、編著『天龍寺文書の研究』（2011年、思文閣出版）等がある。

高橋悠介（たかはし　ゆうすけ）
1978年生まれ。慶應義塾大学附属研究所斯道文庫准教授。日本中世文学・寺院資料研究。著書に『禅竹能楽論の世界』（2014年、慶應義塾大学出版会）、論文に「建治三年の宝珠制作」（『日本仏教綜合研究』13、2015年5月）など。

Wittern, Christian（ウィッテルン　クリスティアン）
1962年ドイツ生まれ。京都大学人文科学研究所付属東アジア人文情報学研究センター教授。禅に関する著作に『禅仏教の語録』（独、1998年）、『馬祖語録』、『頓悟要門』『景徳伝灯録（選）』等のドイツ語訳注など。

末木文美士（すえき　ふみひこ）
1949年生まれ。東京大学・国際日本文化研究センター名誉教授。主な著書に、『親鸞』（2016年、ミネルヴァ書房）、『日本の思想をよむ』（2016年、KADOKAWA）など。

野口善敬（のぐち　よしたか）
1954年生まれ。花園大学国際禅学研究所所長。臨済宗妙心寺派教化センター教学研究室室長。主な著書に、『元代禅宗史研究』（2005年、禅文化研究所）、『中峰明本「山房夜話」

装訂——高麗 隆彦

禅からみた日本中世の文化と社会

2016年7月5日　初版第1刷発行

監修者　天野 文雄

発行者　廣嶋 武人

発行所　株式会社 ぺりかん社
〒113-0033　東京都文京区本郷1-28-36
TEL 03(3814)8515
http://www.perikansha.co.jp/

印刷・製本　閏月社＋モリモト印刷

Printed in Japan　ISBN 978-4-8315-1439-4

叢書　禅と日本文化

第2巻	禅と芸術Ⅱ	倉沢行洋編・解説	三三〇〇円
第4巻	禅と文学	柳田聖山編・解説	三七〇〇円
第5巻	禅と建築・庭園	横山　正　編・解説	四〇〇〇円
第6巻	禅と武道	鎌田茂雄編・解説	三八〇〇円
第7巻	禅と身心論	小林圓照編・解説	三八〇〇円
第8巻	禅と思想	末木文美士編・解説	四七六〇円
第9巻	禅と現代	西村恵信編・解説	四〇〇〇円

◆表示価格は税別です。